清代战争全史

李治亭　杨东梁　主编

·第二卷·

西部世纪之战

罗冬阳 著

·广州·

版权所有　翻印必究

图书在版编目（CIP）数据

西部世纪之战／罗冬阳著．—广州：中山大学出版社，2020.12
（清代战争全史／李治亭，杨东梁主编；第二卷）
ISBN 978-7-306-07029-6

Ⅰ.①西… Ⅱ.①罗… Ⅲ.①战争史—中国—清代
Ⅳ.①E294.9

中国版本图书馆 CIP 数据核字（2020）第 215719 号

XIBU SHIJI ZHI ZHAN

出 版 人：	王天琪
策划编辑：	徐　劲
项目统筹：	李　文　赵丽华
责任编辑：	王延红　李　文
封面设计：	刘　犇
责任校对：	麦晓慧
责任技编：	何雅涛
出版发行：	中山大学出版社
电　　话：	编辑部 020-84111946，84113349，84111997，84110779
	发行部 020-84111998，84111981，84111160
地　　址：	广州市新港西路 135 号
邮　　编：	510275　传　真：020-84036565
网　　址：	http://www.zsup.com.cn　E-mail: zdcbs@mail.sysu.edu.cn
印 刷 者：	广州市友盛彩印有限公司
规　　格：	787mm×1092mm　1/16　25.875 印张　437 千字
版次印次：	2020 年 12 月第 1 版　2020 年 12 月第 1 次印刷
定　　价：	100.00 元

如发现本书因印装质量影响阅读，请与出版社发行部联系调换

总　序

李治亭　杨东梁

2015年春夏之交，中山大学出版社策划了一个选题——清代战争史，并盛情邀请我们主持其事，组织撰写团队。

这实在是机缘巧合，我们都曾研究过清代战争史，发表过相关论著，期待将来能写出一部完整的清代战争史。多少年过去了，终因种种缘故，迟未动笔。现在，中山大学出版社有此创意，我们自然乐于玉成！于是，就设计出一套共九册的"清代战争全史"丛书，并约请了九位研究有素的中青年学者共襄此举。在本丛书的撰写接近完成之际，有必要把我们对有清一代战争的认识及本丛书撰写思路披露于众，以与各册的具体阐述相印证，也许读者会从中获得对清代战争的新认识。

一

提起战争，即使未经历过战争的人们也会懂得：战争就是杀戮、毁灭、灾难……尽管人们厌恶战争，但战争或迟或早总是不断发生。数千年来，在世界各地发生的大小战争不计其数。仅世界性规模的大战就有两次，几乎将全人类都卷入其中。即使今天，战争也仍然在地球上的某个地方进行着。可以说，战争与人类相伴相随，自从产生了私有制，形成不同利益的阶级及集团，战争便"应运"而生。人类的历史证明，战争是人类生活的一部分，在其要爆发的时候一定会爆发，实非依人们的意志为转移。

在中国数千年漫长的历史进程中，充斥着无数的战争记录，二十四史中哪一个朝代没有发生过战争？从传说中的黄帝大战蚩尤开端，到有文字记述的夏、商、周时代，战争从未间断过。史称"春秋战国"时期的四五百年间，实则是"战争年代"，从上百个诸侯国，兼并成七国，最后，秦战胜诸国，一统天下。自秦始，王朝的兴替，哪个不是通过战争来完成的（只有个别王朝通过政变或所谓禅让获得政权）！再者，几乎每一代中原王朝都面对北方及其他边疆地区的"夷""狄"政权，彼此冲突不断，战祸惨烈，又远胜过地方割据与农民起义。其历时之久长、战事之激烈、规模之庞大，为世界所仅见。例如：

西周末年，西夷"犬戎"族攻到骊山，杀死了西周最后一位国君周幽王。

匈奴与中原王朝之争，自周秦，历两汉，至魏晋，几近千年，战争不断。

隋朝西北与突厥，东北与高句丽，征战频繁，终至亡国。

唐朝与突厥、高句丽的战争也是烽火连天。

北宋先与契丹族建立的辽王朝争战数十年；以后女真族崛起，建立金王朝，先灭辽，再灭北宋；继而蒙古族崛起，先后灭西夏和金，建立元王朝，再灭南宋，一统天下。

明朝建立后，与北方蒙古族的战争持续了很久，与东北女真族的战争也时断时续。努尔哈赤统一女真各部后，又与明军在辽东地区征战了近30年，直至明亡。同时，明政权与西南土司之间的战争，也旷日持久。

以上所列，主要是中原中央王朝与边疆各民族之间的战争，不过举其大略，具体战役则不胜枚举。

贯穿中国古代史的反封建战争，是农民起义。历朝历代都发生过规模不等的农民起义。其中，陈胜、吴广起义敲响了大秦帝国的丧钟；赤眉、绿林起义导致了新莽政权的覆灭；东汉末年的黄巾起义动摇了东汉王朝的根基；唐末黄巢领导的农民起义，声势浩大，席卷全国；元末的农民大起义，历时近20年激战，终把元朝推翻；明末的农民大起义，持续17年，直至攻占首都北京，宣告明朝灭亡！

这是清朝以前历代农民战争之大略，其战役何止千百次！

还有一类战争，即统治阶级内部各政治、军事集团之间的战争。例如：西汉宗室吴王刘濞发动的"七国之乱"；东汉末年的军阀混战，进而演变成"三国鼎立"；西晋的"八王之乱"及少数民族进入中原，最后形成南北朝的对立；唐中叶后有藩镇反唐的"安史之乱"；明初则有燕王朱棣起兵夺位的"靖难之变"；等等。这些战争，都属于统治阶级内部为争夺最高统治权而引发的武装斗争。

以上各类战争中，绝大多数属于中华民族内部各阶级、阶层，各民族，各政治集团之间的战争，并不存在近代意义上的国与国之间的战争。少数例外的是中原王朝对高句丽、安南的战争以及明万历年间援朝抗倭的战争。

清朝以前的历代战争，大略如此。

下面，有必要对清代战争做一全面回顾，以扣本丛书主题。

以明万历十一年（1583）努尔哈赤起兵创业为开端，迄宣统三年（1911）清帝退位，共历328年，战争的历史贯穿了清史的全过程。若与历代战争相比，有清一代展示了各类战争的全貌，其战争次数之多、战争时间持续之久、战争规模之大，可以说，超过了以前任何一个朝代！

第一，清统一全国之战。以努尔哈赤创业为起点，以康熙二十二年（1683）收复台湾为标志，实现了国家统一，其间恰好是100年！在这一个世纪的战争中，历经女真诸部统一之战，明（包括南明政权）清之战，与李自成大顺军、张献忠大西军之战，与台湾的郑氏政权之战，还有清军与部分地区抗清武装之战，等等。在中国历史上，还没有一个王朝经历过如此之久的统一战争！

第二，清朝同西北准噶尔分离势力展开的战争。始自康熙二十九年（1690）征剿噶尔丹，经雍正朝，至乾隆二十四年（1759），历70年。先后同噶尔丹策零、达瓦齐、策旺阿拉布坦、阿睦尔撒纳等为首的分离势力展开不间断的征战；又在南疆回部，平定了大小和卓之乱，始将新疆完全纳入版图。道光时，大和卓博罗尼都之孙张格尔发动叛乱，清军反击，历三年将其平定。同光年间，又有浩罕军官阿古柏入侵，勾结国内分离势力占领天山南北，经左宗棠率兵西征，新疆才得以重归版图。

第三，雍正五年（1727），在西南少数民族地区实行"改土归流"，引起部分土司反抗，遂爆发平定土司的大规模征战。至乾隆时，战事再起，此即大、小金川之战。

第四，康熙年间，西藏动乱，清军进藏，驱逐准噶尔叛乱势力；乾隆年间，廓尔喀（今尼泊尔）入侵我国西藏，清军迎击，终将其击溃。

清代农民战争的规模也超过历代水平。先有嘉庆元年（1796）爆发的白莲教大起义，后有道光末年爆发的太平天国起义。白莲教起义使清王朝元气大伤，成了清朝由盛转衰的转折点。太平天国起义则始于广西，挺进两湖，沿长江顺流东下，奠都江宁（今南京），清王朝竭尽全力，耗时14年才将其镇压下去。同时，北方还有捻军起义，角逐于中原地区；在云贵等地，则有回民、苗民起义。在台湾岛，康熙时有朱一贵、乾隆时有林爽文先后两次起义。嘉庆时，天理教在山东、河南起义；更有部分天理教徒闯进北京皇宫，造成古今之"奇变"！

由清圣祖决策撤藩引发了"三藩之变"，平西王吴三桂率先反清，其他两个藩王（靖南王耿精忠、平南王尚之信）随即响应。战乱波及八省，持续八年，以吴三桂等失败而告终。清代统治阶级内部为争夺政权引发的战争，仅此一例。

清代还有以前历朝所不曾经历过的战争，即康熙年间的两次雅克萨抗俄之战，以及近代以来反抗西方殖民主义侵略的战争。正如人们所熟知的，诸如第一次、第二次鸦片战争，中法战争，中日甲午战争（包括台湾军民抗击日本侵略之战），八国联军侵华及义和团反帝之战，沙俄侵占东北及东北义军抗俄之战，英军入侵西藏之战，等等。自道光二十年（1840）以来，迄光绪二十六年（1900），西方列强（包括东方后起的日本军国主义）侵华与中国军民的反侵略战争，前后持续了60年。

清代战争史上的收官之战，当属革命党人发动的武昌起义。此战一打响，便敲响了清王朝的丧钟。不久，宣统皇帝退位，清朝就此灭亡！清代的战争史至此谢幕。

以远古黄帝战蚩尤的涿鹿之战为开端，至清代最后一战——辛亥革命，共历4600余年。可见，中国战争史之漫长，在世界战争史上恐怕也是独一无二的！至此，人们不禁会发出疑问：战争何以不断发生？直到当今文明高度发达的时代，世界上战争不但没有停止，规模反而更大，杀伤力更强，破坏程度更深，其原因是什么呢？这就不能不牵涉到战争的本质问题。

19世纪上半叶，普鲁士杰出的军事战略家克劳塞维茨在其不朽的《战争论》中，阐述了关于战争的一个基本思想："战争无非是政治通过另一种手段的继续。"① 毛泽东进一步发挥了克氏的观点，更明确地说："政治是不流血的战争，战争是流血的政治。"② 他在《中国革命战争的战

---

① ［德］克劳塞维茨：《战争论》（中文版），第25页，陕西人民出版社，2001。
② 《毛泽东选集》第二卷，第447页，人民出版社，1966年横排本。

略问题》中,又具体指明,战争是"用以解决阶级与阶级、民族与民族、国家与国家、政治集团与政治集团之间的矛盾的一种最高的斗争形式"①。总之,战争是关系到国家、民族、阶级、政治集团命运的生死搏斗,是一种特殊的社会活动形态。远离战争,和平发展,一直是人类社会孜孜以求的梦想。但现实的世界却是残酷的。只要世界上还存在着阶级,还存在着国家,战争就不会消灭。因此,我们必须不断地了解它的来龙去脉,研究它的发展规律。

战争的实践也推动人们开展对战争的研究,总结其胜败的经验与教训,并在认识战争的过程中提出种种军事理论主张,用以指导战争,以获取战争的胜利。如同政治、经济、文化诸领域的学术研究一样,军事学、战争论也是一门特殊的学问。春秋战国之交,这门学问被称为"兵家",与儒、墨、法、名及黄老等学说并列为"诸子百家"。孙武、吴起、孙膑、尉缭等都是兵家的代表人物,他们的著作《孙子兵法》《吴子兵法》《孙膑兵法》《尉缭子》,及战国时由齐国大夫合编的《司马法》(即《司马穰苴兵法》),流传百世。其中,以《孙子兵法》最为著名,已成千古不朽之作,它所阐发的军事思想及作战原则与规划,为历朝历代所继承,用作战争攻防的指南。如今,《孙子兵法》早已走出国门,为世界各国兵家所公认,如美国西点军校便将此书列为教学的必读之书。

值得注意的是,自秦汉以后,尽管战争并未减少,也出现了一些军事家、战略家,但军事理论的研究却相对薄弱。宋代曾公亮、丁度等编辑了《武经总要》,朱服等人校订了我国古代第一部军事教科书——《武经七书》(即校订《孙子》《吴子》等七部兵书)。明代戚继光撰《纪效新书》,颇有影响;茅元仪辑《武备志》,汇集兵家之书 2000 余种,算是略有成效。到了文化繁盛的清代,典籍如林,著述山积,唯独兵书不足;学者之众,文艺千万,"兵家"却寥若晨星!何以至此?历来以"战"为国之"危事",视为凶险,故学者罕有论兵之人;又清代科举制度盛行,文人沉湎于八股,武人少通文墨,故兵家论述稀见。总之,不论什么原因,自秦汉以降,迄清代,有关军事、战争的研究并没有超越前代。

---

① 《毛泽东选集》第一卷,第 155 页,人民出版社,1966 年横排本。

二

中国几千年来历朝历代之兴亡盛衰,战役、战斗无数,内容丰富而厚重,适足以构成一部系统的中国战争通史!其中,清代战争史就是中国战争通史中最精彩的篇章之一。

清朝是我国历史上最后一个封建王朝,它处在从传统社会向近代社会转型的重要历史时期,处在中西文化碰撞、交流,中国逐渐卷入世界历史漩涡的特殊时代,各类社会矛盾错综复杂,不同性质的战争此起彼伏,不但对当时而且对以后的中国社会都产生了深刻影响,留下了许多宝贵的经验教训,这些都是后人要认真研究和总结的。那么,学术界又如何对其展开研究,并取得了哪些成就呢?下面就做一简单的学术回顾。

早在20世纪初,清亡前后,国人耻于列强侵华、中国丧权辱国,刘彦的《鸦片战争史》于1911年出版。其后,又有两部鸦片战争史问世。1929年,王钟麟的《中日战争》,由商务印书馆出版;1930年文公直的《最近三十年中国军事史》,由太平洋书店出版。至40年代,谢声溢的《中国历代战争史》(1942)、黎东方的《中国战史研究》(1944)等也相继出版。

中华人民共和国成立前,有关中国战争史的探讨不过如此,已出版的这几部战争史,尚缺乏深入、全面的研究。专门研究整个清代战争史、中国近百年战争史的著作则付之阙如。正如毛泽东在《改造我们的学习》一文中指出的:中国"近百年的经济史、近百年的政治史、近百年的军事史、近百年的文化史,简直还没有认真动手去研究"①。该文写于1941年,距1840年鸦片战争爆发约100年。

这种状况在中华人民共和国成立后稍有改变。但有关战争史的研究,明显偏重于中国近代战争及历代农民战争。例如,1950年至1955年间,先后出版了与《鸦片战争》同名的五本通俗读物,仅有一部可算作学术著作,即姚薇元的《鸦片战争史实考》(新知识出版社1955年版)。1955年至1965年,魏建猷、方诗铭、来新夏、蒋孟引等四位学者,分别撰写出版了关于第二次鸦片战争研究的著作。此外,牟安世的《中法战争》(上

---

① 《毛泽东选集》第三卷,第756页,人民出版社,1966年横排本。

海人民出版社1955年版）也于此时出版。中日甲午战争是当时的一个研究热点：贾逸君的《甲午中日战争》（新知识出版社1955年版）、郑昌淦的《中日甲午战争》（中国青年出版社1957年版）、陈伟芳的《朝鲜问题与甲午战争》（生活·读书·新知三联书店1959年版）、戚其章的《中日甲午威海之战》（山东人民出版社1962年版）等，也于这一时期问世。

农民战争史研究，主要集中在太平天国运动、义和团运动以及各地农民起义几个主题。史学领域堪称"热门"的有关太平天国史的著作就有八部之多。其中，较有影响的成果，当推罗尔纲的《太平天国史稿》（中华书局1957版）、戎笙的《太平天国革命战争》（生活·读书·新知三联书店1962年版）等。史学界还关注清代中叶以后的农民起义，如白莲教、天理教、捻军、苗民以及上海小刀会、山东宋景诗等农民起义，发表的论著颇多。再有就是关于辛亥革命史的研究，成果如陈旭麓的《辛亥革命》（上海人民出版社1955年版）、章开沅的《武昌起义》（中华书局1964年版）、吴玉章的《辛亥革命》（人民出版社1961年版），但这些还算不上纯粹的战争史著作。

概括这一时期的战争史研究，著作者的本意似乎不在军事与战争本身，战争不过是外在形式，着眼点则在于阐发阶级斗争理论。故其研究远未深入。虽然这些著作不失为爱国主义教材，但终归学术含量不足。

十年"文革"动乱，极"左"思潮泛滥，学术凋零，整个历史学研究领域被"影射史学"笼罩，更何谈战争史研究？

改革开放，拨乱反正，迎来了史学研究的春天，战争史研究也呈现出空前盛况。军事科学院率先推出全三册的《中国近代战争史》（军事科学出版社1984—1985年版），这应该是第一部较为完整的中国近代战争史，具有学术开创意义。但这一时期研究成果仍然集中在鸦片战争、太平天国、中日甲午战争、辛亥革命等专题①，属于旧题新作。值得称道的是，

---

① 这些著作是：茅家琦等《太平天国兴亡史》，上海人民出版社，1980；金冲及、胡绳武《辛亥革命史稿》，上海人民出版社，1980；章开沅、林增平《辛亥革命史》，人民出版社，1981；郦纯《太平天国军事史概述》，中华书局，1982；孙克复、关捷《甲午中日海战史》，黑龙江人民出版社，1981；戚其章《甲午战争史》，人民出版社，1990；罗尔纲《太平天国史》，中华书局，1991；茅海建《天朝的崩溃：鸦片战争再研究》，生活·读书·新知三联书店，1995；萧致治《鸦片战争史》，福建人民出版社，1996；等等。

这些著作摒弃了"阶级斗争为纲"的治学理念，实事求是地表达了作者较新的学术见解。另一部较有代表性的著作，当推戴逸、杨东梁、华立的《甲午战争与东亚政治》（中国社会科学出版社1994年版）。该书不但进一步阐释了战争与政治的关系，而且把甲午战争史的研究内容扩展到整个东亚地区。该书为纪念甲午战争一百周年国际学术研讨会的推荐图书，并由日本学者翻译成日文，在日本出版。

从军事学眼光看，这些"战争史"还不是严格意义上的战争史之作，说到底，仍是政治观念的图解。从战争史的角度讲，尚没有明显的突破。

改革开放时期，战争史研究新进展的突出表现之一，是开拓新领域，研究新课题，产生新成果。例如，明、清（后金）战争持续近半个世纪，其战争史内容极为丰富，多少年来，一直无人问津。直至1986年，孙文良与李治亭的《明清战争史略》（辽宁人民出版社1986年版）问世，才弥补了该项学术空白。该书2005年江苏教育出版社再版，2012年中国人民大学出版社重版，可见此书已得到社会认可。

民国以来，清代战争史研究一直局限在鸦片战争、太平天国运动、甲午战争、辛亥革命、义和团运动等几个重大历史事件的范围内，其中鸦片战争史10余部、甲午战争史近10部。学界和读者急需一部清朝军事或战争通史。迟至1994年，杨东梁、张浩的《中国清代军事史》（人民出版社版）问世，才填补了这一重要空缺。尽管军事史与战争史还是有差异的，但该书也勾勒出清代战争的基本状况。稍晚，1998年多卷本《中国军事通史》（军事科学出版社版）出版，其第十六卷为由邱心田、孔德骐撰《清前期军事史》，第十七卷为由梁巨祥、谢建撰《清后期军事史》。同年，杨东雄、杨少波的《大清帝国三百年战争风云录》（中原农民出版社版）问世。

2000年以后，有关清代战争史、军事史的研究成果层出不穷，又形成一个不大不小的高潮。世纪之初，有郭豫明的《捻军史》（上海人民出版社2001年版）、廖宗麟的《中法战争史》（天津古籍出版社2002年版）；到2015年，则有十几部鸦片战争史出版，内容大同小异，如欧阳丽的《鸦片战争》、李楠的《鸦片战争》、张建雄的《鸦片战争研究》、刘鸿亮的《中英火炮与鸦片战争》、张建雄与刘鸿亮的《鸦片战争中的中英船炮比较研究》等。中法战争史研究也推出新书，如汪衍振的《中法战争》（中国青年出版社2012年版）。甲午战争史亦有新著面世，如许华的《再见甲午》（人民出版社2014年版）、杨东梁的《甲午较量》（中国青年出版社2015年版）等。

与此同时，有两部中国战争通史出版。一部为《中国历代重大军事战争详解》，全九册，其第八册为《清代战争史》，第九册为《近代战争史》，由吉林文史出版社于2006年出版。另一部是武国卿与慕中岳的《中国战争史》，其中第七卷为"清朝时期"，这部多卷本中国战争通史于2016年由人民出版社出版。

值得注意的是，台湾地区学者也颇关注清代战争史研究。早在1975年，罗云的《细说清代战争》由台北祥云出版社出版。自1956年始，台湾又集中全岛军事专家与史学家合力编纂《中国历代战争史》，历时16年，至1972年书成，1976年由黎明文化事业公司出版。该书出版后，复成立"修订委员会"予以审订，至1979年完成。全书共18册，近500万言。其中，第十五册至第十七册为清朝战争史，最后一册（第十八册）为太平天国战争史。这是一部中国战争全史的鸿篇巨制，实属空前之作。该书"修订委员会"阵容强大：由蒋经国任主任委员，聘请钱穆、王云五、陶希圣、蒋复璁、黄季陆、方豪等学术名家出任委员。其规模之庞大、内容之翔实、文笔之流畅是有目共睹的，但在史观把控、材料搜集、学术规范等方面仍有可斟酌之处。

任何一部史书都难称完美无缺，必然要受到认识水平和客观条件的限制，因此，存在一些缺陷也是不足为怪的。已经面世的战争专史或通史，必将为其后的战争史研究提供借鉴。我们撰写"清代战争全史"时，上面提到的研究成果俱有参考价值。

纵观以往百年特别是改革开放以来清代战争史研究的状况，我们觉得有三点是值得思考的。

其一，研究的着重点不平衡。从各时期战争史出版的状况看，一个明显的现象是：其内容主要集中在鸦片战争、中日甲午战争、中法战争、太平天国运动、义和团运动、辛亥革命等主题，仅鸦片战争史就多达20种，其他的也有四五种或七八种。相反，清兵入关前以及清朝前中期，虽然战事频发，内容丰富，却少有学者问津，研究成果不多。其中原因，一方面是自中华人民共和国成立后，近代史从清史中分离出来，成为一个独立的研究领域，并且成为显学。这固然是政治思想教育的需要，但对完整的清史研究不能不产生一定影响。另一方面，研究经费不足、研究人员缺少也限制了清代战争史研究的进展。改革开放后,清史研究突飞猛进,成果累累,琳琅满目,唯独清代前期战争史研究不显,除有关个案战役的零星论文发表外,并无一部战争史著作问世。直到1986年,始见孙文良、李治亭的《明清战争史略》出版;至今已过去了30余年,该书仍是国内唯一的一部明清战争史。清代战争史研究明显落后,是毋庸置疑的。

其二,忽略了战争本身的特色。在以往战争史研究中,一种倾向是,以政治史观为指导,把战争史写成政治史,而忽略了战争本身的特色。战争史的要求,是写战争,也就是以军事斗争为主要内容,如战争准备、战场环境、战争过程、指挥艺术、后勤保障、武器装备等。当然,国家的政治状况、经济与财力等,是孕育战争的母体和保证战争进行的物资条件,无疑也是不可或缺的重要因素。

其三,没有处理好人与武器的关系。在战争中,武器和人的因素哪一个更重要?这是一个老问题了,但时至今日,仍有一些学者过分强调武器的作用。毛泽东早就指出:"武器是战争的重要因素,但不是决定因素,决定的因素是人不是物。"① 这是对以往战争中人力、物力对比的科学总结。我们从清代战争史中也足以证明这一论断。仅以近代为例,在中法战争中,冯子材率领清军,面对装备精良的法军,仍取得了镇南关大捷;甲午中日战争时,北洋海军的实力与日本相比并不弱,结果却在"避战保船"的错误方针指挥下,全军覆灭。可见,武器不是战争胜败的决定性因素!

我们讲人是决定因素,但绝不否定物的重要作用,"落后就要挨打",这是我们从近代备受列强欺凌的事实中总结出来的深刻教训。在近代,中国与西方的差距是明显的。在生产方式、政治制度、科学技术、人员素质等方面,清朝统治下的中国都远远落后于世界潮流。洋务办了几十年,虽然聊胜于无,却没有取得突破性的进展,所以有人说"仅有空名而无实效"②。恩格斯讲,战争的胜负"取决于人和武器这两种材料,也就是取决于居民的质与量和取决于技术"③。无数事实证明"落后就要挨打"是一条铁律。

---

① 《毛泽东选集》第二卷,第437页,人民出版社,1966。
② 〔清〕王韬:《弢园文录外编》卷三。
③ 《马克思恩格斯选集》第三卷,第210页,人民出版社,1972。

三

任何学术研究，都应坚持继承与创新相结合的原则。对前人或当代学者的研究成果及科学结论，毫无疑问应予以借鉴与吸收。但学术研究的脚步是不能停滞的，更重要的是要在前人的基础上大胆创新！所谓学术创新，就是突破传统观点，放弃已不适用的成说、规则，提出新说新解，补充前人之缺失。一句话，发前人所未发、论今人所未论，纠正其谬误，开拓学术发展之路。我们这个学术团队正是遵循这一原则：在继承以往研究成果的基础上，坚持学术创新，力图写出一部富有个性特点的清代战争史。那么，本丛书有哪些特点呢？

特点之一，在于"全"，它系统地展示了有清一代战争的全过程。本丛书以努尔哈赤于明万历十一年（1583）起兵复仇为开端，终结于最后一战——辛亥革命战争（1911），历时328年。在这漫长的历史过程中，凡发生的较重要战争，均无遗漏。一般战争史著作，对具体战役的描述失之于简，本丛书则要求对每场战役战斗尽量展示其全过程，全景式地再现战争的历史场面。

特点之二，是规模大。本丛书共九册，330万字。综观已经问世的中国战争史，尚未有一部断代战争史达此规模。

特点之三，是体例上的创新。体例是对全书框架的整体设计，如同盖一座楼，设计方案好坏，直接关系到建筑物的质量、使用价值及美观程度。传统的战争史体例模式或以时间为序，从首战直写至战事结束；或按战争性质分类，将同类战争分成若干板块，组合在一起。我们则在认真研究清代战争全过程的基础上，分析与归纳其战争特点，试图打破传统的体例模式，重新设计全书的架构，从九个方面（分为九册）来构建有清一代的战争史系列。

清朝创业伊始，即以战争为开端，先战女真诸部，后战明帝国、大顺军，由辽东入关，定鼎北京；复战大顺、大西农民军，由山陕而四川；伐南明，平定江南；最后战郑氏，收台湾。至此，统一大业告成，历时一百年。故首册名曰《清代统一战争》。

国家统一不久，整个西北地区又燃战火，历经康、雍、乾三朝，血战70年，终于统一蒙古，平定西藏、青海的叛乱，此战横跨两个世纪。故名曰《西部世纪之战》。

西北分离、分裂势力再燃战火。道光年间，叛乱头目张格尔在浩罕汗国支持下，骚扰南疆，清廷出兵平叛，终于活捉张格尔，献俘京师；以后，浩罕军官阿古柏入侵，直至新疆大部分地区沦陷。左宗棠临危受命，力挽狂澜，终将新疆收复。故称《保卫新疆之战》。

当时西南地区实行土司制度，实际处于半独立状态，清朝推行大规模"改土归流"，遭到反叛土司的抗拒，战争由此而起。同时，西南邻国缅甸、越南因多种原因与清王朝发生冲突，导致清缅、清越战争。故名为《西南边疆之战》。

台湾岛孤悬海中，战略地位重要，对内、对外战争频繁，故自成一个系列。前有收复台湾之战，后有朱一贵、林爽文起义及甲申、甲午两次保卫台湾之战。故名《清代台湾战争》。

自1840年开始，西方列强不断发动侵华战争，其间有两次鸦片战争、中法战争、甲午中日战争、英军侵藏战争、八国联军侵华战争等，为清代战争史的重要组成部分。故名曰《近代反侵略战争》。

东北地区有其特殊性，即沙俄不断蚕食、侵吞东北领土，前有雅克萨之反击战，后有日本入侵东北，直至沙俄占领东北全境。故以《保卫东北边疆之战》为一册，叙述其全过程。

清代农民武装反清斗争频发，以清代中叶以后为盛，如川楚陕白莲教起义、太平天国运动、捻军起义等大规模农民战争，还有少数民族（以农民为主体）反清战争等，足以构成一个战争史系列。故集中编为一册，定名为《农民反清战争》。

清代最后一次大规模战争，毫无疑问，就是辛亥革命战争，此战结束后不久，大清王朝寿终正寝。故《辛亥革命战争》即为本丛书的殿后之作。

以上九个部分组成有清一代的战争全史。

我们认为，这九个部分或称九种类型的战争，基本反映了清代战争史的全貌，充分体现了其战争的特点。纵的方面，以时间为线索贯穿了清王朝的兴、盛、衰、亡；横的方面，以空间为线索，突出了发生在不同地区的战争特色。有些战争未囊括在"纵横"之中，就按战争性质分类，如农民反封建、各民族反侵略、辛亥革命反帝制等，各有特点，自成一种类型。

如此布局，是根据清代战争的不同特点做出的，反映了清代战争的真实面貌。仅以保卫新疆之战为例,从清初到清末,新疆地区战事频发,其中既有追求统一的战争,也有平定叛乱的战争,更有驱逐外来入侵势力、捍卫国家主权和领土完整的战争,在同一个地区却体现了战争的多样性、复杂性。这有利于读者更加全面地认识清代战争。

特点之四,在于观察视角上的全面性,即不就战争论战争。研究战争史、编写战争史,最忌讳孤立地看待战争,只关注战争本身,却忽略与战争有关联的其他方面,这就是单纯军事观点,把本来复杂的战争历程简单化了。

我们认为,考察每次战争,必须将战争置于时代大背景下,考察作战双方的经济状况、军资储备、精神要素(包括国家领导人的决策能力、军队统帅的指挥才能、民族的精神面貌、人民对战争的态度、参战人员的素质等)。这些都是关系战争胜负不可缺少的因素。"战争的胜负,主要地决定于作战双方的军事、政治、经济、自然诸条件,这是没有问题的。然而不仅仅如此,还决定于作战双方主观指导的能力。"① 我们需要"大局观",或称"全局观",也就是要全方位地关注与战争直接或间接相关的方方面面。以上认识是我们研究、撰写"清代战争全史"丛书的指导思想,我们将努力在实践中贯彻之。

那么,怎样才能写好战争史呢?这是我们一直关注并在不断深化认识的问题。坦率地说,对于军事或战争,本丛书的主编和全体作者基本上是"门外汉"(因为我们没有战争的经历和经验)。为克服自身的弱点,力求避免以往战争史研究中的某些缺失,我们提出,要正确处理好九个方面的关系:

其一,战争的必然性与偶然性。从理论上说,任何事情的发生都有其必然性,而必然性往往通过偶然性表现出来。历史上的重大战争的发生各有其必然性,至于哪一天爆发,却是出于某种偶然。本丛书要求,对每场战争之发生,首先要从社会诸矛盾中,以及交战双方矛盾逐渐激化的过程中,寻找战争的必然性;从战争发生的直接原因,或称导火线来确认其偶然性。只有按此思路去研究战前的种种矛盾,才能说清楚战争的由来。

---

① 《毛泽东选集》第一卷,第166页,人民出版社,1966年横排本。

其二，战略与战术。战略是指导战争全局的计划和策略，战术则是进行战斗的原则和方法。前者是全局，后者是局部，两者密不可分。战略目标是通过各个具体的战役、战斗来实现的，如果战役、战斗都失败了，战略目标也就化为乌有！本丛书要求，既要突出战争的战略指导，又要具体阐明指挥者的战术原则，两者不可偏废。

其三，在叙述战争过程时，交战双方都应兼顾，不以其为正义方或非正义方而决定详略。也就是说，要写清楚作战双方的战略、战术，如一方写得过多过细，另一方写得少而笼统，势必出现一方独战而无交战了。

其四，战役的共性与个性。凡是战争，不论大小，必然是交战双方的互动。每次战役作战的双方都有筹划、准备，调兵遣将，这就是战役的共性。所谓个性，是指每次战役、战斗并不尽相同。例如，各自的战法或谋略不同，战场地形、地貌不同，战场状况瞬息万变，经常出现意料不到的新变化，如此等等。这些就构成了各个战役、战斗的不同特点。本丛书强调，要写出每次战争、每个战役、每场战斗的特点，不雷同，力戒千篇一律，只有这样，才有可能把战争史写得更真实可信！

其五，战争与战场。这两者自然是密不可分的，试问哪场战争、战斗不是在特定的战场上对决的？但以往战争史多数战场不明，只有地名，却无具体的地形、地貌，实则是把战争的空间隐去了！在军事上，占据有利地形、控制交通线、据险而守等，是打赢一场至关重要战役的必要条件，故对战场的描述是战争史必不可少的组成部分。本丛书要求，每写一场战役特别是重大战役，要在材料许可的前提下，把战场写得具体细致些。

其六，将军与士兵。战争是人类的一种实践行为，人是这一实践过程中的主角，所以，写战争必写人！须知统帅或将领在一场战争、战役中扮演着主要角色，因此，要把他们的智慧、勇气，乃至个性、作风等逐一展示出来；而当军队投入战场，与对方捉对厮杀时，无疑士兵就成了战场的主人，他们的勇气、意志、作战技能往往是决定胜负的关键因素。不言而喻，写战争史不写统帅、将领的运筹帷幄，不写士兵在战场上的战斗表现，战争史将变得空空洞洞而索然无味。总之，战争史不写人，就不能成为名副其实的战争史！

其七，战争的阶段性。在一次历时较长的战争中，自然会形成若干个阶段。写战争全过程，重在写各阶段的衔接与异同。通过对战役不同阶段的描写，以反映战局的不断变化，反映出战争的发展规律。

其八，战役的胜与败。每次战役结束后，胜败自不难分辨，即使难分胜负，也可以看出交战双方的各自得失，这是不言自明的。问题的关键是要求对胜败做出有深度的分析。何以胜，何以败，何以不分胜负，都应有理论上的阐述，给人以启迪。有的战役，很难以胜败论，遇此情况，只需如实反映战况，不必做出结论。

其九，正义与非正义战争。这是就战争的性质而言的。对于帝国主义列强侵华，尽人皆知，是非正义的侵略战争，自无疑义。但对于国内战争，如何界定，却是一个复杂问题。总之，不能一概而论，要区分不同情况，给出不同定位。我们的标准是：不站在清王朝的立场，不以维护清政权的利益为转移，而是要坚持维护中华民族的整体利益，维护国家的主权和领土完整；凡分裂祖国、分裂中华民族，闹割据、搞独立的集团和个人，都应予以否定。如新疆噶尔丹叛乱及其后的张格尔之乱，皆属分裂、分离势力背叛祖国的活动。又如明清鼎革之际，天下大乱，已分裂成几个军事政治集团，他们之间的火拼、搏斗，意在争夺天下。这里，既有民族的冲突，也有阶级的斗争，还有权力之争。对此我们要做具体分析，不可简单地厚此薄彼，表现出明显的倾向性。

以上所列九个方面的问题，可以勾勒出我们撰写清代战争史的"路线图"。当然，肯定地说，归纳得还不够全面，只是提出了一些基本的规则，以便统一本丛书作者们的思想，以求认识上的趋同。同时，我们也鼓励各位作者勇于创新，在基本趋同的规则下，努力发挥个人的才智，使每册战争史各具特色，精彩纷呈。

最后，还要说说史料和语言。目前已出版的清代战争史，一个明显不足就是史料单薄。受史料局限，一些战役、战斗写得不够形象生动，而是干瘪平庸。本丛书强调，各位作者一定要厚集史料，除《清实录》、《清史稿》、各种官书等基本史料外，更要注重参考历史档案，以及个人文集、地方志书、国外记载等。只有史料丰富，战争史的内容才能随之而丰富。

一部书的质量如何，文字表达也是一个重要方面。我们要求作者使用精练的现代汉语书面语言，力求准确、流畅、简洁、生动。我们的语言应该有中国的做派，有时代的生命力，只有如此，读者才会欢迎！

我们期望这套330万字的"清代战争全史"丛书能成为一部爱国主义教材，因为它讴歌了无数为国家的统一、为维护国家主权、为正义的事业而勇敢战斗的仁人志士。同时，也揭露、鞭挞了那些残暴、凶恶的外国侵略者以及分裂祖国、分裂民族的历史罪人，把他们永远钉在历史的耻辱柱上！

这部战争史能否符合要求，能否实现我们的愿望，只有等待广大读者的鉴定和批评指正了。

2017 年 7 月 6 日

于北京神州数码大厦

内容简介

横亘于东北到西北的干旱半干旱草原，紧邻温带到热带的广袤宜农土地，提供了游牧和农耕数千年持续纠缠的基盘，生发出多民族统一国家累积递进的国家形态，并育成了自成一体的中国聚合文明。清朝康雍乾时期的北部、西北和西南边疆经营，正是处于中国历史发展的这一延长线上，推动我国多民族统一国家发展进入新阶段，也推动中国聚合文明臻于新广度、新高度，而战争则是这一经营的有机组成部分。

16世纪70年代，长城内外的融汇发生重大进展。一方面，蒙古皈依黄教，提供了新的强大整合力；另一方面，清朝兴起，兼取渔猎、游牧与农耕之长，毫不倦怠，积极进取。关外时期，清朝已联盟科尔沁、收服内蒙古（漠南蒙古）。入关后，清朝继续招抚外蒙古（漠北喀尔喀蒙古）。而漠西蒙古乘明清更迭之机，西进东扩。脱去活佛袈裟的准噶尔部首领噶尔丹，暗联西藏黄教势力，也力图控制漠北。康熙二十九年（1690），清军与噶尔丹在乌尔会河遭遇，清朝和准噶尔部由此展开了跨越三代人的军事竞争。噶尔丹初小胜，继挫于乌兰布通，虽全身而退，然被疫病重创。清朝则会盟喀尔喀，将其纳入治下。

康熙帝痛耻于噶尔丹全身而退，经数年厉兵秣马，于康熙三十五年（1696）发起三路征讨，而亲领中路。西路清军于昭莫多击溃噶尔丹主力，而康熙帝复连续发起两次亲征，迫使噶尔丹病死于穷途。清朝由此巩固了在漠北的统治，收服了阿拉善蒙古，再次确认统管青藏的和硕特蒙古为其藩属、清朝为黄教最大施主。

准噶尔部另一首领策妄阿拉布坦对西藏发起长途奔袭，戕蒙古和硕特部首领拉藏汗。康熙帝立即发起驱准保藏之役。首战因孤军冒进，援藏清军惨败。康熙帝再部署两路援藏，联合青藏僧俗，终于在康熙五十九年（1720）驱逐准噶尔势力出藏，护送七世达赖到拉萨坐床，由此确立对西藏的直接治理。

雍正时期，虽然两路西征准噶尔互有胜负，但平定罗卜藏丹津之乱后，实现了清廷对青海蒙古的直管，完善了对藏治理，为乾隆时期进一步的经营打下了基础。

乾隆二十年（1755），乾隆帝抓住准噶尔内乱、部众接踵来归的时机，两路进兵，速平准噶尔，结束了双方的三代之争。又经用兵数年，平其反复，戡定回疆。至乾隆二十四年（1759），西域大定，清朝实现了程度更高、版图更广的多民族大统一。

乾隆五十三年（1788），南部小国廓尔喀入侵西藏，清廷调川兵入藏增援。因军事行动不彻底，善后措施不到位，数年后廓尔喀再次侵藏，清廷不得已又一次调兵入藏，并深入廓尔喀境内予以惩创，坚其藩属之心。战役后，经宗教、政治、军事和经济的系列革新，改进了对藏治理，巩固了边疆。

目　录

一、明清之际的中国西部 …………………………………… 1

　1. 卫拉特蒙古的扩张 ……………………………………… 4
　2. 准噶尔汗国的兴起 ……………………………………… 8
　3. 清朝之兴黄教与安蒙古 ………………………………… 12

二、清圣祖亲征朔漠 ………………………………………… 23

　1. 清朝和噶尔丹的矛盾 …………………………………… 25
　2. 乌尔会之役 ……………………………………………… 32
　3. 大战乌兰布通 …………………………………………… 35
　4. 多伦会盟 ………………………………………………… 42
　5. 圣祖亲征朔漠 …………………………………………… 45
　6. 昭莫多血战 ……………………………………………… 58
　7. 噶尔丹的末路 …………………………………………… 63

三、驱准保藏 ………………………………………………… 81

　1. 三位六世达赖 …………………………………………… 84
　2. 准部袭杀拉藏汗 ………………………………………… 94
　3. 额伦特孤军援藏败殁 …………………………………… 99
　4. 抚远大将军西征 ………………………………………… 105

四、经略青海 ………………………………………………… 119

　1. 青藏分治 ………………………………………………… 121
　2. 罗卜藏丹津潜谋反清 …………………………………… 127

3. 察罕丹津趁火打劫 …… 131
4. 年羹尧秣马待机 …… 133
5. 以逸待劳守西宁 …… 138
6. 岳钟琪风卷残云 …… 144
7. 青海蒙古编旗 …… 147

五、雍正两路西征 …… 153
1. 秘筹大计 …… 156
2. 两路西征准噶尔 …… 165
3. 西路受挫 …… 167
4. 北路喋血 …… 180
5. 岳钟琪被劾 …… 187
6. 光显寺大捷 …… 198
7. 议和划界 …… 203

六、乾隆两平准噶尔 …… 207
1. 准噶尔内乱 …… 210
2. 奋乾断直捣伊犁 …… 215
3. 了却百年之争 …… 223
4. 阿睦尔撒纳之叛 …… 231
5. 四汗分封计划破产 …… 245
6. 首酋"天诛"告厥成功 …… 256

七、戡定回疆 …… 265
1. 和卓兄弟之乱 …… 268
2. 库车攻围战 …… 273
3. 鏖战黑水营 …… 282
4. 救和阗 …… 300
5. 两城归降 …… 305
6. 追穷寇 …… 308
7. 全疆一统谋永安 …… 313

目 录

八、用兵廓尔喀 ……………………………………………… 317
    1. 清朝与廓尔喀的往来 ………………………………… 320
    2. 廓尔喀入寇后藏 ……………………………………… 323
    3. 进藏钦差留隐患 ……………………………………… 330
    4. 廓尔喀再犯后藏 ……………………………………… 348
    5. 清军二次入藏 ………………………………………… 360
    6. 深入敌境 ……………………………………………… 368
    7. 革新藏政 ……………………………………………… 379

参考文献 ……………………………………………………… 385
附录　本卷涉及的战役战斗名录 …………………………… 389
后记 …………………………………………………………… 390

一、明清之际的中国西部

一、明清之际的中国西部

展开世界地形图会发现,自中国东北,经蒙古高原、中亚草原,进入炎热干燥的西亚,直到北非撒哈拉大沙漠,横亘着一条干旱半干旱地带,在人类历史上,它是游牧民族活动的大舞台。而作为中国文明象征的长城,则位于这一地带东段的东南侧。长城是一条游牧文明与农耕文明的分界线,更是一条游牧文明与农耕文明的融合带。在中国历史上,长城内外演绎了无数的冲突和融合;到清代,这两种文明最终融为一体,基本奠定了现代中华民族共同体生存版图的基础。

长城内外的融汇,关键在广大蒙古地区。经过长期交往,16世纪70年代出现重大转变。一方面是蒙古皈依黄教,带来了文化统一的强大整合力;另一方面是清朝的兴起,清朝统治者取渔猎、游牧与农耕之长,毫不倦怠、积极进取,经历上百年的经营,终于将蒙古全境纳入大一统版图,并加强了对西藏的治理,完成了中华文明前所未有的大整合。这是一个堪称远迈汉唐元明的卓越经营,其间既有宏大而细致的文韬,更有跌宕而奏凯之武功。从康熙二十九年(1690)清朝与准噶尔展开军事斗争开始,经清圣祖三次亲征噶尔丹、两次驱准保藏,雍正朝两路西征,直到乾隆二十二年(1757)平定阿睦尔撒纳叛乱,乾隆二十四年(1759)戡定回疆,以及乾隆五十六年至五十七年(1791—1792)清军反击廓尔喀入侵西藏之战。在中国的西部边陲,清朝为巩固国家统一、反对外敌入侵,战争断续经历102年之久,故可称之为"西部世纪之战"。

1. 卫拉特蒙古的扩张

在明清更替、明与清都无暇西顾的时候，漠西蒙古卫拉特联盟乘时兴起。

卫拉特是 Oyirad 的汉语音译，元朝时译作"斡亦剌惕"等，明朝时译为"瓦剌"，清朝时又译作"厄鲁特""额鲁特"，为 Ögeled 的汉语音译，原指卫拉特蒙古诸部中的古老部落之一，以之指称整个卫拉特，其实并不贴切。①

12世纪时，色楞格河下游、叶尼塞河上游和贝加尔湖周围，居住着许多部落与部落联盟，统称为"万斡亦剌惕"，意为"诸林中的百姓"。斡亦剌特（明代汉籍译为"瓦剌"）只是诸林中的百姓中的一个部落联盟。13世纪初，成吉思汗长子术赤出征"万斡亦剌惕"，斡亦剌特率先归附，被封为四千户，其领地和属民得以确认。"四卫拉特"（Dörben Oyirad）的名称从此出现在历史记载中。此后，无论其构成、分布和互相关系如何变化，该名称都是他们的对外统称。跟随蒙古大汗西征，卫拉特人分布到天山南北和中亚各地，吸收了许多东蒙古和突厥系部落，在大蒙古国政治中扮演过重要角色。

明太祖洪武元年（1368），元朝灭亡，北元退居塞北，蒙古汗权衰微，斡亦剌惕乘机摆脱蒙古大汗的约束，在西北强势崛起。随着绰罗斯、辉特、土尔扈特、和硕特诸部的先后加入，卫拉特的属民增加，领地扩大，发展成"四万户卫拉特"。其中源自不儿罕山（今蒙古国肯特山）兀良哈的绰罗斯部成了四卫拉特的核心。在出身绰罗斯的脱欢（？—1439）、也先（1407—1454）父子统治时期，四卫拉特联盟势力臻于极盛，统一了蒙

---

① 参见马大正、成崇德主编《卫拉特蒙古史纲》，第4页，新疆人民出版社，2006。但由于清朝官方文献中多使用"厄鲁特"的译名，为照顾习惯，便于叙述，本书在根据清朝文献叙事时，多用"厄鲁特"一名。

古，其版图东接朝鲜，西到中亚，南界长城，北连西伯利亚。明英宗正统十四年（1449），土木堡（今河北怀来县东）之役中，瓦剌竟然大败明朝京军精锐，俘虏明英宗。

但强盛未能长久，明景帝景泰五年（1454），也先被害，统一局面即告结束。此后卫拉特远徙西北，处境仍然艰难。其东部不断受到右翼俺答汗的袭击。直到明神宗万历九年（1581），俺答汗去世，右翼的威胁方告解除。其东北部自16世纪80年代以后不断受到左翼喀尔喀部的攻击，而盟主也转到了和硕特部。万历十五年（1587），喀尔喀军号称8万，翻越阿尔泰山，渡过额尔齐斯河，攻入四卫拉特腹地。卫拉特各部在盟主拜巴噶斯（？—1630）统率下，以3.6万人迎战。喀尔喀军队因争抢战利品发生内讧，卫拉特联军趁机猛攻，重创喀尔喀军。

拜巴噶斯是卫拉特黄教传播的倡导者。大约在16世纪末，黄教已经传入卫拉特，拜巴噶斯曾多次聆听活佛察汗诺门罕布道，感慨世道无常，产生出家做喇嘛的想法。卫拉特各部贵族以"多人出家福报大于一人出家"为由，打消了拜巴噶斯遁世的想法，却产生了一个影响深远的决定：万历四十三年（1615），各部贵族各派儿子1人，与拜巴噶斯的义子咱雅班第达（1599—1662）一起，前往安多、拉萨当喇嘛学佛经。从此，卫拉特与西藏的联系就越来越密切了。

万历四十八年（1620），绰罗斯贵族哈喇忽剌（？—1634）联合土尔扈特、杜尔伯特台吉（又写成"浑台吉""珲台吉"等，蒙古各部首领称号，为汉语皇太子的音转），征调4000人的军队，出击喀尔喀托辉特部大本营乌布萨湖，但因忽视侧翼保护，反遭夹击，惨败而归。3年后，四卫拉特联军再次出击，击杀托辉特部首领，夺回天山北面广大牧场。①

当时四卫拉特人口和牲畜增加，却缺少牧场，因此内部矛盾时有发生。为了解决矛盾，通过协商后，有的部落选择外迁以扩大生存空间。明思宗崇祯元年（1628），土尔扈特部向额济勒河（今伏尔加河）迁徙，两年后，他们赶走诺尔盖人，占据了额济勒河下游靠近里海的广阔草原。

这时，青藏高原也给卫拉特发来了"邀请"。藏传佛教中的噶玛噶举派红帽系与格鲁派（黄教）之间的矛盾日益激化。

---

① ［日］宫胁淳子：《17世纪卫拉特与喀尔喀的争逐》，载《蒙古学资料与情报》1987年第2期。

明万历十六年（1588），在三世达赖喇嘛圆寂后，格鲁派认定俺答汗的曾孙云丹嘉措（1589—1616）为四世达赖喇嘛，以获得蒙古的军事支持，施压竞争对手噶玛噶举派。在当时的青海，活动着以俺答汗的堂侄火落赤为首的土默特蒙古诸分支，也有部分永谢布和鄂尔多斯的部众在此游牧。万历三十一年（1603），四世达赖喇嘛前往西藏。由于他的反对，格鲁派借助青海、蒙古攻打噶玛噶举派施主藏巴汗的企图未能实现。万历四十四年（1616），四世达赖喇嘛圆寂后，格鲁派引火落赤的儿子们率兵入藏，两年后占领了拉萨。噶玛噶举派为了对抗格鲁派，也开始结交左翼蒙古的察哈尔部和漠北的喀尔喀。虽然察哈尔大汗林丹汗西迁途中死于青海大草滩，但响应其远征西藏的喀尔喀领主绰克图洪台吉进入青海后消灭了右翼蒙古势力。明崇祯八年（1635），格鲁派领袖们派遣活佛到卫拉特求援。哈喇忽剌已于前一年病故，其子和多和沁继位，获授"巴图尔珲台吉"称号，与拜巴噶斯的儿子鄂齐尔图车臣汗（？—1680）同任四卫拉特的盟主。翌年，和硕特部的图鲁拜琥（拜巴噶斯之弟，1582—1656）、绰罗斯部的巴图尔珲台吉率军万余，应格鲁派邀请南下。在青海湖北，卫拉特联军同绰克图洪台吉、和多和沁台吉的部队恶战一场，结果绰克图洪台吉大败，本人被擒。

崇祯十年（1637）冬，图鲁拜琥到拉萨拜见了五世达赖和四世班禅，被授予"顾实·丹增曲结（国师·持教法王）"的尊号，史称"顾实汗"（又译"固始汗"）。

顾实汗喜爱青海土地广袤、水草丰美，且能享有唐古忒（也作唐古特，是清初文献中对青藏地区及当地藏族的称谓）的贡赋，决定留驻下来，以青海作为和硕特部的游牧地。他把从达赖喇嘛那里代请的尊号"额尔德尼巴图尔珲台吉"授予和多和沁，并把女儿阿敏达喇嫁给和多和沁，又分给他大量战利品，让他带领联军返回卫拉特，同时安排和硕特的大部分部众迁入青海。

不久，顾实汗攻灭康区（今西藏东部）的白利土司。明崇祯十四年（1641），顾实汗又乘西藏内乱，以维护黄教的名义领兵入藏。翌年初，攻陷后藏首府日喀则，杀藏巴汗，统一了西藏，自称藏王，并任命索南拉布丹（1595—1658，又称索南群培、索南饶丹）为第巴（摄政），掌管西藏世俗统治权，而以五世达赖喇嘛为西藏教主。

在土尔扈特部与和硕特部外迁之后，卫拉特联盟还向中亚多次用兵，在西伯利亚方向拒绝了沙皇的招降，有效抵制了沙俄的侵略。而此时新兴

一、明清之际的中国西部

的后金政权（1636年后金改国号为清）已经控制了科尔沁、朵颜三卫、左右翼蒙古。左翼蒙古中，只有漠北的喀尔喀部（外喀尔喀）勉强保持独立。为了应对后金的威胁，喀尔喀部一面与之结好，一面放下多年的仇怨，号召卫拉特与他们结盟。

明崇祯十三年（1640），在喀尔喀的札萨克图汗和准噶尔的巴图尔珲台吉的倡议下，喀尔喀和卫拉特的宗教首领和诺颜（领主）数十人，在塔尔巴哈台（今新疆塔城）召开了会议。会议制定了著名的《蒙古-卫拉特法典》，可能还讨论了和硕特部入藏、与清朝通好的问题。①

到17世纪50年代，东起杭爱山西麓，西到伏尔加河、顿河流域，北抵额尔齐斯河中下游的托波尔河，南包青藏，接壤印度，分布着三大卫拉特汗国或部落联盟：青藏和硕特汗国、漠西卫拉特联盟、伏尔加土尔扈特汗国（俄语称"卡尔梅克汗国"）。

图1.1 皇清职贡·厄鲁特人 〔清〕丁观鹏绘（《清史图鉴》第6册《乾隆朝上》，第62页）

---

① 参见马大正、成崇德主编《卫拉特蒙古史纲》（上册），第72-74页，新疆人民出版社，2006。

2. 准噶尔汗国的兴起

和硕特、土尔扈特外迁后,卫拉特故土剩下的人口就以准噶尔为核心。准噶尔,意为"左翼",是卫拉特蒙古的一个部落。该部强大后,统辖四卫拉特,准噶尔就成为整个卫拉特蒙古的代称。

留守故土的四卫拉特构成是:准噶尔为一卫拉特,一半和硕特为一卫拉特,与准噶尔同宗的杜尔伯特为一卫拉特,由辉特代替土尔扈特为一卫拉特。准噶尔部首领巴图尔珲台吉(即和多和沁)与和硕特部首领鄂齐尔图台吉同为四卫拉特盟主。但巴图尔珲台吉人多势众,影响力更大。巴图尔珲台吉励精图治,四卫拉特的经济、文化和军事实力都明显增强。

清世祖顺治十年(1653),巴图尔珲台吉去世,第五子僧格继位。巴图尔珲台吉去世前,将他的领地和属民平分为两份,一份由僧格掌管,另一份则由其他八个儿子分管。僧格的同父异母兄车臣台吉(巴图尔珲台吉长子)、卓特巴巴图尔(巴图尔珲台吉次子)不服僧格执政,卫拉特陷入内战。直到顺治十八年(1661),在额敏河决战中,僧格一方取胜,才基本稳定了局面。

清圣祖康熙九年(1670)九月,准噶尔部再起内讧,僧格被他的同父异母兄车臣台吉和卓特巴巴图尔袭杀,部曲离散。挽救准噶尔部的大任降落到僧格同父异母弟噶尔丹身上。

噶尔丹(1644—1697),巴图尔珲台吉的第六子,时年27岁,他能否当此大任呢?

在噶尔丹出生的前一年,格鲁派高僧第三世温萨活佛曾向巴图尔珲台吉夫人玉姆许诺,他死后将在她的胎里转世。十月怀胎,温萨活佛去世的第二年,即清顺治元年(1644),玉姆就生下了噶尔丹。① 因此,噶尔丹

---

① 特克第:《卫拉特历史文献》,第309页,内蒙古文化出版社,1986。

出生的时候就被认定为第四世温萨活佛，即第三世温萨活佛的转世，这就大大抬高了他的身份。第三世温萨活佛就是当年被西藏黄教领袖们派到卫拉特求援的活佛尹咱胡图克图（1605—1644），亦是现有文献可见到的卫拉特首位活佛，在卫拉特、喀尔喀和西藏都有相当影响。他曾参加明崇祯十三年（1640）的蒙古—卫拉特会议，在会议制定的法典序言中，他的名字排在众喀尔喀和卫拉特僧人及诺颜王公的最前面。① 故此，噶尔丹一出生就获得了活佛的身份，有望成为卫拉特的精神领袖。

噶尔丹9岁的时候，他父亲就以"温萨活佛"（即噶尔丹）的名义另派使者和自己的使者一起，到北京向顺治皇帝请安和朝贡。② 据传说记载，噶尔丹"稍长，喜奉释氏。有大志，好立奇功。父母深爱之，欲立为黄太吉"。而噶尔丹回答说："阿哥在。"便剃发为僧，只身前往西藏。途中遇黄衣僧数十前来迎接，并转交达赖喇嘛所赠"七生旧物"。噶尔丹下马拜受，于是一同前赴拉萨。③

藏历火猴年（1656）闰正月十二日，五世达赖喇嘛在拉萨大昭寺举行的祈愿大法会上接受了噶尔丹的供养和礼品，为他授法灌顶。④ 噶尔丹到拉萨时还只是个12岁的少年。其实，他是被黄教领袖们请去的，所谓"途遇黄衣僧数十人前来迎接"，只不过是隐晦地记录这一史实。对于西藏黄教来说，取得卫拉特世俗贵族军事、政治力量的持续支持，是关涉其核心利益的事情，为达成此目标，竭力把卫拉特领袖的子弟变成自己人。

噶尔丹在拉萨谒见达赖喇嘛后，往日喀则扎什伦布寺拜班禅博克多（1567—1662，罗桑确吉坚赞）为师学习佛法。康熙元年（1662），四世班禅圆寂，噶尔丹遂转到拉萨，师从达赖喇嘛学佛，特别受器重，据称，"达赖喇嘛之徒遍西域，而特重嘎尔旦，所语密，虽大宝法王、二宝法王不得与闻"⑤。噶尔丹在学佛之余，不忘习武练功，而且在拉萨还拥有自

---

① 参见 M. 乌兰《英藏胡图克图史实考》，载《内蒙古社会科学》1993年第5期。
② 〔清〕阿旺洛桑嘉措撰，马连龙等译：《五世达赖喇嘛传》，第327页，中国藏学出版社，2006。
③ 〔清〕梁份著，赵盛世等校注：《秦边纪略》卷六《嘎尔旦传》，第419页，青海人民出版社，1987。
④ 〔清〕阿旺洛桑嘉措撰，马连龙等译：《五世达赖喇嘛传》，第399页，中国藏学出版社，2006。
⑤ 《秦边纪略》卷六《嘎尔旦传》，第419页。

己的"温萨寺"①。

藏历火马年（1666）十一月二十三日，在西藏学佛十年的噶尔丹，随同到拉萨朝圣的嫂子僧格夫人策旺札勒姆，拜别达赖喇嘛，要离开拉萨。临别，达赖喇嘛说："杀运方兴，汝乃出也。"②

噶尔丹回到准噶尔后，咱雅班第达（1599—1662，和硕特巴拜汗第五子，卫拉特藏传佛教高僧，托忒文创制者）已去世多年，他就成了卫拉特地位崇高、学识渊博首屈一指的活佛，主持重要宗教仪式、翻译藏文经典、参与卫拉特外交活动。③

康熙九年（1670）秋，僧格被杀，变起仓猝，部众惊散。其百余骑一气疾奔到沙漠东边，直到天黑才停下聚到一块儿，不知往投何处。正踌躇间，忽见夜幕下火光千百，远远从东方来。众大惊，群起勒马，搭箭引弦，持满以待。等火光靠近，才发现是温萨活佛立马提枪，目光炯炯，表情冷毅。凝视良久，众人下马罗拜，以为神明降临。闻噶尔丹归，部众纷纷聚集，至千余骑，噶尔丹即麾兵前进。有迟疑者谓："兵少地险，且慢进，寻机再举。"噶尔丹沉毅发出命令："进！朝着吾枪所向。"众齐声回答："嘛（是）！"

当时，车臣台吉和卓特巴巴图尔屯万骑于阿尔泰山麓，等待噶尔丹来攻，企图一举歼之。

噶尔丹率军抵近山麓，车臣台吉分三路展开部队，扬尘蔽日。噶尔丹独骑当先，跃马挺枪杀入，斩敌数十骑，溃其军，而身不着一矢。车臣台吉退守阿尔泰山口，居高临下，滚石如雨。噶尔丹令轮番仰攻，众惧莫敢行。噶尔丹立斩宰僧（队长）数人立威，随即身率20骑，冒矢石强攻，呼声震天地。噶尔丹遇车臣台吉，跃阵进，手缚之。左右皆轰然散，莫敢当，弃弓矢，下马匍匐求降。而卓特巴巴图尔狂奔逃亡青海。

翌年，五世达赖喇嘛授予噶尔丹"珲台吉"称号，表示对他作为准噶尔部首领的支持。然后，噶尔丹按照惯例，迎娶了僧格的妻子阿努达喇，

---

① 〔清〕阿旺洛桑嘉措撰，马连龙等译：《五世达赖喇嘛传》，第513页，中国藏学出版社，2006。
② 《秦边纪略》卷六《嘎尔旦传》，第419页。
③ 参见黑龙《噶尔丹早期史实考》，载《兰州大学学报》2008年第1期。

一、明清之际的中国西部

她是和硕特部鄂齐尔图车臣汗的孙女,"慧而美,深爱噶尔丹"①,成为噶尔丹的终身伴侣和得力助手。

内难既平,噶尔丹"乃招徕归附,礼谋臣,相土宜,课耕牧;修明法令,信赏罚,治战攻器械"②。修举内政后,噶尔丹开始进一步施展他的雄心:重建统一的蒙古帝国,自称"上为达赖喇嘛行善,下为四卫拉特造福"③。

于是,按照远交近攻的方略,噶尔丹开始了长年的东征西讨。"破回子中之萨马拉罕、布哈尔、哈萨克、布鲁特、叶尔钦、哈思哈尔、赛拉木、吐鲁番、哈密诸国,其所攻取降服者,一千二百余城。"④ 期间得知清朝三藩乱起,蠢蠢欲动,问计于拉萨。达赖喇嘛遣高僧传话,曰:"非时!非时!"噶尔丹乃作罢。⑤ 到藏历土马年(1678)五月,五世达赖喇嘛遣使前来,授予噶尔丹"丹津博硕克图汗(持教受命王)"称号,承认他与顾实汗一样,是格鲁派护教者与全卫拉特的汗。这标志着"准噶尔汗国"的成立。

到17世纪80年代中叶,噶尔丹统一了天山南北,占据了中亚的大部,其政治中心也从和布克赛尔北迁到额尔齐斯河源之一的喀拉额尔齐斯河畔,势力臻于极盛。他想起了成吉思汗创建大蒙古国的荣耀,把目光进一步投向东方,准备集结兵马,与清朝争夺喀尔喀蒙古。

---

① 《秦边纪略》卷六《嘎尔旦传》,第420页。
② 《秦边纪略》卷六《嘎尔旦传》,第420页。
③ 齐木德道尔吉:《1690年九月噶尔丹致达赖喇嘛、第巴的信函》,载《内蒙古大学学报》1992年第1期;参见黑龙《噶尔丹早期史实考》,载《兰州大学学报》2008年第1期。
④ 《清圣祖实录》卷一八三,康熙三十六年五月癸卯。
⑤ 《秦边纪略》卷六《嘎尔旦传》,第421页。

3. 清朝之兴黄教与安蒙古

在卫拉特蒙古东西并进、准噶尔汗国乘时崛起之时，新兴的清朝对蒙古的经营从未松懈。

明末清初，居住在我国西北和北方的蒙古族分为三大部，即漠西蒙古（卫拉特）、漠北蒙古（喀尔喀）和漠南蒙古。从清朝兴起于关外、入关统一全国的顺序看，蒙古族三大部与清朝的空间距离是由远及近，而清朝对蒙古的经营，则是由近及远，先文后武。

漠南蒙古在清军入关前就已归服清朝。清太宗皇太极与明朝对抗，采取"东联朝鲜，西结蒙古"的策略。而漠南蒙古的势力东至吉林，西抵贺兰山，南及长城，北达瀚海，位于明金（清）之间，具有重要战略位置。在漠南蒙古中，又以察哈尔部势力最大，其控制范围"东起辽东，西尽临洮"①，其首领林丹汗为成吉思汗黄金家族的嫡传子孙，名义上是蒙古大汗，主张联明抗金。皇太极"恩威并用"，厚待归顺的蒙古贵族，对林丹汗则采取武力打击。后金天聪二年（明崇祯元年，1628）和六年（明崇祯五年，1632），皇太极两次亲征林丹汗，逼迫他最后逃至青海，两年后病卒于大草滩。天聪九年（明崇祯八年，1635），皇太极又派其弟多尔衮等深入河套地区，击溃了林丹汗的残部，并夺得元朝的传国玺。清崇德元年（明崇祯九年，1636），漠南蒙古十六部首领齐聚盛京，尊皇太极为可汗，自此漠南蒙古全体臣服于清朝。

清太宗统一漠南蒙古后，又于当年向漠北蒙古（即喀尔喀蒙古）的三个主要部落遣使，劝其归附。16世纪最初10年，达延汗统一蒙古划分左右翼时，将喀尔喀归入左翼，受大汗直接统辖。大汗宫帐在漠北的主要游牧地，仍在克鲁伦河中下游。喀尔喀之名，即来自其游牧地的喀尔喀河

---

① 参见彭孙贻《山中闻见录·西人志》。

（今内蒙古呼伦贝尔市到蒙古国东方省境内的哈拉哈河）。

河东的土地和人民，达延汗封授给了他的第五子阿尔楚博罗特（1490—?），辖五部；河西的土地和人民，封授给了幼子格埒森札，辖七部。明嘉靖中叶（1540）后，河东五部东迁，称内喀尔喀，后归附清朝。相对而言，河西七部称外喀尔喀，简称喀尔喀。喀尔喀在漠北逐渐扩张，到17世纪30年代，形成了札萨克图汗、土谢图汗、车臣汗等三大部落，分为左右两翼。土谢图汗部、车臣汗部为左翼，札萨克图汗部为右翼。

后金（清）与喀尔喀各部发生初次接触是在天聪九年（1635）四月。当时，贝勒多尔衮等正领军在西套收服林丹汗之子额哲，有察哈尔降人转交了一封喀尔喀车臣汗等人写给皇太极的通好信。未及回复，班师途中，有人讦告归化城（今呼和浩特）土默特部长博硕克图之子秘密介绍喀尔喀人与明朝做买卖，有异志，岳托派兵捕双方使客，杀博硕克图之子乳母的丈夫毛罕。此后，后金（清）以控制漠南蒙古、扼守喀尔喀与明朝交通要道的优势，以通商或禁运为胁诱，又施以武力威胁和遣使招抚，冀喀尔喀归附，但鲜有成效，只有原属林丹汗的几个部落转投了后金（清）。清太宗皇太极几度尝试与喀尔喀联合遣使，邀请达赖喇嘛前来传法，借以笼络喀尔喀，皆未成功。故清世祖后来追忆说：

> 当太宗皇帝时，尚有喀尔喀一隅未服，以外藩蒙古惟喇嘛之言是听，因往召达赖喇嘛。其使未至，太宗皇帝晏驾。①

清朝入关后，通过遣使招抚、朝贡贸易、宗教认同，偶尔使用武力威慑，因俗制宜，逐步将喀尔喀纳入了中原王朝的宗藩体系。

塞北游牧经济与中原农耕经济有着互通有无的天然需求，尤其是游牧经济对农耕经济的依赖更强。清朝全国统治的逐步确立，让喀尔喀贵族认识到，与清朝建立稳定和平的关系是自身生存与发展的重要条件，而清朝也充分利用这一点，积极遣使招抚，慎用贸易制裁，克制使用武力。

顺治六年（1649）四五月间，喀尔喀左翼土谢图汗和车臣汗遣使朝贡。七月，喀尔喀丹津喇嘛分别致书清世祖和摄政王多尔衮，称哲布尊丹

---

① 《清世祖实录》卷六八，顺治九年九月壬申。

巴（蒙古两大活佛之一）令其主持与清朝议和事宜，喀尔喀左右两翼已商定议和。两书的书写格式与以往不同，将摄政王、清世祖抬格书写，而自己的话则称"奏"，文书格式上表示了对清朝最高统治者的臣服。清朝予以积极回应，明确要求往后喀尔喀与清朝的往来文书中，称清朝皇帝的文书和命令为"敕谕"，来文称"奏"。

翌年十月，喀尔喀向北京派出高规格进贡使团，所上贡表完全遵循了清朝的文书格式。顺治八年（1651）闰二月，硕垒达赉车臣汗之子额尔德尼台吉率先向清廷进献"九白之贡"（白骆驼1匹、白马8匹）。九月，8名左翼首领亦进"九白之贡"，但清廷只收下其中的一半。

这时清廷邀请达赖喇嘛传法之事也有了进展。

16世纪70年代蒙古皈依黄教后，黄教和黄教领袖在蒙古各部中就树立起了崇高威望。尤其是四世达赖喇嘛出身蒙古，蒙古人对达赖喇嘛的崇拜无以复加。四世达赖喇嘛圆寂后，漠南、漠北各部蒙古贵族多次邀请五世达赖喇嘛前来传法，但西藏黄教高层出于达赖喇嘛年幼及局势考虑，没有同意。而清朝统治者对蒙古社会的这个特点有着深刻了解，如清高宗曾撰《喇嘛说》一文，其中指出：

> 其达赖喇嘛、班禅额尔德尼之号，不过沿元明之旧，换其袭敕耳。教总司以此二人，各部蒙古一心归之，兴黄教即所以安众蒙古，所系非小，故不可不保护之。①

"兴黄教即所以安众蒙古"，这一精当概括点出了清朝黄教政策的精髓。虽然这是清开国一个半世纪以后的总结，但实际的政策，清朝在关外时就已经执行了。皇太极曾想联合遣使西藏，请达赖喇嘛前来传法，以加强与喀尔喀诸蒙古的关系，但苦于无从下手。

到清崇德二年（1637），机会终于降临。

这年二月，"厄鲁特部落顾实车臣绰尔济，遣其头目库鲁克，来贡马匹、白狐皮、獭喜兽、绒毯等物。顾实车臣绰尔济，初未入贡，闻上威德

---

① 〔清〕爱新觉罗·弘历：《喇嘛说》，《御制文集·三集》卷四。

一、明清之际的中国西部

远播，至丙子年（清崇德元年，1636）乃遣使。因路远，于是岁始至。"①

顾实车臣绰尔济是一位出生在宁夏的活佛。清崇德（1637）二年二月他的使者到达盛京（今沈阳）时，他正在卫拉特、喀尔喀一带传教。12年前，他曾随蒙古鄂尔多斯部土巴台吉赴藏，参加四世达赖喇嘛灵塔的开光仪式，并邀请五世达赖喇嘛去蒙古传法。他的名字是四世班禅授予的称号。17世纪三四十年代，蒙古贵族多次邀请五世达赖喇嘛赴蒙，都是他从中担任翻译和联络人。他最初大概在鄂尔多斯传教，在林丹汗西迁兼并右翼蒙古时，他去了卫拉特。察哈尔被灭后，他率先派遣使者，以"厄鲁特部"的名义向皇太极进贡，借修好清朝为名，获得在明朝边口贸易的便利，以购置赴藏朝佛布施所需物品。皇太极获悉他要去西藏，于是秘密托其使者返程时捎去两封信，一封给西藏地方政治领袖，一封给宗教领袖，让他进藏时转交。清崇德四年（1639），皇太极与喀尔喀部蒙古贵族约好，共同遣使西藏邀请达赖喇嘛，后因双方交恶，喀尔喀人爽约，清朝方面只好中止遣使。

同年，顾实车臣绰尔济偕同准噶尔部前首领巴图尔珲台吉的堂弟到了西藏，分别向藏巴汗和达赖喇嘛转交了皇太极的信件，但由于清朝使者没有跟进，藏巴汗只是做了礼节性的回信。而黄教领袖们对皇太极的信件极为重视。由于五世达赖喇嘛年纪尚轻，四世班禅亲自到前藏商量对策。鉴于清朝使者迟迟未到，最后商定，委托顾实车臣绰尔济赴盛京，给皇太极捎去书信和礼品，并打听清朝情况，同时授予车臣绰尔济一个新的称号：伊拉古克三胡图克图。所以，当他再次出现在清廷的时候，名字就变成新的称号了。

清崇德五年（1640），顾实车臣绰尔济告别达赖喇嘛，动身返回。他先到了卫拉特，派使者向皇太极报告了赴藏朝圣以及返回经过。六年（1641）八月，皇太极回信，说明遣使中止情由，希望从他那里得到西藏消息，并嘱咐他先随普通商队到归化城（今呼和浩特），然后清朝派使者去迎接。

七年（1642）十月，伊拉古克三胡图克图、戴青绰尔济两位喇嘛率领

---

① 《清太宗实录》卷三九，崇德二年十月丙午。该条记事中的"顾实车臣绰尔济"，祁士韵《皇清藩部要略》中误为和硕特部的顾实汗，被现代许多论著沿用。参见达力扎布《清太宗邀请五世达赖喇嘛史实考略》，载《中国藏学》2008年第3期。

一个由达赖喇嘛使者和四卫拉特各部代表组成的庞大使者团抵达盛京，皇太极亲率诸王贝勒大臣出怀远门隆重迎接。清廷对使团的招待慷慨备至。除皇太极多次赐宴外，八旗诸王贝勒们还轮流宴请，5日一设宴"凡八阅月"，直到次年（1643）五月，乃厚礼遣还，给西藏、卫拉特僧俗各领袖分别致书一函，并派使者随行。① 致书对象共9人，包括宗教领袖7人（格鲁派3人、噶举派3人、萨迦派1人）、政治领袖2人（藏巴汗和顾实汗）。名单排位先僧后俗，而且还有相应的礼物。而宗教领袖中，达赖喇嘛与班禅喇嘛排在第一位和第二位，而"书词与附送礼物同"，对黄教的两大宗教领袖，清廷完全平等对待。给藏巴汗和顾实汗的书词，则有不同。给前者的信称"敕谕"，附送礼物称"赐"，是君对臣的口气；而给后者的信虽称"致书"，但结尾用"尔其知之"，是君对臣的命令语气。②

这次遣使，皇太极相当慎重，鉴于西藏僧俗势力的复杂关系，他只在给顾实汗的信中谈到"敦礼高僧"的事，也未指定邀请何派何人，以表示对顾实汗的尊重。③

由此可见，清朝统治者尚未入关，就高度重视西藏黄教势力与漠西卫拉特蒙古，重视黄教在与蒙古交往以及蒙藏社会治理中的作用，目光不可谓不远大，布局不可谓不宏伟！

同年九月，使者尚未到西藏，青海和硕特部顾实汗派出的使者已经到了盛京，向清廷推荐："达赖喇嘛功德甚大，请延至京师，令其讽诵经文以资福佑。"④ 可见卫拉特贵族对于结好新兴的清廷也非常主动。顾实汗在上一年已经消灭了支持噶玛噶举派红帽系的藏巴汗势力，成为黄教的大施主，他如此迫切建议清廷邀请达赖喇嘛，是为了争取主动，避免清廷邀请其他宗教领袖，扰乱西藏局势。不过这点担心实属多余，因为清廷非常清楚当时喀尔喀人信奉黄教，邀请对象当属达赖喇嘛无疑，只是鉴于西藏

---

① 《清太宗实录》卷六三，崇德七年十月己亥；卷六四，崇德八年五月丁酉。
② 《清太宗实录》卷六四，崇德八年五月丁酉。参见柳陞祺、邓锐龄《清初第五世达赖喇嘛进京及受封经过》，《柳陞祺藏学文集》上册，第116页，原文发表于《藏族历史宗教研究》第1辑，中国藏学出版社，1996。
③ 参见李保文《顺治皇帝邀请第五世达赖喇嘛考》，载《西藏研究》2006年第1期；柳陞祺、邓锐龄《清初第五世达赖喇嘛进京及受封经过》，见《柳陞祺藏学文集》上册，第116页。原文发表于《藏族历史宗教研究》第1辑，中国藏学出版社，1996。
④ 《清世祖实录》卷二，崇德八年九月戊申。

局势不明朗，尚未在纸面上明确提出邀请对象。

顾实汗的使者到达盛京时，皇太极已于上月去世，年幼的世祖继位，睿亲王多尔衮摄政，因此实际接待顾实汗使者的清朝最高统治者是多尔衮。清廷接受了顾实汗的建议。次年，也就是顺治元年（1644）正月，清廷致书顾实汗，说明延请高僧的使者偕同伊拉古克三胡图克图，正在前往西藏的路上，但仍然未明言延聘对象为何人。①

同年下半年，伊拉古克三胡图克图和清廷使者一行到达西藏。从当年七月起，到顺治二年（1645）三月，清廷使团拜会了西藏各主要僧俗领袖。顾实汗遵照清朝皇帝的指示，为使团各项活动提供了全力协助。

顺治三年（1646）八月二十五日，达赖喇嘛所派班第达喇嘛为首的使团随清廷使臣抵达北京。而伊拉古克三胡图克图因病返回了喀尔喀，不久去世。②

在接到顺治元年（1644）正月十五日清廷以清世祖名义给顾实汗的答书后，达赖喇嘛、顾实汗才确认清世祖继位的消息，于顺治三年（1646）孟春吉日、仲春吉日派遣使臣赍书祝贺。十月，赍书使者到达北京。这标志西藏与清廷之间建立起了通使关系。③

顺治五年（1648），清廷正式遣使邀请访京，达赖喇嘛爽快地答应了邀请。顺治九年（1652）十月，达赖喇嘛如期而至。清世祖派和硕承泽亲王硕塞等率兵 5000 人，往迎于代噶（今内蒙古凉城县）。十二月，清世祖以田猎名义，迎见于南苑。

翌年（1653）正月，清廷宴达赖喇嘛于太和殿，诸王依次设宴招待。二月，达赖喇嘛归，仍派硕塞领八旗兵送至代噶，封达赖喇嘛为"西天大善自在佛所领天下释教普通瓦赤喇怛喇达赖喇嘛"。这个封号是有由来的："西天大善自在佛所领天下释教"，是沿用明朝永乐帝封噶举派活佛得银协

---

① 《清世祖实录》卷三，顺治元年正月己亥（初十日）。实录此条记事有误，李保文先生据蒙文档案记载，认为清廷的答书签署日期当是十五日，并无追加派遣使者之事，亦无明言延请达赖喇嘛之事。参见李保文《顺治皇帝邀请第五世达赖喇嘛考》，载《西藏研究》2006 年第 1 期。

② 《清世祖实录》卷三〇，顺治四年正月壬戌："遣理藩院副理事官罗多理，赐故喇嘛伊拉古克三胡土克图鞍马、缎疋、器皿茶香等物。"

③ 参见李保文《顺治皇帝邀请第五世达赖喇嘛考》，载《西藏研究》2006 年第 1 期。

巴的封号"西天大善自在佛领天下释教",只是在中间加了一个"所"字;"普通瓦赤喇怛喇达赖喇嘛",则是沿用了明万历六年(1578)蒙古俺答汗赠三世达赖喇嘛的尊号。又送满、汉、藏三体文金印、金册。册文里有句"应劫现身,兴隆佛化,随机说法,利济群生"。封号和册文都昭示,清廷继承传统,承认达赖喇嘛的崇高宗教领袖地位。

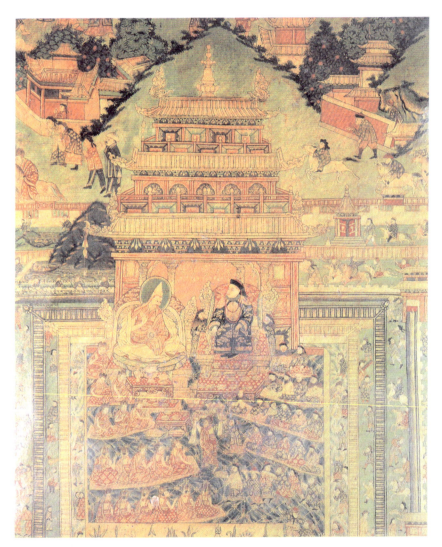

图1.2 壁画《五世达赖喇嘛觐见顺治帝》(《清史图鉴》第2册《顺治朝上》,第203页)

一、明清之际的中国西部

清廷同时封和硕特顾实汗为"遵行文义敏慧顾实汗",赐满、汉、蒙三体文金印、金册。册文中有句:"庶邦君长,能度势审时,归诚向化,朝廷必加旌异,以示怀柔。"又有:"作朕屏辅,辑乃封圻。"① 也就是说,清廷给顾实汗这一藏王的定位是清朝西藏地方政权的执政者。达赖喇嘛从者3000人,皆有赏赐。

对于达赖喇嘛来说,取得清廷的册封,是在和硕特蒙古贵族之外获得了一个更高级别的施主,其地位和权利可以得到更加可靠的保障。而对于顾实汗来说,获得清廷的册封,是其统辖青藏的藏王地位获得了中央政权的承认和支持。

而对于清廷来说,当时与南明的军事斗争尚在进行中,达赖喇嘛和顾实汗接受其册封,无疑是对清朝一统天下的有力支持。尤其是达赖喇嘛接受其册封,象征黄教对清朝皇权的加持,也就是全天下黄教信众对清朝统治的支持。在顺治九年(1652)九月讨论皇帝是否到代噶亲自迎接时,清世祖曾担心:"倘不往迎喇嘛,以我既召之来,又不往迎,必至中途而返。恐喀尔喀亦因之不来归顺。"② 这说明,邀请达赖喇嘛赴京会见,对喀尔喀归顺清朝有相当的影响。果然,当年十月,就有土谢图汗部的四位台吉率所属1070户投归清朝。③ 这一事件,让清廷取得了主动权。顺治十二年(1655)十二月,喀尔喀左翼诸首领与清廷使臣盟誓后,又遣台吉到京师,与清朝郡王盟誓于宗人府。十六年(1659)四月,右翼诸部遣使进贡,盟誓修好。至此,通过朝贡、盟誓等仪轨,喀尔喀确立了对清朝的政治附属关系。④

从对达赖喇嘛、顾实汗的册封,对喀尔喀诸部取得宗主地位,可以观察到清廷经营边疆地区的两个重要特点:一是继承传统,将边疆地区纳入宗藩体系;二是有着自己的特色,将蒙藏治理通盘考虑,充分利用黄教的积极作用。第二点正是清朝眼光超越历代中国王朝的地方。

---

① 《清世祖实录》卷七四,顺治十年二月丁巳。
② 《清世祖实录》卷六八,顺治九年九月壬申。
③ 《清世祖实录》卷七二,顺治十年二月甲子;卷七三,顺治十年三月己巳。
④ 清初喀尔喀对清朝政治附属关系确立的过程,参见达力布扎布《清太宗和清世祖对漠北喀尔喀部的招抚》,载《历史研究》2011年第2期。九白之贡,参见 N. 哈斯巴根《九白之贡:喀尔喀和清朝朝贡关系建立过程再探》,载《民族研究》2015年第2期。

至于漠西卫拉特蒙古，青海和硕特部是最早与清廷建立联系的。建立起横跨青藏的和硕特汗国后，顾实汗成为黄教的大施主。因此，凡有达赖喇嘛及西藏其他黄教领袖与清廷交往的场合，就有和硕特汗国使者的存在。

至于卫拉特本土的准噶尔部，要到康熙五年（1666），僧格方才遣使朝贡①，频率也不如青海和硕特部。康熙十年（1671），噶尔丹继为准噶尔部首领、卫拉特联盟盟主，第二年就向清朝遣使朝贡，清廷允准其按照前僧格台吉旧例朝贡。此后 16 年间，除个别年份外，噶尔丹每年都向清廷遣使或通信，联系密切。对于噶尔丹派往清朝使团的人数，清廷也特别优待，不加限制。而对于准噶尔使团在清朝境内出现违法犯罪行为，清廷都交给准方处理。双方关系，一直都很和谐。但是，康熙十五年（1676），随着噶尔丹大败和硕特部首领鄂齐尔图汗，完成卫拉特统一，并开始向外扩张时，清廷明显警惕起来。

---

① 《清圣祖实录》卷一九，康熙五年五月庚子，书作"厄鲁特台吉僧厄"。

一、明清之际的中国西部

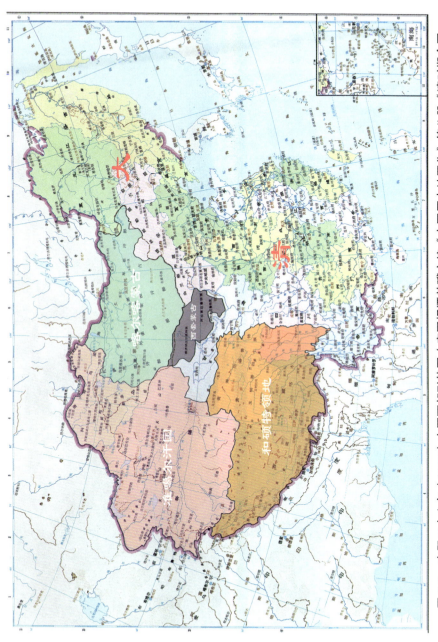

图 1.3 康熙二十六年（1687）中国西部形势图（底图据谭其骧主编《中国历史地图集》第八册《清时期全图（一）》，中国地图出版社，1982）

二、清圣祖亲征朔漠

17世纪80年代,势力臻于极盛的准噶尔汗噶尔丹,踌躇满志,雄心勃勃,欲乘喀尔喀内讧,东进漠北,重建大蒙古国。但是,他的对手清圣祖已经着了先鞭。当清廷发现噶尔丹企图趁喀尔喀内讧从中渔利时,便加强了对喀尔喀各部纷争的调解。

1. 清朝和噶尔丹的矛盾

当时喀尔喀三大部中,以左翼的土谢图汗部最强。而且土谢图汗衮布(?—1691)利用活佛转世制度,控制了喀尔喀最大活佛的转世,将其转到自己的家系中。明崇祯七年(1634),迈达理胡图克图多罗那他(1575—1634)圆寂,次年,衮布得一子,经过一番布置,就把该子确认为多罗那他的转世。多罗那他本为觉囊派,清顺治八年(1650)改宗格鲁派,五世达赖喇嘛承认其为一世哲布尊丹巴胡图克图(1635—1723)。顺治十四年(1657),多罗那他从西藏回到喀尔喀,常驻土谢图汗部额尔德尼召(光显寺)。这样土谢图汗部就成了喀尔喀的宗教中心。

康熙元年(1662),札萨克图汗诺尔布去世,其弟未经喀尔喀贵族会盟认可,自立为"浩塔拉汗"。同年,同属喀尔喀右翼的和托辉特部首领俄布木额尔德尼去世,其子额琳沁继位,号"罗卜藏台吉"。罗卜藏骄傲蛮横,发兵袭杀了浩塔拉汗,于是喀尔喀右翼大乱,大量属民逃亡左翼土谢图汗部,罗卜藏叔父衮布伊勒登为了避难,归顺了清朝。罗卜藏被土谢图汗察珲多尔济(1655—1699)、赛音诺颜部长丹津喇嘛追击,逃亡到卫拉特准噶尔部。直到康熙九年(1670),清廷命诺尔布之子成衮"袭札萨克图汗号,辑其众"。

成衮(?—1684)继位后,向察珲多尔济索要逃到左翼的属民和畜群,遭拒绝,只好求助达赖喇嘛。察珲多尔济依仗土谢图汗部的强势,不予理睬。成衮只好就近去投靠卫拉特,借以自重。这恰中噶尔丹下怀。他极力拉拢成衮,与其结成姻亲。康熙二十年(1681),噶尔丹又将罗卜藏交给成衮,算是解决了相互间的历史问题。成衮控制罗卜藏后,先向清廷申请,为他恢复了喀尔喀札萨克的身份,并获得向清廷朝贡的资格。① 但不久[康熙二十一年(1682)二月],成衮以罗卜藏欲勾结俄罗斯军队为名,在一个漆黑的夜晚,将酣睡中的罗卜藏捆绑,兼并了他的属民和畜群②。

这时清朝已取得平定三藩之乱的胜利,清圣祖可以腾出手来解决蒙古地区动荡不安的问题了。

三藩乱平时,圣祖对大学士觉罗勒德洪、明珠等大臣说:

> 今天下乂安,应遣大臣使厄鲁特、喀尔喀,大加赏赉,俟时和草青举行。③

厄鲁特即卫拉特。照常理,平三藩,卫拉特、喀尔喀未出一兵一马,圣祖为何要对他们"大加赏赉"呢?

康熙二十一年(1682)七月初十日,议政王大臣选定了派出的使者,圣祖对众使臣讲话称:

> 尔等所言,伊等所答,及一切传闻事件,俱备录来奏。至内地蒙古,向与喀尔喀互相盗窃,以致盗风大作,如妄行作乱生事者,各自擒拿惩究,盗何自生?盗贼既弭,则牲畜可以散放牧养,牲畜既肥,则入冬不瘦,春时孳孕,无后可虞,蒙古何至贫困?又加以各置汛哨,遇有妄行作乱之人,即从公究处,则民庶得安其生矣。其以此晓

---

① 《清圣祖实录》卷九七,康熙二十年八月辛丑。
② 《清圣祖实录》卷一○四,康熙二十一年八月己卯。
③ 《清圣祖实录》卷一○四,康熙二十一年八月己卯。

二、清圣祖亲征朔漠

谕之。①

从这段讲话看，遣使赏赍的目的有两个。一个是广泛搜集蒙古社会的各方面情况，使者与所接触各类人物的对话及见闻要全部记录下来，回来后向朝廷汇报，可以说这是一次对卫拉特和喀尔喀蒙古社会的全面调研。另一个是训导喀尔喀贵族，让他们管好自己的属民，不要放任其至内地蒙古偷盗牲畜，为畜牧业发展提供一个好的环境，也就为蒙古牧民减贫做了实事。当然，还要制订有效措施，如增设汛哨，逮捕妄行作乱之人，秉公惩办等。圣祖还特别叮嘱：

> 厄鲁特、喀尔喀有至尔等旅寓者，须以礼貌、和蔼接待之。和则可以识其心志。②

要求使者们倾听厄鲁特、喀尔喀蒙古人的心声。待人接物要有礼貌、和蔼，不能摆架子，这样人家才会讲真话、心里话。

各位使者返回后提交的报告，由于种种原因没能留传下来，但从此后清廷的有关政策看，这次调研确有积极效果。

其中有一件很重要的事情，就是康熙二十三年（1684），圣祖开始着手调停喀尔喀札萨克图汗部和土谢图汗部在属民和畜群问题上的争执。其实在此之前，札萨克图汗成衮曾经两次上奏清廷，请求干预土谢图汗部，以归还其离散属民和畜群。但当时清廷忙于平三藩，未予回应。三藩平定后，圣祖着手处理此事。当年二月，他派使者赴藏，请达赖喇嘛派出使者偕同清廷使者共赴喀尔喀劝和。但是，达赖喇嘛的劝和使者却于归化城病故，清廷使臣只得再次入藏，请另派高僧。北京与拉萨相距遥远，使者两次往返后，约定康熙二十五年（1686）四五月间，双方使者在西宁会合一同去喀尔喀。③

清廷派出了以理藩院尚书阿喇尼为首的使团，并且派员往喀尔喀两翼

---

① 《清圣祖实录》卷一〇四，康熙二十一年八月己卯。
② 《清圣祖实录》卷一〇四，康熙二十一年八月己卯。
③ 《清圣祖实录》卷一一八，康熙二十三年十二月庚子。《亲征平定朔漠方略》卷三，康熙二十四年正月甲子；同书卷三，康熙二十四年九月丁卯。

各札萨克旗（札萨克为清廷敕封的蒙古世袭旗长或旗主，此种旗即为札萨克旗。顺治十二年，清廷曾敕封喀尔喀八札萨克），通知各旗主参加盟会。达赖喇嘛的使者噶尔亶西勒图高僧如约到达。噶尔丹也派来了代表。同年八月十六日，盟会在库伦伯勒齐尔（今蒙古国首都乌兰巴托附近）召开，由阿喇尼、噶尔亶西勒图、哲布尊丹巴组成调停组，阿喇尼任主持。阿喇尼先向两翼汗、台吉、济农们宣读了清圣祖劝令两翼和好的上谕。二十二日，再次聚会，阿喇尼先阐发圣谕的意旨，接着左右翼台吉代表和两翼汗各自表态，表示遵从圣谕，两翼重归于好。然后由札萨克图汗与土谢图汗先行抱见礼，接着两翼众台吉行抱见礼。盟会期间，裁决两翼逃人纠纷在内的诉讼案500件，当事人都心悦诚服。二十三日，由两翼选出的60名宰桑（蒙古官名，汉语"宰相"的音转），对着悬挂于噶尔亶西勒图、哲布尊丹巴两位活佛前的佛像立重誓，遵从盟会调解裁决结果。然后是两翼贵族们立重誓。

在阿喇尼和圣祖的眼里，盟会是完美的，两翼的和好、喀尔喀的和平安宁翘首可期。但是在土谢图汗和噶尔丹那里，却成了战争导火索。

盟会后，噶尔丹致书哲布尊丹巴，批评他在盟会上以小辈而与达赖喇嘛使者西勒图"抗礼踞坐，大为非理"。哲布尊丹巴上诉清廷。理藩院认为两位活佛盟会上座席排位是经"议定而后相见"，且是"以往之事"，"应无庸议"①。

不久，土谢图汗又奏报：右翼和托辉特部与厄鲁特会盟，噶尔丹与札萨克图汗人马互相靠拢，正在备战，很明显是要加兵于土谢图汗部。圣祖批示说：加兵之类，或许是有人造谣离间，贵汗当以誓和为重，永归于好。②

到康熙二十六年（1687）九月，土谢图汗又奏报：噶尔丹两路出兵前来攻打，前方屡传羽书，他不得不领兵起行。③

清廷非常重视这一奏报，召开议政王大臣会议商定对策：因为喀尔喀和厄鲁特都是"本朝职贡之国，应遣敕令其罢兵，同归于好"。④ 另一方面，当时中俄正在黑龙江和喀尔喀地区进行划界交涉，清廷不希望蒙古之

---

① 《亲征平定朔漠方略》卷四，康熙二十六年五月丁酉。
② 《亲征平定朔漠方略》卷四，康熙二十六年六月甲戌。
③ 《亲征平定朔漠方略》卷四，康熙二十六年九月庚子。
④ 《亲征平定朔漠方略》卷四，康熙二十六年九月庚子。

二、清圣祖亲征朔漠

乱给划界造成不利。于是清廷给土谢图汗、噶尔丹分别发去敕谕，令他们罢兵归好；又给达赖喇嘛发去一道敕谕，请其尽快遣使前去斡旋，阻止战争。但这已经缓不济事，因为土谢图汗已经把战火烧起来了。

左翼的奏报隐瞒了许多事情。盟会后左翼并未全面执行盟会裁决，只归还了右翼少量人口和牲畜，而对于噶尔丹的书面批评，哲布尊丹巴则做了一个"不怕事大"的回应。他把噶尔丹的使者铐了起来，遣回其随从，带去一封辱骂并威胁噶尔丹的信件。噶尔丹于是做出了一个虚张声势的军事威胁，致书右翼说五千沙俄军队正在压境而来。①

在当年秋天，土谢图汗奏报清廷的同时，以索叛为名先发制人，对右翼发动了攻击，突袭札萨克图汗大营，掳沙喇汗、诺颜得克得黑墨尔根阿海、达尔马西里3人，将沙喇汗抛入水中淹死，并杀害了阿海。

十月，西套蒙古首领巴图尔额尔克济农向清廷请示，要求自带人马往援土谢图汗，遭清廷拒绝。② 西套蒙古是噶尔丹兼并厄鲁特各部时造成的难民。巴图尔额尔克济农原为和硕特部鄂齐尔图汗属下，因噶尔丹的兼并而流离失所，因此想利用这个机会复仇。但清朝另有考虑。西套蒙古一直要求归附清朝，以取得保护，但清朝只是做了临时安置，并且多次与准噶尔协商安置问题，以示尊重；又询问过达赖喇嘛的意见，以示公允。其实西套的战略地理位置非常重要，东接宁夏，西邻准噶尔，北连喀尔喀，如果清朝此时有心兼并准噶尔，可给西套蒙古授号编旗、纳入直属，无须多费周章。清廷拒绝西套蒙古出兵援助土谢图汗，是出于一贯考虑，即希望以"天下共主"立场主持解决争端。③

不过，事情的发展，已不受清廷和平意愿所左右。

左翼突袭札萨克图汗后，噶尔丹派其弟多尔济札卜等领兵抢掠左翼，以相报复。康熙二十七年（1688）正月下旬，土谢图汗追击，杀多尔济札卜。

土谢图汗正在得意时，达赖喇嘛劝和使者到来，于是后撤等待盟会。这时，噶尔丹发兵3万，绕过土谢图汗所率主力，长驱杭爱山后掠取左翼各部人畜。土谢图汗得信回救。同年五月，至忒木尔，土谢图汗子噶尔亶

---

① 参见黑龙《噶尔丹统治时期的准噶尔与清朝关系研究》，内蒙古大学博士论文。
② 《亲征平定朔漠方略》卷四，康熙二十六年十月己巳。
③ 参见黑龙、成崇德《论清政府对西套蒙古问题的解决》，载《内蒙古大学学报》2006年第5期。

遭遇噶尔丹主力，恶战后噶尔亶仅带 8 人逃脱。

噶尔丹的侄子丹津俄木布、丹济拉、侄孙杜噶尔阿喇布坦等，率别部直取额尔德尼召，将佛寺付之一炬。随后，噶尔丹军抵喀喇卓尔浑之地，离哲布尊丹巴营地仅一日程。哲布尊丹巴闻讯，带着土谢图汗的家室和喇嘛 300 人连夜逃走。喀尔喀部众弃其庐帐、器物、马驼牛羊，惊溃南奔。

八月初四日，土谢图汗与噶尔丹战于鄂罗会诺尔，鏖战 3 天，胜负未决。卫拉特兵乘夜色攻破右翼营，喀尔喀兵星散，土谢图汗奔越大漠与哲布尊丹巴会合，进入清朝边境内。圣祖令沿边蒙古、八旗兵丁加强戒备，派兵保护土谢图汗兄弟和部众，并密切注意噶尔丹动向。①

九月初八日，土谢图汗、哲布尊丹巴率所属台吉恳请归附清朝。清廷派理藩院尚书阿喇尼前往安置，发归化城、张家口储粮，还有现银、各项物资以救急需，又派大臣采购牲畜，以备恢复生产。

土谢图汗、哲布尊丹巴进入清朝汛界后，噶尔丹为避免与清朝贸然开战，只得勒马回师。在击溃哲布尊丹巴后，噶尔丹得知达赖喇嘛劝和使者已到，即疾驱前去相见，对使者说：

> 我若与土谢图汗和，则吾弟多尔济札卜之命，其谁偿之。我尽力征讨五六年，必灭喀尔喀、必擒泽卜尊丹巴也！②

九月十五日，六月间派出的劝和使者自噶尔丹处返京复命，圣祖确认噶尔丹已退兵，拟来年再与达赖喇嘛一同遣使，劝双方讲和息兵。

康熙二十八年（1689）正月，赴藏使者出发。其中有一位高僧伊拉古克三胡图克图，他是顺治三年（1646）去世的伊拉古克三胡图克图之转世，原名绛巴曲却嘉措，厄鲁特人，生于鄂尔多斯察汗托会，顺治年间受清廷重点栽培。③ 康熙二十四年（1685）四月，被清廷授为归化城掌印札萨克大喇嘛，翌年又被任为总管京城喇嘛班第札萨克大喇嘛。圣祖看中他在蒙藏僧俗界的影响力，委派他作为朝廷代表前往拉萨会晤达赖喇嘛，共

---

① 《清圣祖实录》卷一三六，康熙二十七年八月丁卯。
② 《清圣祖实录》卷一三六，康熙二十七年八月己酉。
③ 参见李保文《唐古特·伊拉古克三胡图克图考》，载《中国藏学》2005 年第 2 期。

二、清圣祖亲征朔漠

商制止噶尔丹战事之策。

四月,尚书阿喇尼出使厄鲁特,经过半年往返,十月二十二日返京复命,带来了两条信息。

其一,因厄鲁特内乱,噶尔丹无法回到阿尔泰山以西的本部。原来,前厄鲁特首领僧格有三个儿子,长子索诺木阿拉布坦、次子策妄阿拉布坦、三子丹津俄木布。僧格被袭杀那年,策妄阿拉布坦还只有5岁,叔叔噶尔丹就继承了僧格首领之位,收其部众,兄弟三人均为属下。到康熙二十七年(1688)噶尔丹东掠喀尔喀时,策妄阿拉布坦已是13岁的少年,其兄索诺木也15岁了,他们弯弓射箭,立马横刀,并以父祖创伟业为榜样,力图有所作为。现今大汗东征,实在是天赐良机,遂谋反举兵。噶尔丹获知策妄兄弟谋反消息后,匆匆赶回科布多(今蒙古国科布多)营地,鸩杀了索诺木。策妄闻讯,带着属众越阿尔泰山,逃到博尔塔拉地方(今新疆博尔塔拉蒙古自治州)。阿努可敦也对噶尔丹行为甚是不满,毕竟索诺木和策妄都是她和僧格的亲生子。策妄喘息初定,收集部众,严守阿尔泰山,将噶尔丹拒之于阿尔泰山以东,使其无法返回故地。

其二,噶尔丹坚持讲和的条件是清廷将土谢图汗、哲布尊丹巴兄弟交出,由他处置,而清廷对此绝无让步可能,未来交涉面临困难。若噶尔丹再次进攻喀尔喀,清廷就必须迎战,因为喀尔喀已经内附。

年底,达赖喇嘛朝贡使者抵京密奏:

> 我起行时,往达赖喇嘛所,未见。第巴出语我曰:达赖喇嘛令奏圣上,但擒土谢图汗、折卜尊丹巴库图克图畀噶尔丹,则有利于生灵。此两人身命,我当保全之。①

圣祖听了密奏,甚是狐疑,因为达赖喇嘛的立场一直以来都和朝廷保持高度一致,再者使者所传口信并非达赖喇嘛亲训,而是得自第巴之口。于是遣使敕谕达赖喇嘛。敕谕中说:

> 想善巴陵堪卜(使者)所奏,未必为喇嘛之言。如果喇嘛之言,

---

① 《亲征平定朔漠方略》卷五,康熙二十八年十二月辛未。

何以不具疏来奏乎？朕心疑之，特撰敕遣询，着将此项原由明白具本回奏。①

事实证明，圣祖的判断是准确的。原来五世达赖喇嘛早在 7 年前（1682）就已经圆寂，西藏第巴和黄教高层为了掌控权力，秘不发丧。从使者口信可知，西藏僧俗势力已经插手，喀尔喀局势将更趋恶化。凡事预则立，不预则废，圣祖一方面通过多条渠道，严密掌握噶尔丹动向，一方面着手战争准备。

噶尔丹亦箭在弦上，引弓待发，既然故土难回，只有拼死一搏。

2. 乌尔会之役

康熙二十八年（1689）十二月初，噶尔丹自科布多拔营，率领两万余人，沿塔米尔河、额德尔河东进，进入喀尔喀左翼境内。

康熙二十九年（1690）三月初九日，清廷接到苏尼特汛界送来的情报，噶尔丹击败拖多额尔德尼台吉，掠其牛羊，经巴彦乌兰，沿克鲁伦河下游而去。两天后，又接到出使噶尔丹处的喇嘛送来报告，确认了噶尔丹的行军方向。圣祖即令理藩院尚书阿喇尼前往苏尼特卡伦（满语"哨所"的汉语音译），征调内札萨克及喀尔喀兵，赴土喇河追踪噶尔丹，令调鄂尔多斯、归化城内藩蒙古兵 3000，由都统额黑讷统领，沿边行走，速赴阿喇尼处。

但此后清朝一直得不到噶尔丹行踪的准确消息。四月初三日，驻苏尼特卡伦的一等侍卫阿南达至京陛见，汇报有关情况，请带行炮并京营八旗兵前去与阿喇尼会合。圣祖听完后，对内大臣佟国维道：

---

① 《亲征平定朔漠方略》卷五，康熙二十八年十二月辛未。

二、清圣祖亲征朔漠

据阿南达奏言，厄鲁特与拖多厄尔德尼战，颇被杀伤。其袭西布推哈滩巴图尔时，两人共一骑，有斩木为兵者。且闻来侵昆都伦博硕克图，而至今未到，想已狼狈，必有退回俄侬之势。阿南达欲带行炮并禁军前往，相机征剿，朕非不知禁军足以克敌，但路远艰于粮运。朕前率察哈尔兵行猎，见其人才壮健，皆思效力。可选精锐六百，左翼令阿要率之，右翼令博尔和代率之，马驼牛羊，于八旗大场内派出。兵各携五月粮。再于汉军每旗选章京一员，领行炮八门及炮手前往。①

所谓"禁军"，即驻京八旗精锐部队。康熙不愿派出八旗兵，除了后勤问题外，关键是有轻视噶尔丹之意。因为直到此时，清军所搜集到的情报，对噶尔丹部队的火器装备情况一无所知。后来，将汉军每旗派行炮8门的许诺改为2门，一共只有16门。

直到五月二十三日，圣祖方得阿喇尼报告，噶尔丹于五月初三日率兵渡过乌尔扎河，拟袭击昆都伦博硕克图、车臣汗、土谢图汗。其兵4营，号称4万人，实际不会超过3万，并且欲请兵于俄罗斯，合攻喀尔喀。②圣祖看了报告，意识到阿喇尼的兵力薄弱，一面增调驻京八旗兵和外藩蒙古王公兵，一面严词照会尚在北京的俄国使臣，告知喀尔喀已是大清臣属，若俄国出兵协助噶尔丹，即是侵略。二十九日，阿喇尼请求都统额黑讷、侍卫阿南达两军加速前往其驻营地，并强调"以炮来会"。圣祖命令各路部队加速赶往。

此前一天，即五月二十八日，噶尔丹已南渡克鲁伦河。六月初六日，又东渡乌尔顺河（今乌尔逊河），长驱呼伦贝尔地区。当地的蒙古部落已经南迁，噶尔丹未遭遇任何抵抗，遂沿喀尔喀河行进，抵大兴安岭西麓，然后转向西南，至索岳尔济河。

十四日，噶尔丹的先锋抵达乌尔会河（今内蒙古乌拉盖河）东岸乌兰之地，抢掠乌珠穆沁人畜，并追索车臣汗、土谢图汗，沿着乌尔会河缓缓溯水游牧。

阿喇尼发现敌情后，分兵两队，连夜出发。二十一日黎明，在河滨发

---

① 《清圣祖实录》卷一四五，康熙二十九年四月甲子。
② 《亲征平定朔漠方略》卷六，康熙二十九年五月癸丑。

现了噶尔丹营地。离河不远，逶迤着一条杨柳、灌木稀疏点缀其间的杂草岗，山冈有一个弓形，河身则像一根松弛的弦，"弓臂"与"弦"之间是一大片平原，水草丰美，噶尔丹就将所掠人畜都安置在河滨平地上。"弓臂"的中央抚部（"握弓处"）就是噶尔丹的大营所在，不像有很多人的样子。

阿喇尼令200名蒙古勇士正面攻击抚部，而以500名喀尔喀兵驱赶其平原上的所掠人畜。阿喇尼的本意是双管齐下，既正面攻杀噶尔丹的有生力量，又驱散人畜，断其廪饩。但进攻一开始，局势就出乎意料。200勇士刚向前，500喀尔喀兵即策马驱赶人畜，内札萨克蒙古兵和喀尔喀兵争相出阵，抢夺子女牲畜，200勇士遭到噶尔丹迎头痛击，阿喇尼喝令保持阵型，但是无济于事，只得下令撤回，以次队冲锋。"弓臂"上突然冒出无数厄鲁特兵，鸟枪轰鸣，铅弹像雨点般三面飞来，次队伤亡惨重。阿喇尼令其撤回，再次组织前队携同喀尔喀兵攻击，但喀尔喀兵被鸟枪吓破了胆，拨马反走，内札萨克兵亦退，三轮进攻未果。此时，厄鲁特兵跃下山岗，沿着山麓，对阿喇尼军实施两翼包抄。

其时，阿喇尼军的装备均为弓箭、刀剑等冷兵器，根本不是噶尔丹军的对手，只得赶在退路被断之前撤军。然而噶尔丹的鸟枪大显威力，阿喇尼只能狂奔逃命，在残兵败将的掩护下，狼狈撤至乌珠穆沁的鄂尔折伊图。

败讯奏闻，清廷追究阿喇尼"轻战以致败绩"的责任，革其议政，降四级调用。其他将领全部革职。

乌尔会之役，双方投入的军队人数相当，但是清军惨败。其失败原因，朝廷归结为主帅"轻战"，但细加推敲，却没有那么简单。

首先，"轻战"不单是阿喇尼等主帅之错，而是战前朝廷上下的普遍心态，圣祖也认为噶尔丹不过是一头即将饿毙的困兽，缺乏后勤和武器补给，可被轻易围歼或击溃，阿喇尼军甚至连火器都未配备。轻战的根源在于高层轻敌。

其次，清廷节制不明，军队调集混乱。当初令阿喇尼前往侦察噶尔丹情势时，朝廷的授权是"如彼尾追喀尔喀而来，即调所备之兵以防之，一面疾速奏闻"。[①] 阿喇尼关于发现噶尔丹行踪的报告应该是战役前一天

---

① 《亲征平定朔漠方略》卷六，康熙二十九年四月庚子。

（六月二十日）送出的，抵达北京是在 8 天后，所花时间几乎相当于北京到甘州（今甘肃张掖）600 里加急的时间（最快单程 9 天）。此时圣祖才向阿喇尼发出等候大军的指令，但战役已结束 7 天，若送至达阿喇尼手中，则在 15 天之后。这说明，清廷对"兵贵神速"的作战原则及通讯设施的准备重视不够。当时，汛界至前线的驿站是由归附未久的喀尔喀人当差，理藩院司官管理，并无兵部的介入。而后续军队的调动更是缓慢。虽然圣祖在不断调兵，甚至在六月二十日都做了亲征的打算，但盛京兵于六月二十日方起行；而八旗诸王兵则要等到七月初四日才能出发，屡经催促，也只提前了 3 天。

3. 大战乌兰布通

乌尔会之役后，圣祖急遣使噶尔丹，向其说明清军只是防守汛界，所以攻击厄鲁特军，只因"汝阑入汛界，肆行劫掠，职寄所关，不得不战。皇上恐诸札萨克击汝，前已遣使谕止之"。并表示阿喇尼"遽加以兵，甚为过当"，以麻痹噶尔丹。①

康熙二十九年（1690）七月初二日，圣祖任命皇兄和硕裕亲王福全为抚远大将军，以皇长子胤禔副之，率领禁军出古北口；以皇弟和硕恭亲王常宁（1657—1703）为安北大将军，和硕简亲王雅布、多罗信郡王鄂札副之，领禁军出喜峰口；内大臣佟国纲、佟国维，内大臣索额图、明珠等参赞军务。并申明军纪。

初十日，两路大军 10 万人，陆续从北京出发。十四日，圣祖御驾亲征，自古北口出塞。这次亲征的目标是一举围歼噶尔丹。汲取阿喇尼孤军深入失利的教训，圣祖严令各支部队遇敌不得擅自进攻，须待各部队会齐，方许行动。

---

① 《清圣祖实录》卷一四六，康熙二十九年六月戊子。

乌尔会初战告捷，令厄鲁特军士气大振，噶尔丹信心爆满。不过对于圣祖的"示好"，他也投桃报李，回信说："圣上君南方，我长北方。我与中华一道同轨，虽入边汛，索吾仇而已，弗秋毫犯也。"① 这也道出了他的部分真实目的：老巢已为鸠占，若不占些喀尔喀的地盘，掳回一些人口和牲畜，如何立足？因此，不管清朝如何示好，他也如法炮制，一旦发现清朝大举增兵，即还以颜色："夫执鼠之尾，尚噬其手。今虽临以十万众，亦何惧之有！"② 圣祖立即表示：皇兄、皇弟领着大军不是来打仗的，是为讲和而来。福全还立即派人送去100只羊、20头牛。噶尔丹照单全收。

战史上有很多这样的战例，在战术层面或局部战场上，弱势一方如能扬长避短，也能取得主动权甚至战争的胜利。噶尔丹虽然没有后勤，但充分发挥骑兵的机动优势，到处抢掠喀尔喀，赶着他们的牛羊，随处就食。乌尔会之战后，他并没有离开乌珠穆沁地区，而是在周围不断运动、抢掠，寻找战机。这让圣祖和抚远大将军福全很是头疼。

其时，圣祖因中暑而身体不适，熬了7天，行进到青城（又称博洛和屯，今河北隆化）仍不见好，只得返回北京。而噶尔丹在乌珠穆沁附近转了一圈后，似有向西往达尔淖尔移动的趋势。福全军在哈卜他海海他哈地方暂驻，待确认噶尔丹的动向再定进止。二十五日，常宁军向福全军靠拢。噶尔丹军声息渐近，清军以迎战队列行进：汉军火器营居前，接着是首队、次队，左右护以两翼。

二十八日，福全发现噶尔丹军并未向西，而是折向南，朝着自己营地方向而来。福全暗自高兴，于是遣使送信给噶尔丹：

> 博硕克图汗既近我地，乞近至乌阑布通。应以土谢图汗、哲布尊丹巴畀汝与否，各遣贵显大臣定议。③

---

① 《亲征平定朔漠方略》卷七，康熙二十九年七月己酉。
② 《亲征平定朔漠方略》卷七，康熙二十九年七月戊申。
③ 《亲征平定朔漠方略》卷七，康熙二十九年七月戊午（二十九日）。《方略》记载福全致信噶尔丹的日期是圣祖在北京收到福全奏折的时间，而福全的奏折应该写于前一天，亦即七月二十八日。

二、清圣祖亲征朔漠

乌阑布通，今写作乌兰布通，位于内蒙古克什克腾旗南部（靠近河北省围场满族蒙古族自治县），是大兴安岭余脉和阴山山脉交汇处浑善达克沙地南缘。在蒙古语里，乌兰布通意为"红色坛子"。红褐色的乌兰布通峰，兀自独立于草甸的北端。峰前是一片沼泽，西南有一个水泡，乌兰滚（今作乌兰公）河从沼泽上蜿蜒而过，流入西拉木伦河。

这又是一个可以摆出弓形阵的地势！乌兰布通峰的背后、东北和西南，都是连绵起伏的山地。若能率先占领，将噶尔丹军诱至峰南草甸，则可以将其一举围歼！这就是福全的盘算。

但是，就在福全写信的当天，噶尔丹已经抢先一步，在乌兰滚一带"觅山林深堑，倚险结营"①。

二十九日（9月2日），福全发现噶尔丹军已经进入乌兰布通一带，于是下令清军整列队伍，准备战斗。

八月初一日（9月3日）黎明，福全指挥清军自土力根河营地出发。中午，发现敌人，于是设鹿角、架枪炮，列队徐徐前进。噶尔丹军则在乌兰布通山岭林中布阵，将一万多匹骆驼置于阵前，背负箱垛，盖上湿毡，排列成栅，以为障蔽。未时（下午1：00～3：00之间），敌军阵地进入火炮射程，清军火器营隔河布阵，齐发火炮轰击。待硝烟徐徐散去，清军前队骑兵，跃马跨过乌兰滚河，发起密集冲锋。此时，厄鲁特兵从驼箱之间齐放鸟枪，铅弹如雨点般倾泻，清军顿时人仰马翻，稍却；再次冲锋，仍然无法冲入敌阵。缠斗至掌灯时分，清军右翼冲锋，为河崖泥淖所阻，只得退回原处。左翼情况稍好，但战况仍然非常惨烈。内大臣佟国纲见进展不大，冒着枪林弹雨，亲自督战，攻至山腰。厄鲁特军又是一阵排枪，佟国纲中枪，坠马阵亡。② 此时，清军中有一勇士，策白鼻骏马，跃入敌阵，飞刀左右砍杀。顷刻，勇士冲出敌阵，复冲入。如是者再，敌不敢当。左翼清军趁机攻上山腰，绕至敌侧翼，终于撕开驼栅一角，杀入敌

---

① 《亲征平定朔漠方略》卷八，康熙二十九年八月庚申（初二日）。该日内大臣索额图奏报员外郎阿尔必特祜归自噶尔丹时提供的情报提到噶尔丹军的位置。综合考虑当时清军行动情况，该位置应该是七月二十八日噶尔丹军的位置。

② 一说佟国纲是在傍晚收兵撤回大炮时，"被一个滑膛枪子弹打死"。参见张诚著，陈增辉译《对大鞑靼的历史考察概述》，见杜文凯编《清代西人见闻录》，第110页，中国人民大学出版社，1985。

阵。敌军溃，往中军退缩，白鼻马勇士提刀跃下山腰猛追，突然马陷泥淖中不得进。敌军复猬集，勇士奋力搏斗，不敌，阵亡。

福全于中军远远望见，知白鼻马勇士乃前锋参领格斯泰（满洲正白旗人）。当初大军将出征时，圣祖赐护军参领人各一马，前锋参领不在其列，格斯泰奏请一同赐给。圣祖令其自往上驷院挑选。格斯泰选中一匹白鼻马。有人说："此马固雄骏，然白鼻自古所忌，恐不宜用。"格斯泰回答说："效命疆场，吾夙愿也，何忌焉！"遂策马从征。所以，只要见到骑白鼻马者，清军将领都知道是格斯泰。①

天完全黑了下来，福全下令收兵。

八月初一日这一仗，清朝方面的战果和伤亡情况，大致是"左翼军虽能胜敌，而右翼军不能制胜。大臣而下，以至军士，阵亡被创者甚众"。②当时战场上的清军超过 10 万，噶尔丹军仅 2 万，清军是其 5 倍。为何优势清军只能取得有限战果并且伤亡惨重？圣祖后来总结教训说：

> 我军近与厄鲁特战，排列太密，为贼人乱枪所中，且进退并不鸣筘。此皆不习战阵之故。③

这是非常理智客观的总结，不是敌人太强大，不是敌人抢占了有利地形，而是由于己方"不习战阵"，也就是说军队缺乏训练，还不适应火器的使用！

那么，八月初一日的战斗，厄鲁特部队的伤亡情况如何呢？据当时在华法国传教士张诚（1654—1707）记载说：

> 开始时，他（指噶尔丹——引者注）的前锋受敌方的炮击，损失甚重，这迫使他改变战斗部署。由于他布防在大沼泽背面，皇帝的军队不能包围他。他非常勇敢地进行防御，直到夜幕降临，各方才都收

---

① 《钦定八旗通志》卷一六九《格斯泰传》。
② 《亲征平定朔漠方略》卷四四，康熙三十六年五月癸卯。
③ 《亲征平定朔漠方略》卷八，康熙二十九年九月丁酉。

二、清圣祖亲征朔漠

兵回营。①

八月初二日,太阳出来了,又是新的一天。福全仍是按照昨天的套路,先让火器营临河架炮,护以藤牌兵,然后炮轰山上敌阵。但吃一堑长一智,清兵不再发起强攻,受地形限制又不能展开兵力,只好后撤,暂时休息。此后双方互有伤亡,胜负未决,于是彼此开始谈判。

福全在战报中描述这一天的情况说:

> 次日(八月初二日——引者注)即前进,剿杀余寇,见噶尔丹所据险恶,坚壁拒抗,故使我将士暂息。而噶尔丹适遣伊拉古克三胡图克图来,复理前说,请以土谢图汗、哲布尊丹巴畀之。且云一两日内,济隆胡图克图即来讲礼修好。臣等悉遵圣谕,数噶尔丹前后逆恶而遣之矣。②

这位伊拉古克三胡图克图,即绛巴曲却嘉措,在康熙二十八年(1689)正月曾奉圣祖之命赴西藏,会晤达赖喇嘛一同遣使,敦劝噶尔丹停止对喀尔喀战争。但五世达赖喇嘛已于康熙二十一年(1682)圆寂,第巴桑结嘉措(1653—1705)秘不发丧,以达赖喇嘛"入定"为名,假借其名义独揽藏地政教大权,纠集一帮黄教僧人支持噶尔丹反清。绛巴曲却嘉措与第巴会晤后,即背叛而转入了反清行列。他并没有返京复命,而是和第巴派出的使者济隆胡图克图一同前往噶尔丹处,而第巴仍使用清廷与达赖喇嘛共同遣使劝和的名义,清廷不察其诈,同意了第巴的安排。

伊拉古克三胡图克图的到来恰逢其时,在双方都无力再战时,议和似乎是最好的结果。

两天后,即八月初四日,济隆活佛率弟子70余人至福全营帐。在谈判中,济隆称赞圣祖为"一统宇宙之主","博硕克图汗不过小头目,何敢妄行。但索其仇土谢图汗及哲卜尊丹巴,致有此误"。又表示,不再索要土谢图汗,只需将哲布尊丹巴送到达赖喇嘛处即可。

---

① [法]张诚著,陈增辉译:《对大鞑靼的历史考察概述》,见《清代西人见闻录》第110页。
② 《亲征平定朔漠方略》卷八,康熙二十九年八月辛酉。

福全答以土谢图汗与哲布尊丹巴即使有罪，也需由皇上处置，不能听从噶尔丹之意。高僧此来只为拖延时间，以便自投罗网的噶尔丹远走高飞。清军现在立即进兵。

济隆表示将回去劝说噶尔丹放弃索要哲布尊丹巴，全军撤退。

福全诘问道：高僧两边说话，能保证噶尔丹不乘间奔逸、掠我境内人民否？

济隆说：大王及诸大臣，仰体圣上仁心，休征罢战，他焉敢行劫。断不远去，必定待我。

福全又说：汝能保得噶尔丹不敢妄行，但我们各路兵马是分头进剿，各路统领不晓你之来意，也许正在合围。

济隆惶恐说：这事就坏了，如何办？请大王指条路。

福全说：那样吧，我们遵照皇上珍惜一切生命的情怀，答应你的请求，给各路领军王大臣各发印文一道，你持此文予各路领军阅看，可保平安无事。

济隆大喜。福全遵照圣祖以前的指示，赠给济隆黄蟒袍1领，缎9端，纹银100两。又给济隆前次遣使的3位弟子补发了袍、缎。济隆欢天喜地，派遣两弟子赶紧驰马报告噶尔丹。

福全对噶尔丹派喇嘛讲和的目的当然洞若观火，知道他只为了拖延时间，争取全身而退的机会，避免被清军围歼。福全之所以表示愿意讲和，是出于一个判断和两点考虑。

他判断噶尔丹屡屡派遣使者来讲和"必多窘迫"，即为形势所迫。但福全之所以不拒绝"议和"，主要出于两点考虑。其一，圣祖的盘算是必须等待东路军的盛京、乌喇（吉林）、科尔沁部队赶到战场，"齐行夹击，灭此狡寇"。在东路军尚未到达前，不宜马上再战，正可借噶尔丹遣使讲和拖延时日。其二，噶尔丹极为凶狠狡诈，"臣等欲即进剿，则厄鲁特据险坚拒，且圣谕屡行诫饬，务期兵卒不致太劳"[①]。前几日的战法损兵折将，从未有过。军队已显疲态，应争取时间，加以休整。

圣祖接到福全的奏报，心情沉重，召集议政大臣会议后，得出结论：

---

① 《平定朔漠方略》卷八，康熙二十九年八月辛酉。

二、清圣祖亲征朔漠

大将军王等既大败厄鲁特,乃不即行剿灭。明知济隆行说以误我军,而故听之,岂不坐失事机!请敕大将军王等作速追剿可也。①

圣祖于是发令:

出征诸王大臣,当同心效力。大将军王与皇子失误机宜,众大臣不正言抗阻,军律甚明,归时断不姑宥!此役所关甚巨。今科尔沁、乌喇、盛京之兵,初四、五间可至达尔脑儿(今克什克腾旗西北达里诺尔——引者注)矣。若又失机会不进逼之,王与大臣此行何所事事耶?②

不过,圣祖的命令还是迟到了。噶尔丹经过初二、初三两昼夜和初四白天的休整,于初四当天夜里,借着夜色掩护悄悄拔营,翻下乌兰布通山峰,往西北涉水渡过什拉穆楞河(即西拉木伦河,应是该河上源萨里克河),再横越大碛山(今克什克腾旗西沙窝子),过刚阿诺尔(克什克腾旗西北刚噶诺尔,俗称牤牛泡子),向北急行军。到达尔脑儿(今达里诺尔)附近时,遭遇东路军的科尔沁部队,噶尔丹心想必有一场恶仗。出人意料的是,对方竟派出使者来谈判。③ 但噶尔丹已如惊弓之鸟,全速驰马逃窜。

福全发现被骗,急忙派出一支轻骑兵带着济隆追赶,让他传话:博硕

---

① 《平定朔漠方略》卷八,康熙二十九年八月辛酉。
② 《平定朔漠方略》卷八,康熙二十九年八月辛酉。
③ 《清圣祖实录》卷一四九,康熙二十九年十一月己酉,福全等回师至京,止朝阳门外听勘,被弹劾"穷寇遁逃,特误军机"。清圣祖发旨:"噶尔丹于乌阑布通,为我军击败遁走。而领兵诸王大臣,不复追杀,反信济隆胡土克图议好之诳词,遣人语内大臣苏尔达等,令盛京、乌喇诸路兵,勿与之战。是以噶尔丹奔窜,过盛京、乌喇、科尔沁军营,竟不邀击,纵之使去。"似乎东路军放走噶尔丹是出于福全的指令。但据福全报告,议和的目的是拖延时间,等待东路军进入战场围歼,则其不应令东路军放走噶尔丹,而圣祖责罚的对象不仅是福全,而是诸王大臣,而且是薄罚,则其中似有隐情。朝阳门外听勘时,福全"初亦录皇子允禔军中过恶,欲于取供时告白",但到取供时,"允禔云:我与伯父裕亲王供同。裕亲王闻之,俯首良久,流涕曰:我复何言。遂直引为己罪。两人全亲亲之谊,皆上德意所致也。"(同前)不许邀击噶尔丹之令,是否出自副将军允禔之掣肘,存疑待考。

克图汗赶紧返回，继续商谈"讲礼修好"之事。济隆一行人追上噶尔丹后，带回盖有噶尔丹印章的文书，并传话称：噶尔丹已经对佛发誓，从今往后不敢再犯喀尔喀。福全见文书中并无发誓内容，旋命济隆返回，让噶尔丹填上誓词。①

过了达尔脑儿，噶尔丹沿路又抢掠克什克腾旗的3个佐领，抢去羊两万余只，牛1000余头，然后纵火烧毁草场，一直往北，朝着克鲁伦河徐徐而去。

如此，圣祖好好的一盘歼灭战大棋，被大将军王福全下成了一盘需大费周章的残局！

4. 多伦会盟

乌兰布通之战未能全歼敌军精锐，且让噶尔丹逃脱，圣祖十分懊恼。6年后，提起乌兰布通围歼计划失败之事，他仍耿耿于怀：

> （噶尔丹）侵掠我臣服之喀尔喀，恐渐致边民不得休息，故特遣各路大兵，分道并进，务期剿荡，为塞外生民除患。向年乌阑布通之役，朕以策诱噶尔丹入，距京师仅七百里许，大兵已经击败，乃竟中贼计，致噶尔丹遁走。彼时因朕躬违和，未得亲至其地，失此机会。至今犹以为憾。②

当年十一月，福全回到北京，他与领兵诸王大臣们，只受到薄罚。两路主将均罚俸3年，而福全作为全军总帅，另加罚撤去3个佐领。其他大臣只罢兼职、罚俸或降级。而火器营及左翼有功将士则记头功，阵亡将士隆礼安葬，厚加抚恤。

---

① 《亲征平定朔漠方略》卷八，康熙二十九年八月癸酉。
② 《清圣祖实录》卷一七〇，康熙三十五年正月甲戌。

二、清圣祖亲征朔漠

为防后患，圣祖随后做了两件大事：一是与喀尔喀蒙古贵族会盟，一是整军备战。

喀尔喀内附伊始，圣祖就着手加强管理，以重建秩序，恢复生产，安定北疆。圣祖原拟于康熙二十九年（1690）七月，与喀尔喀联合举行阅兵、会盟，只因噶尔丹从中作梗，不得不延期举行。

康熙三十年（1691）正月，清廷定议，于春暖草青时节与喀尔喀举行会盟，皇帝亲临主持。圣祖解释其亲临理由说：

> 喀尔喀向来虽经进贡，但伊汗从未尝输诚来朝。而喀尔喀诸汗亲率所属数十万众倾心归附，一切行赏定罚，安插抚绥，关系甚大。所以朕躬亲往巡狩。①

圣祖经过深思熟虑，把会盟的地点选在多伦诺尔（今内蒙古锡林郭勒盟多伦县），"斯地川原平衍，水泉静溢，去夭闲刍牧之场甚近。而诸部在瀚海龙堆之东西北者，道里至此，亦适相中"②。首先，从未到北京朝贡的"生身"蒙古贵族是不能随便入塞的。所谓"生身"，指未出痘、对内地流行的天花疾疫没有抵抗力的人。因此，清朝皇帝接见蒙古贵族，往往选址塞外。③ 康熙二十二年（1683）后，建木兰皇家围场，其重要功用之一就是便于会见、联谊蒙古贵族。第二，地理适合双方会见。这里有平衍广阔的草原，水草丰美，可以牧放很多的马匹和牛羊，而位于皇家围场和大漠以北的东、西、北各地蒙古，里程也都适中。

康熙三十年（1691）四月十二日，圣祖率领扈从王大臣与上三旗精锐，出古北口，溯上都河而上。三十日，抵达会盟地点。下五旗虎贲，则经独石口，到多伦诺尔相会。

半月前，会盟地百里之外的上都河至吐力根河（四道河）一带，已会

---

① 《亲征平定朔漠方略》卷九，康熙三十年四月壬戌。
② 〔清〕爱新觉罗·玄烨：《汇宗寺碑文》，《圣祖仁皇帝御制文集·四集》卷二三。
③ 《清圣祖实录》卷一〇六，康熙二十一年十一月癸丑条载：（圣祖）谕理藩院尚书阿穆瑚琅等曰："京城痘疹盛行，今年朝贺元旦，蒙古王、贝勒、贝子、公、台吉、塔布囊等，已出痘者，许其来朝。其未出痘者，可俱令停止。各属护卫随从人等，亦如之。速之宣示。"

集了喀尔喀左翼，上都河至黑棚之间则聚集着右翼。待圣祖抵达，喀尔喀两翼移近50里，与内蒙古各旗帐幕一起，呈万水朝宗、众星捧月之势，环列圣祖行营驻扎。

喀尔喀内部最严重的矛盾是右翼和左翼的矛盾，特别是因为左翼的土谢图汗和哲布尊丹巴兄弟袭杀了右翼的札萨克图汗。为了解除这一恩怨，在北京至多伦途中，圣祖派使者劝诫两人，让他们上书认罪请赦。

五月初一日至初七日，清廷首先宣读了土谢图汗兄弟的认罪请赦书，并宣布赦免其罪行，原札萨克图汗之弟袭位；接着举行召见、宴赏、会盟、阅兵等各项活动；又确定在喀尔喀仿内蒙古之例，全面推行盟旗制，分为三路三十四旗，执行清朝的封爵和法律制度，并决定于会盟地兴建一座藏传佛教寺庙，每旗指派一名喇嘛长驻该寺。后该寺被赐名为"汇宗寺"。

会盟结束，圣祖特遣使谕告达赖喇嘛：喀尔喀今已安置得所，若噶尔丹稍犯我喀尔喀降人，必发大兵分路剿灭。①

多伦会盟为喀尔喀带来了安宁、秩序，也强化了清朝对喀尔喀的管理，为最终清除噶尔丹势力，巩固北部边疆创造了良好条件。圣祖在多伦会盟后的归途中，曾对扈从诸臣说：

> 昔秦兴土石之工，修筑长城，我朝施恩于喀尔喀，使之防备朔方，较长城更为坚固。②

这就是清朝的"以蒙古为长城"。

---

① 《清圣祖实录》卷一五二，康熙三十五年六月乙卯。
② 《清圣祖实录》卷一五一，康熙三十年五月壬辰（初七）。《圣祖仁皇帝圣训》卷七系于康熙三十年八月乙未（十三日）。此上谕，不见于台湾联经版《清代起居注册·康熙朝》。

二、清圣祖亲征朔漠

5. 圣祖亲征朔漠

若要完全做到"以蒙古为长城",实现北部边疆的真正安定,就必须彻底平定噶尔丹。在乌兰布通战役中,清军虽然迫使噶尔丹远遁,但也暴露了主将怯战、士卒不习战阵等问题,因此,战后圣祖便加紧训练将士。当年九月,福全的部队尚未撤回,圣祖就下令:"今春秋二季,令八旗官兵,集于宽敞平原之地,排列阵势,鸣锣进退,以熟操练。"① 此后每年"秣马匹,精器械,教营伍,练攻战,激励将士,申明赏罚"。② 直到康熙三十四年(1695)冬再次出征噶尔丹之前,圣祖每年举行春秋两次阅兵,春阅于木兰围场,秋则阅于玉泉山麓。

为提高军队战斗力,又于大同、宣府、张家口、古北口石闸设置特种兵。从陕西各营步兵中挑选"素习征战、人才壮健、善于步行、能用大刀连节棍者"2000人,1000戍守大同、1000戍守宣府;从山东、山西、河南、京师招募原籍福建,"或能用藤牌,或能用大刀,善于步行者"共2000人,1000驻张家口、1000驻古北口石闸。③

对于整军备战而言,选练将士是技,战略布防是局。

多伦会盟结束后,圣祖即派遣大臣,自归化城到宁夏、延绥、西宁一带,勘察大军可行可止之地,作为稳定边疆、进讨噶尔丹的基地。

康熙三十一年(1692)十月,授甘肃提督孙思克为振武将军,驻甘州(今张掖)。孙思克(1628—1700,汉军正白旗人)是一员老将,自康熙二年(1663)起,历任甘肃总兵、凉州提督、甘肃提督,20余年来一直统兵驻守河西走廊,北控套西,西抵哈密,南扼青海,久历疆场,熟悉蒙

---

① 《清圣祖实录》卷一四八,康熙二十九年九月丁酉。
② 〔清〕爱新觉罗·玄烨:《亲征朔漠纪略》,《圣祖仁皇帝御制文集·二集》卷三六。
③ 《清圣祖实录》卷一四九,康熙二十九年十月癸亥。

古事务。

十二月，设建威将军，驻右卫（今山西右玉县），以都统希福（满洲正红旗人）充任，统管满汉蒙旗兵，有事时兼辖宣府、大同绿营兵。

三十二年（1693）四月，在归化城设安北将军，以领侍卫内大臣三等伯费扬古充任，统管都统、副都统、官兵训练。费扬古（1645—1701），栋鄂氏，满洲正白旗人，内大臣鄂硕次子。三十四年（1695）十月，希福因罪革职，费扬古接任右卫建威将军，兼摄归化城安北将军事务。归化城为控扼边卫蒙古总要之地，西路防御枢纽，其战略地位尤为突出。

张家口、古北口至喜峰口一带塞外，为京师正北屏障，有内札萨克四十九旗驻守，若临时有事，则派大臣前去调集兵丁。

喜峰口外沿大兴安岭山脉往东北，有盛京、乌喇、科尔沁兵驻守，索岳尔济山为三省会兵之地，三省建立台站与之相通，一旦噶尔丹有动静，可相机调动。

此外，康熙三十一年（1692）六月，安设口外五路驿站：喜峰口外设15站，古北口外6站、独石口外6站、张家口外8站、杀虎口外12站。

清廷先前为了取得噶尔丹在和平处理喀尔喀问题上的协助，因此对西套蒙古的归附要求一直未予接受，以免得罪噶尔丹。但乌兰布通之战使清廷认识到依靠和平手段无法实现喀尔喀的和平，于是从康熙三十年（1691）开始，对西套蒙古不再拒之门外，而是安抚招徕，宽宥他们盗抢边民的过失，给粮糇、赐牧地，使各部在阿拉善地区终于安顿下来，成为协助清朝稳定西北的重要力量。①

虽然噶尔丹扬己所长，利用对方弱点，在乌尔会一度得逞，在乌兰布通又戏耍了大将军王福全，得以全身而退。但是，一个未曾料到的意外却让他濒临绝境，这就是瘟疫。"归路遭罹瘟疫，得还科卜多者，不过数千人耳！"② 这场瘟疫持续了将近1年。此后，噶尔丹对自己的战略战术做了一定调整。他改变了为渊驱鱼的做法，对喀尔喀蒙古不再单纯地掳掠，而是安抚笼络，而且将基地逐渐东移到土喇河（今蒙古国图拉河）、克鲁伦河流域，他希望通过舆论战、间谍战、游击战，让清朝疲于奔命，最终

---

① 参见梁丽霞《西套厄鲁特蒙古归附清政府始末述略》，载《内蒙古大学学报》2003年第5期。

② 《清圣祖实录》卷一八三，康熙三十六年五月癸卯。

二、清圣祖亲征朔漠

疲敝而亡。①

噶尔丹的策略收到了一些成效。经过几年的恢复，到康熙三十四年（1695），他又能组织起近1万人的兵力。但是，他的这些手段在清朝强大国力面前并不能奏效。

噶尔丹有活佛的身份，又在西藏学佛10年，作为班禅和达赖的弟子，在蒙古黄教信众中具有一定影响力。同时，清廷为向天下展示善待同胞的情怀和胸襟，尽管双方已经兵戎相见，仍保持使节和贸易往来。噶尔丹利用这一点，让其使臣在朝贡和贸易时，散布宣传单，在内属蒙古中把自己包装成黄教的护教者。圣祖则针锋相对，历数黄教领袖与清廷的交往史和紧密合作关系，以及清廷对黄教的扶持，以证明"朕与达赖喇嘛道法合一久矣"，斥责噶尔丹对黄教阳奉阴违、擅动杀机、屠戮生灵、戕害亲属。②

噶尔丹又企图离间清廷与科尔沁蒙古的关系。原来在乌兰布通之战时，赶到达尔脑儿的东路联军拦截噶尔丹，科尔沁部统帅沙津亲王还曾派使者劝噶尔丹停下来，故乌喇将军萨布素怀疑科尔沁有二心，并向圣祖做了汇报。圣祖"以科尔沁臣服已久，断无此意，略不之疑"。③

后来乌喇（即吉林打牲乌喇）佐领毕立克图出使厄鲁特，途遇噶尔丹使者，该使者把毕立克图请至其庐帐饮酒，让他给沙津捎信一封，又送貂皮1张、猩猩毯1件。回京后，毕立克图立即向圣祖做了汇报。圣祖扣住那封信，未露声色。④

康熙三十一年（1692）年底，蒙古各部贵族到北京贺明年元旦，圣祖借机召集科尔沁诸王台吉，公开缕述有关科尔沁的怀疑传闻，声明科尔沁自太祖时来归，素结姻好，朝廷对科尔沁的忠诚坚信无疑。圣祖的这一表态，让沙津等科尔沁贵族感激涕零，噶尔丹的反间计反而强化了清廷和科尔沁的关系。⑤

不过，噶尔丹借朝贡与互市进行的舆论战、间谍战，倒让清朝警觉了

---

① 参见《亲征平定朔漠方略》卷二五，康熙三十五年五月壬申条所记卫拉特降人丹巴哈什哈的答词。
② 《亲征平定朔漠方略》卷一二，康熙三十一年十一月丁卯。
③ 《清圣祖实录》卷一五七，康熙三十一年十一月戊辰。
④ 《亲征平定朔漠方略》卷一二，康熙三十一年十一月戊辰。
⑤ 《清圣祖实录》卷一五七，康熙三十一年十二月甲辰。

起来。从康熙三十二年（1693）起，噶尔丹的使者就只能待在归化城，进不了内地。同时，圣祖在亲征漠北前，清除了噶尔丹的间谍，让他耳目不灵。① 至于噶尔丹的游击战，要到康熙三十四年（1695）初才出笼。但刚出师就失手了。

为了实施疲敝清朝的游击战，噶尔丹需先找到一个稳定的基地。这个基地必须在清朝近边之处，不仅给养方便，且进退自由。他计划进驻克鲁伦河或者土喇河流域，并征询西藏方面的意见。康熙三十四年（1695）春，拉萨回信，主张进驻两者之间为宜，并以"东征大吉"鼓励、敦促噶尔丹。同年五月，噶尔丹率领两万余人东进。他的目标是控制游牧于土喇河和克鲁伦河之间巴颜乌兰一带的喀尔喀人。他叮嘱部下，遇到喀尔喀人要想法安抚，让他们在原地游牧，提供赋税和兵役。

当时在巴颜乌兰、克鲁伦河、土喇河一带游牧的喀尔喀人有贝勒根敦带青、西卜退哈滩巴图尔、札萨克台吉阿里雅、纳木札尔陀音等台吉所属部落，他们虽然尚未接受清朝编旗统辖，但已经与清廷建立密切联系，人员往来不断。而车陵札卜台吉的部落，在康熙二十七年（1688）遭到噶尔丹攻杀后，逃亡俄罗斯，这时也正在考虑与纳木札尔陀音等部落一同投奔清廷。因此，厄鲁特兵一旦进入这一地区，清廷很快就掌握他们的行踪。

八月十七日，清廷得知噶尔丹进入克鲁伦河流域，即调兵防其南下。

噶尔丹让其侄孙阿喇布坦与部将丹济拉、丹津俄木布统率3000人，充当前锋，沿克伦鲁河到达了这一地区，他们未能成功取得喀尔喀人的信任，纳木札尔陀音等部落见到厄鲁特兵，即南奔逃难。阿喇布坦掠其牲畜后，往西驱赶，直至克鲁伦河北岸的托诺岭，与噶尔丹会师，准备在此过冬，这是八月二十一日的事。这一切都被喀尔喀左翼札萨克昆都伦博硕克图衮布的哨探尽收眼底。这些哨探奉命联络西卜退哈滩巴图尔部落。他们到达巴颜乌兰，却发现牧场已遭蹂躏，细看牛粪，犹然湿润，断定刚遭噶尔丹劫掠。于是循着蹄印，来到了托诺岭，旋即将所得情报，迅速转告了清廷：

有大队蔽地而来，并无旗帜。我等匿身山坳，见头队辎重，于薄

---

① 《亲征平定朔漠方略》卷一七，康熙三十四年十一月乙亥。

二、清圣祖亲征朔漠

暮时抵拖诺河屯扎，首尾络绎不绝，直至夜半，始安营毕。跨河而驻者，殆三十里。营内巡警之人，皆歌笑巡行。闻彼歌声，乃知为厄鲁特。翌日，我等欲审厄鲁特所向，潜于山中远坳，见头队辎重黎明动身，驱牲畜，度拖诺岭。其尾队至日昃后方度毕。羊少而驼马甚蕃，皆沿土喇河顺流西去。揆其去向，有趋库黑纳塔尔纳之状。大约人马行踪二万有余。俟噶尔丹兵过毕，我等始归。①

这份重要情报于九月十日到达正在塞外行猎的圣祖手中。他因此断定冬季降雪之前，噶尔丹无志南下。于是下令："京城所发大兵，可暂还，秣马以待。"② 同时圣祖断定了历史机遇来临：了结噶尔丹，超越明成祖功业。

12天后，圣祖返回北京，给皇太后请安。第二天，即召开八旗军事会议，令八旗中高级武职官员以旗为单位，分别讨论如何剿除噶尔丹，形成决议上报。③ 这实际上是在八旗中开展的战争动员。八旗军事会议的结果令圣祖很满意："我大兵踊跃争奋斗，有愿战心。"④

实际上，高层的意见却非完全一致。圣祖同时召开了三品以上朝廷文武大臣会议。真正立场鲜明支持"御驾亲征"噶尔丹者，不过三四人。反对者理由不一，有的认为不宜劳师远征，当"俟彼前来，可与一战"；而不少大臣则认为"小丑何足计议"，命将出征即可。对于反对意见，圣祖认为这表现了大臣们的内心胆怯，不敢与皇帝一同战斗，遂予以不点名斥责："逡巡退缩，无意自效！"并指出噶尔丹的野心及其危害：

此人力强志大，必将窥伺中原，不至殒命不止，岂容泛视置之度外！若听碌碌庸人畏惮劳苦之言，恐后日亦似前代，各省膏脂，尽糜费于边塞矣。⑤

---

① 《亲征平定朔漠方略》卷一六，康熙三十四年九月己巳。
② 《亲征平定朔漠方略》卷一六，康熙三十四年九月己巳。
③ 《清圣祖实录》卷一六八，康熙三十四年九月壬午。
④ 《亲征平定朔漠方略》卷一六，康熙三十四年十月丁未。
⑤ 〔清〕爱新觉罗·玄烨：《亲征朔漠纪略》，见《圣祖仁皇帝御制文集·二集》卷三六。

圣祖又不惮繁琐，耐心解释了御驾远征的理由：

第一，噶尔丹虽危险，但实力并非那么强大，经过各种情报分析，其部落不过五六千人。

第二，乌兰布通之战的教训不应忘记，不可再丧失战机。

第三，从噶尔丹在巴颜乌兰屯聚过冬的举动看，有趁雪作战的意图。但顾忌清军实力强大，不会贸然深入内地。然有可能偷袭边境，掠诸外藩。若待敌人来袭，我方进兵，我进彼退，我撤彼来，如此再三，蒙古诸部必遭损失。这样，正好中了噶尔丹游击战之计。①

第四，有明成祖的经验和教训为鉴。② 永乐七年（1409）秋，明朝征虏大将军丘福远征胪朐河（克鲁伦河），孤军深入，遭遇惨败。第二年春天，明成祖亲征本雅失里汗，直达斡难河（克鲁伦河以北，又写成鄂嫩河，黑龙江上源之一），大败对手凯旋。这证明远征虽有风险，但从北京出发的部队完全可以抵达克鲁伦河流域，并能获胜。

圣祖坚定的战斗意志、客观理智的分析，一扫胆怯犹疑，大臣们一致赞同："今宜遣发师徒，一举殄灭。"③

于是定议三路北征。

中路军，由皇帝亲统，以京旗精锐为主，辅以东三省兵、内札萨克兵、绿营兵，包括骑兵、炮兵、步兵等各兵种，全部骑马前进，官兵加上跟役（牵马、管理装备的辅助兵员）共3.6万名。另有预备队约8400名，加上跟役共1.7万名，尾随主力前进。除每人自带80天口粮外，还专设有运粮队及护卫队，共8600名，用车5500辆，运粮36300石，并有炊具营帐。

西路军，授安北将军费扬古为抚远大将军，任主帅。分为归化城军和宁夏军两支。归化城军由费扬古亲统，以右卫、大同兵和京兵为主，外加内札萨克兵、喀尔喀兵，包括跟役，总计3万余名。配备各类火炮100门、棉甲7000领、火箭3000支。每人自带80天口粮，另配车1500辆由

---

① 以上三点，据《亲征平定朔漠方略》卷一六，康熙三十四年十月丁未。
② 齐木德道尔吉教授认为："圣祖的此次征战，显然参考并接受了明朝军队的经验教训。"见所著《康熙之路——纪康熙皇帝首次亲征噶尔丹》，载《蒙古史研究》第6辑第187页。
③ 《亲征平定朔漠方略》卷一六，康熙三十四年十月丁未。

二、清圣祖亲征朔漠

3000人运粮。宁夏军则由振武将军孙思克统领甘肃绿营兵7000人,西安将军博济统领满洲兵3000人,官兵跟役共计1.7万人。配备子母炮80门,人给5个月口粮,其中1个月以牛羊代给,俱用驼马运载,以2500人牵挽护送。

东路军,由抗俄名将黑龙江将军萨布素统率,发东三省兵6000名,合跟役约1.2万名。

三路军的战斗、辅助、后勤人员共计11.75万人。另外,驿站设置、维护、保卫人员尚未计算在内。

三路军的分工是:中路军为主攻,西路军任堵截,东路军充策应,分路合击,一举歼敌。

康熙三十五年(1696)二月初八日,抚远大将军费扬古受命从北京起行,赴归化城,统领西路军,定于四月下旬与中路军会师于土喇河。届时,若噶尔丹顺克鲁伦河而下,离中路近、西路远,则中路待西路。如噶尔丹在土喇河,距西路近、中路远,则西路待中路。

二月十八日,抚远大将军费扬古率军自归化城起行。

二十二日,振武将军孙思克、西安将军博济率军自宁夏起行,从平罗营(今宁夏平罗县)出口。

三十日,圣祖率中路军主力出德胜门,经独石口出塞,年长皇子6人(皇长子胤褆、皇三子胤祉、皇四子胤禛、皇五子胤祺、皇七子胤祐、皇八子胤禩)、内大臣、八旗都统、前锋统领、护军统领俱扈从出征。领侍卫内大臣一等公福善领前锋,出古北口。

十三日,中路主力抵博洛和屯驻营。十四日,圣祖接费扬古报告,预计三月十三日可到汛界。三月十五日晨,中路主力军自博洛和屯拔营继续前进,途中突然刮起东南风,"继之风雪交加,寒冷,实属可怖"①。行至衮诺尔(今内蒙古锡林郭勒盟正蓝旗南部,闪电河西岸)驻营,圣祖身着雨衣,顶着凛冽的雨雪,站立旷野中,"俟众军士结营毕,始入行宫。营中皆炊饭,然后进膳"。尚有后勤运输队晚到,圣祖令御前侍卫用骆驼载着帐篷、食物和柴炭及时送去。这一夜,虽然气温骤降、寒冷异常,却无

---

① 〔清〕爱新觉罗·玄烨:《皇太子康熙三十五年三月十一日奏折尾批》,参见齐木德道尔吉《康熙之路——纪康熙皇帝首次亲征噶尔丹》,载《蒙古史研究》第6辑第182页。

一人受冻挨饿。

马匹也盖上了油单,以防淋雨冻伤。但细心的圣祖发现,那些体型瘦削的马匹抗寒能力尚好,而那些膘肥大马反而寒栗不能吃草,也不能排泄。于是令军士们将那些膘肥大马顺风驰骋二三里,然后用人墙将其围起来,待马匹体温提升,自然便溺食草。至夜里,雨雪渐渐停止。翌日清晨,圣祖出宫帐查看马匹,发现无一冻毙,青草已经冒头,庆幸准备充分而雨雪短暂。当日,令黑龙江将军萨布素于四月初率军起行,赴克鲁伦河。

十七日,中路主力抵达揆宿布喇克(今内蒙古正蓝旗境内浑善达克沙地边缘)宿营,领侍卫内大臣福善率领前锋会合,申定行军次序,并留贮粮食1300车,供回师时食用。继续前进将穿越沙地,圣祖令士兵下马步行、日食两餐,以爱惜马力。

十九日,接费扬古报称为了避免部队大面积踩踏草场,十五日进入喀尔喀地界后,所率部队分为东西两路,东路由他自率领,西路由杨威将军觉罗舒恕率领,估计四月初三日至翁金会师,二十四日至土喇,二十七日至巴颜乌兰。

中路军主力经正蓝旗西北、阿巴嘎旗、东苏尼特旗境,于四月初六抵达格德尔库,将达喀尔喀地界,距土喇河大约18天路程。翌日,遇到去年出使噶尔丹处的两批使者,他们带来的消息证明噶尔丹仍在土喇河。

四月初九日,接萨布素报告,他已经领军于本月初六日起程。圣祖令其在喀尔喀河附近水草丰茂地方喂养马匹待命。大军进入喀尔喀境后,圣祖令部队加强戒备,驻营时环形列营,禁止喧哗和使用火烛。

初十日,科尔沁沙津亲王派往噶尔丹处的使者带回新消息:噶尔丹声称现今从俄罗斯借到炮手、鸟枪兵6万人,再等俄罗斯兵6万人到,就顺克鲁伦河而下,直抵科尔沁,亲王即为内应。并确认噶尔丹拥兵2万人,四月初已离开土喇河,顺着克鲁伦河往东移营,至达尔罕敖喇山地方。[①]

原来二月时,圣祖曾安排反间计,令科尔沁亲王遣使噶尔丹处,假称投靠,愿做内应,将其诱至科尔沁,就近歼灭。

使者带回的这些消息,引起清军高层的混乱。内大臣索额图、大学士伊桑阿听说俄罗斯出兵帮助噶尔丹,大为惊恐,敦劝圣祖班师回京,只派

---

① 〔清〕爱新觉罗·玄烨:《亲征朔漠纪略》,见《圣祖仁皇帝御制文集·二集》卷三六;《亲征平定朔漠方略》卷二二,康熙三十五年四月乙未。

二、清圣祖亲征朔漠

图 2.1　清圣祖亲征朔漠之督运图（《清史图鉴》第 3 册《康熙朝上》，第 251 页）

西路军追击。

对使者带回的消息，圣祖一时也难辨真假。但有一点，他非常坚定：开弓没有回头箭！即召内大臣佟国维等入宫帐，严正警告：胆怯者，朕必诛之！我雄师至此，指顾间噶尔丹可擒可灭，岂能前功尽弃？如此何以对祖宗，何以对将士，何以对西路军？

佟国维脱下头盔，叩头，率先回奏："皇上谕旨极是！臣等怯懦妄奏，真死无地矣。"①

---

①　《亲征平定朔漠方略》卷二二，康熙三十五年四月乙未。

这一幕表达了圣祖磐石般的坚定意志，也安定了军心。

十三日，圣祖率军出卡伦，至苏德图。哨探报告，噶尔丹仍在克鲁伦河，距中路军只有10日程。可以确定，所谓赴科尔沁云云，是噶尔丹将计就计放出的烟幕弹，而俄罗斯援兵，十有八九也是虚张声势，因为按照两国协定，喀尔喀事务是大清国内政，俄方不得干预。

让圣祖担心的是，西路军能否及时赶到战场。自从三月十九日收到费扬古的奏报后，23天过去了，一直没有西路军的消息。据情报显示，噶尔丹离中路军比较近，中路自然是主攻方向，遂令费扬古协助堵截。

十四日，中路军过擒胡山。清圣祖亲征朔漠286年前的四月十六日，明成祖亲征蒙古本雅失里汗时曾在此驻留，留下摩崖石刻。圣祖饶有兴味地吟味并抄下石刻，给留守北京的皇太子寄去，大概是为他这次亲征找到一个可资比较的坐标吧。①

二十一日，中路军行进到离噶尔丹大营5日程地方，但仍无西路军的消息。圣祖刚拟好催促谕旨，终于接到费扬古的军报，然而，带来的消息让人沮丧。

费扬古报告，三月十九日的谕旨，在当月二十八日接到，当时他的部队在阿尔哈林图地方。此前三月二十二日，部队行军途中遭遇雨雪，道路泥泞难行，行程比原计划晚了一两天。更艰难的是火炮与粮饷的运输。炮车每天只能前进二三十里，只好将"神威将军"等重炮留在卡伦，用200头骆驼驮载67门重量较轻的子母炮追赶大队。而运粮队竟比大军落后10日程。而出卡伦之后，路上水草缺乏，拉车牲畜都已经疲瘦不堪。为加快运粮队前进速度，将15天的口粮留贮卡伦，备回师时食用，其余35天口粮，尽速运到土喇河。运输牲畜不足，用驮炮所剩骆驼补充。

至于孙思克所统西路宁夏军现在何处，情况不明。孙思克率军于二月二十二日起程，38日后，也就是四月初一日可到翁金河。但是，费扬古军于四月初六日到翁金河东岸扎营，仍未见孙思克部队音信。计划等到初十日，不管孙思克部是否赶到，费扬古部都将继续前进，在五月初三日，可达土喇河阿喇克山之西克勒和朔地方。

---

① 参见齐木德道尔吉《康熙之路——纪康熙皇帝首次亲征噶尔丹》，载《蒙古史研究》第6辑第187页。

二、清圣祖亲征朔漠

按原定计划，西路军当在四月二十四日至土喇河，现在推迟了9天！这一消息来得太突然，圣祖极为恼火。中路军照原计划顺利进军，即将投入战斗，西路军不但未能按期赶到，居然38天内杳无音信！此时中路军距敌已近，若无西路军截敌归路，无论进攻与否，噶尔丹必然脱逃。

圣祖立即召集军中王公、大臣、将领们开会，商量对策。与会者或主张中路军独立行动，立即进兵，攻敌不备；或主张等待西路军，以求万全；大多数则主张缓慢前进，见机行事。圣祖颇为踌躇，再四筹度，"未能适当其可，始姑为相机徐行"①。

显然这是一个次优方案，虽不理想，却有长处。一方面放慢进军脚步，西路军或可赶上，避免孤军对敌；另一方面，逐渐接近敌人，伺机攻击，避免原地等待，贻误战机。

二十五日，圣祖领中路军抵察罕布喇克驻营。此地离克鲁伦河大约300里。

二十六日薄暮，商南多尔济喇嘛带来费扬古奏折，称西路军克服巨大困难，抵达土喇河的日期提前到本月三十日，比上次奏报可提早3天。预计来月初七日可至巴颜乌兰。

原来孙思克率军出塞后，行军于戈壁荒野，水草奇缺，风寒雨雪，异常艰苦。尤其是三月二十日、二十一日，大风狂吹两昼夜，至二十二日，更是雨雪交加，"寒威凛冽，俨若隆冬"，马匹既冻且饿，倒毙甚多，人员疲惫不堪。至郭夺利地方，平均一名士兵拥有不足一匹赢马，且所携粮食，亦不足一月之用。孙思克酌量，如此下去，遑论克敌制胜，部队终将被大漠吞噬。他毅然决断，将剩余粮食集中使用，于7000名绿营兵中选精健者2000名，配以相对膘壮之马，加速行军，追赶中路主力。剩余士卒、跟役，令威望素著之将佐带领徒步返回。西安将军博济部的遭遇与孙思克部类似，仅受损程度较轻，于所统西安满洲八旗兵2000名中留下1000名防护粮饷，其余1000名与汉军八旗兵1000名，追赶西路主力。四月十一日，在察汗和朔（今蒙古国阿尔拜赫雷东），孙思克率500名满洲轻骑兵疾行，追上费扬古，汇报了行军情况。当时宁夏、西安兵大队离西

---

① 〔清〕爱新觉罗·玄烨：《亲征朔漠纪略》，见《圣祖仁皇帝御制文集·二集》卷一九。

路主力尚有 10 日路程，令并作一路，加速追赶。①

得知西路军确切消息，圣祖心中稍安，判断预定作战计划可以实现，遂令各营领兵王、大臣、将军们讨论下一步进军计划。讨论结果高度一致，虽然西路行军比原计划晚了几天，但原作战计划无须更改，一切听从皇上"乾断"。

于是，圣祖口谕议政诸臣：

> 朕所统大军，不劳而至，人逸马肥，不但满汉官兵，即仆从无一人不得到者。以此精锐，人有死志，寇虽十万，朕将用策，亲御以击之。一面遣使往说，倘敌人力有余，则听与我战。力如不及，则听其走。但此寇若走，恐在我必有追悔之意。

议政诸臣奏曰：

> 噶尔丹若走，则吾事已毕。当遣使说之。②

换言之，此方案是在大军迫近噶尔丹营地时，遣使议和、劝降。如果噶尔丹同意议和，往来交涉，则可以为西路军进入最佳地点赢得时间，如此则将之聚歼。若噶尔丹拒和抵抗，则以中路军优势兵力击溃之。若噶尔丹事先逃跑，则由西路军截击之。

那么，在中路军攻击或者惊动噶尔丹后，西路军能否及时投入战场，就是此方案成败的关键。

因此，中路军在察罕布喇克等待了 6 天（四月二十五日至三十日）。为避免敌人觉察，圣祖令哨探不得远去，仅在大营附近活动。

五月初一日，圣祖自察罕布喇克起营，至拖陵布喇克驻扎。这里距克鲁伦河 230 里，水草丰美，留步行跟役、羸瘦马匹在这里休整，并储存米粮，踞水浚壕、筑垒扎营，以绿营兵 250 名防护。

初四日，圣祖让卫兵护送公主长史多禅、中书阿必达，带着 4 名被俘

---

① 参见《亲征平定朔漠方略》卷二二，康熙三十五年四月辛亥；俞益谟《孙思克行述》，载《清史资料》第二辑，第 45－46 页。

② 《亲征平定朔漠方略》卷二二，康熙三十五年四月癸丑。

的厄鲁特人，出使噶尔丹大营。

初五日，中路大军向克鲁伦河进发。

初六日晨，使者一行在克鲁伦河畔遭厄鲁特丹济拉部攻击，遵照行前皇帝嘱咐，不予反击，将敕书交给丹济拉，并将4名厄鲁特俘虏放回。丹济拉闻大军至，惊不能言，不待使者取来赏赐礼品，急持敕书领兵撤走。

初七日，中路大军以战斗阵列行进。雨过天晴，天空碧澄，清军大队人马动地而来，甚为壮观。晚上宿营，照常安扎营垒，但一律露宿，不张帐篷，以设伏待敌。

初八日，圣祖亲率前锋，抵克鲁伦河，未见一敌。登山，用单筒望远镜瞭望，只见峰峦叠翠，河川奔流，不见厄鲁特踪影，更不见俄罗斯一兵一卒。圣祖对左右说：噶尔丹疆场老手，克鲁伦河有山有水，他若有战斗的意志，则应守此天险。今舍此天险不守，可见其力穷胆怯，已经逃遁，俄罗斯鸟枪手之类，皆诳言也。不久，哨探报告，河滨已无厄鲁特踪影，从马粪观察，已逃走两天。

当日天色已晚，圣祖从一厄鲁特俘虏处得知，噶尔丹果然已在初七日连夜逃遁，可见一道敕书就摧毁了噶尔丹的战斗意志，迫其西逃。接下来连续4天，中路军沿着克鲁伦河溯流追击。十二日，抵达托诺岭。途中从一位厄鲁特老妪口中得知，噶尔丹离开这里已经4天了，可谓望尘莫及。

为了避免军粮断供，与军前议政诸臣商议后，圣祖决定原路回师，西路军也从中路回撤就粮。同时，授领侍卫内大臣马思喀（富察氏，满洲镶黄旗人）为平北大将军，率前锋轻骑追击噶尔丹。当时运粮队尚未到军前，圣祖令将士们只留5日口粮，其余口粮均拨给马思喀军，以足20日之需。

十三日，圣祖亲送马思喀出征，嘱咐道：行军作战，小心防护。西路军缺粮已久，朕速回拖陵布喇克，抄近道将米粮送往土喇河接济。

6. 昭莫多血战

五月十三日晚，圣祖回驻克勒和朔，接费扬古奏折：臣等率大兵于四月二十六日至杭爱山之喀喇拖罗海口驻扎，接皇上手敕，着留陕西兵于塞棱格（色楞格）路，以遏噶尔丹之逃窜。仍令自领大兵随后进发。臣遵旨进发。但孙思克所领陕西兵前因雨雪迟误，令选有4000精兵追赶大队，若以之单独拦截噶尔丹，恐兵力单弱，故臣仍合一路进发。闻噶尔丹顺克鲁伦河而下，至达尔汉奥喇地方，与皇上所统大兵相近，官军无不摩拳擦掌，欲速追此贼，与皇上合击歼灭之。但臣等才具庸劣，大兵、牲口都已连续行军70余天，疲乏不能亟到，还请皇上稍缓师行，以存西路军毕生颜面。①

费扬古另外密奏：西路军来自右卫者和调自京城者，所带80日口粮，分别将于五月初四日和十一日到期，而运粮大队届时断不能到达，请允许赴中路就粮。

圣祖即令侍郎阿尔拜督运米1000余石、面粉8000斤，接济西路军。并令内大臣明珠留驻克勒和朔督运西路军粮米。②

十四日，圣祖刚拔营起行，得侍卫送来费扬古奏折云：从布尔察地方往前10余站草地俱被噶尔丹焚毁，只得从有草之地绕道而行。臣等率大兵，仍亟于五月初三日至土喇，以捣噶尔丹之后。但祈御驾稍缓，留臣等毕生颜面。③

圣祖于马上阅读后，甚喜，令扈从大臣们传阅。按路程计算，费扬古五月初三日到了土喇河，初十日左右就能到达巴颜乌兰，正截噶尔丹的去路。他得意地对左右说：今费扬古于初三日至土喇，与朕原本计划相符，

---

① 《亲征平定朔漠方略》卷二四，康熙三十五年五月戊辰。
② 《亲征平定朔漠方略》卷二四，康熙三十五年五月戊辰。
③ 《亲征平定朔漠方略》卷二四，康熙三十五年五月己巳。

二、清圣祖亲征朔漠

噶尔丹谅必不能窜去。①

随后哨探证实，五月初三日，费扬古率前锋 1.4 万人马已过土喇河，将噶尔丹必由之路堵截，严阵以待，后队相继跟进。

十五日夜四更时分，马思喀送来了西路军击败噶尔丹的简报。翌日，圣祖令黑龙江将军萨布素留兵 2000 驻守索岳尔济山，其余撤回。

终于，在五月十八日，圣祖驻营中拖陵，副都统阿南达携费扬古奏章，疾驰报捷。圣祖出幔城，亲自接过、展阅。

原来，五月初三日，西路军主力到达土喇河会师地后，第二天薄暮，雨雪纷飞中，宁夏军全部赶到。当时费扬古所领右卫军行粮全部用完，孙思克军分粮相助，宁夏兵尤其慷慨。圣祖曾密令西路军到达土喇河后，即命孙思克部北赴色楞格河拦截噶尔丹。但费扬古此时获得噶尔丹就在克鲁伦河的确切消息，而且断定其必然西逃。因此，他令部队集中在土喇河畔，一面休整备战，一面积极打探敌人动向，准备迎击溃敌。

噶尔丹确认圣祖亲征大军到达后，于五月初七日西撤。他本想在克鲁伦河河源托诺山组织一场阻击战，无奈部下全无斗志，而追兵又急，遂决定快速西撤，企望战胜疲劳饥饿的西路军。噶尔丹命令留下妇孺老弱，轻装速进，于十二日抵达克鲁伦河与土喇河之间的巴颜乌兰。

十三日清晨，西路军 14000 名将士拔营，溯土喇河往东南行，和煦的西北风轻轻吹过，旌旗猎猎前指。淅淅沥沥的小雨过后，天空渐渐放晴，有蛟龙状白云据黑云之上，似捕捉野兽的姿态。这是出塞以来难见的好天气！午饭时分——为了节省粮食，部队当时一天就吃一顿饭——前哨发现敌情。费扬古令部队严阵以待。久未见敌，乃以战斗阵型前进。行 20 里，过一湖泊，就到了著名的昭莫多。

昭莫多在蒙古语里是"有林木处"的意思。它的北面是肯特山，矗立千仞，望之如翠屏，没有尽头。山下有一平川，广数里，森林茂盛，有河蜿蜒曲折流淌，从南面汇入的支流稍多于北，地势北高南低。马鞍形小山横亘于森林南边，自古即为漠北战场。明朝永乐帝曾与阿鲁台交战于此。小山西（右）连南山，高约 20 仞。从西边攀三层阶梯状山崖，可到山顶。

---

① 《亲征平定朔漠方略》卷二四，康熙三十五年五月己巳。

山东侧则有一崖，崖下即平坦河岸。东西两崖陡峭如削，山根下即是土喇河。

午后，哨探报告，在 30 里开外的特勒尔济河口（土喇河与特勒尔济河交汇处）发现噶尔丹军队。费扬古考虑到西路军远途而来，既疲且饥，马损其半，士多徒步，不能驰击，必须反客为主，以逸待劳。当部队行进到小山东南河畔的开阔地时，费扬古令部队停止前进，以前锋统领硕代、副都统阿南达领 400 前锋轻骑兵速往河口挑战。若敌少，即歼灭之。若不敌，则且战且退，诱其深入。

前锋见敌众多，有 1 万人左右，接战即佯退。噶尔丹果然尾追而来。这时宁夏绿营总兵殷化行领兵在山下东南列阵，遇副都统阿南达策马过，得知厄鲁特在山背。于是急登山，欲观敌情，遇费扬古、孙思克，说："宜急据此山。"费扬古决定："天将晚，明天再战。"殷化行则称："即便明天再战，亦当先据此山。此山若为贼据，我军山下扎营，就太危险了！"费扬古又说："贼太近，难以夜守。"殷化行说："何不将山下前阵部队移驻山上据守？"答："天将晚，移营非宜。即使山为贼据，明天用炮轰即可。"殷化行曰："从来用兵，高处不宜让人。"费扬古遂将登山驻守任务交给殷化行。①

殷化行立即挥兵上山。刚到山顶，厄鲁特兵也从东面攻至半山腰，发现山顶为清军所占，立即撤至东崖下，以崖为掩体，发鸟铳仰击。

此时，费扬古已指挥满汉八旗兵及绿营、蒙古兵分中锋、左右两翼布阵。殷化行居左翼。大同绿营兵居山下，沿河岸绕西麓向北布阵，以防林中埋伏之敌。

山上清军俱下马步战，以子母炮、鸟枪轰击。厄鲁特兵亦舍骑步斗，顽强冲锋。

噶尔丹的妻子阿努可敦挥长枪身先士卒，突至清军阵前。清军以拒马、藤牌阻其锋，随之铳炮箭弩叠发。阿努可敦中枪阵亡，戴巴图尔宰桑和身后 4 人被炮弹洞穿而死，博罗特和卓中箭身亡。噶尔丹、丹济拉、丹津俄木布等率部稍退。噶尔丹侄孙阿喇布坦负伤数处，仍竭力督战，并不退却。噶尔丹等整军再次冲锋，与清军伤亡相当，相持不下。

---

① 〔清〕殷化行：《西征纪略》，见《昭代丛书》（续编）戊集。

二、清圣祖亲征朔漠

图 2.2　康熙三十五年昭莫多之战战场位置示意

天色将晚,而胜负未决,殷化行有些担心,他指着山下,向费扬古建议:河边兵绕柳林左出,击敌侧翼,敌必乱。又敌阵后人马众多而不出助战,定为辎重老小营无疑。当派一军绕南右出以劫之,敌必回救自乱阵脚。山上军乘机正面奋击,可稳操胜券。①

于是,费扬古令两军从左右包抄。殷化行俯见两军将接,麾兵大呼跃阵,先以拒马撞击,随以鲜红藤牌蔽阵而下,距敌十步内,藤牌闪开,箭如骤雨。

噶尔丹见清军上下夹击,即将合围,急忙上马急疾奔而去,丹济拉、丹津俄木布等相继逃遁,厄鲁特兵披靡溃散,"坠崖下者,河沟皆满"。清军鸣螺上马,乘胜逐北。殷化行率部且射且逐,月下狂追30余里,厄鲁特兵皆星散无影,方勒马回营。②

---

①　〔清〕殷化行:《西征纪略》,见《昭代丛书》(续编)戊集。
②　昭莫多之战经过,参见殷化行《西征纪略》,《昭代丛书》(续编)戊集;《亲征平定朔漠方略》卷二十四,康熙三十五年五月壬申所记降人丹巴哈什哈言;同书卷二十五,康熙三十五年五月癸酉所记费扬古捷报。

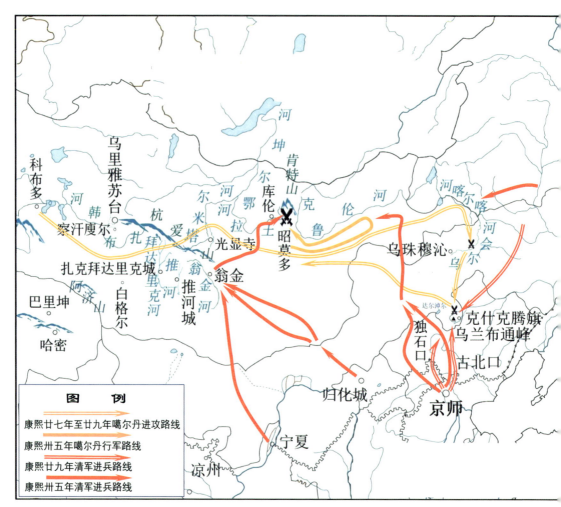

图 2.3 清圣祖亲征朔漠示意（底图据谭其骧主编《中国历史地图集》第八册《清时期全图（一）》，中国地图出版社，1982）

是役，噶尔丹主力被歼 2000 余（一说 3000 余）人，丧失牛 2 万余头、羊 4 万只，部众离散，从此陷入穷途而难以自拔。

对清朝而言，该役既是战胜噶尔丹的转折点，也是经营蒙藏边疆的新起点。

二、清圣祖亲征朔漠

7. 噶尔丹的末路

费扬古的捷报,对圣祖而言,确认了一件最重要之事:西路军虽然未能按预定日期赶到战场,但与中路军的配合仍相当有效,在皇帝亲统中路军坐拥强大实力却未能与敌一战之时,以稍占优势的疲惫之师,及时截断噶尔丹去路,并给予致命打击,令其陷入穷途末路,无能自返,基本达到亲征目的,证明了皇帝的"英明"。圣祖在皇太子奏折中提笔夹批道:

> 朕仰赖皇天眷佑,征讨噶尔丹,深入此地,如愿歼灭,体面而还。今噶尔丹谅必饥饿致死耳。①

西路军的胜利,挽回了圣祖的面子,让他能够体面凯旋,一切庆典显得顺理成章,也有底气向随军效力的内外蒙古各王公宣示:

> 此番出兵,各旗蒙古王、贝勒、台吉等,于引路、探信、牧马、掘井诸事,甚为效力。凡差遣处,随所指使,无不应机各当,诚属可嘉。朕必使各得生计,重行赏赉。至于喀尔喀等,此番亦甚效力。朕先以喀伦之内视为一家,今土喇、克鲁伦以内,皆为一家矣。②

对于此役有功人员,他也许诺一切战事供应优待外,再论功行赏。但此役并非完美,噶尔丹从战场逃脱,让他深抱遗憾。

---

① 胤礽康熙三十五年五月十五日奏折夹批,见《宫中档康熙朝奏折》第 8 辑第 209 页。中译文见《康熙朝满文朱批奏折全译》第 85 页。本文采齐木德道尔吉教授译文,见所著《康熙之路——纪康熙皇帝首次亲征噶尔丹》,载《蒙古史研究》第 6 辑第 198 页。

② 《亲征平定朔漠方略》卷二五,康熙三十五年五月丙子。

阿南达报捷后，圣祖曾问："尔等之兵，前若如约于四月二十四日至土喇，二十七日至巴颜乌兰，则更当何如？"

阿南达奏曰："诚若是，则贼尽授首，即一人亦不能逃脱矣。"①

六月初九日，圣祖凯旋抵京。

不过，这只是暂时的间歇，新的斗争已悄然展开。

接到费扬古捷报后，圣祖原本安排三分之一西路军士卒先到回师途中的合适地点接受检阅和奖赏，尔后4位将军和全体将士，还有黑龙江将军萨布素和东路军部分将士，到北京受接见和赏赐。但对西路军未能擒获噶尔丹之事，圣祖仍耿耿于怀，乃令费扬古回师至科图汛界，偕将军萨布素，各留兵1000驻扎待命，完"彼未完之事"②，并严旨责问费扬古。"谓既败噶尔丹，不即追获之，为未了事。且所报击斩或未核，将遣信臣往视战地。于是诸臣皆惶惧，顿兵俟命"。③ 费扬古率部于同月十九日抵达卡伦（哨所），驻守待命。

七月初十日，圣祖根据费扬古捷报估计，噶尔丹带数十人脱逃后，或经青海往投西藏，于是令副都统阿南达自土喇河速回，驰驿前往阿拉善，率巴图尔额尔克济农之兵，驻扎厄济内（额济纳）、古喇奈、昆都伦、布隆吉尔等处侦探声息。如得噶尔丹实音，即相机堵御，擒而诛之。④

七月二十一日，侍读学士喇什奏报，噶尔丹在昭莫多战败后，部众离散，逃到鄂尔浑河支流塔米尔河畔的台库勒地方，派人寻找、召集阿喇布坦、丹济拉、丹津俄木布等，还有伊拉古克三胡图克图，很快又聚集起5000余人。牛羊甚少，大多没有庐帐。

噶尔丹召集众首领商议过冬办法。西面洪郭赖靠近策妄阿拉布坦控制地区，不能赴会。若前往投靠达赖喇嘛，清廷必定派人索取，也是绝路。可行办法只有一条，即先往翁金一路，抢掠瀚海周边人畜，然后往哈密索取粮米，若哈密人反目相向，则攻取之以为基地。议既定，噶尔丹对部众

---

① 《亲征平定朔漠方略》卷二五，康熙三十五年五月癸酉。
② 《亲征平定朔漠方略》卷二六，康熙三十五年六月丙午。
③ 〔清〕殷化行：《西征纪略》第13a页。圣祖严旨切责费扬古等西路将领、西路军在卡伦待命40余天一事，《亲征平定朔漠方略》《清圣祖实录》等官方文献俱隐讳不载，然殷化行所记该事日程与官方文献所记一一吻合，故其说可信。
④ 《亲征平定朔漠方略》卷二七，康熙三十五年七月甲子。

二、清圣祖亲征朔漠

进行整编,重新任命宰桑,划分为三翼:丹津俄木布统左翼,阿喇布坦领右翼,自己与丹济拉率中军。六月二十八日,噶尔丹率残部离开塔米尔,前往翁金。

喇什先将噶尔丹动向报告费扬古,费扬古随即转奏朝廷,并请指示。圣祖令费扬古率蒙古兵赴喀尔喀郡王善巴王边汛诸地方侦探,防备噶尔丹零骑抢掠并收集其溃散部众。又令除振武将军孙思克、西安将军博济赴京陛见外,其他总兵等官俱令率兵回汛。① 在连绵阴雨中屡屡绝糇惶恐待命40余天的将士们,终于可以回到原驻地了。②

昭莫多战役后,噶尔丹部众有2400余人,或投诚清朝,或被俘。对于这些人,除少数逃归或犯罪处决及病故者外,清廷均给予了妥善安置。先留置张家口外度暑,尔后据其意愿,秋后有愿赴京者,即编入八旗相应旗分;不愿者,资以衣食马匹放归,或赴费扬古军前招抚噶尔丹。其父子夫妻家人离散者,使其团聚。对其中的两大家族,清廷予以特别优待。

一是丹巴哈什哈家族。丹巴哈什哈原系噶尔丹亲信,曾多次出使清朝,昭莫多战役后,率家属部众投平北将军马思喀。秋后到京编入八旗,圣祖特从优授其二品官、散秩大臣,以感召厄鲁特贵族。③

一是回回王阿卜都里什特家族。阿卜都里什特出生于南疆叶尔羌汗国(1514—1680)王室。该汗国王室家族是成吉思汗次子察合台的后裔,与中原王朝关系密切。噶尔丹势力崛起后,在康熙十八年(1679)打败统治汗国东部吐鲁番的巴拜汗,令其子阿卜都里什特作为统治代理人。次年,噶尔丹又进兵叶尔羌,执伊思玛业勒汗,叶尔羌汗国亡。康熙二十一年(1682),噶尔丹不满阿卜都里什特的作为,以议事为名,将其诱骗到伊犁软禁,行军、游牧,俱携之以行。所以,阿卜都里什特投归清朝后,称"我父子受噶尔丹拘执十四年之苦",且自称"回回国王",请求清廷留其子媳诸孙在京,只将其夫妻送回旧地,宣谕皇帝"圣德",并与策妄阿拉

---

① 《亲征平定朔漠方略》卷二七,康熙三十五年七月乙亥(二十一日)。此日相关纪事,《清圣祖实录》俱系于康熙三十五年八月辛丑(十八日),应为孙思克、博济与喇什等人抵京陛见的日期。

② 〔清〕殷化行:《西征纪略》载"俟命凡四十余日,会大阴雨,乏薪,兵多绝糇,乃请命孙公上疏,言贼败穷急,或西窜,诸镇臣并出,孰为备御。奉旨,遣三总兵皆归镇,召孙公独入朝"。

③ 《亲征平定朔漠方略》卷二九,康熙三十五年九月丙寅。

布坦合谋共力，伺机逮捕噶尔丹，以报受辱14年之仇。叶尔羌汗国故地哈密、吐鲁番、叶尔羌三处，均为漠北通往青海要道，圣祖对阿卜都里什特牵制噶尔丹寄望颇高，召其到京会见后，派回族武官率队护送其一家老小返回叶尔羌，并行文策妄阿拉布坦，不得虐害。

圣祖得知噶尔丹仍有5000人马后，恐阿南达所率巴图尔额尔克济农兵力薄弱，难以应付，命宁夏总兵殷化行必要时予以协助。

在圣祖布局围剿之时，噶尔丹并未坐以待毙，但他已是笼中困兽，一切争斗都属徒劳。

噶尔丹率众前往翁金途中，内部发生分裂。昭莫多战败混乱之际，丹津俄木布趁机掠取了噶尔丹的部分驼马，事后噶尔丹索取，遭拒绝。行军途中，双方矛盾渐趋尖锐，丹津俄木布率部叛去。噶尔丹得信，以轻骑追赶。丹津俄木布分三路奔逃，自己领六七十人避其锋，其岳父察罕珲台吉率100余人往投土尔扈特，明安特部纳马什希台吉率400余人奔赴洪郭赖。噶尔丹追回500余人。这时阿喇布坦也离开噶尔丹，率部到扎不干河流域驻营。因内部分裂，噶尔丹被迫暂停翁金之行。七月下旬，噶尔丹移营库伦伯勒齐尔（库冷白儿齐尔），复迁到俄罗海脑儿（散驻于秃伊河流域），企图伺机抢掠回归故土游牧的喀尔喀人。

其时，噶尔丹部下有两兄弟，饥饿难忍，趁着夜色，自俄罗海脑儿往投清朝卡伦，中途为苏尼特、喀尔喀巡哨兵截获，送至费扬古处。费扬古断定噶尔丹仍将前往翁金，于是速报朝廷。圣祖让他复调右卫八旗兵，相机剿抚。①

数日后，圣祖据逃来之人所言噶尔丹迫于冻饥之状，担心费扬古剿抚失宜，又谕令曰："此大机会，有上天眷佑、授我之象。此不可复失，尔等当着实留心。……今尔等成算如何，噶尔丹形势如何，朕因悬隔，急欲

---

① 《亲征平定朔漠方略》卷二八，康熙三十五年八月庚戌（二十七日）。《方略》中并未直接记载费扬古报告此讯后圣祖令其调右卫兵之事。但同书卷三〇，康熙三十五年九月壬申（十九日）记："命以哈滩巴图尔滚占解京马驼给右卫兵丁。先是大将军伯费扬古奏言：右卫官兵到家未久，调兵文书又于九月初一日到，初二日即起行而来。此项官兵归未久，而来甚速。乞将哈滩巴图尔滚占所有马驼停其解京，给右卫八旗兵为用。"翁金离归化城，如无恶劣天气阻碍，大约17日程，在西路骑兵攻击范围之内。故费扬古奏报噶尔丹可能逃亡翁金后，圣祖令调右卫八旗兵前往剿抚。

闻之。"①

八月初旬，漠北天气越发寒冷，纷飞大雪已将森林和草场素裹，噶尔丹残部过冬食物匮乏，部众甚至挖草根充饥。噶尔丹只得重启翁金抢粮冒险计划。

原来西路军于翁金储米2400余石，备回师时食用，由副都统祖良璧等领兵2000守护。后西路军自中路撤回，此粮闲置。守护50余日，天气已寒冷难忍，驼马多冻死。为避免坐以待毙，祖良璧令属下带够行军口粮，其余焚毁，于九月初六日晨起程返回。前锋先行开道，辎重队紧随，祖良璧亲自领兵殿后。

这时，丹济拉奉噶尔丹之命，领兵1000余人，已行至附近，哨卒掳获3名喀尔喀人，得知清兵护粮队即将通过，于是埋伏到一小山后。

清兵行军五六里，右侧山谷中突然冲出厄鲁特五六骑，直奔辎重队而来。前哨清军立即回头救护。厄鲁特骑兵往山谷中退去，前哨清军尾追而进。刚入山谷，厄鲁特伏兵大起，鸟枪弓矢齐发，前哨清军稍却。祖良璧领殿后清军赶到，发子母炮夹击之。时丹济拉所领厄鲁特兵火药无几，箭也不多，无力抵御，丢下数十具尸体和无数马匹，狼狈西逃。抢粮本无胜算，现今偷鸡不成反蚀把米，丹济拉非常懊恼，大悔曰："欲向清水捕鱼，徒搅水浑而不得鱼，今奈何！"②

尽管噶尔丹困兽犹斗，但内部解体仍难以遏制。丹济拉去往翁金时，噶尔丹的亲信格垒古英宰桑，暗中派人与费扬古接洽归降事宜。费扬古即行奏报。圣祖由此确知噶尔丹穷途困境，断定其"今不归顺，徒自求死耳"③。遂发谕旨，诘责费扬古。谕旨中提到，昭莫多之战前有两件事，若费扬古做到一件，就不至于造成今天的局面。当时，如西路军抵达土喇河后还能坚持往东行军3天，抵达巴颜乌兰左侧，与中路合击，则噶尔丹何能得脱。或者五月十三日前，费扬古能让皇帝知晓西路军的确切位置，兵强马壮的中路军主力就会继续追击，收取溃敌残部，不至于让其重新聚

---

① 《亲征平定朔漠方略》卷二九，康熙三十五年九月丙辰（初三日）。
② 《亲征平定朔漠方略》卷三〇，康熙三十五年九月辛巳。
③ 《清代起居注册·康熙朝》第8册，第T04510－T04511页，康熙三十五年九月十七日甲午，台湾联经出版公司，2011年影印版。《亲征平定朔漠方略》卷三〇，同日纪事。

集5000人之众。圣祖表示:"此等之事,至今追悔不尽!"① 现今格垒古英遣人请降,更加证实了"上天眷佑授我"之大机会已经降临,而前封上谕发出已经十数天,仍不见费扬古复奏,圣祖已不愿在京城坐待。

九月十五日,确定了驻京八旗前锋营及左右两翼四营统兵出征将领及随营大臣职名、出征日期。当天,圣祖得刑部尚书图纳自甘州奏报,得知顺利招抚西喇古尔(疏勒河)黄番人(今称裕固族)大小6079口、黑番人(藏族)大小1169口,共7248口,全部迁入边内。噶尔丹属下管辖番人坐征赋税的厄鲁特男女大小179口,解京安插。② 原来噶尔丹扩张后,每年向这些黄番人和黑番人征收硫黄、倭铅。接到费扬古昭莫多之战捷报的当天,圣祖就令图纳驰驿赶赴陕西,以大败噶尔丹宣谕陕西、甘肃、青海各族,收编噶尔丹原先所控制各族人口。至此,图纳顺利完成使命。

十六日,费扬古派人押送丹济拉请降使者察哈代至京,并带口信请训旨。圣祖即密谕费扬古,如遇噶尔丹请降,不可将其护送至京,须设法将其诱至归化城,待皇帝到后,共商措置。若噶尔丹遣使,亦将其使者打发回去劝降。并提醒费扬古看护好马匹,防备诈降。

圣祖遣察哈代携齐巴哈齐,由拨什库1名、汉官1名陪同,携敕书,返漠北召谕噶尔丹。齐巴哈齐系噶尔丹大宰桑吴尔占札卜之母,在昭莫多之战中被俘,清廷优待有加,至是遣回,以劝降噶尔丹及其身边重要辅佐。③

十七日早朝,乾清门听政毕,圣祖即将追讨噶尔丹事告知御前大臣。十九晨,御驾经神武门,出德胜门,前往归化城,开始第二次亲征噶尔丹。令都御史于成龙赴归化城,办理西路军粮饷。

行军途中,得费扬古奏报翁金遭遇战情形,圣祖诘责道:

> 朕一人在京,独以西路所缺意所不到之事,种种言之,众心俱不

---

① 《亲征平定朔漠方略》卷三〇,康熙三十五年九月丙辰(初三日)。
② 《亲征平定朔漠方略》卷三〇,康熙三十五年九月戊辰。
③ 察哈代、吴尔占札卜之母遣返漠北劝降具体经过,见《康熙朝满文朱批奏折全译》第164-165页,第321号。察哈代一行回漠北具体日期不详,但在曼济返回漠北之前(前一次遣察哈代,又一次遣曼济赍去敕开尔……),且十月十五日已到洪郭赖阿吉尔罕地方,则其出发当在九月内。故本文系于此。

二、清圣祖亲征朔漠

之服。今果如吾言矣！噶尔丹困穷已极，早晚冻死。如遣大僚人员往抚，此大机会。正为之喜，今与之战，则降者必惧而止，且又收其帐房锅釜。朕深以不及［时］撤兵为憾！①

行至昌平，驻跸，命扈从内大臣、大学士拟写招抚噶尔丹敕书，圣祖亲笔改定，令速送京师，敕书以满文、蒙文合璧誊写，另将蒙文版榜纸（告示）精刻印刷300份。誊写印刷毕，驰驿送呈皇帝，敕书即交招抚使者送付噶尔丹，榜纸遇人即发放。

二十二日，誊写印好的敕书运至驻跸地怀来县城西，即派员送往费扬古驻营处，令其颁送。圣祖深信在清朝强大的剿抚攻势下，"噶尔丹虽不即降，其部落必自溃散，终归于我"。②

二十七日，据尚书班第奏报，喀尔喀多罗贝勒根敦代青遣人报捷，称其部落在去年噶尔丹东进后，无法南下，只好在塞棱格—补隆汉地方过冬，截杀噶尔丹派往乌朗海征取贡赋的20人，后又杀噶尔丹逃散属下22人，招抚其属众60户，又招抚乌朗海人160户，现今其部落从塞棱格往补隆汉地方游牧而来。圣祖遂指示大将军费扬古出卡伦进剿噶尔丹，并令根敦代青配合。③ 不过，圣祖很快取消进剿计划。

二十九日晨，因从厄鲁特降人得知噶尔丹往波罗乌纳罕、空根渣巴哈等地过冬，离卡伦有40余日程，天寒地冻，清军马力难以到达，圣祖乃令费扬古停止进兵，待来春草青时节再图追剿，"此时惟有遣其来降之人，接踵前往招抚余众，令其散尽为上计耳。"④

实际上，从九月二十九日后，第二次亲征就由剿抚并举，变成了专事招抚。

十月十三日，圣祖浩荡的亲征部队入驻归化城，一直留驻到二十三日。11天内，圣祖主要做了三件事：一是调配保障西路军的后勤，轮换

---

① 《亲征平定朔漠方略》卷三〇，康熙三十五年九月壬申。
② 《清代起居注册·康熙朝》第8册，第T04534页，康熙三十五年九月二十二日乙亥。
③ 《清代起居注册·康熙朝》第8册，第T04555－T04562页，康熙三十五年九月二十七日庚辰。
④ 《清代起居注册·康熙朝》第8册，第T04565－T04568页，康熙三十五年九月二十九日壬午。

归化城及卡伦的驻防部队；二是强化哈密一带的防卫，兵力增加到5000人左右；三是招抚并安置厄鲁特降人。二十一日，遣厄鲁特俘虏曼济携敕书招降噶尔丹。又安置了4位厄鲁特降人，其中一位的妻子早前被清军俘虏，圣祖亲征时，带其出京，此时夫妻相逢，相拥而泣，在场的蒙古人，"自王以下，无不下泪者"①。从降人那里圣祖也了解到噶尔丹的最新动向。

翁金抢粮失败后，丹济拉于九月十九日回到库冷白儿齐尔，噶尔丹很失望。二十一日，噶尔丹率部众往哈密取粮。由于缺乏食物，部众纪律涣散，中途时有互抢牲畜、不辞而别者。

圣祖思忖："若果往哈密，乃其绝地，必获噶尔丹。彼处已布置完密，更无可虑。"②

二十三日，留散秩大臣宗室庸吉（永纪）等驻归化城，处理厄鲁特降人事宜。翌日，圣祖离开归化城西行。二十六日，遣和硕扎萨克图亲王长史马尼图等携敕书，偕被俘之阿喇布坦属下罗卜藏巴班珠尔，前往劝降阿喇布坦和丹津俄木布。

圣祖沿着内蒙古草原缓缓西行，一边携皇子、大臣们打猎比武，考察蒙古民情风俗，接见赏赐蒙古王公，一边等待噶尔丹的消息。而当年初冬天气也格外暖和，仅需服薄裘，若骑马奔驰，还会沁出汗水。在给皇太子的信中，圣祖写道：

> 朕此行原欲有所为，今闲居，而天复不寒，惟就水草移营，以俟噶尔丹困毙消息，收纳降人。③

十一月十一日，圣祖在胡思泰（大约在今内蒙古鄂尔多斯市达拉特旗与准格尔旗交界之呼斯太河畔）行猎，噶尔丹属下大宰桑土谢图诺尔布率80人投归，即授散秩大臣，因此判断"噶尔丹困蹙是实"，且其使者正在路途，期待解决噶尔丹问题"是月必见端绪"④。

---

① 《亲征平定朔漠方略》卷三二，康熙三十五年十月丙午，"谕皇太子"。
② 《亲征平定朔漠方略》卷三二，康熙三十五年十月丙午，"谕皇太子"。
③ 《亲征平定朔漠方略》卷三三，康熙三十五年十一月甲子。
④ 《亲征平定朔漠方略》卷三三，康熙三十五年十一月甲子。

二、清圣祖亲征朔漠

实际上，噶尔丹得知清朝在哈密一线防守严密，即改变计划，往萨克萨特胡里克捕兽过冬。由于时令日趋严酷，其属下有冻毙者，而逃亡者也日多。十月上旬，土谢图诺尔布率属下投奔清朝，对噶尔丹刺激甚大，一面遣使达赖喇嘛，一面遣使清朝，希望能缓解困局。十月十二日，噶尔丹的使者格垒古英一行20人起程，十一月十七日抵达卡伦外。当日午夜，费扬古即用驿马接力密报圣祖。十九日傍晚，密报抵达"御营"①。当时圣祖正驻跸东套黄河南岸的浙固思台（今内蒙古鄂尔多斯市达拉特旗吉格斯太镇大红奎村），立即召集议政大臣开会，定议令格垒古英与随从1员，由章京员带领，乘驿前来。因为密折再次证明了"噶尔丹破灭已尽"，圣祖抑制不住内心的兴奋，提笔给皇太子写信，将费扬古密折内容告知，并让他转奏皇太后，宣谕宫中与大臣们。

当天，副都统阿南达自布隆吉尔密报，本月初七日，在素尔河截获噶尔丹派往青海、西藏的使者，并缴获书信14封。翻译书信费时两天，并未发现有价值的情报，"伊之衰败情形俱隐瞒，甚是无耻，不成体统，似掩耳盗铃"。② 为防噶尔丹偷袭哈密一线，圣祖令西安将军博济于西安兵内选未出征人才强壮者2000，赴阿南达所，与孙思克会齐，倘噶尔丹有往哈密声息，即行剿灭。③

二十三日，圣祖自浙固思台回师，东南行至胡思泰驻跸。二十五日早晨，天气晴朗，圣祖起程不久，噶尔丹的使者格垒古英抵达。皇帝即停止行军，就道旁山冈坐下，让格垒古英坐于身旁，一起喝茶畅谈，毫无戒备。圣祖不理会格垒古英替噶尔丹请降之真假，只管以"天下元后"姿

---

① 费扬古奏报噶尔丹遣使及议政大臣议复一事，《清代起居注册·康熙朝》《亲征平定朔漠方略》俱系于费扬古具奏当日（康熙三十五年十一月十七日，该密折汉译文，见《康熙朝满文朱批奏折全译》第120页，第234号），细阅《方略》，该密折当在十一月十九日傍晚抵达"御营"。[《方略》卷三三，康熙三十五年十一月辛未（十八日）记载："上谕皇太子曰：十九日，我师已驻宿。时费扬古伯急报奏章至，阅知噶尔丹遣人乞降。兹以费扬古所上章，急令闻知，故遣驰报。可奏闻皇太后，恭请慈安，宫中并使闻知，宣谕诸大臣。兹事虽未明悉，朕自有裁度，汝等勿虑。朕尝谓噶尔丹破灭已尽，以今观之，斯言殆适合也。"]

② 《圣祖谕皇太子为拿获噶尔丹之喇嘛等事》，见《康熙朝满文朱批奏折全译》第122页，第238号。

③ 《亲征平定朔漠方略》卷三三，康熙三十五年十一月辛未。

态,"万国一家"之道,娓娓宣谕征讨噶尔丹之大公至正,指示投降归顺为其唯一出路。格垒古英听毕,表示倾心降服。①

当日,圣祖驻跸东斯垓(今内蒙古鄂尔多斯市准格尔旗蓿亥图乡召梁村)。翌日,费扬古密奏抵达。费扬古认为噶尔丹派使者请降是假,拖延时间、安抚其部众人心是真,提出两个处置方案:发精兵远征噶尔丹,尔后还其使者,迫其投降,不然则相机剿灭;或者羁其来使,于厄鲁特降人中选一二忠心善言者,前往宣扬皇帝厚待降人洪恩以至使者乐不思返,即使噶尔丹不降,也许变从内生,属下或杀噶尔丹以献。

圣祖阅毕,令速召费扬古简从驰驿,来议军机。②

十月初二日,圣祖驻跸萨尔虎拖会。清晨,费扬古到达。圣祖向其述"悉加屠戮,不如抚而养之"之意,费扬古回答:"圣见非常,真天地好生之至仁,非臣等愚昧所及。"又说:"宥罪之诏一至,噶尔丹必来投诚矣。"③ 于是,初三日圣祖遣理藩院员外郎博什希、笔帖式常寿赍带敕书,偕格垒古英,往漠北劝降噶尔丹、丹济拉。圣祖与格垒古英约定:

彼(指噶尔丹)如不来,朕必踏雪往讨,断不中止。朕在此地行猎待尔,限尔七十日内还报。如过此期,朕必进兵矣。④

这时,有包衣提醒御用粮米将尽,圣祖佯装盛怒,斥包衣蛊惑人心当斩,谓粮尽即可取用附近所储粮米,取之不竭。表示噶尔丹不降,必不休兵。又作渡河往幸迈达里庙(今包头市土默特右旗美岱召)之势。

待格垒古英一行出 20 里之外,圣祖方下诏还师。

---

① 《清代起居注册·康熙朝》第 9 册,第 T04769 – T04776 页,康熙三十五年十一月二十五日戊寅。

② 费扬古密折,见《康熙朝满文朱批奏折全译》第 123 页,第 241 号。该折收文时间为康熙三十五年十一月二十六日。《方略》将召费扬古赴御前议军机系于康熙三十五年十一月甲戌(二十一日),系为满足与噶尔丹之 70 日后不降、即兵威相临之约定,将日期提前了 5 天(参见黑龙博士论文)。

③ 《清代起居注册·康熙朝》第 8 册,第 T04797 – T04799 页,康熙三十五年十二月初二日甲申。

④ 《清代起居注册·康熙朝》第 8 册,第 T04786 – T04787 页,康熙三十五年十一月二十七日庚辰。此日期比实际提前 5 天。

二、清圣祖亲征朔漠

初四日，费扬古回卡伦。回师途中，右卫留驻火器兵 700 名，以备紧急时供费扬古调遣。又令安设沿边至宁夏塘汛，整备行军道路，查报边外至漠北路程，以备明年出征。过右卫后，气温骤降，圣祖背风而行，皇长子胤禔充当前导，迎风而进，脸颊和下巴都受冻皲裂。① 二十日，由德胜门回宫，宣告历时 91 天的第二次亲征结束，此时离新年还有 10 天。

第二次亲征未能擒获噶尔丹，目的并未达到。康熙三十六年元旦刚过，离格垒古英返回漠北正好 1 个月、吴尔占札卜之母齐巴哈齐返回漠北已经 106 天，圣祖估算，齐巴哈齐应携信回转，断定"今观噶尔丹势甚穷蹙，天与不取，坐失事机"，于是令兵部做两路出兵准备。两路各用精兵 3000，一路由费扬古统领，由汛界出，一路由振武将军孙思克、西安将军博济统领，自肃州出，同趋噶尔丹驻地萨克萨特胡里克。② 为保障后勤与指挥调度万无一失，皇帝亲赴宁夏府（今银川）坐镇。

正月十六日傍晚，元宵节即将过去，仍无齐巴哈齐的消息。不过，此时副都统阿南达自肃州送来奏章，让圣祖为之振奋。阿南达密报，去年十一月二十五日，噶尔丹之子色卜腾巴儿珠尔越沙漠到巴里坤打猎，连其乳父辉特和硕齐等人也被哈密人捕获，送到肃州军营，现正押送赴京途中。皇帝阅奏，立即令议政诸王大臣传阅，又宣示宫内。当时众蒙古及投诚厄鲁特男女齐集畅春园西门，正在观看烟火，听到消息，齐向皇帝祝贺。③ 圣祖随派参领车克楚、亲随侍卫僧图，赶赴宁夏，领兵 100，侦察前往噶尔丹驻地萨克萨特胡里克的路程。

其时，噶尔丹本想把离散的部众集合起来，但均属徒劳无功。他派使者去跟阿喇布坦言和，却吃了闭门羹，而丹津俄木布更与之相抗，阻截他和俄罗斯往来的通道。东面受制于喀尔喀多罗贝勒根敦代青，西边受制于策妄阿拉布坦，南则受制于哈密。噶尔丹已处被围猎的境地。虽然萨克萨

---

① 参见《康熙朝满文朱批奏折全译》第 125 页，第 245 号；第 126 页，第 246 号。第 245 号《圣祖谕》云："（十二月初二日）大将军伯费扬古抵达行在觐见，并请皇太后、皇太子安。事俱议定，意皆统一。故定格垒返回招抚噶尔丹，并令格垒薄暮起程。"该谕收文日期为初五日，则此上谕发于初二日邸报付驿之前，所谓"并令格垒薄暮起程"是计划而非当时已发生之事。据 246 号皇太子十二月初七日奏折，则格垒遣返实际在初三日。
② 《亲征平定朔漠方略》卷三五，康熙三十六年正月乙卯（初三日）。
③ 《康熙朝满文朱批奏折全译》第 138 页，第 269 号。

图胡里克地方野兽不少，但部下人多，时间一久，能捕获到的野兽自然稀少，这迫使噶尔丹的部属不得不分散狩猎。隆冬之时，他身边只留下丹济拉、吴尔占扎卜、车凌本、诺颜格隆等人，连叛清来投的伊拉古克三胡图克图也开始单独行动。

而清朝使者的陆续到达，也瓦解着噶尔丹残部的战斗意志。

吴尔占扎卜的母亲齐巴哈齐在康熙三十五年（1696）十一月底见到了噶尔丹，盛赞清朝的富庶强大、皇帝的仁慈宽大，责备噶尔丹的罪过让众生遭罹苦难，劝他归降清朝为众生谋福。噶尔丹听了，神情凝重，唯唯说："这些都是我的过错。"虽然老太太未能说服儿子和噶尔丹，却引起厄鲁特人对清朝的惊异和艳羡①。

随后，曼济在新年元旦的那一天到达了萨克萨图胡里克。第二天，他见到噶尔丹，介绍了圣祖第二次亲征的情况，并告知投归清朝的厄鲁特众宰桑都被封以高官。噶尔丹听后，默然无语，其属下宰桑们则为之心动。后来，噶尔丹到诺颜格隆家喝酒，丹济拉、吴尔占扎卜等人俱在。酒酣耳热之际，吴尔占扎卜对噶尔丹说："我辈自去冬以萨克萨特胡里克兽多而居此地，今兽已受惊减少。春草将出，如欲投顺，则近前去。如不降，当另图一策。夹居此地，岂非等死？再尔只是为宗客（喀）巴之黄教奔波，致使四厄鲁特、七旗喀尔喀丧失殆尽，尔国遂破，父子夫妻离散。我等始终跟随，而尔任意妄行，不仅无益于黄教，反而造罪，我等亦未曾有过一语。如今我实无可忍，愤而出言。此罪先殃及尔身，锁禁地狱后，我等再入地狱。"②

噶尔丹默无一言。

诺颜格隆责备吴尔占扎卜曰："太平之时众人安乐，何不言及君恩覆庇？今有所失而责汗如此，为臣仆者，固可如是议君乎？"

吴尔占扎卜曰："吾醉矣，乃妄谈耳。"③

可见，噶尔丹的核心集团在清朝的招降攻势下开始出现分裂。

---

① 《康熙朝满文朱批奏折全译》第 163-164 页，第 321 号；同书第 151 页，第 298 号。

② 《康熙朝满文朱批奏折全译》第 164-165 页，第 322 号。

③ 《康熙朝满文朱批奏折全译》第 164-165 页，第 322 号。参见《亲征平定朔漠方略》卷三九，康熙三十六年三月戊辰。

二、清圣祖亲征朔漠

康熙三十六年（1697）正月底，格垒古英和清朝使者员外郎博什希等人抵达萨克萨图胡里克。第二天（二月初一日），噶尔丹与丹济拉、诺颜格隆、吴尔占札卜一同会见格垒古英。格垒古英劝噶尔丹投诚，可以保留汗号，获得优待，众人都得生路。诺颜格隆认为格垒古英被清朝拉拢，其言不可信。格垒古英又劝噶尔丹跪受圣祖敕谕，噶尔丹不予理睬，只派手下到博什希处取来。

当时噶尔丹属下所剩人丁约300人，其他部众都各自捕猎远去；马匹甚瘦，没有牛羊；又处在被围歼险境，身边人心不稳。但噶尔丹不降的意志坚定。最难熬的冬天已经过去，春天即将来临，能拖一天则再起的希望就多一分。所以，他一直拖到二月十五日傍晚才见博什希。噶尔丹坐在岩石上，令两名护卫夹着博什希，让他坐在离自己较远的地方，表现出明显的戒备意识。然后，侍者端出两钵一样的兽肉，分别送到噶尔丹和使者跟前，算是高规格的招待晚宴。食毕，两人开始会谈，由译者往来传话。博什希宣读完圣祖敕书后，噶尔丹婉转拒绝了劝降，言毕即骑马离开。属下们多劝噶尔丹同清朝展开谈判，丹济拉表示愿意充当使者，但噶尔丹不为所动，格垒古英遂携家属往投清军。

担心清军即将迫近，噶尔丹在二月十六日即移营向西北而去。于三月初九日抵达什尔哈河（锡尔哈河）。这时候，噶尔丹已经生病，众喇嘛为他念经祈福。十二日到达阿察阿木塔台（今蒙古国布彦特河畔、科布多城附近），已多日不进饮食。翌日（1697年4月4日）晨，噶尔丹病重，头疼，召丹济拉速至，交代后事，于午前赍恨以殁，时年54岁。①

噶尔丹离开萨克萨图胡里克9天后，也就是二月二十五日，博什希才起程返回，噶尔丹改派札卜喇嘛随其出使清朝。途中，博什希一行遇到了投奔清朝的格垒古英一家及察哈代、曼济，于三月二十二日到达喀尔喀的中路军汛界。格垒古英中途遭伊拉古克三胡图克图袭击，右肩中鸟枪。博什希将出使报告交由费扬古火速转奏圣祖，同时带领格垒古英父子及察哈代、曼济赶赴皇帝行营。

---

① 噶尔丹殁日及死因，清朝官方文献有"三月十三日病死说"和"闰三月十三日自杀说"。齐木德道尔吉先生认为前说符合史实，后说为圣祖回护颜面的杜撰。参见所著《昭莫多之战以后的噶尔丹》，载《蒙古史研究》第4辑第104－117页，内蒙古大学出版社，1993。

三月二十九日，博什希的报告抵达宁夏皇帝行营。据此，皇帝令振武将军孙思克、西安将军博济暂停进兵，待博什希到达，了解噶尔丹去向后再决定下一步行动。

原来二月初六，格垒古英返回漠北已63天，距限定噶尔丹70日来降只剩下7天了，圣祖遂离京前往宁夏。三月初四日，驻跸神木县，噶尔丹之子色卜腾巴儿珠尔被押到。初六日，以驾至宁夏方令进兵，稍觉其迟，令肃州兵人给马3匹，带百日粮，速进萨克萨图胡里克；若噶尔丹远逃，则计米以归。令另预备一军进驻郭多里—巴尔哈孙地方，以防噶尔丹东窜。

到三月二十二日，振武将军孙思克奏报，马匹、骆驼筹集尚未到位。圣祖令调用附近部队马匹，或者减少进剿兵丁500～1000人。

二十五日，圣祖率"御营"自横城渡过黄河，次日抵达宁夏。接到博什希报告时，皇帝已在宁夏驻跸4天。其实，三月十三日后，清军是在与一个已经死去的敌人作战，这是由于受制于缓慢的交通与通信，所得有关噶尔丹的讯息往往都是一个多月前的旧闻。

虽然如此，圣祖仍急于得到对他来说仍是新闻的漠北消息，尤其是噶尔丹的态度。因此，令管驿站官员星速驰迎博什希，见到博什希后，即将噶尔丹的书信先行星速取来。闰三月初七日，博什希、察哈代、格垒古英之子吴巴希与噶尔丹的书信一道抵达宁夏。初九日，格垒古英、曼济等到达。圣祖由此得知，噶尔丹并无降意，使节往来只是为了拖延时间。丹济拉欲降，但曾在战场上与清军多次对敌，心有畏惧。初十日晚，又有厄鲁特降人到，报告噶尔丹可能迁往额克阿拉尔（意为"母亲岛"，是哈拉乌苏湖的中心岛①）以捕彼地之鱼为生。②

十一日，圣祖调整进剿军事部署。仍兵分两路。甘州发八旗、绿营兵2000，由振武将军孙思克领至肃州，交副都统阿南达、提督李林隆率领追

---

① 见乌兰《蒙古国西部新发现汉文崖壁诗所涉史事考》，载《清史研究》2015年第3期第137页。

② 参见《康熙朝满文朱批奏折全译》第162－167页，第319－325号；第170页，第330号。《亲征平定朔漠方略》卷四二，康熙三十六年闰三月丁酉（十七日）所记圣祖谕皇太子之谕旨，系拼接数份谕旨而成，所记各事日期，与满文档案多有不同。本文据汉译满文档案。

二、清圣祖亲征朔漠

剿。宁夏、归化城兵仍发3000，分两支起程。一支由昭武将军马思喀、总兵官殷化行统率，自宁夏起程，至郭多里—巴尔哈孙（今内蒙古达茂旗百灵庙镇附近之巴图哈拉噶①），与抚远大将军费扬古所统一支会合，然后由费扬古总统进剿。中路军兼有追拿伊拉古克三胡图克图的任务。

十三日，圣祖复核两路进兵、粮饷、马匹、驿站计划毕，对议政大臣说："凡此所议之事，俱极详备。今噶尔丹已无所归，或来降，或自尽。不然，必为我擒矣。朕将亲诣船站，视大兵进发，暂驻跸彼处，观其动静。倘宜亲临，即当前往也。"②

十五日，圣祖离开宁夏，二十八日抵达船站（今内蒙古巴彦淖尔市黄河西岸一带）。二十九日、四月初一日，圣祖连续两天亲送宁夏兵出征。

初七日，以进剿军务及回程供应、降人安置诸事安排停当，留领侍卫内大臣索额图主持善后，而进剿结果尚待时日，圣祖自河西达希图海地方起程回京。

四月十五日，圣祖驻营布古图地方（今内蒙古巴彦淖尔市乌特拉前旗西山咀镇附近），接到费扬古奏报，6天前丹济拉派使者齐奇尔宰桑到汛界报告：

> 三月十三日，噶尔丹死于阿察阿木塔台地方，丹济拉、诺颜格隆、丹济拉之婿拉思伦携带噶尔丹尸骸，并带噶尔丹之女朱戚海（钟齐海），共三百余户，投皇上前来，驻于巴颜恩都尔地方候旨。③

费扬古问噶尔丹所死之故，答称：

> 噶尔丹于三月十三日早得病，至晚即死，不知是甚病症。④

---

① 参见刘忠和《圣祖与包头地区渊源研究》，载《阴山学刊》2013年第6期第67页。
② 《清代起居注册·康熙朝》第10册，第T05376－T05377页，康熙三十六年闰三月十三日癸巳。
③ 《清代起居注册·康熙朝》第10册，第T05540－T05541页，康熙三十六年四月十五日甲子。
④ 《清代起居注册·康熙朝》第10册，第T05542页，康熙三十六年四月十五日甲子。

噶尔丹的结局有些出乎圣祖的意料，在闰三月十三日估算其结局时，有"来降""自尽""为我擒"三个选项，却无"病死"的预判。噶尔丹之死意味着圣祖取得了彻底胜利，议政诸大臣立即请行庆贺礼，考虑到皇帝预判中有"自尽"一项最近乎"死"，遂直接向皇帝祝贺说：

噶尔丹今果自尽，臣等诚倾服靡已！①

圣祖说：

噶尔丹之死，乃天之所助。宜先叩头谢天。②

于是在露天设香案，皇帝出御帐，率皇长子及文武百官等，行仰天三跪九叩头礼，毕，始入御帐受庆贺。

随后令费扬古选精锐速往受降，多余兵丁遣回；阿南达一军也撤回；费扬古受降后，即将噶尔丹首级先从驿站作速递送。

十八日，齐奇尔到达御营，询问方知，噶尔丹尸骸已经火化，只好改令"将噶尔丹之骨作速由驿站送到"。

圣祖于五月十六日回到北京。

费扬古进兵中途，得知伊拉古克三胡图克图在摩该图，令马思喀分兵追逐。马思喀至该地，得知伊拉古克三已离开数日，投策妄阿拉布坦去了，只好返回。两人共同进兵至巴颜恩都尔，未见到丹济拉，后来得知，丹济拉已投奔策妄阿拉布坦。旋因费扬古得病，遂以部队付马思喀领回。阿南达撤军回驻布隆吉尔探听声息。

七月，因平定噶尔丹，费扬古等西路军将领至京受赏。费扬古晋封一等公，参赞以下各官员各给拖沙喇哈番（云骑尉），袭一次。费扬古以未能擒获噶尔丹辞谢进爵，既是出于礼套，也是出于自知之明。去年昭莫多之战未能擒获噶尔丹，圣祖屡有烦言，他并未忘记。但皇帝考虑到费扬古

---

① 《清代起居注册·康熙朝》第 10 册，第 T05549 页，康熙三十六年四月十五日甲子。
② 《清代起居注册·康熙朝》第 10 册，第 T05550 页，康熙三十六年四月十五日甲子。

二、清圣祖亲征朔漠

竭尽全力最终也达到了出征主要目标,故没有应允他辞谢,圣祖对大学士说:"朕屡出征,知为将甚难。费扬古惟相机调遣,缓急合宜,是以济事。累年以来,统兵诸将,未有能过之者。"①

费扬古兵抵巴雅恩都尔地方,未能见到噶尔丹侄子丹济拉,据说其已往投策妄阿拉布坦。但实际上,丹济拉往投的是西藏。他受叔父临终之托,带着噶尔丹的骨灰及其女儿钟齐海,欲经巴里坤、嘎斯口往奔西藏。在巴里坤附近的德白色克地方,接到清朝敕书后,丹济拉改变行程,往东向清朝而来。途中先遭诺颜格隆叛去,夺去行装。续遭策妄阿拉布坦手下袭击,噶尔丹骨骸、钟齐海以及大部分部属俱被夺去。康熙三十六年六月十五日,丹济拉仅带家属15人逃到哈密。9天后,其子多尔济塞卜腾来会合。二十八日,丹济拉及其家属、属众79人,由哈密人陪同起行。

九月六日,圣祖正在木兰围场行猎,得知丹济拉一行抵达,即授丹济拉为散秩大臣,其子为一等侍卫,部众安置张家口外,编入察哈尔旗分佐领,有可用者,尽令披甲,给予钱粮。②翌日,皇帝于御帐,摒左右,召丹济拉促膝谈心,丹济拉倾心感戴。四十四年(1705),授丹济拉为札萨克辅国公。寻遣牧推河,防准噶尔。四十七年(1708),丹济拉卒,子多尔济塞卜腾袭爵。雍正九年(1731),奉诏牧于西喇穆棱。乾隆二十六年(1761),定牧于鄂尔坤之乌兰乌苏,隶喀尔喀赛因诺颜部。四十六年(1781),诏世袭固山贝子。

噶尔丹子色卜腾巴儿珠尔,本议处死,圣祖法外施恩,留其一命。康熙四十年(1701),钟齐海被引渡给清廷。圣祖令姐弟俩一处居住,授色卜腾巴儿珠尔为一等侍卫,给之妻室。以钟齐海婚配二等侍卫沙克都尔。

噶尔丹另有一女布木,为青海厄鲁特和硕特部首领博硕克图济农之子根特尔的妻子,清廷曾多次要求解送,后经根特尔之兄带青和硕齐察罕丹津奏请,圣祖特命免其解送。

噶尔丹的重要部属——吴尔占札卜,并未接受其母劝降,在噶尔丹死后投奔策妄阿拉布坦。清廷原本要求将其引渡,后作为解送钟齐海的让步,放弃索要。

圣祖之能战胜噶尔丹,其基础是清朝辽阔的疆域和强大的综合国力,

---

① 《钦定八旗通志》卷一五九《四库全书》第666册,第662页。
② 《亲征平定朔漠方略》卷四六,康熙三十六年九月癸未。

在这方面，噶尔丹显然不是一个对称的敌手。康熙二十七年（1688），与策妄阿拉布坦决裂之后，无法回到准噶尔本土的噶尔丹，其实已经不是全体四卫拉特的首领，仅为厄鲁特数个小部落（家族及依附民）的盟主，缺乏稳定后勤基地，只是个脱离本土的流窜军事集团，在清朝的强大压力下，自然无法避免败亡的命运。①

而圣祖坚定不懈的意志，无疑是持续动员清朝力量的关键因素。自乌兰布通之战后，圣祖三次亲征，综合运用政治与外交手段，毫不懈怠，不予敌手喘息之机，直至其组织瓦解、首领灰飞烟灭。

战胜噶尔丹，对清朝稳定和经营北部、西北、西南边疆有着重大意义。不仅喀尔喀得以重返故地，而且康熙三十六年（1697），阿拉善蒙古最终实现了编立旗佐，青海蒙古也接受了清朝册封。而西藏第巴匿丧被揭发、责问后，清朝也加强了对西藏政教事务的管理。

---

① 将康熙二十七年之后清朝与噶尔丹之间的较量看作清朝与准噶尔之间的关系，是不符合历史事实的。

三、驱准保藏

三、驱准保藏

清初，西藏地方政治是一种非稳态结构。

明崇祯十五年（1642），卫拉特蒙古和硕特部首领顾实汗（1582—1655）在占领青海后，率兵入藏，攻陷日喀则，杀藏巴汗，统一西藏，自称藏王，成为藏传佛教格鲁派的最大施主和保护者，建立了和硕特蒙古军事势力与西藏本地政教势力联合的蒙藏联合政权。这个联合政权的最高统治者是顾实汗，直接统辖驻扎在拉萨北面达木草原（今当雄一带）的2000亲信蒙古部队，这支蒙古兵成为汗权的核心支柱。达赖喇嘛和班禅喇嘛则是顾实汗的宗教、政治盟友。

藏传佛教两大领袖系统的确立，都与蒙古人有着直接关联。16世纪70年代，蒙古右翼领袖俺答汗曾赠给黄教领袖索南嘉措"达赖喇嘛"尊号，确立起藏传佛教格鲁派双领袖之一的达赖喇嘛转世传承系统。顾实汗自称藏王后，在清顺治二年（1645）赠给格鲁派另一领袖罗桑曲吉坚赞（1567—1662）"班禅博克多"的尊号。"班"为梵语"班智达"的简称，意为"精通佛教五明之学的贤哲"；"禅"是藏语"钦波"的简称，意为"巨大"；"班禅"意即"大学者"；"博克多"是蒙语，意为"智勇双全的英雄"。又以该尊号追赠以前的三世，所以罗桑曲吉坚赞就是第四世班禅，或称四世班禅，而"班禅"从此成为格鲁派该系领袖的专称。

从格鲁派方面看，双领袖系统的好处是有助于保障转世制度下高层交接的稳定和教派势力的维持。例如四世达赖圆寂（1616）后，经壮年四世班禅（时年49岁）的努力，五世达赖得以经由寻访、教育、坐床等一系列过程被确定、培养为格鲁派的领袖。因此，双领袖的安排从转世制度看，是各自承袭、自成一系；而从权力延续看，则是年长领袖与年轻领袖之间的交接。

而从和硕特藏王的立场看，另立班禅活佛转世系统，与达赖分掌前后藏，可以取得达赖、班禅两大系统相互制衡的效果。

但格鲁派领导权交接的顺利完成和教派势力的维持，仅凭借双领袖安排是远远不够的，还有赖于相关的世俗军政权力的维持。若其所依赖的世俗军政权力单纯且强大，则传承稳定、势力强盛，否则就动荡不安、危机相寻。

16世纪七八十年代以后，在派系林立的藏传佛教中，格鲁派逐渐强大，这与蒙古贵族的军事、政治及经济支持密不可分。俺答汗尊奉三世达赖，使蒙古人皈依黄教，奠定了黄教在蒙古地区的统治地位，而和硕特部顾实汗尊奉四世班禅，则奠定了黄教在西藏本土的统治地位。17世纪40年代，从黄教影响所及地域与人口规模看，顾实汗超过当时任何一位蒙古统治者，但其影响力的维持，必须依赖和硕特蒙古等世俗军事政治力量支持（信仰、尊崇、布施、军事保护等）。而和硕特蒙古这位施主并非一直强盛不衰，西藏本地政教势力也在伺机而动。

1. 三位六世达赖

　　拉萨的和硕特汗廷与多数蒙古汗廷一样，其权威强大与否，很大程度上取决于汗王的个人魅力。一旦汗王更迭，个人魅力不再，游牧封建制本身的分散性滋长，汗廷权威将大为削弱。清顺治十一年（1654），顾实汗去世，拉萨的和硕特汗廷就重蹈了权威削弱的故辙。顾实汗生前并未明确指定汗位继承人，诸子分领青海，各怀盘算，以至于过了近4年，在五世达赖喇嘛的调停下，和硕特部台吉们方达成妥协，由顾实汗长子达延汗继承汗位。不久由顾实汗任命的首任第巴（管理西藏地方行政事务的官员）索南饶丹（1595—1658）去世，因个人的威望、能力远不及其父，对于西藏事务也兴趣不浓，达延汗对第巴继任人选举棋不定。五世达赖喇嘛利用他在和硕特汗继位一事上产生的影响力和达延汗的弱点，成功说服达延汗隐匿第巴死讯一年，以寻找合适的继任人选。当时索南饶丹的族弟、后藏贵族囊索诺尔布谋求继任第巴，而五世达赖喇嘛则企图让自己的亲随喇嘛赤列嘉措继任，双方意见不一，最终兵戎相见。五世达赖喇嘛再次成功说服达延汗出兵相助，击败对手，于顺治十七年（1660）以达延汗的名义正式任命赤列嘉措为继任第巴,达赖喇嘛的世俗政治权力遂凌驾于和硕特汗王和第巴之上。康熙元年(1662),四世班禅圆寂,五世达赖喇嘛就成了西藏政教的实际最高统治者。

康熙七年(1668),达延汗和赤列嘉措第巴相继去世。达延汗的继任者——其子(一说为其弟)达赖汗(?—1701)3年后才到拉萨就位。因汗王迟迟未到,第巴一职无法任命,五世达赖喇嘛先是委人暂管,后来直接任命自己的却本(掌管讲经、供养诸事)罗桑图道为第三任第巴。康熙十年(1671),达赖汗到任,只好承认既成事实。康熙十三年(1674),因与萨迦派法嗣之妻有染,罗桑图道被撤职。第二年六月,五世达赖喇嘛力荐桑结嘉措(1653—1705,俗名贡觉顿珠)接任。桑结嘉措是第二任第巴赤列嘉措的侄子,8岁时即从五世达赖喇嘛学习百科之学,是知名学者,一说其为五世达赖喇嘛私生子,① "自幼便被第五世达赖喇嘛当作眼珠一样地疼爱"。五世达赖视其为自己的接班人,在宗教、政务两方面都给予了极好培养。② 但由于僧众意见不同,达赖汗亦未首肯,桑结嘉措以年轻不谙政务谢绝任命。于是达赖喇嘛改任札仓涅巴(财务总管)罗桑金巴为第巴。康熙十八年(1679),罗桑金巴因体弱多病辞职。经过4年缓冲和精心安排,27岁的桑结嘉措终于继任第巴。五世达赖喇嘛以清廷所敕封尊号,将桑结嘉措就任第巴兼掌政教一事,通告蒙藏僧俗,并书于布达拉宫墙壁,盖上双手掌印,强调"其所做与吾所为毫无区别,众人不得说长道短,皆须遵命而行"。③

由第巴兼掌政教双重权力是史无前例的,可看作政教合一制度的尝试。这一尝试,在当时条件下,是保障格鲁派和达赖一系利益的最佳方案。

本来双领袖安排有助于克服转世制度带来的领袖新老交替青黄不接问题,但是仍受制于两个因素。

第一,当时的格鲁派两系间并无可行的办法落实双领袖之间权力的交

---

① 参见王尧《第巴·桑结嘉措杂考》,载《清史研究集》第1辑第183-199页,中国人民大学出版社,1980。

② 恰白·次旦平措等著,陈庆英等译:《西藏通史·松石宝串》,第634-635页,西藏古籍出版社,1996。

③ 《西藏通史·松石宝串》,第637页。

替转移,虽然达赖、班禅之间互相认证、互为师生,但两者政教权力的行使有着明显的地区限制,达赖喇嘛掌控以拉萨为中心的前藏地区,班禅喇嘛掌控以日喀则为中心的后藏地区,有相对的独立性。因此,权力传承优先考虑本系。

第二,"生死有命",转世制度让双领袖安排也无法保障达赖、班禅中的一方老去时另一方正当壮年。桑结嘉措继任第巴时,五世达赖喇嘛已是63岁的老人,而格鲁派的另一领袖五世班禅(洛桑益西,1663—1737)仅有17岁,与年长10岁的桑结嘉措相比,其身心的成长尚有很大距离。

凭借五世达赖喇嘛的倾心委任和全力支持,适逢和硕特达赖汗对西藏政治漠不关心,故年富力强、学识渊博、志远果敢的桑结嘉措获得了前所未有的权力。桑结嘉措继任第巴1年后,五世达赖喇嘛即宣布闭关坐禅,不见外人,一切政教事务都交给他办理。两年后(1682),五世达赖喇嘛圆寂,桑结嘉措和近侍执事人员执行了严格的匿丧(秘不发丧)措施。匿丧惊人地维持了15年,直到康熙三十五年(1696)五月昭莫多之战后,清廷从投归人员口中得知五世达赖喇嘛圆寂的确切消息的死讯。成功匿丧多年,对桑结嘉措和格鲁派高层而言,是福也是祸。

匿丧既出自五世达赖喇嘛的遗愿,也出自桑结嘉措和格鲁派高层的意志。当时甘丹颇章政权(即西藏地方政权,因达赖喇嘛为核心人物,故以其哲蚌寺寝宫甘丹颇章为名)正在与拉达克(今克什米尔东南)作战,匿丧有利于安定人心。而桑结嘉措利用匿丧,保障了第巴的政教权威,有力推动了西藏地方行政、财赋制度的革新,续建了布达拉宫的白宫,更重要的是还兴建了红宫、金塔,又组织了藏医、历算经典的编纂,创办了相关教育机构,并亲自撰写了多种人物传记和佛学、语言学、科技诸方面的著作,留下了丰富而宝贵的文化遗产,文治武功都有值得称道的成就。

匿丧是有风险的,因为该行为等于欺诈,一旦真相暴露,借匿丧取得的权力和威信可能顷刻间崩溃。不过,桑结嘉措不仅能力够大,胆量同样够大。凭借达赖喇嘛的旗号,他结好清廷,为自己取得了"掌瓦赤喇怛喇达赖喇嘛教弘宣佛法王布忒达阿白迪"的称号〔即掌教法王桑结嘉措。"布忒达阿白迪"是桑结嘉措的梵文意译,意为"佛海",康熙三十三年(1694)四月封〕。在匿丧真相暴露后,他应对清廷的责问,仍是纵横捭阖,游刃有余。

康熙三十五年(1696)五月昭莫多战役后,噶尔丹属下丹巴哈什哈等

三、驱准保藏

人及青海和硕特博硕克图济农派往噶尔丹处的使者投归清朝，供出五世达赖喇嘛已圆寂多年的秘密。圣祖即命理藩院派员携带蒙古文敕书，速赴青海，向诸台吉通报战役及第巴匿丧情况，要求协助防备并抓捕噶尔丹及其余党，解送嫁于博硕克图济农（顾实汗第五子伊勒都齐次子）之子的噶尔丹之女及噶尔丹在青海的属人。

七月初，西宁坐哨理藩院员外郎二郎保抵达西宁西南130里的察罕托罗海（白头山）。此地为青海和硕特各部蒙古会盟之地。因青海蒙古信奉黄教，达赖喇嘛在此地派驻了一名管事堪布。二郎保先见堪布善巴陵，宣读了理藩院的咨文。随后善巴陵召集青海诸台吉会盟。初八日，札什巴图尔（顾实汗幼子，青海总管王）等31位台吉到齐，商议后，表示清廷要求的诸项事务，须请示西藏之后方能答复。

八月初一日，圣祖收到二郎保的复奏，令将有关事宜增入达赖喇嘛敕谕内。随后，圣祖降敕五道，分别派遣使者颁给达赖喇嘛、班禅大师、达赖汗、第巴桑结嘉措、准噶尔汗策妄阿拉布坦。

清廷明知桑结嘉措匿丧，却仍给达赖喇嘛单独颁敕，其用意很明显，即将第巴所为与达赖清楚区分开来，继续承认并维护达赖的格鲁派领袖地位，婉转提出遣送噶尔丹之女、博硕克图济农之儿媳布木的要求。

给班禅大师的敕书，则称：因达赖已老，遣使召请大师相见，以共同"化导悖乱，使中外道法归一"。

给达赖汗敕书，表彰了和硕特汗廷和青海各台吉，从来"同心专尚宗喀巴之道，与本朝和协"，能与噶尔丹以及"败坏道法、煽诱噶尔丹者"划清界限。

给策妄阿拉布坦之敕书，则奖其"恭顺"，并以擒斩噶尔丹相期。

唯独给第巴桑结嘉措的敕书，则历数其匿达赖之丧、坏宗喀巴之教、朋比噶尔丹作恶、阻班禅大师赴京诸罪过，并提出令其改过四条：

其一，奏明达赖喇嘛已故始末。

其二，尊奉班禅胡图克图，使主喇嘛之教，副"朕"之召，遣之使来。

其三，执济隆胡图克图以畀我。

其四，解青海博硕克图济农所娶噶尔丹之女。

若第巴不遵循，则朕必问尔诡诈欺达赖喇嘛、班禅库图克图、助噶尔丹之罪，发云南、四川、陕西等处大兵，如破噶尔丹之例。①

这五份敕书，体现了昭莫多之战后清廷的蒙藏经略方针：彻底清算噶尔丹、拉拢青海蒙古、稳定西藏和准噶尔、维护格鲁派宗教领袖的地位和影响力。其中，拉拢青海蒙古是安定蒙藏地区的先着，而维护格鲁派宗教领袖的地位和影响力，则是安定蒙藏地区的关键。

桑结嘉措不愧为老练政治家，他非常清楚不可能无限期匿丧。当初选择匿丧时限，曾有四种方案，最终选定了最长者，即匿丧至迎请转世灵童坐床。②

五世达赖喇嘛圆寂后，桑结嘉措即秘密寻访转世灵童，至康熙二十五年（1686），确定了藏南门隅地方出生的仓央嘉措（1683—1706）。为避免混乱，同时将其他地方产生的三位灵童拘禁在拉萨的扎克布里庙（药王山庙）。③ 10 年后（康熙三十五年，1696）的藏历火鼠年七月，就在清廷遣使赍带敕书前往拉萨责问第巴的同时，桑结嘉措也派出使者携带奏章，向圣祖密告五世达赖喇嘛圆寂、匿丧、转世灵童已确定之经过，并预定于次年藏历十月二十五日举行坐床典礼。④

康熙三十五年（1696）十一月二十二日，理藩院主事保住带领清廷使团抵达拉萨时，拉萨的使者尼麻唐胡图克图一行已经到了西宁。⑤

康熙三十六年（1697）二月初七，圣祖第三次亲征噶尔丹，驻跸岔道

---

① 以上五道敕书内容见《亲征平定朔漠方略》卷二八，康熙三十五年八月甲午。
② 宝音特古斯：《十八世纪初期卫拉特、西藏、清朝关系研究——以"六世达赖喇嘛事件"为中心》，内蒙古大学博士学位论文，第 11 页，2009。
③ 参见宝音特古斯博士学位论文，第 62 页。
④ 参见《康熙朝满文朱批奏折全译》第 168－169 页，第 329 号。第巴奏疏书写日期采用宝音特古斯博士的考证，参见其博士学位论文第 25－26 页。
⑤ 《清圣祖实录》卷一七八，康熙三十五年十一月戊午载："上驻跸喀林拖会地方。议政大臣奏：员外郎二郎保报称：……又达赖喇嘛使人尼麻唐胡土克图、卓磨龙堪布、丹巴囊素，达赖汗之使人寨桑，及喀尔喀泽卜尊丹巴胡土克图在西方之喀尊等，共一百七十余人，在十一月望间可到西宁边口。到日即欲进京，奏请圣安，访其消息，为青海诸台吉之事而来，其行甚急。如到西宁边口，或特差人驰驿护送来京，或照伊等常例行走。俟部奏明移文到日，以便遵行。应拨理藩院官一员，乘驿速至西宁，将尼麻唐等暂行留住，问明来意。如有奏章，即著赍来。若应令进口，则遣人往召。不则即行遣归。……上曰：差遣司官，必致迟误。著行文二郎保，亲身问明来奏。"

三、驱准保藏

（今北京市延庆县八达岭镇岔道村）得报：拉萨使者带有奏疏和口信，声称须面奏皇帝。圣祖令减从驰驿前来。①

同月二十一日，圣祖驻跸桑干河岸的榆林村（今山西省朔州市朔城区神头镇东榆林村）时，理藩院主事保住抵达行营，带回了第巴关于改过四款的复奏：达赖喇嘛入定中，待出定时由朝廷所遣喇嘛验看；未曾阻碍班禅大师赴京，曾不能奉召者，乃因年幼，或尚未出痘，或时机未到，仍遵旨派人劝说班禅大师赴京；已没收济隆喇嘛庙产并限制其活动，尚祈皇上施恩勿废其身命与戒律；噶尔丹之女出嫁青海台吉在战前，请免予追究。② 第巴另进两疏并宝物，一贺战胜噶尔丹，一请于其使者面奏后降旨示训。③

圣祖令扈从诸议政大臣开会商议第巴复奏。诸议政大臣以为四事"皆未毕"，不能裁决，请待拉萨使者面奏后再议。不过，圣祖见解却与诸议政大臣不同，他说：

> 朕阅经史，塞外蒙古多与中国抗衡，自汉唐宋以至于明，历代俱被其害，而克宣威蒙古，并令归心如我朝者，未之有也。夫兵者凶器，圣人不得已而用之。譬如人身生疮疡方用针灸，若肌肤无恙而妄寻痛楚，可乎？治天下之道亦如是。乱则声讨，治则抚绥，此理之自然也。且自古以来好勤远略者，国家元气无不致损者。所以朕不以生事为贵。达赖喇嘛，蒙古等尊之如佛。第巴者，即代达赖喇嘛理事之人。噶尔丹叛逆，皆第巴之故。因朕遣主事保住严颁谕旨，第巴甚是悚惧，悉遵朕谕，奏语甚恭，自陈乞怜，畏罪矢誓。其达赖喇嘛亡故，朕已悉知。今第巴云遣尼麻唐胡图克图前来，代其密为陈情，此亦云敬谨之至矣。想尼麻唐胡图克图到来，必奏明达赖喇嘛已经物故，恳朕为伊等掩饰耳。达赖喇嘛与我朝和好六十余年，并未相恶。第巴既如此恳疏，事亦犹属可行。即此可以宽宥其罪，允厥所请。第

---

① 《清圣祖实录》卷一八○，康熙二十六年二月戊子。
② 《康熙朝满文朱批奏折全译》第142—143页，第280号。
③ 《康熙朝满文朱批奏折全译》第143—144页，第281、282号。

巴必感恩，而众蒙古亦欢悦矣。①

在圣祖看来，维系黄教权威，保持西藏与蒙古地区的安定是首要任务，第巴匿丧有其合理一面，既然遣使密陈其情，仍是尊奉朝廷权威，故可允其所请，免究其罪。

三月十九日，圣祖驻跸定边城（今属宁夏定边县），第巴使者尼麻唐胡图克图一行抵达，即召其入行幄密会，仅留侍卫 3 员在旁。使者口奏匿丧及呼毕勒罕（转世灵童）坐床日期，并递交书面奏疏，请求保密至坐床典礼举行之后。这样，改过四条中的第一条，第巴已经做到，圣祖即将其奏疏及所献达赖喇嘛像，装入原封皮，当面钤盖火漆印封缄，并称到十月上旬再启封，宣谕内外蒙古，令为已故达赖喇嘛祈福，并遣使往贺小达赖喇嘛。② 至于其他三条，圣祖仍坚持前次敕书中的要求，但对于执送济隆胡图克图，则许诺不废其身命与戒律。仍遣保住随尼麻唐胡图克图一行进藏宣敕。

同年十一月二十三日，第巴复奏送达，对执送济隆胡图克图等三事，仍如前办理，并解释策妄阿拉布坦退兵非因达赖喇嘛使者制止，而是因其已得知噶尔丹衰败。

清廷允其奏，而对噶尔丹之女解送一事，清廷原本要求博硕克图济农携之亲至陛前求情方得宽免。此时，博硕克图济农已故，其子岱青和硕齐察罕丹津上疏代为求情，清廷亦允其请。

十一月二十七日，圣祖在保和殿召见了青海台吉代表札什巴图尔、土谢图戴青那木札尔额尔德尼、盆楚克（阿齐衮布之子）等 17 位台吉等，赐宴并赏数珠、袍褂、银、币、鞍马有差。

康熙三十七年（1698）正月，圣祖又封札什巴图尔等为亲王、贝勒、贝子。

青海蒙古诸台吉的赴京朝觐、接受清廷封爵，标志青海和硕特蒙古已臣服于清朝。

---

① 《清代起居注册·康熙朝》第 9 册，第 T05019－T05022 页，康熙三十六年二月壬二十一日壬寅。

② 《康熙朝满文朱批奏折全译》第 168 页，第 329 号；《清代起居注册·康熙朝》第 9 册 T05117－T05118 页，康熙三十六年三月二十日辛未。

三、驱准保藏

同年六月，济隆活佛被解送至京，清廷从五世班禅及第巴之请，宥其死，安置于北京东城下龙泉庵。而五世班禅奏称，未能赴京缘由系"所学者浅略，不能为功于道法。且未出痘疹""并非第巴沮止"。①

至此，在匿五世达赖喇嘛之丧等四事交涉上，第巴桑结嘉措成功贯彻了自己的意志，而清廷则达成了维持西藏安定、避免黄教领袖为厄鲁特蒙古所控制的目的。

康熙三十九年（1700）年初，其子拉藏自青海赴藏继位。康熙四十二年（1703），拉藏在六世达赖喇嘛和第巴支持下，继任藏王。

第巴桑结嘉措为继续掌控西藏政教大权，一面拉拢拉藏汗，奉以"成吉思汗"尊号，将六世达赖喇嘛名下的100余户喀尔喀划拨与他；同时以女妻六世达赖喇嘛，且尊其为"转轮王"，成为西藏名义上的最高政教领袖，以架空拉藏汗。然而拉藏汗不甘心做傀儡，六世达赖喇嘛也难负第巴所望。

早在康熙三十七年（1698）正月，第巴和清廷交恶时，策妄阿拉布坦曾遣使向圣祖奏报，第巴因禁班禅大师，擅自寻访达赖喇嘛转世灵童。当时，赴京朝觐的青海蒙古诸台吉、西宁口外诸寺囊素、内札萨克蒙古王公都在场，于是仓央嘉措是假达赖喇嘛的消息迅速传开。仓央嘉措得知后，情绪低落，从此自暴自弃，举止不羁，每每破坏黄教戒律，最后退戒还俗。

在拉藏汗继位当年，为麻痹清廷和青海蒙古，桑结嘉措做出将第巴职位让给儿子的举动。不久，仓央嘉措与老第巴结怨，求援于拉藏汗。数月后，老第巴深感威胁迫在眉睫，派人下毒谋杀拉藏汗，未遂，两人矛盾激化，势同水火。

康熙四十四年（1705）正月，老第巴兴兵，将拉藏汗驱离拉萨。拉藏汗势弱，退驻喀喇乌苏（今那曲境），召集达木蒙古军反攻。第巴桑结嘉措不敌，节节败退。仓央嘉措出面调停，第巴甘丹颇章政权由拉藏汗接掌，而老第巴桑结嘉措避居日喀贡噶尔城（今贡嘎县境）。七月，桑结嘉措被执杀②，其子阿旺林臣与妻在押解途中被仓央嘉措率兵抢去。因此，六世达赖喇嘛与拉藏汗的关系破裂。

---

① 《亲征平定朔漠方略》卷四八，康熙三十七年六月戊午。
② 参见乌云毕力格《1705年西藏事变的真相》，载《中国藏学》2008年第3期。

事变发生时，清廷派往班禅大师处的使者正在拉萨，班禅大师、拉藏汗即委托使者携其奏疏转奏清廷。同时，达赖喇嘛亦致书青海诸台吉说明事变缘由与经过，希望他们能够起兵护法，反抗拉藏汗，并要求转达清廷，驻西宁喇嘛商南多尔济获知后随即奏报。

当年十二月，圣祖将各路奏疏交议政王大臣会议，讨论对策。会议定策派护军统领席柱前往拉萨，将六世达赖喇嘛和第巴阿旺林臣夫妻解送京城。

席柱一行于康熙四十五年（1706）四月抵达拉萨，封拉藏汗为"翊法恭顺汗"。六世达赖喇嘛仓央嘉措在被押解赴京途中病故于青海湖畔（一说贡嘎湖畔），时年25岁。事后，圣祖公开解释将仓央嘉措解京是为稳定蒙藏地区：

> 前遣护军统领席柱等，往擒假达赖喇嘛及第巴妻子时，诸皇子及诸大臣，俱言一假达赖喇嘛，擒之何为。朕意以众蒙古俱倾心皈向达赖喇嘛，此虽系假达赖喇嘛，而有达赖喇嘛之名，众蒙古皆服之。倘不以朝命遣人往擒，若为策妄阿拉布坦迎去，则西域蒙古皆向策妄阿拉布坦矣。故特遣席柱等前去。席柱等方到其地，策妄阿拉布坦果令人来迎。以此观之，若非遣人前往，则假达赖喇嘛必已归策妄阿拉布坦矣。①

仓央嘉措被押解起程后，拉藏汗即着手寻找新的五世达赖转世灵童，经班禅大师确认后，认定拉萨札克布里庙的一名喇嘛为五世达赖的呼比勒罕（转世灵童），于康熙四十六年（1707）在布达拉宫坐床，取法名阿旺益西加措。老第巴桑结嘉措当年在仓央嘉措之外，又找到五世达赖的3位转世灵童（他们分别来自喀木、布鲁克巴、雅木鲁布湖），将他们拘禁于札克布里庙。阿旺益西加措（波克塔胡必尔汗）即是其中来自喀木的转世灵童。

但青海和硕特台吉们强烈反对新立之达赖喇嘛，请求清廷遣人前往西藏验看。康熙四十六年（1707）五月，清廷派往验看的内阁学士拉都浑等

---

① 《清圣祖实录》卷二二七，康熙四十五年十月乙巳。

三、驱准保藏

人抵达青海后,偕同驻西宁喇嘛商南多尔济,在察罕托罗海召集和硕特各台吉会盟,传达朝廷旨意,随后会同青海各台吉的代表到西藏,在噶木地方约见拉藏汗与五世班禅。拉藏汗不敢肯定新立达赖喇嘛为真,五世班禅坚称:"波克塔胡必尔汗,实系达赖喇嘛,我始为之安置禅榻,非敢专擅。"①

康熙四十八年(1709)正月,拉都浑将验看经过与各方主张复奏。经议政大臣商议,决定采信五世班禅的说法,承认新立达赖喇嘛,但因其年幼,册封尚待数年之后。鉴于青海和硕特蒙古众台吉与拉藏汗不睦,"西藏事务不便令拉藏独理",清廷派户部左侍郎赫寿前往西藏,协同拉藏汗办理事务。②

康熙四十九年(1710)三月,经班禅和西藏三大寺(甘丹、色拉、哲蚌)以及侍郎赫寿奏请,清廷正式册封阿旺益西加措为六世达赖,颁给册印。其印文为"敕封六世达赖喇嘛之印"。清廷行文达赖喇嘛,改"致"为"降",同时令青海台吉归还巴尔喀木地方赋税,仍由达赖喇嘛收取,撤回侍郎赫寿。③

然而,阿旺益西加措虽然取得了清廷的敕封,却并未赢得西藏信众和青海诸台吉的认同。而青海诸台吉的不认同尤其麻烦。

康熙四十七年(1708),理塘地方出生一名男孩,名噶桑嘉措,传说是已故六世达赖喇嘛仓央嘉措的转世。消息传开后,拉藏汗和青海诸台吉竞相寻访,但青海台吉们的努力更有成效。康熙五十三年(1714),青海和硕亲王札什巴图尔等奏报清廷,已于理塘寻得五世达赖喇嘛的真转世灵童,经诸台吉会商一致,拟迎到青海,请朝廷照五世达赖喇嘛之例赐封。

接奏后,圣祖立即意识到真假达赖之争,将激化青海蒙古左右翼之间的原有矛盾,必然危及西藏、青海的稳定。经议政王大臣会议商议后,圣祖派出两路使者,一路赴西藏,征询班禅大师对理塘灵童真假的看法,一路赴青海,与诸台吉交涉将灵童护送至京或内地。班禅大师确认理塘灵童非五世达赖喇嘛之转世,而赴青海使者几经周折后,甚至临以兵威,终于

---

① 《清圣祖实录》卷二三六,康熙四十八年正月己亥。
② 《清圣祖实录》卷二三六,康熙四十八年正月己亥。
③ 索文清、郭美兰主编《清宫珍藏历世达赖喇嘛档案荟萃》第37-38页,宗教文化出版社,2002;《清圣祖实录》卷二四一,康熙四十九年三月戊寅。

取得诸台吉一致同意,在康熙五十五年(1716)三月十五日,将理塘灵童迎请到西宁口内塔尔寺供养。

圣祖这一措施非常高明,既避免了直接宣布理塘灵童为假而可能招致青海蒙古的强烈反对,又抑制了他们再次擅立达赖喇嘛的冲动。

翌月,为巩固青海两翼蒙古的和睦局面,圣祖再派札萨克镇国公策旺诺尔布、侍卫布达理赴青海,会同郎中长受、主事巴特麻,主持青海诸台吉会盟,确定以罗卜藏丹津[康熙五十三年(1714)九月,札什巴图尔故,子罗卜藏丹津嗣亲王]、察罕丹津、达颜管理右翼事务,额尔德尼厄尔克托克托奈、阿喇布坦鄂木布管理左翼事务。①

这样,六世达赖喇嘛事件告一段落,青、藏地区暂归安宁。

2. 准部袭杀拉藏汗

理塘灵童的出现不但受到青海和硕特蒙古、圣祖和清廷的重视,也为准噶尔汗策妄阿拉布坦(1665—1727)所关注。犹如噶尔丹利用五世达赖喇嘛一样,策妄阿拉布坦也一直在寻找机会。

围剿噶尔丹时,策妄阿拉布坦和清朝暂时达成了利益上的一致。当共同敌手消失、一致利益消亡时,矛盾和对立就会逐步凸显。不过,"素性狡黠"的策妄阿拉布坦仍企图借用虚妄的"共同敌手"麻痹清廷,谋取利益。

早在康熙三十九年(1700)七月,策妄阿拉布坦派人到青海蒙古散布"欲征第巴"的言论,以测试青海蒙古和清朝方面的反应。驻西宁喇嘛商南多尔济随即奏报,理藩院以为小事无须讨论。圣祖以为"目前观之虽属甚小,将来大有关系",指出策妄阿拉布坦目前尚无力攻取西藏,其目的无非虚张声势,借以测探青海蒙古台吉们的动静,因此必须给商南多尔济明确指示,当青海台吉向其咨询该事时,即以此明确答复。圣祖又以汉代

---

① 《清圣祖实录》卷二六八,康熙五十五年闰三月己卯。

三、驱准保藏

赵充国屯田备边故事，提醒朝臣注意边备。①

双方一直维持着表面的友好，暗中较量却丝毫未曾懈怠。在清廷经略青藏的同时，策妄阿拉布坦也在寻找机会，谋求假手达赖喇嘛以控制西藏和蒙古。拉藏汗攻杀第巴桑结嘉措、废黜六世达赖喇嘛仓央嘉措之后，青海蒙古左右翼之间、青海蒙古与拉藏汗之间、西藏本地政教势力与拉藏汗之间的矛盾顿时复杂起来，策妄阿拉布坦认为机会已经来临。

清廷册封拉藏汗为"翊教恭顺汗"后，劝和青海蒙古各台吉，而拉藏汗也希望以示好缓和矛盾，于康熙五十二年（1713）将次子苏尔札遣回青海。策妄阿拉布坦了解到拉藏汗所领驻藏蒙古兵甚少，且大半患有肿病，密谋取之，于是提出与拉藏汗结亲，将其女博托洛克嫁与拉藏汗长子噶尔丹丹衷。圣祖以策妄阿拉布坦诡计多端，宜加防范，劝拉藏汗勿遣子往，遭拒。②

康熙五十三年（1714），青海蒙古台吉贝勒察罕丹津、亲王罗卜藏丹津，暗通策妄阿拉布坦，计划将理塘灵童送往拉萨，借弘法护教之名控制西藏，被清朝派兵威慑挫败。策妄阿拉布坦随即谋划两路出兵，控制灵童，侵占西藏。

康熙五十四年（1715）三月，策妄阿拉布坦派2000骑抢掠哈密北边五寨后直抵城下，被清朝哈密驻防游击潘志喜、伯克额敏率绿营兵、伯克兵击败，退至城南20里地方。四月，肃州总兵官路振声领兵1000，兼程驰援。准噶尔兵见清援军将至，遂撤回。

为防准噶尔大举入犯，圣祖筹划由噶斯（今青海海西州芒崖镇与新疆若羌县交界处）、哈密—吐鲁番、喀尔喀三路，各出兵1万征讨，派吏部尚书富宁安偕西安将军席柱赴甘肃，统筹哈密—吐鲁番、噶斯军务，散秩大臣祁里德、右卫将军费扬古赴推河，统筹喀尔喀军务。又知会俄罗斯，告其不得干预。

圣祖一面调兵遣将运粮，造灭此朝食之势，一面两路交叉遣返俘虏，谕告策妄阿拉布坦速速认罪，免遭雷霆之罚。

不过，事情的发展颇出乎圣祖意料。

---

① 《平定准噶尔方略》前编卷一，康熙三十九年七月乙未。
② 《康熙朝满文朱批奏折全译》第2416号，第1257-1260页；第3678号，第1531页。

策妄阿拉布坦竟派出一路奇兵300人，计划潜至塔尔寺，抢出灵童，而正兵6000人奔袭西藏，在藏北会合后，共同护送灵童至拉萨坐床，推翻和硕特汗廷。

康熙五十五年（1716）十月，准噶尔军主力6000人，每人骑坐并携带马四五匹、骆驼1峰、羊1只，还有适量粮米，由大策零敦多布（噶尔丹弟布木之子）等将领统率，自伊犁（今新疆伊宁）秘密出发。大策零敦多布是一员骁将，在奉命出征西藏前，刚刚率部击溃俄军：康熙五十四年（1715），为掠夺叶尔羌（今莎车）金矿，沙皇彼得一世遣中校布赫戈利茨率兵3000人，侵入准噶尔辖地亚梅什湖地区，大策零敦多布采取围点打援战术，又重挫俄国援军，歼敌2000余人，迫使布赫戈利茨逃遁。

准噶尔军自伊犁出发后，一路西南行，经叶尔羌，绕戈壁，昼伏夜行，至阿里克（叶城与和田之间）休整。为了迷惑清朝和拉藏汗，他们声称此次出兵系送拉藏汗长子噶尔丹丹衷夫妇回家，并去协助拉藏汗讨伐卜鲁克巴人（西藏西部）。

康熙五十六年（1717）年初，准噶尔军分为两支，每支各3000人。一支仍扎营休整，一支由大策零敦多布率领，向东南继续前进，至和田，溯玉龙喀什河东南行，越昆仑山口（昆仑山西段与中段交汇的克里雅山口），进入阿里北部高山无人区。尽管不少牲畜倒毙、人员死伤，准噶尔军仍坚忍前进。往南越过冈里木孙山（冰山，今日土县北），然后沿僧格喀巴布山阴（阿隆冈日山脉）东行。六月底，大策零敦多布所率先头部队，抵达西藏纳克产（今西藏那曲地区申扎县一带）。

西藏阿里总管、拉藏汗的女婿康济鼐得知准噶尔军行踪后，即报告拉藏汗，却未引起足够重视。当时拉藏汗正在达木地方避暑。七月初，待查明准噶尔军真实意图后，敌军大营距达木仅有3日程。拉藏汗与其幼子苏尔札匆忙召集附近蒙古兵2000余人、藏兵7000余人，又派卓尼尔（金字使，汗身边的高级侍从）颇罗鼐（1689—1747）征集藏内兵力。七月十三日，派人向青海诸蒙古台吉及清朝驻西宁官员报信。

十九日，大策零敦多布率部越过拉尔金岭（念青唐古拉山），于山下砌墙堆垒。拉藏汗督率蒙藏军1万余人，攻击3次未能攻克。八月初九，准噶尔军后队赶到，气势益壮。拉藏汗属下人数虽多，但蒙古兵少而藏兵多，战斗力较弱，不得不向清廷求救。10天后，拉藏汗再次发起进攻，仍不成功，双方相持不下。

三、驱准保藏

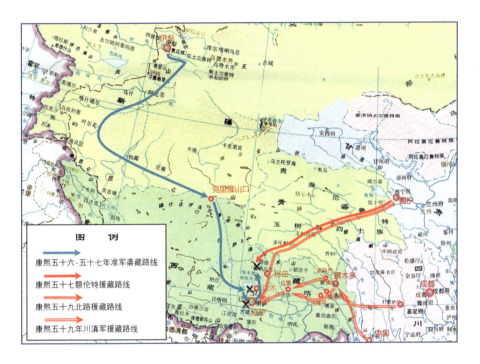

图 3.1　康熙驱准保藏之役示意（底图据谭其骧主编《中国历史地图集》第八册《清时期全图（一）》，中国地图出版社，1982）

二十五日，班禅大师到达达木，派六大活佛劝和，被大策零敦多布拒绝。由于数次劝和未能奏效，九月初，班禅大师动身返回扎什伦布寺。

初四日，准噶尔军向拉萨方向缓慢移动，拉藏汗恐拉萨不保，于当日夜率军抄小路赶回拉萨。但准噶尔军却并不急于前进，竟冒着严寒，在达木草原静候1月，等待抢夺灵童的小分队前来会合。不过，他们等来的却是个坏消息。

原来，康熙五十四年（1715）四月，清军拟分三路征讨准噶尔，由于路程遥远粮饷筹措困难，出征时间一拖再拖。直到康熙五十六年（1717）七月，才由吏部尚书富宁安充靖逆将军，率兵8500名由巴里坤出发，分三路袭击乌鲁木齐一带；由三等公傅尔丹充振武将军，率兵3000名策应，也分三路出阿尔泰，袭击至博罗布尔哈苏（今新疆博尔塔拉蒙古自治州境内）地方。两军皆按计划返回驻地。

傅尔丹回师时，发现准噶尔军300人尾随，遂将其击溃，无意中挫败了策妄阿拉布坦抢夺西宁灵童的计划。

傅尔丹进军途中从俘获的准噶尔士兵口中获得了有关去年准噶尔出兵西藏的重要情报：

> 策妄阿拉布坦，仍住伊本处，与俄罗斯、哈萨克、布娄尔，皆为仇敌。拉藏之子娶策妄阿拉布坦之女三年，已经生子。达赖喇嘛、班禅及拉藏之使，俱在策妄阿拉布坦处。闻卜穆（布木）之子策零敦多卜、托布齐、都噶尔、参都克等，率六千兵，去年往阿里克处，助拉藏汗征卜鲁克巴，至今未回。①

七月二十日，该情报送达圣祖手中，而此时拉藏汗正率军与准噶尔军鏖战。清廷判断，拉藏汗有可能联合准噶尔进攻青海，于是让理藩院尚书赫寿修书拉藏汗，警告他：你"受我主之封，食我主之禄"，若"侵我边疆之贝勒"，清军不会坐视②。可见，策妄阿拉布坦放出的假情报完全误导了清廷。

大策零敦多布得知形势不利，却故作镇静，向藏人宣告，派去攻打清朝的军队大获全胜，正护送新的达赖喇嘛赶往拉萨。这个谎言不仅鼓舞了本方的士气，而且让原本对拉藏汗不满的西藏僧俗敢于伺机反抗，配合准噶尔军。

十月十九日，准噶尔军迫临拉萨。大策零敦多布分四路围城，让城内策应者散布谣言，蛊惑人心。三十日晚，准噶尔军发起总攻，驻防小召（拉萨东北）的厄鲁特人噶隆沙克都尔札布率先迎降，藏兵溃散。接着台吉那木札勒开布达拉城北门纳敌，准噶尔军蜂拥而入。战斗持续了一整夜。十一月初一日，苏尔札率兵突围，被俘，拉藏汗殁于阵。

清冽寒风中，大策零敦多布对拉萨连续抢劫、屠杀了3天，终结了和硕特蒙古在西藏70余年的统治。

---

① 《清圣祖实录》卷二七三，康熙五十六年七月壬申。
② 《清圣祖实录》卷二七三，康熙五十六年七月壬申。

3. 额伦特孤军援藏败殁

圣祖先是让理藩院尚书赫寿致信警告拉藏汗。八月初，又令署理西安将军的湖广总督额伦特速往西宁，办军务、粮饷，四川松潘、青海噶斯路驻防清兵均加强警戒。同月二十六日，清廷方接到拉藏汗报告准噶尔军来攻拉萨的奏折，圣祖即令西宁、松潘清军出口安营待命，调荆州满洲兵2000人赶赴成都，太原满洲兵500人赶赴西安。

九月初，圣祖派出头等侍卫署理藩院侍郎色楞（蒙古镶黄旗人，姓图土特氏，世居察哈尔地方，袭三等男，兼佐领）等三人驰赴青海，面授应对西藏事件三策：一，若拉藏汗战胜，得信即撤回；二，若拉藏汗战败，即与青海台吉等协力征讨；三，若拉藏汗与大策零敦多布联合来攻青海，则动员青海蒙古合力并战。又称赞署理西安将军额伦特才略过人，嘱咐色楞等凡事务必与其商议而行。①

显然，此时清廷尚不能完全确定侵藏准噶尔军与拉藏汗的关系。

十月二十日，圣祖自塞外行猎回驻畅春园。二十五日，罗卜藏丹津奏报准噶尔军进攻西藏，圣祖据此认为准噶尔军长途奔袭，疲敝已极，除阵亡病死者，有战斗力者，未必满2000人，不足以攻取拉藏汗城池，而撤兵也无生路，情急之下可能"恣行侵掠"，让青海台吉们速领兵赴藏，西宁、松潘清兵分驻青海形胜之地，互相策应，见机行事，并知会靖逆将军富宁安。

十一月二十一日，圣祖在乾清宫西暖阁召见诸皇子及满汉大学士、学士、九卿、詹事、科道等官，回顾平生，更于黄帝甲子4350余年以来的历史中做自我评价，表示立储一事，简在圣心，毋庸群臣置喙。当时储位未定，各皇子暗中结党争储，先是大学士王掞密言建储事，尔后八位御史

---

① 《清圣祖实录》卷二七七，康熙五十六年九月壬子朔。

复联名上疏请立太子。自该年春天开始，圣祖自觉健康大不如以往，经常头晕，且日渐消瘦。此次行猎回京后感觉疲劳，又碰上"皇太后违和"，自觉病症加重，"心神忧瘁，头晕频发"。中经温泉水疗，症状稍轻减，故特谕诸皇子与群臣，自己并不讳言死亡，但大权不可旁落，凡事自有酌量。①

二十四日，因甘肃提督师懿德上疏反对明春两路征讨准噶尔的计划，圣祖想起上年（康熙五十五年）贵州巡抚刘荫枢反对兴兵之事。刘荫枢当时连上两折，请圣祖重内治，轻远略，息怒缓图准噶尔。圣祖斥其远在天末，听信小抄，无知妄言。② 康熙五十六年（1717）七月，圣祖在热河行宫，西路军袭击准噶尔乌鲁木齐一路奏报送达，大学士马齐奉承说，事情果然不出皇上睿算，敌人一定惊恐不已，六神无主，此后捷音，自应相继而至。圣祖不无得意，因而对反对用兵的言论益发不满，谕群臣曰："策妄阿拉布坦之人，皆乌合之众，其心不一。我大兵一到，即或降或散。朕经理军务已久，每事慎重，所以用袭击之兵。刘荫枢并不知此意，听传闻之言，即劝朕息怒休兵。用兵之事，如此妄奏可乎？伊不过用此空言作文章而已。无知之徒，即由此互相传播。从来遇贼迎降，即此等空言作文之辈！"③ 如今师懿德所奏竟与刘荫枢如出一辙，圣祖心中颇为不悦，乃出示其折于群臣，告谕560余言，其意有四：

第一，用兵机谋，非拘执不通者所知。往年亲征噶尔丹，也曾有人以寒冷、道远、饷难反对，但乾纲独断，取得重大成功。

第二，"策妄阿拉布坦，本属小丑，不足为虑"。他以2000余人侵哈密时，"前曾以二百人败其二千余人矣"。

第三，策妄阿拉布坦能做到的事，以朝廷之伟力，就是杀鸡用牛刀。"彼既可以到藏，我兵即可以到彼处。兵亦不用多，二百余人便可破之矣。"而且，朝廷军队适应极寒气候，"今李先复系汉人，自阿尔泰口外来，气色甚好，云途中并不见有病人。是边外水土，原可居住"。

第四，有史以来，"我朝驿递之设最善"。军机文书传递，西边5000余里，9日可到，荆州、西安5日可到，浙江4日可到。"三藩叛逆吴三

---

① 《清圣祖实录》卷二七五，康熙五十六年十一月辛未。
② 《清圣祖实录》卷二六七，康熙五十五年三月戊午。
③ 《清圣祖实录》卷二七三，康熙五十六年七月壬申。

三、驱准保藏

桂轻朕年少,及闻驿报神速,机谋深远,乃仰天叹服曰:'休矣!未可与争也。'"① 因此,皇帝虽老矣,不能亲征,却也能万里如面,掌控机谋。

这道谕旨反映出圣祖对准噶尔的轻视以及对大策零敦多布远征军的不屑。皇帝的态度自然会影响到清军援藏指挥官的心态。

拉藏汗康熙五十六年(1717)八月发出的求救信在康熙五十七年(1718)正月才送达北京。圣祖即令协理理藩院事一等侍卫色楞从西宁驻军及土司中挑选兵丁,会同青海台吉们赴援,额伦特等驻守形胜之地。随后,拉藏汗战殁消息传来,圣祖也取消了本年两路进剿准噶尔的计划。

色楞到西宁后,即获得拉藏汗战亡的确切消息,认为应当趁准噶尔军在西藏尚未站稳脚跟、藏人人心未定之际,迅速进兵至木鲁乌苏(或穆鲁斯乌苏,即通天河、巴颜喀拉山南长江源头一带),获取藏中确切情况,若易于攻取,则进兵征剿。不然,则远设哨备,严加防守,至少可以安定青海人心。额伦特与其商议,定两路进兵。色楞先进,额伦特督后队随进。

二月,色楞随即率领满洲八旗、绿营、土司兵共 2940 人(跟役除外),踏上了征程。

色楞的部队每人带足了 5 个月的行粮,坐骑驮畜充足,火器装备精良,士气高涨。行至木鲁乌苏北面的巴颜喀拉,色楞接到额伦特的密寄咨文,称已与察罕丹津定计,以合击青海为名,诱使准噶尔军出藏,我军则在青海以逸待劳,伺机将其歼灭,要求色楞暂缓进军,在木鲁乌苏或者索洛木(又译索诺木,巴颜喀拉山北黄河源一带)水草佳好地方驻营。色楞认为两地不远,且木鲁乌苏有藏人部落,进军至此等候,一则可以安定附近藏人部落,二则可以预先掌控渡口。于是,马不停蹄,在五月十三日抵达木鲁乌苏,中途翻越巴颜喀拉山遭遇风雪,虽然马匹驮畜损失十分之二三,但不影响骑驮之用。

望着陡峭隘谷中江水涓涓东去,色楞心潮澎湃,他只想立即渡河,奔赴拉萨,大有灭此朝食之慨。经沉思良久,即返营提笔疾书,密奏圣祖,请求不必等候额伦特军,接到批复即行进军。理由有三:其一,大军携 5 个月粮,原计划于七月抵藏,若于此地等候额伦特军,耽搁 1 个月,则所

---

① 《清圣祖实录》卷二七五,康熙五十六年十一月甲戌。

携食粮将不足以维持进藏,而当地又无法筹集足够粮饷。其二,此地柴草缺乏,燃料全凭牛粪,现在正是草青季节,往后延宕,雨季将至,升火困难,大军势必无法饮食。其三,准噶尔残害西藏,彼处人民悬望我师,如望云霓,岂能刻缓。况闻准噶尔兵众,散处无纪,伊等伎俩,不过暮夜袭营、偷盗马匹而已。而我所统兵丁 2000 有余,器械坚锐,马肥饷丰,足可一战。

圣祖接奏,赞赏道:"此奏好事!"随交议政王大臣开会商议。议政王大臣们一致附和称:"色楞乘机急速率兵进剿之处,甚属可嘉!"于是,圣祖令色楞无需等候,即速进军;额伦特率军加速追赶色楞,并知会青海、西宁驻军。①

未等色楞密奏到达北京,额伦特接到咨报奏稿后,率 50 名兵丁于五月初七日从西宁出发,急速行军 1 个月 2 天,于六月初九日赶到了木鲁乌苏,与色楞部会合。两位将领商定色楞率队先行,额伦特选择通天河北岸水草茂盛之地等候西宁兵 2000 人,到齐后再续进追赶。

当时江水方涨,难于涉水,两天后,色楞率队沿江东南行,自拜图路(通天河玉树藏族自治州治多县楚玛尔乡七渡口以下)渡江进藏。

十八日,西宁兵赶到,额伦特留 800 人驻守,率 1200 余人至江边图尔哈图地方驻扎。江水深而缓,遂赶制皮船,用了 3 天即全军毕渡。然后在南岸溯江而上,至七汊河(即七渡口)。二十四日,遇运粮返回人员,知色楞行踪,遂向库库塞路进发,前往西藏。越唐古拉山口,七月十六日,额伦特率部至齐伦郭勒河滨驻营。十七日四更时分,额伦特营盘遭到准噶尔军突袭,被掠去战马 100 余匹。十九日四更,准噶尔军 2000 余人再次袭击额伦特营盘。幸亏敌军无炮,鸟枪也不多,清军力战,直到中午,方将其击退,准噶尔军退往达木方向。

正当额伦特率部鏖战时,色楞率军渡过那曲河,在河西扎营。二十日晚,色楞从藏人口中得知,准噶尔军与额伦特交战后,正撤往达木。第二天五更,色楞部截获准噶尔士兵,获知准确情报。色楞于是亲领 1400 人,赶往察罕额博图地方拦截,分三队连续攻克三座山头,敌逃遁,色楞部驰马追击 20 余里,斩敌 200 余人。

---

① 参见《康熙朝满文朱批奏折全译》第 3201 号,第 1302 - 1304 页;《清圣祖实录》卷二七九,康熙五十七年六月甲午。

三、驱准保藏

二十三日，色楞移营札哈苏托洛亥（今西藏那曲县那玛切乡七村年扎自然村的尼热山，意为"鱼山"，蒙语称"扎哈苏托洛亥"，平均海拔4580米）。札哈苏托洛亥有南北两座小山丘，形似马鞍，高约50米，呈南北排列，南山略高于北山。① 山丘四周都是开阔地，东面是那曲河及河滩草地，南面是开阔的山间草地，西边有一条季节性小河，北面的草地上还分布数处沼泽与湖泊。色楞将所部驻扎在南面的山丘上，垒墙掘壕。

二十八日，额伦特缮发文要求青海驻军统帅策旺诺尔布领兵速来接应，留兵800人驻守齐伦郭勒，亲率400人，朝狼腊岭（唐古拉山口）方向移动。不久渡过那曲河，与色楞会合。见营帐扎于一座小山上，四面受敌，额伦特建议还军渡河，营于对面山上，色楞不听。

二十九日晨，准噶尔军在南北山丘间的山腰挑战，色楞与额伦特督500兵出营应战。见敌军尚在二三里之外，色楞让士兵回营用餐，色楞亦随之返回，而额伦特按兵不动。准噶尔军见清兵紊乱，北山后伏兵大起，约七八百人将额伦特迅速包围。额伦特力战，向色楞两次求援，俱不应。侍卫达克巴藏布只身杀入包围圈，颈部中箭，仍格斗不止，突至额伦特身前，见阵脚稍定，方将箭拔下，包裹后仍奋力拼杀。战至太阳西斜，西宁把总陈吉率鸟枪兵20人，从包围圈外轰击，杀开一条血路，额伦特方得突围而出，陈吉中枪阵亡。适逢色楞赶到，准军退去。

此后数日无战事，清军掘壕砌垒，固守待援。驻营地所在山丘周围皆开阔地，易为敌所乘，额伦特劝色楞将营地移至河对岸大山，色楞初表同意，后又反悔，移营未成。

八月初五日，齐伦郭勒留驻清军驮载廪饩向那曲河移动。北山准噶尔军发现后，即出兵拦截，清兵参将凤秀、守备李右宁阵亡，廪饩驮子被劫大半。这时，额伦特派参将述明率兵200人渡河赴援，方将大部分被劫廪饩驮子夺回。

此后，准噶尔军于北山掘壕砌墙，偶尔往南山清兵营地施放鸟枪。到二十日，准噶尔军南撤80里。额伦特再次建议移营对岸未果。

闰八月初一日，准噶尔军悄悄潜入南山东西两侧，掠走清兵牧放于营地外十数里的马匹和跟役，河西清兵遂无马可用。初五日，准噶尔军在那

---

① 有关那曲营地的描述，参见赵书彬、达娃《康熙五十七年额伦特、色楞兵败那曲营地遗址考》，载《西藏研究》2012年第4期。

曲河东岸架起6门子母炮①，而其装备的部分大鸟枪（杂木啦鸟枪），射程远达二三百步，性能也优于清兵鸟枪。准噶尔军利用优势火器，将两岸清兵联络切断，并不时炮轰清兵营地。

闰八月二十日之后，河西清兵完全断粮，只能依靠宰杀所剩无几的驮畜和战马充饥。准噶尔兵督迫藏兵向清兵营地放枪。藏兵乱射，或是对空射击，应付差事。随后，班禅大师派活佛调解促和，并给清兵送来部分给养。

清军坚持到九月二十八日，那曲河两岸的夜间气温已经降到接近-15℃，白天最高气温也只在冰点附近，唐古拉山口早已大雪封山，青海方向的援兵已经无法指望。至于四川方向，虽然在额伦特率军进藏时，有川兵1000余进驻察木多（今昌都），但山路亦复遥远艰险，无法指望。因此，额伦特和色楞决定做最后一搏。额伦特提笔缮折，述喀喇乌苏之战始末，最后写道：

（远征陷入今天局面，）此皆由色楞冒险急进，臣不能与之协心，以至军出失援。唯有竭力杀贼，以图报效。②

缮折毕，付千总柳时昌，嘱其务必送达朝廷。

当日午夜，乘着夜色，额伦特、色楞领兵悄悄下山，渡过那曲河，希望能够将遗留在东岸的廪饩驮子抢回。但抵达东岸不远，天已大亮，准噶尔军发现清兵动向后，即疾驰蜂拥而至。清兵列阵，以鸟枪射击。准噶尔军亦下马对射。无奈清军寡不敌众，额伦特额头中枪阵亡；陷入重围的色楞等将领被迫就范，率余部降。

这就是清朝历史上的喀喇乌苏（那曲河）之役。

此役直接参战的清兵3800余人，阵亡及病故者1500余人，其余均被

---

① 2008年，对喀喇乌苏之战遗址的考察发现，在那曲河东岸采沙场发现6门铁质子母炮残骸，炮身长160厘米，口径3.2厘米，重约35公斤。（见前引赵书彬、达娃：《康熙五十七年额伦特、色楞兵败那曲营地遗址考》）康熙五十八年五月十二日抚远大将军王胤禵奏报询问遣返清兵战事经过的奏折中提到，康熙五十七年闰八月初五之后，"贼始向我营放炮。伊等有五六门炮，其弹药重达三四十两。"（见《康熙朝满文朱批奏折全译》第3402号，第1394页。）

② 《平定准噶尔方略》前编卷五，康熙五十七年九月甲辰。

俘。十月初一日，除色楞等数百人外，约1800余人被释放，他们抬着额伦特灵柩，由班禅大师资助返回青海。康熙五十八年（1719）正月，经班禅大师反复劝解，大策零敦多布将另外羁押的清兵俘虏释放，亦由班禅大师派人供应马匹、廪饩，自理塘遣返四川。而色楞等数十名清兵将领，则被押送至准噶尔关押。

4. 抚远大将军西征

圣祖接到额伦特抵达那曲河东岸后发出的奏折后颇为担忧，估计援藏军有可能失败。遂准备明年再组织一次远征。康熙五十七年（1718）九月十九日，圣祖传旨云南、四川与西藏交界地方驻扎的大臣、喇嘛，寻找合适喇嘛，厚资遣送，携带藏文谕旨，秘密潜入西藏，劝谕僧俗高层勿从准噶尔军，固守地方，配合清兵入藏。①

因已有远征军可能失败的预计，当获知确信后，圣祖不但没有怪罪，反而激赏将士们孤军深入的英勇。十月十二日，他任命皇十四子固山贝子胤禵（1688—1755，世宗继位后，改名允禵）为抚远大将军王，统率大军西征。

鉴于孤军援藏失败的教训，圣祖对第二次援藏行动做了周密部署，概括来说有三个特点：

第一，知己知彼，派出主事胡必图率领使团赴藏，既摸清西藏敌情、政情和民情，又宣传朝廷威德。

第二，政治与军事并举。护送西宁灵童进藏坐床，以充分利用他在蒙藏地方的号召力，既取得青海蒙古贵族的配合和支持，获取西藏僧俗拥护，也否定了大策零敦多布继续驻藏的正当性。

第三，军事上稳扎稳打，多路并进，相互配合，确保成功驱逐准噶尔

---

① 《康熙朝满文朱批奏折全译》第3261号，第1330页。

军,保证西宁灵童顺利坐床。为达成此目标,圣祖做了"三方五路"的军事部署:在西方,从巴里坤、阿尔泰两路,对准噶尔邻近地区发起突袭,迫使策妄阿拉布坦不能分兵支援侵藏军,同时确保青海安全;北方是中路主力,动员青海蒙古台吉,一同护送灵童至藏;在南方(具体指拉萨之南),四川、云南方面先招抚控制巴塘、理塘、中甸等地及川青交界之区,将驻防点前移,届时两路出兵,会合前进,配合中路行动。

调兵遣将后,圣祖令驻京满洲八旗共调集3000余人,分三队出发,各队文武官员给5年俸银,兵丁给2年钱粮,并携10个月行粮。三队分别于十一月十五日、十一月二十九日、十二月十二日自京起程,暂赴庄浪(今甘肃永登)、甘州、西宁驻扎,做好各项战前准备。

康熙五十八年(1719)正月下旬,圣祖命议政王大臣以抚远大将军王胤禵名义,撰写一篇给大策零敦多布的咨文,译成蒙古文、唐古忒文(藏文)两种文本,赶送胤禵行营。又令驻西宁都统延信(1673—1728,肃亲王豪格孙)选派出使人员。另外又令靖逆将军富宁安将策妄阿拉布坦派遣的使者也护送到胤禵行营,随清朝使者一同进藏。

二月十六日,胤禵率队抵达宁夏玉泉营。延信选派的赴藏使者主事胡毕图等8人及通事2人亦到达。胤禵留用胡毕图等6人。三月初一日,胤禵率队抵达庄浪,其他两队亦前后到达。初四日,靖逆将军富宁安派人护送的策妄阿拉布坦使者两人抵庄浪。胤禵随后继续行军,于三月十一日至西宁。

胤禵随即与青海、蒙古台吉以及塔尔寺灵童相商,确定派往西藏的使者。不久,一个由清朝官员、塔尔寺灵童代表、青海台吉代表、准噶尔使者组成的使团,由胡毕图率领,携带钤盖着抚远大将军王印章的咨文,自西宁出发赴藏。

按原定计划,胤禵到西宁后,将在四月二十日领兵出驻西宁口外水草茂盛之地,其他偏裨分驻要地,部署进兵事宜。都统延信提出,此次进剿,虽然号称大军30万,但所调兵员,实际并未到齐,一旦付诸行动,则大将军能够统率征讨的兵员仅有数千人。如果征集青海蒙古兵一同进藏,则因其与准噶尔联姻多年,军情难免泄漏。胤禵转奏,圣祖纳其言,令大军今年勿动,待来年再举。

胡毕图一行于五月二十日至达木。六月初一日,准噶尔军将领托布齐等领兵护送使团到拉萨。对清廷使团,大策零敦多布应对颇为谨慎,先是

三、驱准保藏

让由其扶持的第巴达孜（达孜巴·拉加绕旦）会见，然后再亲自会见胡毕图一行，接受了抚远大将军王的咨文。

咨文开篇，即谴责准噶尔军杀害拉藏汗、毁坏寺庙、驱散喇嘛、扰害西藏民众，严重违背了护教使命。声明前番西宁守边大臣长途远征，此番大将军王统兵出京，偕同青海诸台吉而来，皆为护教。为申正义，先遣使问明情罪，须如实说明，不可偷巧欺诈。并要求说明且确认以下事项：

第一，班禅大师是否安全健在，此前传闻班禅大师被谋害。

第二，选择哪位灵童为达赖喇嘛。

第三，选择灵童事宜关系重大，须速选定地方会盟面商。否则责任全在尔等。现在各路兵马枕戈待旦，清军随时准备率领护教。

大策零敦多布读了咨文后，解释道："谁敢妄指达赖喇嘛灵童！我等决不会与大皇帝动兵，因此，不敢向将军王约定会盟地点。具体回复，待我等公同商议后呈奉。"①

六月十一日，大策零敦多布等派人劝胡毕图带一两人去后藏扎什伦布寺拜会班禅大师。胡毕图开始以没有大将军王的明确命令为由拒绝。查实班禅大师现况，本是胡毕图重要使命，但贸然主动提出面见班禅大师的要求，难免易启对方疑心，甚至有可能危及班禅大师和使团的安全。当对方一再邀请后，胡毕图方才顺水推舟。

十五日，在准噶尔将领吹木丕勒率领 200 兵丁护送下，胡毕图带 1 名护军校起行。9 日后抵达扎什伦布寺，次日会见班禅大师。又 4 日，返回。七月初七日，回到拉萨。大策零敦多布仍以须请示伊犁方面为由，不敢与大将军王约会，并为自己在藏行为辩解。十七日，胡毕图携带班禅大师、第巴达孜和大策零敦多布给圣祖的信件各 1 及多种礼品北返。八月十七日回到西宁。

在抚远大将军王胤禵领军前赴西宁坐镇、胡毕图出使西藏的同时，四川、云南方面也在积极准备协助。

当色楞、额伦特远征之时，四川巡抚年羹尧曾动员青海蒙古台吉丹仲臣送食物接济，圣祖对此很赞赏。康熙五十七年（1718）十月，在任命胤禵为抚远大将军王的 8 天后，即改授年羹尧为四川总督仍管巡抚事，全面

---

① 吴培丰编：《抚远大将军允禵奏稿》，第 69－71 页，全国图书馆文献缩微复制中心，1991。

掌管四川的军事与后勤，并增调荆州、满洲兵1000人驻成都。随后，年羹尧派遣干练人员随返程的青海蒙古贡使进藏，以还愿拜佛为名，打探通藏捷径；又增添成都至西安驿站四川段驿马、腰站，以保障军情及时传递。

康熙五十八年（1719）二月，因年羹尧奏护军统领温普不能约束满兵，自胤禵军前改调护军统领噶尔弼至成都代温普，与年羹尧一同办理军务，令都统法喇领兵招抚理塘、巴塘。法喇领命后，即赴打箭炉（今康定）做准备，并会咨西宁、云南领兵大臣协助。

胤禵接到法喇会咨后，即令青海台吉派人往理塘、巴塘等处，照应前来清兵。又派策旺诺尔布、郎中众佛保协商灵童，派遣3位喇嘛，各领50人，前往硕般多（今洛隆县硕督镇）、察木道（即察木多，今昌都）、理塘等地，传谕巴尔喀木（亦作康、喀木，今西藏昌都及四川甘孜）地方首领：朝廷大军前来，系为杜伯特（吐蕃的异写，指西藏）众生，众生无须恐惧，各安生理，妥为辅助。①

五月，自西藏遣返的被俘兵丁抵达成都，年羹尧将满汉兵丁分别编入荆州、满洲兵或督标内训练。

准备停当后，法喇令副将岳钟琪统领绿营兵1000人，出打箭炉，先行剿抚理塘，自己率满洲兵后行。六月，法喇至打箭炉驻守，接岳钟琪禀报，理塘就抚，续进巴塘。为稳妥起见，圣祖令噶尔弼、年羹尧酌量增强法喇部及打箭炉驻兵，并令驻云南中甸都统武格、驻四川松潘副都统宁古礼，密切注意侵藏准噶尔军动向，接应四川方面行动。随后巴塘就抚，法喇前往驻守。

至九月，乍丫（今察雅东）、察木道、嚓哇（今属八宿县郭庆乡）等三地相继归顺。这样，从打箭炉，经理塘、巴塘、乍丫、察木道或嚓哇前往西藏的南路就打通了，理塘、巴塘驻兵2700名，可保南路安全。而四川通往西藏的北路，早在六月间，年羹尧已派兵驻守中渡河口（雅砻江上重要上渡口，今四川雅江），并调提标兵驻扎打箭炉附近，防守霍耳（今四川康定西北甘孜州之道孚、炉霍、甘孜一带）一路。

同月，圣祖自热河行宫前往木兰围场行猎途中，驻跸王家营，胡毕图

---

① 参见《抚远大将军允禵奏稿》，第30－31页；《抚远大将军奏议》，第173－174页。

三、驱准保藏

抵达复命。胡毕图带来了两个重要信息：第一，无论青海、蒙古，还是西藏民众，甚至大策零敦多布的准噶尔军，都极为崇信西宁灵童；第二，入侵的准噶尔军水土不适，减员颇多，人无斗志。圣祖即令议政大臣开会定策令大将军王胤禵与军前大臣商议护送灵童进藏坐床、驱逐准噶尔军方案，动员青海诸台吉会盟，各派兵丁，一同护送。待方案确定、会盟完毕，军前大臣都统延信、策旺诺尔布等赴京面商机宜。①

十二月，经议政大臣、军前召至大臣、九卿复议，圣祖准议：

第一，明年草青时节，西宁一路派兵12000护送西宁灵童入藏，青海蒙古兵随其自愿。西宁灵童是否愿赴拉萨坐床，尚不十分确定。若灵童、青海台吉俱不愿，则不可送往。若仅是青海台吉不愿，则必将灵童送往，"安设禅床，广施法教，令土伯特之众诚心归向，则大策零敦多布自畏势逃遁"。

第二，四川增派兵2000，云南增派兵3000，并酌选理塘、巴塘驻军，约会前进，共计出兵6000余。

第三，阿尔泰一路，出兵15000，携3个月口粮，自布喇罕、布鲁尔两处前进，伺机袭击；巴里坤一路，出兵10000，携2个月口粮，其中3000轻骑袭击吐鲁番，2000轻骑袭击乌鲁木齐，所余5000兵，徐徐行进，接应袭击乌鲁木齐之后；七月初旬，阿尔泰、巴里坤两路之兵约定出征。

第四，京城增调西宁之满洲兵，明年二月内起程。

第五，灵童坐床、安藏完毕后，大军撤回，留绿营兵1000常驻西藏。

初议时，对于善后，议政大臣等提出的方案是留兵一二千"暂行看守"，圣祖认为应该常驻。因为有清兵常驻，准噶尔若再行长途奔袭，则可以逸击劳，既能稳定人心，又使藏兵为我所用，不然则人心易动，危及青、川、滇。而且初议时未提及阿尔泰、巴里坤两路袭击、配合安藏。重议后，补充以上措施。②

康熙五十九年（1720）正月初五日，圣祖于畅春园对群臣娓娓而谈，称当年平三藩，力排众议，下岳州，讨云南；后三征噶尔丹，先击于乌兰布通，复亲统中路进剿，无不审时度势，深切机宜，成就大功业。今安藏

---

① 《清圣祖实录》卷二八五，康熙五十八年九月乙未。
② 安藏及善后决策过程与方案，参见《清圣祖实录》卷二八六，康熙五十八年十二月丙辰、辛酉、壬戌。

之兵,虽然色楞、额伦特孤军深入败殁,但为国家而奋不顾身,当分别加恩。策旺诺尔布率策应之兵,犹豫不前,虽保全了部队,赢得部下人心,于国家却了无益处,今大兵安藏当奋勇前进。①

十三日,圣祖正式下达西宁一路统帅部及驻防安排:

命抚远大将军王胤禵率前锋统领弘曙(1697—1738,皇七子多罗淳郡王胤祐长子)移驻木鲁乌苏,管理进藏军务粮饷。皇孙弘晳(1694—1742,皇太子胤礽次子)、弘晃(1700—1775,皇五子和硕恒亲王胤祺次子)随军学习。

授都统宗室延信为平逆将军,率兵进藏,以札萨克镇国公策旺诺尔布、副都统阿琳宝、额驸阿宝、随印侍读学士常寿、提督马见伯、总兵官李麟参赞军务。

调西安将军宗札卜驻防西宁,平郡王讷尔素驻防古木等地。

以上人事安排,都尊重了胤禵的意见。原本平郡王讷尔素建议,鉴于西宁地方紧要,大军进藏时以抚远大将军王胤禵留守驻防。议政大臣会议都已通过该建议。胤禵连忙上奏,备述亲自坐镇木鲁乌苏的各项理由,其中关键一项是:

> 万一大臣前往,沿途踟蹰,又称雪大、米粮不足等,借故返回,臣有何颜面见皇父!②

上次援藏失败,青海驻军未能及时赴援,是重要原因,可谓前车之鉴,胤禵主动要求统军驻守木鲁乌苏,正合圣祖的期待。

二月初六日,抚远大将军王胤禵与灵童、罗卜藏丹津为首的青海和硕特左右两翼19台吉在西宁塔尔寺会盟,灵童表示:"钦遵圣旨,随军前往,无别项陈词。"罗卜藏丹津代表青海诸台吉表示:"钦遵主子旨意,照灵童之言,一律前往。"③

十六日,圣祖命封西宁灵童为"弘法觉众第六世达赖喇嘛",发满汉及青海兵送之西行,内蒙古四十九旗札萨克及喀尔喀哲布尊丹巴胡图克

---

① 《平定准噶尔方略》前编卷七,康熙五十九年正月壬申所载谕旨及史臣按语。
② 《康熙朝满文朱批奏折全译》第3484号,第1448页。
③ 《抚远大将军允禵奏稿》第105-106页。

图，也各派使者护送。①

同日，圣祖尊重四川总督年羹尧意见，任命护军统领噶尔弼为定西将军，统领川滇军入藏。

西路大军起程前，仍派主事胡必图率青海台吉使者、札萨克蒙古使者、哲布尊丹巴胡图克图使者、第巴达孜商人共9人，携带大将军王致班禅大师、第巴达孜、拉萨三大寺、大策零敦多布信件，于三月二十一日出发，出使西藏。

四月十三日至十六日之间，大军分队发西宁。二十日，大将军王胤禵与青海台吉们恭送敕封印册到塔尔寺，为灵童举行"弘法觉众第六世达赖喇嘛"册封典礼。二十二日，大军护送六世达赖喇嘛出西宁城。

出发前，在青海回民协助下，胤禵发现西宁通往木鲁乌苏，经由木鲁巴尔虎（又写成木鲁巴拉辉）岭，有一条道路可以行车，于是发银9000余两、调用兵丁100人将该路修筑平整，使辎重车辆可以顺利通行。大军出西宁后，分两路行进。胤禵护送新达赖喇嘛即沿此路前进，于五月二十四日，抵达索洛木（星宿海，黄河源）。

平逆将军延信率领另一路，由登努特拉岭路前进，于二十七日抵达索洛木，与胤禵所率大军会师。次日，青海蒙古亲王罗卜藏丹津率部来会，而大部分青海蒙古军要到六月十日左右方能抵达。于是，共渔于南索洛木池，得鱼三万余尾，相得甚欢。随后由松潘出发之川军也来会师，军容益壮。

六月初一日，大将军王胤禵率军与新达赖喇嘛继续南下，延信率部仍继续停驻，等候尚未到达的蒙古各部军。

六月初六日，胤禵率军行至倭端塔拉地方，从拉萨逃出的阿尔布巴来到军营投诚。阿尔布巴（？—1728）出身工布（今林芝、工布江达、米林一带）贵族家庭，在拉藏汗时期曾担任过噶布伦、工布第巴，是新达赖喇嘛父亲索诺木达尔札的外甥，即新达赖喇嘛的表兄弟，在西藏准噶尔所立政府中任噶布伦兼戴琫（又称代本、戴绷、代奔等，藏军指挥官）。去年六月，在硕般多城（今硕督镇）征收赋税时，遇见其舅父所派清兵探子，曾详告西藏情况，并给其舅父写密信告知西藏情况。该年三月，大策零敦多布得知清兵自四川入藏消息后，令阿尔布巴领300名藏兵及60名

---

① 《平定准噶尔方略》前编卷七，康熙五十九年二月癸丑。

准噶尔兵前去迎击。途中，他遇到新达赖派出的喇嘛，于是跟随该喇嘛来投清军，带来了西藏最新情报。

十三日，胤禵率大军翻越巴颜喀拉山，遇大雪，又因"瘴气"（实为高原缺氧），死者不少，大约损失兵丁千余、马驼数千。

二十日，胤禵大军抵达木鲁乌苏。按进兵计划，这是胤禵驻守统筹进藏军务和粮饷的地点，下一步继续护送新达赖喇嘛到拉萨坐床，就是平逆将军延信的任务。但延信因等待青海蒙古兵尚未抵达。两天后，胤禵移咨川滇军，令缓进待命。又恐延信军等候蒙古兵一齐前进，将迟误与川滇军会师之期，而返程又遭天寒大雪，因此令延信率已到蒙古军速进，留侍读学士常寿在索洛木等候。

尚在清廷正式任命川滇路入藏军统帅前，四川总督年羹尧在二月间，即令副都统鄂弥达带领满汉兵600人进驻察木多，随后将巴塘储存的米粮运送至此，为川滇入藏军提供前进基地。打箭炉到察木多的道路，多开凿于山崖之上，险峻狭窄，为避免行军拥挤，米粮后勤运输先行，则大部队可轻装行军，安全而快速。

随后，川滇统帅商定，在察木多会师后，兵分两路推进。一路为正兵6000人，由定西将军噶尔弼亲统，从西北类乌齐（今类乌齐县）西进；一路为奇兵4000人，由副将岳钟琪统率，向西南，经洛隆宗（今洛隆县）等地，到拉里（嘉黎县）与正兵会合。

四月初，岳钟琪领兵先行，发成都，轻装兼程前进，因年羹尧备战充分，一路顺利。抵察木多，侦知准噶尔人正在调兵，企图据守洛隆宗之嘉裕（加玉）桥。该桥为入藏要津，岳钟琪挑选军中能藏语者30人，着藏服，乘敌未集，暮夜突至，擒杀准噶尔兵，胁从者无不震惊。遂乘机招抚硕般多、打笼宗、龙布结落、结树边噶、结东、三打奔公等六处数万户，六月中，与正军在拉里会师。

川滇军在拉里稍作休整，并与平逆将军联络进军拉萨日期。随后接到胤禵咨文，因青海蒙古军尚未到齐，延信军待发，川滇军驻拉里待命。

七月初九日，延信率部抵达木鲁乌苏胤禵军营。十七日，进藏官兵先护送达赖喇嘛渡河。二十四日，人员、辎重与粮饷渡河完毕。次日，延信与大将军胤禵告别，统率精锐，护送达赖喇嘛进藏。

延信进军甚为持重。为确保达赖喇嘛的安全，防备准噶尔军游骑偷袭，每日驻营，将军大营居中，紧傍达赖营帐，满、蒙、汉军各营则四围

三、驱准保藏

圈驻;营围四角安炮4尊,周围设子母炮118尊;各岗哨旁皆挖一小坑,以备举放烽火。营围内外,俱有护兵手牵战马巡逻。瞭哨之兵,昼则远探敌情,暮则于护兵之前二三里打听风声,戒备甚是森严。

在青海、川滇两路进兵西藏的同时,阿尔泰与巴里坤两路清军,按计划展开了袭击准噶尔邻近地区的作战。

六月十六日,阿尔泰路清军由征西将军祁里德和振武将军傅尔丹统率,自阿尔泰军营(大约在科布多附近)出发,溯科布多河而上,越过阿尔泰山,顺额尔齐斯河而下,然后兵分两路。

傅尔丹率8000人,自布喇罕路西进,经乌图布拉克,至格尔额尔格(约在哲克得里克西北70里),发现准噶尔人所遗弃帐篷什物,狼藉满地,料敌逃走不远,于是分队追赶。七月二十一日,追及接战,毙敌200余人,俘宰桑贝肯等100余人,招降300余人,缴获马驼器械无算。从俘虏口中得知,乌兰呼济尔为准噶尔屯垦之地,傅尔丹亲率主力驰至,焚其粮草而回。

祁里德则率7000人,自布鲁尔路向西北,仍沿额尔齐斯河进兵。为防后路被截,分兵1200人驻留阿保喀卜沁,然后搜索两岸山中,擒获准噶尔及乌梁海人400余人。继续前进,于七月二十九日抵达铿格尔河,侦知准噶尔宰桑塞卜腾率众于河岸据山守险。祁里德派人招降未果。于是分兵两路夹击,塞卜腾不支,窜逃山中。祁里德围而不击,仍派人招降。次日,塞卜腾率2000余人降,并携马驼牛羊1万余只,遂班师。

巴里坤方面,七月一日,靖逆将军富宁安率7000骑、散秩大臣阿喇衲率3000骑,自巴里坤出发。初六日,抵达乌兰乌苏口(今新疆木垒县东部)。次日,阿喇衲率队越南山(东天山),往袭吐鲁番一带。富宁安则分兵三队西进。一队袭击70里外的阿克塔斯(今木垒县东),二队袭击100里外的伊尔布尔和邵(今木垒县东),两队约好在翌日凌晨同时发起攻击;富宁安亲率第三队继进。

初八日凌晨,一队发起攻击,敌望风逃,清兵急追之,仅获一敌,余众逃入山中。二队抵近伊尔布尔和邵,发现敌马牧于山谷间,发10骑进入,夺马100余匹。这时,敌军发现清兵,据山坡险要,藏身树木乱石间,开枪射击。清兵奋击之,冲入敌阵,毙敌30余人,俘虏24人。俘虏中有杜尔伯特台吉垂木拍尔,因其身负重伤,先押送巴里坤军营看守治疗。稍事休整,富宁安率部继续西进,未遇敌。十八日,抵乌鲁木齐,遭兵遍搜，未见敌踪。不久，有从乌鲁木齐、喀什噶尔等地逃出的被俘哈密回人（即维吾尔人）来归，才得知早在7天前，敌兵得知清兵来袭后，已经逃遁。又得知，今年乌鲁木齐一带遭遇干旱，牲畜死者甚多。富宁安遣人侦察后，确如回人所言，乃班师东返。

阿喇衲率队越过南山后，于初八日袭破齐克塔木，杀敌20人，降其众。初十日，至辟展城（今鄯善），该城回部酋长率300人归降。十三日，至吐鲁番城，该城首领阿克苏尔坦（阿克苏丹）、沙克札伯尔率众迎降。阿克苏尔坦是察合台汗后裔，其父阿卜都里什特汗，在康熙十八年（1679）噶尔丹兼并吐鲁番后，被带往伊犁监禁。噶尔丹败亡后，圣祖将其送回吐鲁番。随后策妄阿拉布坦加强了对吐鲁番的控制，察合台汗后裔与清廷联络中断，阿卜都里什特汗也年老故去。此次清军驰至，阿克苏尔坦代表察合台汗后裔家族迎降。

十六日，阿喇衲率领部众及沙克札伯尔回师，越南山，二十日回到乌兰乌苏。八月初二，平逆将军富宁安领兵抵达，遂会师。次日，一同凯旋。初十日，回到巴里坤军营。

清军在阿尔泰和巴里坤方面对准噶尔的袭击，完成了预定计划，牵制了准噶尔本部兵力，令侵藏准噶尔军无法获得外援。

征西将军噶尔弼所统川滇军在拉里待命一个来月，仍未见延信部约会咨文。副将岳钟琪对噶尔弼说："我军所剩行粮，仅支半月，若待与北路大军会齐同进，一旦粮尽，恐怕进退失据。工布在西藏各部中势力最强，不如借我军挺进之威，先行招抚，一同进剿，折敌之臂膀而转为我用，则先得胜算。"

噶尔弼深然其言，于是派千总赵儒、藏人头目（喋巴）吉果儿前去招抚。不出10天，两人果然带领工布大头目3人、兵2000名，到大营投顺。

岳钟琪又说："工布藏兵一召即来，可知人心所向。不如乘机昼夜兼行，十日可抵拉萨。迟疑必致坐困。"

噶尔弼碍于大将军王"待命"之令，尚犹豫不决，欲开会商议。岳钟琪毅然道："事在必行，会商何益！末将唯有喷此一腔热血，仰报朝廷。请令末将明日一早领兵出发。"①

---

① 〔清〕岳炯：《岳襄勤公行略》，载《清史资料》第4辑第174页，中华书局，1983。

三、驱准保藏

噶尔弼极为感佩,第二天(八月初六日),整军前进。初七日,抵墨竹工卡(今墨竹工卡县),伪第巴达孜所率二三千藏军不战自溃,达孜逃亡老家桑鸢(今山南市扎囊县境)。噶尔弼仍派千总赵儒、藏人头目吉果儿前去招降,携至大营。为立功赎罪,达孜派人潜至藏北前线,策动被准噶尔军裹挟的藏军消极抵抗,又传令藏民聚集船只运送清军。十七日,岳钟琪率前锋渡过拉萨河,委达孜守渡口,噶尔弼督大队续渡。十九日,岳钟琪部进入拉萨,生擒内应准噶尔军喇嘛400余名,收降藏兵7000余人。二十三日,噶尔弼率部分三队进入拉萨。①

延信率领护送新达赖喇嘛的部队,于八月初八日渡过长江源头之一的通天河,在克达木河安营,等待青海蒙古兵赶上。初九日晚,与小股敌兵接战,追出20余里,不及而返。十五日,驻藏北那曲地区博克(卜克)河地方。入夜,遭大策零敦多布率众袭营,旋即击退。

延信审讯俘虏得知,大策零敦多布计划在藏北组织战役,拦击清军。当时准噶尔兵尚存3000人,被裹挟的藏军7000人,大炮9门。但与清军小规模接战后,大策零敦多布发现对手过于强大,清军竟然有5万之众,另外还有青海蒙古兵1万人。更关键的是,军中还有达赖喇嘛,若对清军发起攻击,恐怕藏兵都会调转枪口。而西藏东部已为川滇清军控制,南部则在班禅大师之手,阿里的康济鼐也率藏兵起义。为了避免全军覆没,大策零敦多布将马驮、行李、口粮等辎重,都运送到达木西北腾格里诺尔(纳木错)一带,预留逃生后手。随后将藏兵遣散,对延信部实施袭扰战。

延信吸取上次清军援藏失败的教训,专注于本次进藏"安藏驱准"的目的,故稳扎稳打,周密维护新达赖喇嘛安全。对于来袭的准噶尔军,一律以子母炮、火枪密集轰击,弓箭攒射,将其拒于营阵之外,不远追,亦不恋战。

二十日、二十二日,大策零敦多布又发起了两次雪夜袭击,除了自己死伤200外,一无所得。二十三日,川滇军已全部抵达拉萨,控制藏中局

---

① 川滇军入藏经过,参见《定西将军噶尔弼平定西藏疏》,见《西藏志·卫藏通志》第348-349页,西藏人民出版社,1982;《岳襄勤公行略》,载《清史资料》第4辑第173-174页,中华书局,1983;邓锐龄:《1720年清军进入西藏的经过》,载《民族研究》2000年第1期。

图 3.2 抚远大将军西征·强渡拉萨河（《清史图鉴》第 3 册《康熙朝上》，第 278 页）

面，随即北上迎接延信军。大策零敦多布陷入腹背受敌，不敢恋战，率余部仍从克里野原路逃回准噶尔。

  拉萨附近都是农田，为防止马驼践踏，延信与噶尔弼商定，将大部留驻达木，选八旗、绿营兵各 800 人，于九月八日护送达赖喇嘛进入拉萨，受到僧俗各界夹道欢迎。

康熙五十九年（1720）九月十五日，在布达拉宫，隆重举行第七世达赖喇嘛（原封六世，采纳藏中僧俗建议，改为七世）坐床典礼，延信代表圣祖赐银1万两，又与三大寺布施各1000两。

随后，经过审讯，将"从逆"之伪第巴达孜等6人斩首示众①，任命康济鼐、阿尔布巴、隆布鼐俱为噶布伦，共同管理事务。康济鼐为后藏贵族，是拉藏汗女婿，曾任重臣，在准噶尔侵占西藏期间，率领军民，坚持抵抗，为保卫西藏立过功。阿尔布巴为工布贵族，虽曾与准噶尔军合作，但率先归顺，于此次大军顺利进藏颇有贡献。隆布鼐出身前藏贵族，于大军进藏时，亦率先来归。后经抚远大将军王胤禵奏准，封康济鼐、阿尔布巴为贝子，隆布鼐为辅国公。②

为防止准噶尔军卷土重来，延信、噶尔弼等遵照圣祖旨意，留蒙古绿营兵3000人（其中札萨克兵500人、察哈尔兵500人、额驸阿宝厄鲁特兵500人、松潘绿营兵500人、四川绿营兵700人、云南绿营兵300人），青海蒙古兵1000人，驻守拉萨。以副将杨尽信、赵昆为总兵；统绿营兵；以额驸阿宝，副都统长龄，亲王罗卜藏丹津、察罕丹津，贝子巴拉珠尔拉布坦分统札萨克、察哈尔、厄鲁特、青海蒙古兵；以镇国公策旺诺尔布为总统。

十一月初，延信部与噶尔弼各立碑勒铭纪功。延信进军时尚是秋天，翻越巴颜喀拉山和唐古拉山时，均遭遇大风降雪，而现在已届冬季，两山附近已雪深没膝，大军难以行走，木鲁乌苏至拉萨的台站难以维持，于是将守站青海蒙古兵相继撤回，除青海蒙古兵外，两路大军俱从东路经四川撤回。噶尔弼部、延信部分别于十一月初十日、十一日相继东归。青海蒙古兵于十八日离藏，十二月初八日抵达索诺木。③

进藏云南绿营兵回到乍丫以东的萨木敦，与川兵分路返回，满洲兵则

---

① 斩首惩处"从逆"者人数，有7人说、3人说，此从宝音特古斯考证，见《十八世纪初期卫拉特、西藏、清朝关系研究》第143页，内蒙古大学博士论文，2009。

② 《清圣祖实录》卷二九一，康熙六十年二月己未。

③ 《抚远大将军允禵奏稿》云"十二月初八日至喀拉乌苏"，该喀拉乌苏确切位置不明，按延信进军路线，青海蒙古兵到达索诺木附近方告安全。

从打箭炉回成都,再经水路回驻江宁、杭州。川兵和自藏撤回的西宁兵,都回到成都。西宁兵抵成都后,暂驻休整,喂养马匹,然后再从宁羌州一路返回西宁。至此,第二次安藏之役圆满结束。

图3.3　布达拉宫康熙帝长生禄位牌(拉萨布达拉宫藏)(《清史图鉴》第3册《康熙朝上》,第283页)

此次战役意义重大,不仅成功驱逐了控制西藏的准噶尔势力,而且确立了清廷作为藏传佛教最高施主与护教的地位,强化了清廷对青藏地区的治理,为最终解决准噶尔问题奠定了良好基础。

四、经略青海

四、经略青海

康熙五十九年(1720)九月,清兵安藏后,驱除了准噶尔入侵势力,终结了青海蒙古贵族在西藏的统治,改变了明末清初以来的青藏政教格局,确立了噶伦(噶厦)统治体制,同时,由清廷驻军将领组成临时权力机构,以保障藏官系统的运作。但是,新体制的稳定运行,尚面临青海蒙古贵族的重大挑战。

1. 青藏分治

雍正元年(1723)正月初二,寒风阵阵的甘州城里洋溢着浓浓年味,军民忙着走亲访友赶庙会,热闹非凡。而城西北隅的提督府却异常寂静:辕门边,警卫森严;马号里,骏骑鞍辔未卸;府门外,兵卒侍立。

原来军门公堂上,两位西部军事要员正在讨论西藏善后问题。

这两位要员,一位是宗室辅国公延信,50出头,职务是署理抚远大将军事务。另一位是新皇帝的大舅子年羹尧,时年45岁,[①] 职务是川陕总督。新皇帝让他俩讨论西藏善后问题,可谓人得其用。

康熙五十九年(1720)两路安藏之役,延信在北路,跟随抚远大将军王胤禵,自西宁护送达赖喇嘛之呼毕勒罕("呼毕勒罕"为蒙语音译,意为转世者)到拉萨坐床,是安藏军的实际最高统帅。而年羹尧当时还在四川总督任上,参与谋划安藏方略,并负责东路军部署和后勤保障。新皇帝

---

① 本文中的年岁,都指虚岁。

继位，对西藏事务一时不尽熟悉，任用当年主持者来继续料理，是保障政策延续性的良方。当然，当年安藏军的名义最高统帅大将军王允禵和同胞哥哥胤禛（世宗）是争位对手，胤禛继位后，将他从甘州矫旨召回北京，禁锢起来。① 稳定西部驻军，延信和年羹尧则起了重要作用。

清世宗为掩盖矫诏召回的实情，在圣祖去世 7 天后，补发了一道谕旨，令延信前往甘州署理抚远大将军，与年羹尧一同办理军务。延信在 34 天后才到达甘州。此时，年羹尧已在甘州等候，而允禵抵京已 13 天。

先是康熙六十一年（1722）十一月十三日晚，圣祖在北京西郊畅春园逝世，皇四子雍亲王胤禛护其遗体进城，控制局面。第二天，胤禛以字寄方式假传圣祖谕旨，用六百里加急快件，召允禵回京共商"皇父之大事"，大将军印暂交平郡王讷尔苏署理②；同时密令年羹尧速赴甘州办理军务。年羹尧身居川陕总督高位，陕西、甘肃、四川绿营兵均受其节制，为封疆重臣，虽然讷尔苏、延信均是允禵旧部，但雍亲王已即帝位，又有年羹尧的军事压力，他们无心也无力发动兵变。所以，世宗目中的西部军事领导人、继任的抚远大将军人选，不是延信，而是他的贵妃年氏之兄年羹尧。只是这需要一个过程。在延信还在赶往甘州的途中，新皇帝又发布了一道谕旨："以辅国公延信为西安将军，仍署抚远大将军印务。"③ 这是告诉延信不要做真授大将军的梦。

当然，建言西藏善后事务的密折，仍需延信署衔在前，年羹尧副署在后。两位重臣在密折中建言：驻军藏地，原本应呼毕勒罕和唐古忒人的恳请，暂留保护。现今准噶尔贼人断不敢再为造次，而驻军两年有余，内地接济，路途遥迈，运输惟艰。而在当地采买，因西藏本地粮产不足，致使米谷价格渐涨。因此撤回为妥。鉴于达赖喇嘛尚幼，应选一众所信服者为流官第巴，总理藏政，于察木多设副将 1 员，领绿旗兵 1000 驻防，以应援藏地。④

---

① 参见罗冬阳《世宗矫诏召回抚远大将军王允禵考——附论康雍之际西北军权的转移》，见《明清论丛》第十二辑第 377－386 页，故宫出版社，2012。
② 中国第一历史档案馆译编《雍正朝满文朱批奏折全译》上册，第 1093 页，黄山书社，1998。
③ 《清世宗实录》卷二，康熙六十一年十二月癸亥。
④ 《雍正朝满文朱批奏折全译》上册，第 1 页。

四、经略青海

密折用满文缮就，装入封套箴封，再装入御赐皮匣，扃锁牢固，交由延信家人，乘驿递快马，火速送往京城。

蒙藏事务，在清廷属理藩院职掌。雍正初元，理藩院尚书是世宗的政敌廉亲王允禩，显然不能作为处理蒙藏事务的臂膀。故胤禛刚继位，就提拔一等侍卫拉锡署侍郎，暂管理藩院。不久又连升他为副都统、都统，仍管理藩院事。拉锡是蒙古正白旗人，在康熙后期曾差往准噶尔，与准噶尔汗策妄阿拉布坦彻夜长谈，在蒙藏地方颇有声望，对康熙朝最后10年清廷的蒙藏政策亦有影响。年羹尧曾评价拉锡说："十年以来，议政大臣不肯留心西北军务，一切兵马大事，所议之稿，半出其手，其声名甚大，传播甚远。"① 世宗任用拉锡管理藩院，可以说位得其人。拉锡对青海蒙古的治理颇有心得，其基本主张是保持政策连续性，继续笼络青海蒙古诸部首领。

而青海蒙古各部首领不乏对清朝诚心效顺者。驱准保藏之役结束，从西藏返回的青海蒙古各首领，如郡王察罕丹津、辅国公噶尔旦达锡、台吉阿旺达克巴等人均前往热河朝觐圣祖，并到木兰围场从行围。行围落幕后，圣祖在热河大办筵席，特意把察罕丹津等人安排到身边就座，对他们说："咱们都是一家人，休戚与共。此番进藏，尔等都尽了力，朕心里非常清楚。大功告成，有你们的功劳，议叙军功时，都会给尔等记上，莫要着急。策妄阿拉布坦的事，也快完结了，尔等就各回家乡，数着念珠安逸过日子吧。"②

圣祖当时已派出喀尔喀大活佛哲布尊丹巴胡图克图前往准噶尔议和，但未等大活佛复命及议叙青海蒙古首领军功，清圣祖就去世了。此时，固始汗第七子瑚鲁木什之孙的未亡人、青海蒙古台吉策零董洛卜的母亲，仍在朝觐的路上。她是为丈夫和儿子去朝觐大清皇帝的。丈夫因足疾病亡，儿子因尚未出痘，都未能前去朝觐。

策零董洛卜的母亲到了北京，已是世宗即位之后。雍正元年（1723）正月初二日，她的奏折经乾清门侍卫转奏了皇帝，其奏折中历述两次驱准保藏之役时策零董洛卜为清军提供牛羊马匹和干粮的贡献，并请求封她的儿子为王。世宗让总理事务王大臣和理藩院会同议奏。王大臣查了近年封

---

① 《雍正朝汉文朱批奏折汇编》第1册，第497号，第614—615页。
② 《雍正朝满文朱批奏折全译》上册，第5页。

赏青海蒙古台吉的事例，罗列之后上奏，让世宗定夺。① 此时，延信和年羹尧密奏西藏善后事务的折子也到了。世宗采纳拉锡的建议，谕总理事务王大臣、议政大臣等：

> 青海台吉策零董洛卜，著封为贝勒。自西陲用兵以来，青海之王以下，台吉以上，各著劳绩，皇考曾降旨，俟凯旋之日，再行计功。今青海王、台吉等，历年效绩，作何加封施恩之处，察明议叙具奏。②

拉锡的见识确实比王大臣们胜出一筹。王大臣们就事论事，而拉锡则能从大局着眼。不过，对于青藏事务，世宗最想详细了解年羹尧的看法。

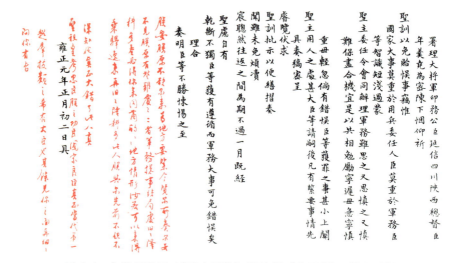

图 4.1　年羹尧奏折（《清史图鉴》第 5 册《雍正朝》，第 67 页）

甘州距北京，驿递里程 5040 里，驿马传递军机文书，加急 9 日可到。延信和年羹尧的密折尚未到京，世宗已迫不及待地谕召年羹尧赴京叩谒圣祖梓宫（帝、后的灵柩）。接两人密折后，更觉藏事重大，于是批示道：

---

① 《雍正朝满文朱批奏折全译》上册，第 7-8 页。
② 《清世宗实录》卷三，雍正元年正月壬辰。

四、经略青海

尔等此奏是。朕意尚未定。事属重大,朕已寄信召年羹尧。若年羹尧前来,地方诸事尔更应勤奋留心,谨慎效力。①

其时年羹尧在未接到召见谕旨前,已于正月中再次密奏请求陛见。年羹尧自从康熙六十年(1721)五月与胤禛在热河避暑山庄一别后,近两年未曾见面。现朝局大变,胤禛如愿登上皇帝宝座,年羹尧亦得自视为抚远大将军的当然继任者,他觉得,了结西部军事未完之局,既是圣祖的嘱托,亦是新君非仰仗不可者。他在请求陛见的密折里说了两条必须进京面见的理由,一是私情,二是公务:就私情而言,一方面"叩谒圣祖梓宫,少展臣子哀痛之情",另一方面"迫欲瞻仰天颜,面请节哀,以慰圣祖付托之重";就公务而言,则是"地方事务,与兵马事务,既已任大责重,恐惧不遑,而臣上为圣躬筹画,亦有一得之愚"②。

二月初旬,年羹尧赴京叩谒圣祖梓宫,觐见新皇帝。见到年羹尧,世宗非常高兴,立即授其二等阿达哈哈番(轻车都尉)世职,并加封其父原湖广巡抚年遐龄尚书衔,又将年氏原在正白旗、镶白旗及正黄旗包衣佐领下族人,全都抬入镶黄旗。两黄旗和正白旗是皇帝亲统的上三旗,而镶白旗属下五旗,族人也全部改入上三旗的镶黄旗籍,此举既升高了地位,也便于照顾族人。总言之,是皇帝赐予的恩荣。

这次觐见,年羹尧主要做了两件事:一是定计西藏善后方案,二是确定青海蒙古治理方针。

年羹尧先是奉命与总理事务王大臣一同评议安定西藏的功劳,青海蒙古各首领的封赏如下:

  亲王罗卜藏丹津加俸银二百两、缎五匹;
  郡王戴青和硕齐、察罕丹津晋封为亲王;
  贝勒额尔得尼厄尔克托克托奈晋封为郡王;
  贝子巴尔珠尔阿喇布坦、墨尔根戴青拉查卜晋封为贝勒;
  辅国公噶尔旦达锡、敦多卜达锡晋封为镇国公;

---

① 《雍正朝满文朱批奏折全译》上册,第1页,第1折,黄山书社,1998。
② 年羹尧汉文奏折第66号,季永海等译编《年羹尧满汉奏折译编》,第236页,天津古籍出版社,1995。

吹拉克诺木齐封为贝勒；

贝勒阿尔布坦温布加俸银一百两；

公诺尔布彭苏克加俸银五十两。①

这个封赏安排，基本采纳了拉锡的建议。

第二次驱准保藏之役的成功，关键是赢在后勤上，年羹尧自然功不可没。三月，世宗便以平定西藏时运粮守隘有功，封年羹尧为三等公，世袭罔替。同一日，世宗又赐给年羹尧"太保"加衔（正一品的荣誉头衔）。

同时加太保衔的还有吏部尚书兼步军统领隆科多、保和殿大学士马齐，他们都是世宗登上皇帝宝座的功臣。尤其是隆科多，康雍之际掌管京城卫戍部队和皇帝身边的侍卫部队，成为拥戴胤禛的最关键力量。隆科多是圣祖的内弟，所以世宗平时在公开和正式的场合都称他为"舅舅"，而不直呼其名，作为一种特别恩宠。

同月，年羹尧又奉命会同总理事务王大臣等商议西藏撤军和善后事宜。这次清廷最高层的决策会议，却成了年羹尧展示军事才华与魄力的场所，王大臣们不过附和而已。

会议决议，全盘采纳年羹尧的建言，世宗欣然予以批准：分别经西宁路、云南撤回驻藏绿营、满洲、蒙古官兵；察木多为青海、川滇两路适中之地、通藏要津，升四川松潘镇华林协副将周瑛为松潘总兵，率四川绿营兵1000人前往驻扎，以便藏中有警时应援；将华林协守备移驻打箭炉外的中渡河口（今雅江），建土城，扼守通藏要隘；西宁驻有绿营兵6000人，已足防守，京师调防兵尽行撤回；令康济鼐亲身赴藏，同隆布鼐等共同办理藏地政务，阿里地方由康济鼐派人协防。②

撤内地驻兵，用藏人为执政官第巴，确立了噶布伦治理体制，终结了明末清初以来蒙古贵族对西藏的支配地位。而从经营西部的大战略看，是清朝遏制卫拉特蒙古势力东扩、解除准噶尔汗国"C形"包围直至最终平定整个西部战略的一环。

---

① 《清世宗实录》卷四，雍正元年二月乙亥。

② 《清世宗实录》卷五，雍正元年三月甲申。

四、经略青海

2. 罗卜藏丹津潜谋反清

对于清廷的政策,青海蒙古和硕特部亲王罗卜藏丹津一直在旁观望。

罗卜藏丹津生于康熙三十一年(1692),是青海和硕亲王达什巴图尔之子、顾实汗之孙,23岁时[康熙五十五年(1716)]袭父爵,为和硕亲王。继承祖父霸业"总长诸部",统辖青藏,是他自许伸手可及的梦想。准部将领大策零敦多布率兵袭杀拉藏汗后,罗卜藏丹津一直厉兵秣马,欲效法伯父鄂齐尔汗,将藏王桂冠戴到自己头上。康熙五十九年(1720),他率兵跟随清军安藏,觉得梦想指日可望成真。所以,又随同清军留藏驻扎,就等梦圆。但等了整整两年,仍未摘得藏王桂冠,失望愤懑之余,遂领兵返回青海。康熙六十一年(1722)十月,他召集各部王、台吉,在巴彦诺尔(青海湖东南,今共和县境)会盟。会上,罗卜藏丹津慷慨陈言:

> 兄弟子侄们,我们都是固始汗的后裔。自从我们祖先固始汗弘翼黄教,历达延汗(即鄂齐尔汗,固始汗长子)、达赖汗(达延汗长子),在招地(西藏)为王弘法,已有三世。达赖巴图尔(固始汗第六子多尔济之号,又称达赖洪台吉)、我父达什巴图尔(固始汗第十子),相继统领青海,教养子孙,共成一体,同心同德,凡有事情,都遵照总领长辈的指示而行,所以享受多年太平。后来达赖巴图尔、我父达什巴图尔身故,拉藏汗据招地称汗,此间准噶尔肆虐招地,而可以号令我们的长辈都已谢世,兄弟子侄们各行其是,已成一盘散沙。我意大家共同推举一人作为总领,凡事遵照他的指示而行,这样才能同心一德,团结一致,才能既有利于我们父祖所弘翼的黄教,又有利于做好大家的事情。大家的意见如何?

兄弟齐言：

亲王是固始汗的嫡孙、总理青海亲王达什巴图尔的亲生儿子，身份高贵，现今又掌总理青海印信，从今往后，我们都遵照亲王的指示，同心一德，团结一致，永不背离。若有背离者，我们必将共施惩罚！

随后，罗卜藏丹津与盟会各台吉，嘴舔枪口立誓。①

立誓毕，罗卜藏丹津令各台吉废弃清廷封号，恢复使用蒙古旧号，自称"达赖珲台吉"。②又以清剿盗贼为名，令各部所属各户准备枪支、弓箭、火药、铁砂和马匹各项齐全，若缺一项，抄家不贷，并不断派人查视监督。又遣使准噶尔，求其出兵助攻。③当时已是冬天，草枯马瘦，清朝驻西宁办事大臣及甘州等地驻军将领，似未发现罗卜藏丹津有所异动。

就在清廷决定自西藏撤兵的第二天，西宁办事大臣、兵部左侍郎常寿接到驻柴达木西安将军宗札布的咨文。西宁办事大臣一职，专管青海蒙古番子事务，始设于康熙六十年。常寿是首任办事大臣，当年由内阁侍读学士升理藩院额外侍郎充任④，后升副都统、工部右侍郎。世宗即位后，转兵部左侍郎。

宗札布在咨文里向常寿报告了去年以来罗卜藏丹津的一系列异动。情报来源于青海蒙古右翼原贝勒达颜的一名属下。随后，宗札布将该人护送到西宁，常寿又亲自仔细讯问，确认没有差异。但因涉及蒙古亲王谋反，事情重大，常寿又设法通过各种渠道打探消息，最后证明罗卜藏丹津有谋乱的动机与行动。但青海各台吉心思各异，矛盾重重，且眼下正值蒙古马匹掉膘不宜远行时节，要到五月初青草长出，马匹方得足食奔驰，此期间，西宁部正可调兵备战。常寿通盘计算了一下西宁城内及周边所驻清军约有10000，其城内驻军6000名中，3000兵丁有马。此兵丁守则够用，

---

① 以上参见《雍正朝满文朱批奏折全译》，第77-78页。
② 〔清〕魏源：《圣武记》第139页，中华书局，1984。
③ 《雍正朝满文朱批奏折全译》，第55页。
④ 《清圣祖实录》卷二九二，康熙六十年五月甲申。一说，驻西宁办事大臣始设于雍正二年，不确定。

四、经略青海

出战则不足,需从附近各省调兵。他又建议召罗卜藏丹津、察罕丹津等台吉进京"议事",若托词不来,则清军唯有大力备战,相机平乱。常寿就了解的情况和对策,写成万字长折,火速密奏朝廷;同时缮写副本3份,密咨驻甘州署理抚远大将军贝子延信、驻柴达木西安将军宗札布、川陕总督年羹尧。①

常寿密奏到京,世宗即召年羹尧进宫问计。

年羹尧说:"蒙古以马为强弱,(罗卜藏丹津)决不能于二三月兴起事端。"② 为加强防备,君臣商定调四川提督岳钟琪领兵驻防松潘口,对青海形成威慑。

世宗又令副将阿喇衲驻防布隆吉尔,以扼青海往来准噶尔之路。将柴达木驻军500名,选调之西宁绿营鸟枪马兵100名、鸟枪步兵400名,由都统西伦图统领,移驻察罕托罗亥(今青海共和县倒淌河镇),以扼守交通要道,俱听年羹尧调遣。世宗又谕常寿:"尔所奏青海之消息,虽有些缘由,但不可即以为实,而轻调各处之兵。唯整饬尔西宁绿旗兵妥善以备。"③ 同时也密告延信,保守各城寨关口,密切关注青海蒙古各部动向。

部署既定,年羹尧想起圣祖嘱托。他清楚记得,康熙六十年(1722)五月赴热河避暑山庄陛见时,圣祖"将西海蒙古部落,悉照北边分编佐领"之意,嘱咐他酌量考虑,相机实行,其时年羹尧听了大为感佩和振奋,称赞说:"此我皇上深谋远虑,为亿万年计久安长治之意也!"④ 不过,圣祖这一久安长治的深谋远虑,当时保密甚严,连世宗都未曾听说。听了年羹尧的叙述,世宗拍案叫好,于是检阅年羹尧缴回的奏折,果然发现他当年的复奏折子里提到了圣祖的嘱托。世宗甚是兴奋,嘱其用心办理。年羹尧当即回奏:待回任后,诸项准备停当,明年春天,召集青海蒙古各部台吉到西宁会盟,编立佐领,为主子尽忠效力,不负圣祖皇帝重托。

但对于青海蒙古编立佐领一事,当时仍限于世宗和年羹尧的秘密商

---

① 《雍正朝满文朱批奏折全译》,第 52—57 页。
② 年羹尧汉文奏折第 80 号,《年羹尧满汉奏折汇编》,第 248 页。
③ 《雍正朝满文朱批奏折全译》,第 57 页。
④ 年羹尧汉文奏折第 47 号,《年羹尧满汉奏折译编》,第 221 页。

讨，清朝高层尚未取得一致。只有年羹尧、世宗、怡亲王允祥，还有西宁办事大臣常寿主张编立佐领。还有一种意见则主张维持现状，以避免青海动乱，持这种意见的，在朝廷有管理藩院事都统拉锡，在西部驻军前线则有署抚远大将军延信。

但世宗是最高决策者，他坐上帝位，本有诸多政敌不服，青海蒙古问题，若在继位之初出现闪失，则将是不可承受之重。所以，对于不同声音，新皇帝非常慎重对待。当时署理抚远大将军延信针对常寿召罗卜藏丹津进京的建议提出不同看法，认为青海蒙古贵族内部不和，唯利是图，信誉不佳，即使勾连准噶尔，也难得其倾力相助。因此，只要做好备战，罗卜藏丹津即使作乱，也难成事。且罗卜藏丹津生性多疑，召他进京，或反令其惊恐不安，百般拖延，作乱传言将会坐实。①

延信之奏，本以为罗卜藏丹津作乱概率不大，而世宗读了，却认为叛乱迫在眉睫，于是让兵部以六百里加急，传旨询问年羹尧对暂缓西藏撤兵和备战青海的看法。

四月十二日，年羹尧已辞别世宗，起程返回西安。十八日，行至山西大安驿（今山西寿阳县大安镇），接到兵部发来上谕，即复奏：

> 唯有西海、西藏情形，臣之所见甚确。罗布藏丹晋不自揣度，希冀藏王已非一日，然止一藏王，焉得人人而封之。西海各台吉犹能见及于此，断不为素不心服之人所惑，轻举妄动，自取灭亡。至其平日好疑而众心不和，多谋而一无所成，又其显焉者也。我兵速撤，则唐古特民人永无怨言，而西海各部落晓然共知清朝不要西藏，仍为佛地，从此闲言便当寂然矣。②

因年羹尧的坚持，西藏撤兵善后诸事，仍照旧进行。

二十七日，年羹尧甫抵西安，接常寿满文密咨，罗卜藏丹津在四月十五日召集入伙诸王台吉议事，意欲举事，已成定局。年羹尧将咨文译成汉文，急送岳钟琪，令他即率2000名官兵出松潘口声扬兵威，同时令绿营兵、土司兵、番兵9500人随时待命，令陕西土司杨汝松预备3000名兵听

---

① 《雍正朝满文朱批奏折全译》，第62-63页。
② 《雍正朝汉文朱批奏折汇编》第1册，第250页。

令。又密奏世宗:"倘若有事,算预备之兵共一万四千五百,尽皆前去,一次弹压,即可剿灭。"① 为麻痹叛军,年羹尧又放出消息,声称他将亲率精兵1万巡视西宁周边。

3. 察罕丹津趁火打劫

四月三十日,年羹尧又接常寿密咨,叙及原本忠于清廷之亲王察罕丹津,竟然趁火打劫,擅自出兵强占了已故贝子丹忠的妻子儿女和遗留部落,然后要求清廷允许他代行管理。丹忠是察罕丹津的亲兄弟②,在清兵第二次驱准保藏之役时,曾出兵相助,于七世达赖喇嘛顺利到拉萨坐床,颇为出力。察罕丹津的这一要挟举动,年羹尧视之为"专擅悖逆,全身尽露"不宜"左袒",认为可令岳钟琪前往索要丹忠妻子部落,察罕丹津若是抗拒,则兴师问罪,师出有名,遂飞令岳钟琪等川陕将领分驻要地待命,部署钱粮调集与台站安置。安排停当,即奏报世宗:"若西海(即青海)各台吉彼此连结,则臣当兼程前往西宁,调遣行事。"③

世宗先接到常寿密奏察罕丹津要挟之举,反复思忖:"若因其挟而与之,实不好看,亦为将来之累;若不与,生出一番事,朕元年兴起此一事,又恐人议论。"④ 若允诺察罕丹津的要求,等于清廷向专擅悖逆者屈服,朝廷脸面不好看,也难儆效尤。若不允诺,则为丛驱雀,壮大罗卜藏丹津的反乱力量,不免大费周章。于是急召怡亲王允祥、舅舅隆科多、都统拉锡,连夜进宫密商。漏下三更,议定:

第一,有事不如无事。丹忠与察罕丹津原是亲弟兄,其弟绝后,所遗部落属他有分,以此恳求,虽涉要挟,亦可以将顺其请而缓其事。如果迹

---

① 《雍正朝满文朱批奏折全译》,第121页。
② 丹忠,又作丹仲。察罕丹津与丹忠的关系,一说为叔侄。
③ 年羹尧汉文奏折第75号,《年羹尧满汉奏折译编》,第244页。
④ 年羹尧汉文奏折第74号折尾朱批,《年羹尧满汉奏折译编》,第242-243页。

露逆端，不妨再明正其罪。

第二，慎重相机料理。察罕丹津驻牧地邻近四川，恐岳钟琪获知察罕丹津要挟之事后，操之过急，速传谕旨，令其稍缓，等待年羹尧统一调度。同时，派御前侍卫1名，携带谕旨，速赴西安，将朝廷考虑详细谕知年羹尧。

两天后，即五月二十一日晚，世宗收到年羹尧十四日所写奏折，也就是处理察罕丹津要挟对策的密折。世宗灯下细读，既兴奋又担心。兴奋的是年羹尧的对策与自己的最终期待完全一致。允许察罕丹津管辖丹忠部落，不过权宜将就之计，最终解决之道还有待年羹尧今秋或明岁会盟时再相机处理。担心的是，察罕丹津关系重大，容不得他倒向罗卜藏丹津，必须谨慎行事。于是，世宗将自己的意见及收到常寿奏折后与怡亲王等人密商的决议，批写在年羹尧的折子后边，反复叮咛："千万不可轻举。你一身干系，实如泰山之重，轻视自己，即轻视朕一样！冲冒之说，万万使不得。你若将此以为效力，大不忠也！"又解释说："前番庭议（即与怡亲王等人的密商），原要和你商量定的。今事若急，你一面当如何料理即（如何）料理。（一面）将此旨亦传谕达鼐（即所遣御前侍卫），亦明白传谕岳钟琦（琪），使他知道，免其疑二。"① 这无异于特别授予年羹尧随宜处置之权。批谕毕，世宗即封箴严密，装入折匣上锁，令侍卫交付年羹尧家人火速赍回。

次日晨，世宗召怡亲王、隆科多、拉锡进宫，同议年羹尧十四日奏折。对于察罕丹津索要丹忠部落一事的处理，仍维持前议。对年羹尧，则作出特别指示和重大授权。

特别指示：年羹尧等封疆大吏，在察罕丹津要挟管辖丹忠部落一事上，表面上应与朝廷持异议，因迫于朝命方才放弃动用武力，使其畏威而怀德。

重大授权：正式授权年羹尧统管四川、陕西、云南军务。

世宗谕总理事务王大臣等：

> 青海台吉，兄弟不睦，倘边境有事，大将军延信驻扎甘州，相隔

---

① 《雍正朝汉文朱批奏折汇编》第1册，第372页。

遥远，朕特将一切事务，俱降旨交年羹尧办理。若有调遣军兵、动用粮饷之处，著防边办饷大臣及川陕云南督抚提镇等，俱照年羹尧办理。边疆事务，断不可贻误。并传谕大将军延信知之。①

这封授权上谕，其实是剥夺了延信抚远大将军的实权，而年羹尧则成了有实无名的西北军事统帅。

4. 年羹尧秣马待机

六月上旬，罗卜藏丹津反叛之迹益发明显，他与贝勒盆苏克汪札尔率兵攻掠拒绝共谋的郡王额尔德尼额尔克托克托鼐。从六月初八日到十二日，额尔德尼额尔克托克托鼐与罗卜藏丹津鏖战四回合，死伤甚众，部落逃散。十三日，额尔德尼额尔克托克托鼐领着两个妻妾和两个女儿，投奔甘州抚远大将军营。年羹尧遵旨动用兰州库银1万两予以救济。

此时清兵若行征讨，已是师出有名。世宗指示隆科多致信年羹尧，令其亲往西宁指挥平乱，但年羹尧却按兵不动。他的理由有二：

第一，罗卜藏丹津夜郎自大，凶横粗浅，非加之以兵力，断不会因虚声远震、布势扬威便肯俯首听命。

第二，既然不战不足以制服罗卜藏丹津，那么战则必胜，攻则必取，一举扫穴平定。因此，必待准备充分、时机适当方能言战。否则容易落入罗卜藏丹津的游击战陷阱。我进则彼远遁，我退则彼复来，别起衅端。如此，我必陷于被动，劳师废饷，难于成功。

当时的形势是，罗卜藏丹津驻牧地在西宁以西，而西宁绿营兵只有五六千人，且数年未经战阵，甘州、凉州、肃州等地驻军，守备边口尚可，进剿则不足。若与罗卜藏丹津决战，必须调集四川等地官兵，做到战则必

---

① 《清世宗实录》卷七，雍正元年五月庚子。

胜,然后通盘料理,即仿照内蒙古盟旗制,改造青海蒙古的政治社会组织。年羹尧认为,若如此,方能上不欺圣主,下不干罪戾。最佳进剿时机乃在明年二三月间,届时一切齐备,乘其马瘦不能远飏,一举而定。如果朝廷以为他必须亲赴西宁,则稍作人员部署,大约在七月初十日就可以动身。但此后20天内,如局势并无进一步恶化,他仍是不动。即使前往,亦不带兵,到西宁后,也只是派人晓以大义,虚张声势,安定人心。至九月初,仍返西安训练兵马。通盘料理,仍待明年春天。同时,年羹尧还以全家性命向世宗保证,西宁绝不会失守。所以他有底气遵奉谕旨,便宜行事,不避"人缓我急、我急人缓"之嫌。①

年羹尧仍按自己的计划行事,一面严饬各将领谨守信地,赈济前来投奔者,一面积极备战,又以世宗的名义,拟写宣示罗卜藏丹津敕书一道,指示常寿派人调解劝和,以缓兵与刺探情报。至于"劝和"有效与否,却并不在意,他认为莫若听其自相并斗,以重其罪。世宗接到年羹尧的奏折,有些犹豫,他有三点担心:

其一,如果兴师问罪,如何处理罗卜藏丹津?

其二,若青海蒙古人四处逃散,或者投奔策妄阿拉布坦,是否有预案?

其三,若宣布罗卜藏丹津等人叛逆之罪,那些心向朝廷的王、贝勒,会不会有唇亡齿寒之感,产生沦为奴才的感觉而对朝廷心寒?

于是,世宗向都统拉锡咨询处理青海问题的意见。因为拉锡是朝臣中唯一的蒙古问题专家。

拉锡说:"西海虽受封,仍属生劣,比不得四十八家(应为四十九家)。他们内中互相吞并之举,圣祖时常有之事,皆为之说解、容忍,他断不敢干犯内地。如果干犯内地,再问罪不迟。所以,圣祖知其顽省无知,事事宽容不问,将就至今无事。倘若逼紧,即一人一骑向策王阿尔布坦(策妄阿拉布坦),未免不助大贼之力;或逆取西藏逃躲,可不又添一事?"又说:"我也罢,常寿也罢,去了明向他(罗卜藏丹津)说明是非,令其认罪,赔还厄尔德呢厄尔克(又写成额尔德尼额尔克)所掠之人物,还能叫罗卜藏丹尽(罗卜藏丹津)来京陛见,还不教希图藏王。"②

---

① 《雍正朝汉文朱批奏折汇编》第1册,第512-514页。
② 《雍正朝汉文朱批奏折汇编》第1册,第513页。

四、经略青海

听了拉锡的意见，世宗觉得其与年羹尧的通盘谋划大不相同，但更有益于稳定青海目前局面。若罗卜藏丹津真能进京认罪，也许青海问题即能就此了结，"朕之元年"也就没有什么乱事。考虑再三，世宗决定派驻西宁办事大臣常寿往见罗卜藏丹津。又思量拉锡熟悉蒙古事务，而年羹尧的计划又不便透露，似可派往西安，以补年羹尧思虑之不周。

对于世宗的三个担心，年羹尧复奏很简单：

> 目前声色不动，养威于不用，一秋一冬暂且息事宁人。来春臣之亲往，既以出尔汉（蒙语，会盟之意）为词，则其名甚正，其事甚活。若果诚心畏罪，仍以会盟之礼待之，即或面从心违，亦不过擒缚渠魁，奏待天子之恩，完结大体，消其异念而已。至于惊惧逃躲，部落涣散，臣敢不筹画及此！所以现今凡事布置，必俟明年三月乃可前往。盖不使西海蒙古出我范围，虽欲远飏不可得也。①

而对于派拉锡前来商量一事，年羹尧则坚决拒绝：

> 以臣愚见，（拉锡）置之左右，遇有蒙古事情，留备顾问，则无不可。若差遣出外，于事无益，尤不可使于蒙古地方，急于见长而未谙大义，不足以宣布天威圣德也。②

因年羹尧坚决反对，派拉锡往西安一事只能作罢，因为世宗深知，两个主张不同的人一起共事，不仅不能成事，而且容易坏事。所以，未等接到年羹尧的回奏，又在别折中批示道："西海事原交在你身上，再无掣肘之理。"又说："如今你两人意见，朕实难取舍，只得事事谕来，你著（酌）量奉行就是了。"③ 皇帝并非万事俱精通，对此，世宗深有自知之明，他曾刻了一方"为君难"的印章，就是表明这种态度。皇帝的责任在于用人，用对了人、用好了人，就抓住了万机之纲，这样才能做到"日理万机"。要用好人，就要信任大臣，不能掣肘。但信任不等于不知情，不

---

① 《雍正朝汉文朱批奏折汇编》第 1 册，第 614 页。
② 《雍正朝汉文朱批奏折汇编》第 1 册，第 615 页。
③ 《雍正朝汉文朱批奏折汇编》第 1 册，第 546 页。

知情就易受蒙蔽，甚至被架空。所以，遇到难取舍之事，他让年羹尧"酌量奉行"，但必须说明"酌量"的理由。这也是对年羹尧权力的一种合理制约。

当时青海及周边军政大臣，除延信、年羹尧、常寿外，还有驻察罕托罗海（位于青海湖东南岸，也叫白头山，今共和县倒淌河镇境内）都统西伦图。世宗规定，常寿、西伦图有任何关于青海事务的奏报，须同时咨报年羹尧。年羹尧以曾经奉旨为由，令常寿以后奏报青海蒙古之事，先与他商议后再上折。对于年羹尧的这一做法，世宗很有耐心地批示道：

> 尔以恐费朕心，恐为难等因，令常寿将所有具奏之事与尔商议后再奏，此虽是，然定耽延。何奏皆可，朕并未一有所闻，即零乱办理，诸事皆寄信与尔，划一办理。常寿、希兰图（西伦图）等仍照从前，凡有所闻，一面奏闻，一面晓谕尔。尔若应办，即办之可也，一面具奏。朕若有何裁定之处，即降旨与尔，似此则毫无耽延之处，且甚佳，朕并无厌烦之处。咨行常寿，朕意仍照从前奏闻可也，凡具奏之事、具奏之语，不可于晓谕尔之文内遗漏，凡密奏之言，俱晓谕尔，此系朕旨等语。①

这就是明示年羹尧：我所办之事对你并无隐瞒，你对我这个皇帝也要透明。

至于召罗卜藏丹津进京陛见，年羹尧反倒颇为担心：

> 且罗布藏丹尽若果于此时陛见，待之之法，殊费斟酌，总不若圣谕令常寿亲往暂为和解之为善也。②

据年羹尧判断，罗卜藏丹津要是进京陛见，会给清朝高层出难题，即所谓"待之之法殊费斟酌"。罗卜藏丹津从西藏撤兵回来后，为自身利益计，其实迫切需要一次北京之旅，去觐见清朝皇帝和掌权大臣，以便直接

---

① 《雍正朝满文朱批奏折全译》上册，第164页。
② 《雍正朝汉文朱批奏折汇编》第1册，第615页。

四、经略青海

了解新皇帝对青海的政策及清廷内部的各种意见。即使无力改变大局,若能利用拉锡,表明放弃做藏王的野心,大打"恭顺牌""功劳牌",便可让世宗大大受用,甚至可能动摇世宗对年羹尧"通盘料理"的支持,争取到于己较为有利的政策,而这也正是年羹尧最为担心的事。但是,罗卜藏丹津不能客观认清形势,忽视了他可以利用的牌。

对于罗卜藏丹津,世宗有自己的判断,他在年羹尧的奏折中夹批道:"未必肯来。胆包身也不能见得透。(若见得透)又不为从前事了。"世宗认为罗卜藏丹津有胆无识,不能透彻地认识时势,否则会尽量少树敌,也就不会选择攻打额尔德尼额尔克托克托鼐,并与察罕丹津不和了。

其实,青海蒙古各部中,让清朝方面最为担心的只有察罕丹津和罗卜藏丹津。年羹尧曾说:"西海蒙古十九家部落,情乖势散,虽有凶横之人,一时不能成事。而近日之可虑者,惟插罕丹津与罗布藏丹尽两家最为强盛。"① 故清廷的方略就是阻止两家联合。察罕丹津有自己的小算盘,罗卜藏丹津则已是决心叛乱。对于前者,清廷打击和拉拢两手并用;对于后者,亦暂不放弃和平争取。

因察罕丹津要挟反叛之迹已显,年羹尧即指令岳钟琪出兵松潘口外,宣扬兵威,保护丹忠部落;又令御前侍卫达鼐先往黄河北岸,带着年羹尧拟写的谕旨,劝罗卜藏丹津与额尔德尼额尔克托克托鼐讲和:一则给罗卜藏丹津指出一条和平解决纠纷的途径,拖延其反清起事时间;二则进一步搜集情报。

震慑一招,对察罕丹津果然奏效。据岳钟琪报告,察罕丹津得知川陕两省都在整兵备战,颇为忌惮,遂派属下两位宰桑到岳营探访清兵动静,岳钟琪乘机晓以顺逆利害。而随着川兵出口,丹忠部众知有救兵,纷纷逃回,岳钟琪则以保护为名,顺势继续进兵施压。

世宗惟恐年、岳施压过分,旋指示年羹尧尽快按诏书执行。20 天后,年羹尧派御前侍卫达鼐携诏书,会同西宁办事大臣常寿,办理赏赐丹忠部落之事,同时令岳钟琪缓慢撤兵,确保丹忠部众免受察罕丹津屠戮。

---

① 《雍正朝汉文朱批奏折汇编》第 1 册,第 545 页。

罗卜藏丹津接到劝和诏书后，回信称，要到七月二十日才能召集各部首领盟会，商讨讲和之事。此时，署理抚远大将军延信上奏，认为青海蒙古贵族间的冲突属于兄弟阋墙，要求朝廷派高级别使者前往调解，令其讲和息事。而朝堂上，都统拉锡则主张沿用康熙年间治理青海的老办法，"排解和息，赌誓追赔"，即所谓"以蒙古之法治蒙古"，赞成派驻西宁办事大臣常寿前往调解。① 而年羹尧认为，调解可作缓兵之计，亦表赞成。

七月十三日，常寿在100兵丁护送下，自西宁出发，前往罗卜藏丹津营地，以利用盟会时机劝和。②

5. 以逸待劳守西宁

此时，罗卜藏丹津已决心叛乱，常寿调解自然失败。罗卜藏丹津的人马越过黄河，攻击察罕丹津部。察罕丹津兵败，于八月二十一日投奔河州老鸦关。年羹尧得信，发官银5000两安顿来投人员，同时速令四川提督岳钟琪、驻察木多总兵周瑛及云贵总督高其倬扬言进兵青海、驻防西藏，实则静观其变，待调集大军后，来春再兴师问罪。同时又致书青海各部首领，陈说利害，劝其勿入从叛歧途。

世宗初得知察罕丹津受到攻击后，认为年羹尧高估了察罕丹津的实力，即与允祥、拉锡密商，担心罗卜藏丹津纠合策妄阿拉布坦，进袭西藏，占领理塘、巴塘，若如此，则其势已成、难于扑灭，于是命令年羹尧"将西宁、松潘、甘州等处军兵整备，务期剿灭。"③

年羹尧接到世宗的"剿灭"命令，即缮折奏报用将、调兵、酬饷九

---

① 《雍正朝汉文朱批奏折汇编》第1册，第614－615页。
② 《雍正朝满文朱批奏折全译》，第232－233页，第423折，常寿，雍正元年七月十一日。
③ 《清世宗实录》卷一一，雍正元年九月己丑。

四、经略青海

款,以四川提督岳钟琪、西宁总兵黄喜林为主将,统率川陕兵精锐征剿,令沿边各地守将分任堵截,预防叛匪逃往准噶尔和西藏。① 同时咨令常寿再赴罗卜藏丹津处折冲樽俎;自己则定于九月二十日亲赴西宁坐镇。

世宗对于年羹尧,虽然充满信任,又不无疑虑。信任在于年羹尧确是文武全才,对局势看得透、拿得准,尤其是"全盘料理"方略,堪称解决青海蒙古问题的完美方案。但是,他也有两个担心:一是担心年羹尧过于自信,二是担心罗卜藏丹津攻入西藏,因为当时驻藏清兵和蒙古兵都已或正在陆续撤出。所以,批示中世宗一方面肯定年羹尧的充分备战:

> 有你在陕料理,朕尝有西顾之忧,不但过虑,虑之一字一点也不存胸中。但朕之主见写来与你,不过教你知朕之意。你只管通盘打算,相机而行就是了。

一方面又不禁反复提醒:

> 一切占验卜筮之道,从前总有经验者,也只可信一半。因你前日有奏朕东行不过十天,出兵执意来春。因此二事,想你有他见解,故预有此谕也,非有所闻。②

事态发展,果不出年羹尧所料。九月十九日,他得到消息:罗卜藏丹津尚在所占察罕丹津牧场等候黄河冰冻回巢。因此,断定叛军今冬无志于西藏③,遂按计划于次日轻骑简从,出西安前往西宁。途中,年羹尧接抚远大将军任命诏书,印信由贝勒延信自甘州送达。世宗敕谕抚远大将军年羹尧云:

> 我朝自创业以来,皆效法列祖用兵纪律,无往不施仁德。……罗卜藏丹津系青海一台吉,自伊祖顾实汗以后,敬谨恭顺,请安进贡。

---

① 年羹尧雍正元年九月十八日奏折,《年羹尧满汉奏折译编·汉译满文奏折12》,第12-16页。
② 《雍正朝汉文朱批奏折汇编》第1册,第759折,第926页。
③ 年羹尧无年月汉文奏片第185号,《年羹尧满汉奏折译编》,第340页。

至札什巴图尔台吉，……蒙圣祖仁皇帝念及顾实汗从前敬谨恭顺，晋封札什巴图尔为亲王，叠沛隆恩。及病故后，令伊子罗卜藏丹津袭封。罗卜藏丹津宜仰体宠眷，效法祖父，敬奉法纪，乃妄逞强梁，弟兄骨肉自相仇敌，欺陵亲王戴青和硕齐、察罕丹津、郡王额尔得尼额尔克托克托鼐等，恣行倡乱。朕甫闻其事，即遣侍郎常寿前往令伊等讲和修睦，罗卜藏丹津等宜遵朕旨，式好无尤，乃肆意称兵，侵袭亲王戴青和硕齐、察罕丹津、郡王额尔得尼额尔克托克托鼐等，杀戮抄掠，以至察罕丹津等情急投入内境，显负朕恩，悖逆天常，扰害生灵，诛戮不可少缓，故加天讨，遣发大兵，声伐罗卜藏丹津。朕欲拯救西域生灵，大张天威，特命尔为抚远大将军，统领满洲蒙古绿旗大兵，一切事宜，尔与苏丹、岳钟琪、常寿等酌定方略，公同计议而行。……官兵或临阵退缩，贻误军机，尔会同商议，官员以下，即以军法从事示众，官兵犯小过者，径行处治。……尔酌量调遣各路大兵，将罗卜藏丹津歼剿廓清，安靖边围，斯称委任。①

年羹尧一路阅视兵防，于十月六日抵达西宁。世宗期待年羹尧与四川提督岳钟琪平乱，为"雍正改元，政治一新"揭开光辉、凯旋一幕，命将之后，即追奖两年前平定青海郭罗克部功，晋封年羹尧为二等公，岳钟琪亦赏给拜他喇布勒哈番（骑都尉）世职，参与其事的四川绿营兵游击以下官兵全都有赏赐。

罗卜藏丹津侦知清兵各路兵马抵达西宁尚需时日，乃扣押常寿，于十九日督兵自南川、西川、北川三面对西宁发起围攻。叛军突破傍城诸口，绕过外围各堡，胁迫"番兵"为前队，厄鲁特兵督其后，直薄城下。

年羹尧坐城楼上，神色镇定，麾兵发炮铳，毙敌甚多。罗卜藏丹津攻城屡不下，锋稍挫，乃引兵围各堡。各堡守兵少，不足出战，年羹尧令诸将据城坚守，遇敌进攻，则以火器轰击，待敌疲惫，即发西宁城中主力，依次赴援。

当时西宁城外南川边口守口官兵仅有100人，5000名敌兵凭其人多势众，溃口而入，进围申中堡。守备马有仁、李英龙率600名兵丁凭城奋力

---

① 《清世宗实录》卷一二，雍正元年十月戊申。

四、经略青海

抵御,毙敌 50 余名,而官兵亦阵亡 7 人。至二十一日,该堡被围已 3 日,厄鲁特兵督千余名"番子"于堡外轮流施放鸟铳,掩护城内通敌囊苏(首领)凿挖城墙,因清兵及时发现未能得逞,但守堡清兵已是疲态尽显。当日晚,年羹尧令参将宋可进、游击元继尹率绿营兵 1000 名及"军前效力"官员驰援,歼敌 90 余名,敌逃遁,申中堡之围遂解。

二十四日,年羹尧得报,罗卜藏丹津正往西川要塞镇海堡增兵 2000。起初,镇海堡守卫清兵只有 700 人,由参将张家翰率领。敌兵进攻伊始就攻势猛烈,年羹尧虑守兵吃紧,派都统武格率城内察哈尔蒙古兵 400 人、满洲兵 100 人增强防守。从第三天起,罗卜藏丹津亲率入伙各台吉,督五六千人,不分昼夜轮番进攻,并将堡外房屋焚烧殆尽。而赴援之敌,每日或增千来名,或数百名。罗卜藏丹津头戴一顶老旧黄狐皮帽,身着丝绸甲衣,挎一支鸟枪,在行军帐篷中指挥。为躲避清兵击杀,罗卜藏丹津又将自己平时所着衣帽,令替身穿戴,行军时,令其于中道行走,自己则旁近随行。得知 2000 敌军增援镇海堡,年羹尧断定罗卜藏丹津志在必得,忖度须派大队人马增援方可必胜。恰好前锋统领苏丹率领 400 名西安绿营兵赶到,年羹尧令其暂作休整,另精选西宁绿营兵 1500 名,共 1900 名,仍令参将宋可进、游击元继尹统率,于二十五日四更,急往救援。清晨,援兵抵堡前山下,突遭山谷两侧叛匪伏击,清兵速分两翼,左翼西安兵连放大炮数发,毙敌百余;右翼西宁兵施放鸟枪,奋勇登山,毙敌数百。叛匪 3 次反攻不能得,遂夺路逃遁。堡中兵跃出截杀,击毙罗卜藏丹津家台吉厄尔克,叛匪大溃。此役清兵西安骁骑校 1 名、兵丁 5 名阵亡,6 名受伤。

时西宁城北面 90 里之要塞北川新城被围已久,敌兵约 2000 人据北山向城里射击。清兵游击马成辅率兵 800 名顽强镇守。镇海堡之役结束,年羹尧估计南川、西川溃敌可能转向北川,故待将士稍加休整后,即挑选西安、固原、西宁绿营兵 3000 人,携子母炮 70 门,令副将王嵩、参将宋可进率领前往解围,并于二十八日二更,亲自送出西宁城。

年羹尧于军事理论用功颇多,曾编撰《治平胜算全书》,约 15 万字,取历代兵书之长,增以所见所闻所历,文字外另有阵图、兵器图 455 幅,对火器尤为用心。此 70 门子母炮系其自主研制,最大的优势是将子母炮小型化,长度约 1 米,装上鞍座,即可固定在马背上驮运,便于快速机动。由于是子母炮,可以实现弹药快速装填与发射,射程、威力均胜于鸟枪,在敌方鸟枪不及之地施以子母炮,可歼敌于弹雨,而清兵则毫发

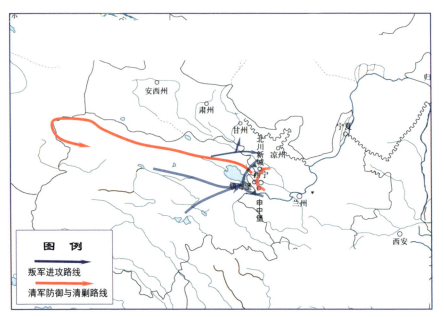

图4.2 平定罗卜藏丹津之役示意（底图据谭其骧主编《中国历史地图集》第八册《清时期全图（一）》，中国地图出版社，1982）

无伤。

翌日拂晓，清兵行至北川新城北山外，与敌兵相接，即以子母炮轰击，随后分两队包抄突击，歼敌100余名，敌不支尽逃去。于是叛匪六营荡平，而清军无一伤亡。至此，西宁城外三战皆捷，将士鼓舞，人心大定。

世宗初知西宁被围，心甚忧，接北川捷报，始释怀。年羹尧指挥西宁战守，前后11昼夜未能安枕，世宗在年羹尧密折中批道："好心疼好心疼，真正社稷之臣！"[1]

西宁围既解，年羹尧派兵肃清周边以稳定后方。北川之外的上、下北塔地方回民村屯，驻有协从罗卜藏丹津叛乱之济克济札布、阿尔布坦温布等属部，共有骑兵3000余人，曾出兵围攻西宁。十一月初，年羹尧剿抚兼用，令本地出身之千总马忠孝先行招抚力量稍弱的下北塔之30个村屯，

---

[1] 《川陕总督年羹尧奏报西宁战守情形折〈从内容看当具于元年十一月初〉》，见《雍正朝汉文朱批奏折汇编》第31册，第714折，第723页。

四、经略青海

尔后领兵1000，剿灭顽固助叛的上北塔3村。

罗卜藏丹津围攻西宁的同时，遣从叛的罗卜藏察罕等攻掠东起凉州永昌（今甘肃永昌县）西至甘州大马营（今甘肃山丹县南）之间的关口、城堡。当地清兵仅足自守，无力互救，而西宁路远也难于赴援。十月三十日，敌兵火烧新城堡，守备李国强率兵出战阵亡，把总李孝重伤，兵丁30名死于火阵。大马营外委守备冯广勇为夺回百姓被抢马匹牲畜，阵亡。年羹尧令各处严守城防，将受害百姓迁入永昌城，拨官粮救济。罗卜藏察罕等驻牧地离西宁仅300余里，年羹尧料其空虚，攻之必然回救，可解凉州、甘州之围。十一月初八日，上、下北塔已平，年羹尧即派总兵黄喜林率兵往捣罗卜藏察罕巢穴。次日，大军出北川边口，剿平奇嘉寺、郭莽寺助乱的阿尔布坦温布之喇嘛和"番子"，遂渡大通河，长驱西进。途中但见焚烧余烬中的草场，还有一些零散的牛羊，询问当地牧民，方知3天前敌人已经逃遁，而寒冷已至，不宜穷追，于是撤回西宁。不久，年羹尧得信，围攻凉、甘之敌均已撤走。

罗卜藏丹津连遭战败后，内部解体，胁从纷纷来投。先是车臣贝勒色卜腾札尔于十一月十五日至西宁，向年羹尧剖陈心迹，述说派50人助叛乃是出于不得已。年羹尧见其属下并未有敌对行为，且请罪之意诚恳，乃上奏朝廷，赦其罪过，保留贝勒封号，令仍回原驻牧地，并嘱往后若遇来归者，察访确实，带来引见。不久，色卜腾札尔就带领青海蒙古左翼公册零及其弟台吉巴尔珠尔等大小首领4人和属下2000余口来投，均获赦免，并安插于西川口外。此后，胁从来投者络绎不绝。

十二月十三日，罗卜藏丹津将常寿放回，常寿代其上表请求恕罪，年羹尧奏闻。世宗怒其辜负国恩，诏令断不宽宥，其余胁从，论其情罪之轻重，或从宽免，或予治罪。①

---

① 《川陕总督年羹尧奏报侍郎常寿为罗卜藏丹津拘押之情形折〈雍正元年十二月二十一日〉》，《雍正朝满文朱批奏折汇编》上册，第1049折，第584页；《清世宗实录》卷一五，雍正元年正月戊寅。

6. 岳钟琪风卷残云

按照年羹尧所拟计划，来年初春与罗卜藏丹津有一场决战。该计划概要如下：

一、四路进剿。从陕西督标、西安、固原、宁夏、四川、甘州、大同、榆林、土默特、鄂尔多斯、巴尔库尔、吐鲁番等处兵丁中，共挑选19000名，令提督岳钟琪等分别统领，从西宁、松潘、甘州、布隆吉尔四路进剿。

二、边口防守。西宁附近各边口，由土司兵2000名及西安满兵500名留守；永昌，由陕西抚标兵500名防守；甘州，由西安满兵500名防守；布隆吉尔，原有兵1000名，仍留驻防；巴塘，现有副将张成龙领兵500名防守；理塘现只驻兵200名，另增派四川抚标兵300名驻防；再令署松潘镇副将张英、副都统黑色领兵1500名，出松潘口，在黄胜关驻扎，云南提督郝玉麟领兵2000名驻扎察木多。

三、补充驼马。已在陕西买马1000匹补充，尚需调集6500匹。

四、军粮储备。已买米60000石备用，预计足够。

五、调拨火药。自京师内务府景山火药局调拨精炼火药100驼（每驼180斤），于雍正二年（1724）正月内解送至西宁。

经总理事务王大臣及议政王大臣会议讨论，批准了年羹尧的计划。此外，马匹增拨1000匹，火药加拨一倍，中甸地方令云贵总督高其倬选派总兵官1员领兵500名驻扎。

该计划在朝廷批准之前，年羹尧已在执行。先是提督岳钟琪奉年羹尧令，率四川绿营兵6000名，于十一月初三日出松潘口，沿川西北草地边缘北上入青海，一路剿抚从叛诸部寨，十二月二十六日抵达西宁，年羹尧大喜。至此，所调集各路平叛兵马已陆续抵达，只待将长途跋涉之马匹喂养膘壮，补充马匹和物资抵达，即可驰骋沙场。年羹尧于是定议待来年草青之时，请授岳钟琪为奋威将军，统率大军直捣叛匪巢穴。

四、经略青海

雍正二年（1724）正月，西宁东北郭隆寺勾结叛匪之喇嘛聚众反叛，年羹尧遣岳钟琪等领兵剿灭。

此时，罗卜藏丹津举行会盟，企图兼并力量弱小部落以壮己势，做最后一搏。二月初五日，罗卜藏察罕等贝勒、台吉率家属部众投至西宁。年羹尧当即决断，趁叛匪内部解体之机，遣兵征讨，既保护归顺者，又坚观望者向我之心，一举扫除叛匪。

二月初八日，因奋威将军印信尚未送达西宁，年羹尧即以大将军旗纛、令箭授岳钟琪，又解世宗所赐腰刀令其佩带，一切以大将军体统行事，并命总兵官吴正安、黄喜林、御前侍卫达鼐为参赞，率精锐骑兵6000，除坐骑外，另配空牵膘健良马1000匹，又每位士兵分给骡驼1匹，用于驮载口粮和火药铅弹；又以1000精锐骑兵为预备队，待奋威将军印信抵达，即令此预备队追送岳钟琪。

当天，岳钟琪率兵出西川。行军3天，不见敌人。第四天，获知巴尔珠尔阿喇布坦在乌阑博尔克地方（青海湖北部），即分兵三路兼程前进，待抵达时却扑了空，巴尔珠尔阿喇布坦早已逃得无影无踪。岳钟琪于是令总兵官吴正安率兵由北路，总兵官黄喜林、副将宋可进率兵由中路，自己与侍卫达鼐率兵由南路，往追逃敌；副将王嵩、纪成斌等，各率兵就地搜山。清军连夜急驰，从午夜追至第二天清晨，到达伊克哈尔吉地方，发现阿尔布坦温布躲入哈尔吉（哈尔盖）山中。岳钟琪麾兵搜山，阿尔布坦温布无处可藏，只得束手就擒。而黄喜林部奔驰30里，抓获巴尔珠尔阿喇布坦及其叔伊克喇布坦。三台吉部众聚合，向清军发起冲锋，旋被击溃。但主犯未获，岳钟琪命令留兵1000名，收抚各台吉所属逃散部落，即携带所获三台吉继续兼程西进。

十四日，清军抵达席尔哈色（刚察县境内吉尔孟河），擒获敌探1名，得知吹拉克诺木齐在天城察罕哈达（察罕岭）驻扎，傍晚，岳钟琪麾兵向北夜行军，于翌日清晨抵达天城，前锋报前面有蒙古包五六十座，未发现目标。岳钟琪又派兵急追，渡河后发现蒙古包百余座，已空空如也。于是进山搜索，俘获男女老幼无数并牧畜数百，讯知目标已于昨晚逃走。岳钟琪留300兵丁防守天城岭，收容逃散人口，仍率主力继续追赶。

十六日中午，岳钟琪率部抵达色尔肯。前锋千总古宗林、把总王国栋携台吉盆苏克汪札尔、噶尔丹戴青前来。两台吉报告，当日早曾在路口截获吹拉克诺木齐属下的都拉尔宰桑和札西敦多布的母亲，还有部众140多户，马 300 余匹，而吹拉克诺木齐已奔往嘎斯口（青海省海西蒙古族藏族自治州芒崖一带）方向。岳钟琪忖度吹拉克诺木齐带着家口，行走速度缓慢，于是赏给盆苏克汪札尔等人绸缎、银两、茶叶，令他们率蒙古兵 500，协同守备刘廷彦、李应龙领兵 200 追赶。

岳钟琪又获得情报，罗卜藏丹津仍在原处驻牧，即整军西驰，计划十九日抵达。十八日，岳钟琪至布尔哈屯，罗卜藏丹津属下宰桑绰克携妇幼来投，供述罗卜藏丹津等人闻大军讨伐，已向西逃窜。岳钟琪急行军，十九日晚抵达额穆纳布隆吉尔，未见敌人，于是分兵二路：侍卫达鼐、总兵官黄喜林，副将王嵩、孙可进领兵 1000，由北路速抵柴达木，截断往噶斯逃跑之路，岳钟琪则率主力由南路挺进。

二十日早晨，岳钟琪抵必留特依（约在今海西蒙古族藏族自治州大柴旦镇附近），抓获 1 喇嘛，供称罗卜藏丹津已逃往乌兰穆和儿。岳钟琪随即追到该处，又晚了一步，敌已逃往柴达木。岳钟琪令参将马启贤，游击周开节、范世禄领兵 1000 追击，大军随后沿途进击，途中抓获罗卜藏丹津之母、两位妹夫，还有男女无数、牛羊数千只。罗卜藏丹津穿上女人衣服，带着 200 余人仓皇逃往柴达木，见已有清兵把守，乃从小道往准噶尔方向奔逃。岳钟琪命总兵官吴正安领兵 1000 留守，主力仍兼程前进，当日抵达柴达木，与先到的侍卫达鼐、总兵官黄喜林汇合，仍未能追上罗卜藏丹津。岳钟琪令达鼐、黄喜林带兵继续穷追。旋守备刘廷彦、李英龙等禀报：十九日中午在乌兰白克地方抓获吹拉克诺木齐、札西敦多布，还有马 2000 余匹、骆驼 100 余匹。

达鼐、黄喜林率部追赶搜索 5 天 5 夜，行程 800 余里，穿行于盐碱地灌木丛，绝少牧场水草，疲人瘦马，直至腾额里，抓获罗卜藏丹津下属 60 余人、马 100 余匹。往西眺望，是一片无垠的戈壁沙漠，据说罗卜藏丹津已乘夜色绝尘而去，逃往了准噶尔。清军无法继续前进，各分队在周边继续搜索 6 天，陆续返回柴达木。三月初一日，岳钟琪自柴达木回师西宁。

捣巢之役前后 23 天，虽然魁首罗卜藏丹津脱逃，但对于清军而言，已基本完成战略目标，仍是巨大胜利。此役擒获了罗卜藏丹津之母以及从乱的阿尔布坦温布等 8 台吉，招降盆苏克汪札尔等 4 台吉，收容男女 1 万余口，彻底破坏了罗卜藏丹津谋求藏王的组织和社会基础，打击了与清朝对抗的青海蒙古各台吉，为实现编旗、强化清朝对青海的管理、稳定西藏铺平了道路。

四、经略青海

7. 青海蒙古编旗

雍正二年（1724）三月初九日傍晚，世宗收到年羹尧奏报青海平定密折，正值清明赴遵化祭陵，驻跸姚家庄（约在清东陵南面姚各庄附近），兴奋不已，让扈从诸臣传阅，又传谕步军统领隆科多将捷报向在京各皇子宣读，并转谕内务府总管太监，随即挥毫疾书：

谕大将军：
此一番事，乃国家翻手合手之事，如此迅速好好如意完结，实梦寐亦不敢望之事，可见尔我君臣，必然上天有可怜处，方能邀如此殊恩也。但你此番心行，朕实不知如何疼你，方有颜对天地神明也。立功不必言矣，当正西宁危急之时，即一折一字，恐朕心烦惊骇，委曲设法，间以闲字，尔此等用心爱我处，朕皆体到，每向怡（指怡亲王允祥）、旧（指步军统领隆科多），朕皆落泪告之，种种亦难尽述。总之，你待朕之意，朕全晓得就是矣。所以，你此一番心，感邀上苍如是应朕，方知我君臣非泛泛无因而来者也。朕实庆幸之至，上慰我皇考在天之灵，成全六十年美政，再永保国家，可以免兵革之事，天下苍生蒙平安之福次（祉），凡有怀蠢动之心者，胆烈（裂）而潜踪，谁不诵朕之福，畏朕之威也。此皆尔忠诚所致，赖尔之力也。我君臣唯将此一心，对越天地，以邀永永如是如是之福庇耳。可喜！可喜！可喜！可喜！①

世宗晋封年羹尧为世袭一等公，再赐一等精奇尼哈番（子爵），让其子年斌袭。其父年遐龄亦加太傅衔，赐缎90匹；岳钟琪封三等公。发户

---

① 《雍正朝汉文谕旨汇编》第3册，第37谕，第12-13页。

部库银20万两至西宁犒军。

三月二十八日，奋威将军岳钟琪师至西宁。次日，副将王嵩自南路返回。四月初三日，完成搜寻索洛木等地罗卜藏丹津余部任务后，侍卫达鼐率部返回。初四日，殿后各分队返回。

世宗又颁赏主将之外各将领：授参赞苏丹、总兵官宋可进为三等阿达哈哈番，总兵黄喜林为二等阿达哈哈番，按察使王景灏、总兵周瑛、副将王嵩、纪成斌为拜他喇布勒哈番，提督郝玉麟、总兵官武正安为拖沙喇哈番，以侍卫达鼐为副都统、授拜他喇布勒哈番，其余有功将士按照军功大小升赏。

时青海各部虽平，而庄浪谢尔苏部落"番人"仍据桌子山、棋子山抵制清军；从郭隆寺、郭莽寺逃出的喇嘛又与之串通，煽惑西宁纳朱公寺、朝天堂、加尔多寺"番人"；另外凉州南崇的之沙马拉木札木巴等，去年曾与青海反叛者勾连，抢掠新城、张义等堡，也抗拒归顺。四月中，年羹尧复遣岳钟琪等将帅，分兵十一路，前往剿抚。清军奋战50余日，大体平定，仅谢尔苏部属千余人潜逃深山中，限期1个月内清剿。

青海蒙古各部及胁从喇嘛、番人剿抚既定，年羹尧乃遵蒙古习惯，召集各部王公台吉，于五月十一日在西宁举行会盟。

这一天早晨，抚远大将军年羹尧头戴红宝石顶、双眼孔雀翎顶戴，身着御赐四团龙补褂、蟒袍，跨高头骏马，由侍卫前导后随，徐徐抵达会盟地点。各王公台吉纷纷跪拜叩接。

会盟仪式在庄严肃穆的气氛中举行。先定功罪行赏罚，除吹拉克诺木齐、阿尔布坦温布、藏巴札布三人是罗卜藏丹津的心腹同谋，已被押送京师献俘外，将助乱攻掠的贝子巴尔珠尔阿喇布坦等8人宣布罪恶，当众正法。其余助乱的台吉，据其情节，或降爵或革爵。有功者，则请加封爵，功罪相抵者留其原爵。接着宣读条约十二款，然后举行筵宴犒赏。

会盟按照预想圆满完成。年羹尧颇为得意，因青海蒙古各部首领自此大多畏威怀德，畏威而不知怀德者势力已微。同一天，他上奏《青海善后事宜》十三条，经总理王大臣会议讨论，世宗签署施行。归纳起来，善后措施主要有如下几点：

第一，在青海蒙古编立旗佐，划定游牧地界，禁止弱肉强食。具体做法是仿照内蒙古事例，将青海蒙古各部编为29旗，其中和硕特21旗；其他游牧于青海的蒙古各部，绰罗斯2旗，土尔扈特4旗，辉特1旗，喀尔喀 1 旗，共 8 旗。非和硕特旗与和硕特旗政治平等，青海和硕特蒙古不得将该 8 旗占为属下，各旗须"恪守分地，不许强占"。每旗下面编立若干佐领，每佐领辖 100 户，不满 100 户的编为半佐领。每旗设札萨克（旗长），由其部落首领（台吉）担任，协理台吉自札萨克的弟兄中拣选。此外，每旗设协领、副协领、参领各 1 员，每佐领设佐领、骁骑校各 1 员、领催 4 名。规模大的旗所属佐领在 10 个以上的，添设副协领 1 员、佐领 2 员、酌添参领 1 员。各旗每年会盟 1 次，由驻西宁办事大臣监督主持，"奏选老成恭顺之人，委充盟长。不准妄行私推""不准自称盟长"。①

第二，进京朝贡、互市交易按期定地举行。从雍正三年（1725）起，于诸王台吉内派定人数，分作 3 班，3 年 1 次，9 年 1 周，自备马驼，赴京请安进贡。与内地的集市贸易，每年二月、八月各举行 1 次，在西宁西川边外那拉萨拉地方举行，"不准擅移"。蒙古人民日常需用的茶叶、面粉、布匹等物，不受此定期限制，可四季随时交易。

第三，设立土司，管辖陕西、四川、云南三省的"西番人"（藏民）。陕西的甘州、凉州、庄浪、西宁、河州，四川的松潘、打箭炉、理塘、巴塘，云南的中甸等处，"皆系西番人等居住牧养之地，自明以来，失其抚治之道，或为喇嘛耕地，或为青海属人，交纳租税，惟知有蒙古，而不知有厅卫营伍官员。今西番人等尽归仁化，即系内地之良民，应相度地方，添设卫所，以便抚治。将番人心服之头目给与土司千百户、土司巡检等职衔分管，仍令附近道厅及添设卫所官员管辖。其应纳粮草，较从前数目请略为减少，以示宽大。至近边居住帐房、逐水草游牧者，仍准伊等照旧游牧"。以前达赖喇嘛、班禅喇嘛在巴尔喀木收取的鞍子钱，从此禁革，改由国帑从优赐予。新归属四川、云南管辖的巴尔喀木地区，勘定两省界址，择其要地，驻兵防守。川陕内地，酌量裁撤兵马，以省粮饷。

第四，整顿黄教寺院。西宁黄教各寺，喇嘛众多，奸良莫辨，地方官吏不能究诘，而收取藏民租赋、接受各部布施，岁用充裕，渐渐成了藏奸匿宄的渊薮。罗卜藏丹津叛乱时，他们有供其粮草、军械的，甚至有喇嘛骑马持械，与官军对阵。若复兴黄教，必先除此叛逆喇嘛；而从长远考虑，必须限定寺院规模，大者寺屋不许超过 200 间，喇嘛不许超过 300

---

① 《清世宗实录》卷二〇，雍正二年五月戊辰。

人，由礼部颁给度牒，地方官稽查，寺中首领僧人出结作保，新剃度者亦如此办理；各寺院所收地租，归地方政府征取，然后根据各寺院每年的开支，酌量支给粮石及衣单银两。如此，则各寺喇嘛奸良有别，衣食有资，地方官得以稽考，而黄教从此振兴。

第五，加强军事镇守力量，保障交通线路安全。添设西宁周边镇营，与西北的甘州（甘肃张掖）、北面的凉州（甘肃武威）、东南的河州（今甘肃临夏）互为犄角而声势相连，收臂指之效。西宁东面的宁夏，贺兰山为天险，额驸阿宝所部仍旧于山北放牧，不得住牧山南，可以保障山南营盘水（宁夏中卫西，近甘肃界）、长流水（宁夏中卫西）一带御塘要道的安全。阿宝部属分牧青海原丹忠部落地，既为其补偿，又可分察罕丹津之势。自西宁北川口外至甘州的扁都口500余里，新建边墙1道，从甘州口外祁连山以南，直至布隆吉尔（甘肃安西）、党色尔腾（甘肃敦煌西南），严禁蒙古驻牧，以保障河西走廊畅通无阻。

第六，开垦宜耕之地，发展农业生产。布隆吉尔、西宁—甘州一带长育水草肥饶之地，发直隶、山西、河南、山东、陕西五省军流人犯佥妻开垦，地方政府提供耕牛、农具和种子，免税3年；西宁附近土地，鼓励当地人民及驻军家属开垦。

自康熙末年受命相机于青海分编佐领以来，年羹尧就在思考和寻求青海及其相邻地区长治久安的方案，雍正改元后，"通盘料理"方略日渐成型，这个善后方案就是这一方略的具体化。通观年羹尧处理青海蒙古问题的基本观念与目标，是以平定罗卜藏丹津叛乱为契机，通过编定旗分佐领、划分牧场、清理地方行政区疆界、调整营汛设置、整顿黄教寺院等措施，强化中央政府对青海地区及其毗邻之陕西、甘肃、宁夏、四川、云南、西藏地方的管理。这一目标的实现，继承和发展了康熙末年加强蒙藏地区管理的规划，完全扭转了明末以来由和硕特部兼领青海和西藏的局面，完成了圣祖在青海实行编定旗分佐领的遗愿，为此后经营西藏和彻底解决准噶尔问题创造了有利条件，亦为发足未久的雍正朝立下了奇功，提高了清世宗的声誉。所以世宗见到年羹尧的善后方案后，亢奋异常，批示道：

> 览奏朕皆为之流涎矣。但获如此大利，朕实畏之，总在上天如何赐佑耳。此一番事，朕实惶恐而过分之至。在你处若有一字装腔作

四、经略青海

调，可以发誓。你也晓得朕心的。①

年羹尧又奏请，任命副都统达鼐为西宁办事大臣，全面负责青海善后事宜的落实。同时留岳钟琪率精兵4000驻扎西宁，以资保障。年羹尧失势后，青海善后方案仍基本未动，只有个别调整，如五百里边墙以柳条边、壕沟、隘口等替代。另外，雍正三年（1725），清朝改西宁卫为西宁府，下辖两县一卫：西宁县、碾伯县、大通卫。

---

① 《雍正朝汉文朱批奏折汇编》第31册，第788折，第764页。

五、雍正两路西征

五、雍正两路西征

康熙五十四年（1715），因准噶尔抢掠哈密，清圣祖震雷霆之怒，欲分兵三路，直捣伊犁，一举而定准噶尔。不过，准噶尔汗策妄阿拉布坦也非等闲之辈。在圣祖调兵遣将之时，策妄阿拉布坦出奇兵长途迂回，奔袭拉萨，戕和硕特藏王拉藏汗，据西藏，迫使清军两次援藏。安定西藏后，抚远大将军王胤禵移师甘州，谋划完成西征之役。

康熙六十年（1721）冬，胤禵与西（巴里坤）、北（阿尔泰）两路将军回京请训，商议来年用兵计划。准噶尔势力被赶出西藏后，策妄阿拉布坦后撤靠近清军汛界的部众，并迁徙吐鲁番回民于哈喇沙尔（今焉耆），以致西、北两路军营，于敌情寂然无闻，甚至传言策妄阿拉布坦"身死"。① 于是，清廷又以一世哲布尊丹巴胡图克图（1635—1723）的名义，遣使赴准噶尔，探听消息，以便进兵。②

在加强战备之时，圣祖撒手人寰，抚远大将军王胤禵被新皇帝世宗召回、圈禁，西征搁置。接着藏王梦落空的青海和硕特亲王罗卜藏丹津率部反清，让经略青海成为清廷优先选项。另外，持续 8 年的备战和局部战争，已让山西、陕甘各省民众不堪重负，地方钱粮亏空、吏治腐败难于治理，再加之以干旱灾害，状况更形可忧。因此，新皇帝即位后，在雍正元年（1723）正月，启动了议和撤兵议程，将施政重心转向了青藏稳定和内部整顿。

---

① 《清圣祖实录》卷二九四，康熙六十年九月戊戌。
② 《清圣祖实录》卷二九六，康熙六十一年正月庚子。

1. 秘筹大计

雍正元年（1723）至二年五月的青海之役以及善后措施，彻底击碎了和硕特蒙古贵族的"藏王梦"，实现了青海蒙古编立旗佐，强化了清朝对青海的治理。随后川陕总督、抚远大将军年羹尧失宠被世宗清洗，清廷将整顿吏治、弥补亏空、摊丁入亩等措施推广到川陕。在康熙末至雍正初清朝经营西部的过程中，岳钟琪继年羹尧之后成为又一颗西北边疆的闪烁之星。康熙五十九年（1720）第二次安藏之役时，岳钟琪尚是副将。战役之后，迅速晋升为四川提督。青海之役后，兼甘肃提督，又兼甘肃巡抚。雍正三年（1725）四月，年羹尧被解除兵权，岳钟琪接任川陕总督，成为清朝西北军政主管。

图 5.1　岳钟琪画像
(《清史图鉴》第 5 册《雍正朝》，第 113 页)

五、雍正两路西征

雍正四年（1726）十一月初六日，参将王刚从西藏回到西安，向岳钟琪禀报了随从副都统鄂齐等人赴藏办事的情况。

原来第二次安藏之役后，朝廷驻藏部队以及西藏地方政府，均存在诸多问题。

由于雪域高原物产有限，供应4000人驻藏部队的给养颇为吃力，而从青海或川滇运入，成本过于昂贵。另外，统兵将领之间亦不甚和谐。圣祖在世时，时任川陕总督年羹尧就提议撤军，同时提出"应将官员留藏，侦探信息。沿途仍安设驿站，递送公文。并于叉木多（察木多）设兵声援，以安达赖喇嘛等众"。此建议被议政王大臣会议驳回，仅调整了驻藏部队将领。① 雍正元年（1723）春夏之交，年羹尧赴京陛见时，再提撤军，以减轻当地供给负担，被采纳。同年六月中、七月初，驻藏清军分批撤离，代之以四川绿营驻防地前移：一面晋升四川化林协副将周瑛为松潘总兵，统兵1000名驻察木多；一面移驻该协守备于打箭炉外中渡河口，以驻防通藏要隘。西藏一旦有事，两地驻军可以快速反应。

至于"官员留藏，侦探信息"，世宗即位次月，就派二等侍卫纳兰赴藏熬茶，告知达赖喇嘛、班禅大师、拉萨三噶布伦（又音译为噶卜伦、噶伦，西藏地方政府主管官员），新皇帝继位，行布施、颁赏赐，以密切与西藏僧俗上层的联系，同时了解藏中及青海的情况。

当时西藏执政三噶布伦中，阿尔布巴和隆布鼐都是前藏贵族，而且与达赖喇嘛家族、青海及准噶尔蒙古贵族间，有着复杂的姻亲关系，自然抱团，而康济鼐为后藏贵族，此前拉萨噶丹颇章政权中并无后藏贵族出任执政的先例，因此颇为孤立。雍正元年（1723）三月，青海驻守官员奏报青海亲王罗卜藏丹津有密谋通使准噶尔谋反的迹象，清廷又派内阁学士鄂赖赴藏，一是增设拉萨的噶布伦，以增强康济鼐的势力，一是稳住西藏僧俗高层人心，避免受青海动乱波及。

鄂赖一行于雍正元年（1723）八月二十九日抵达拉萨，颁诏、赏赐达赖喇嘛以及噶布伦官员，然后驰驿赴察木多，察看两位新噶布伦人选，同回拉萨后，举行授职仪式。新补授的两位噶布伦，一位是颇罗鼐（颇拉·索南多杰，1689—1750），出身后藏贵族，能文善武，曾任拉藏汗秘书。

---

① 《清圣祖实录》卷二九八，康熙六十一年七月壬寅。

大策零敦多布进攻拉萨时，他辅助拉藏汗守城，城陷后被俘，出狱后组织反抗运动，与康济鼐联合作战，连连获胜。第二次安藏之役中，在他与康济鼐的配合下，川滇清军顺利进入拉萨。因此，将颇罗鼐补授噶布伦，有加强康济鼐势力的用意。颇罗鼐的任命，起初遭到阿尔布巴和隆布鼐反对，经达赖喇嘛父亲索诺木达尔札斡旋，方达成妥协。同时，补授阿尔布巴和隆布鼐的亲信札尔鼐任噶布伦，作为平衡。①

九月十一日，鄂赖又前往札什伦布，颁诏、赏赐班禅大师。随后前往康济鼐位于阿里地区的驻地，将赏赐拉达克汗的礼品交其转达。当时青海罗卜藏丹津之乱已起，青藏交界的部落起而相应，被颇罗鼐领兵迅速平定。

为防止罗卜藏丹津遁入西藏，年羹尧曾命周瑛率兵入驻拉萨，事平后返回察木多。在奏请撤回周瑛驻藏军时，年羹尧觉察到噶布伦成员间的矛盾，建议以康济鼐驻前藏总管西藏军政。但世宗考虑到阿里地区的防务也很重要，以康济鼐行走两地为宜。经年羹尧与鄂赖商议后，确定康济鼐两地办公。在拉萨时，西藏事务以康济鼐为首办理，阿尔布巴协理；若康济鼐去阿里，藏中事务即以阿尔布巴为首，率同其他噶布伦办理。② 但因年羹尧不久后被清洗，清廷未正式下达该命令。

同年十一月，经岳钟琪奏准，清廷派遣副都统宗室鄂齐、学士班第和札萨克大喇嘛格勒克绰尔济前往西藏，会同提督周瑛详细办理分划青藏川滇行政区界线，并颁诏明确康济鼐为西藏行政首长、阿尔布巴为协理的噶布伦体制。③

雍正四年（1726）正月，鄂齐一行到达西安，会晤岳钟琪后，取道四川进藏，会同周瑛（时已升任四川提督）、阿尔布巴等勘定川滇青藏分界。六月，抵拉萨，鄂齐宣布划界及噶布伦成员分工。接着至后藏颁赐班禅大师礼物。八月初三日，鄂齐一行由拉萨起程返回。十一月，王刚回到西安

---

① 鄂赖出使及补授两位噶布伦的情况，见鄂赖《雍正朝满文朱批奏折全译》上册，第461-462页，第833号。五位噶布伦分两次任命的情况，见曾国庆《首任噶布伦年代、员额小考》，收入氏著《清代藏史研究》第93-99页，西藏人民出版社，1999。

② 《清世宗实录》卷三〇，雍正三年三月辛丑。

③ 《清世宗实录》卷三八，雍正三年十一月乙巳；参见邓锐龄《岳钟琪与西藏问题》，载《中国藏学》2004年第3期。

向岳钟琪复命。

据王刚禀报，岳钟琪了解到达赖喇嘛之父索诺木达尔札对新任命不满之意及阿尔布巴与隆布鼐等相联一气孤立康济鼐情状，于是缮折奏闻。

世宗在岳钟琪折尾写了一段长达380余字的批示，表示鄂齐回京后已对西藏情况做了汇报，他甚为担忧。批语中说：

> 若令人监住西藏，非善策，亦不能得其人，据情理亦当不得人。所以为西藏一事，朕甚忧之。西藏甚要紧。想策妄若不肯歇，仍在西藏着意，其他不能动，况又有罗卜藏丹津在彼。阿尔卜（布）巴等，若少有或畏或疑或不遂意处，自然亦投寻此一着。此事当预为留心。如何令查（察）木多等处就近设兵弹压，或少有不虞，一呼即至，方可放心。不然，恐一有事，若将一切险隘桥梁扼住，恐未必能如前出其不意也。今无事之时，当设如有事，预为筹划可也。将卿意徐徐随便奏来，可详悉熟思奏闻。富宁安以深是朕旨。如何得以久安长治之策方好。①

世宗尾批说出了他担忧的影响西藏长治久安的两个问题。一是准噶尔汗策妄阿拉布坦对青藏贼心不死，拉萨噶布伦阿尔布巴遭遇内部矛盾时有可能勾连、利用准噶尔势力；二是西藏一旦有事，朝廷如何应对。一方面可以考虑派遣驻藏大臣，但目前不能肯定该办法是否有效；另一方面，在西藏没有驻军，一旦有事，不知附近驻军能否做到"一呼即至"。

岳钟琪随后复奏，拟在理塘、革达（打箭炉西北240里）增驻两路部队策应。在岳钟琪复奏抵京前，因鄂齐到京，世宗让议政王大臣开会商议藏务。议定朝廷派遣大臣两员，岳钟琪选派陕西武官1员，同往拉萨监察。接到岳钟琪复奏后，世宗立即与怡亲王允祥商议。怡亲王提及雍正三年（1725）冬天，岳钟琪进京陛见期间，他曾向其详询西藏情况，岳钟琪认为西藏一旦有事，川陕两路进兵，可迅速解除危机，并认为部队常驻西藏，是个万全之计，但驻兵费用高，又怕引起藏人的不信任和恐惧。怡亲王觉得，在西藏常驻部队与否，应该再加考量。世宗深为赞同，在岳钟琪

---

① 《雍正朝汉文朱批奏折汇编》第8册，第420—421页。

折尾批示道：

> 汝可详悉再加通盘筹画，权其轻重，得确见合宜之论时奏闻，朕再斟酌。①

岳钟琪接到返回的朱批奏折已是雍正五年（1727）二月，当时他正在成都处理川西土司事宜。他放下手头事务，立即缮折复奏：前年两路进兵救藏甚易之说，是以变由外生、西藏地方当局同心一德为前提，而救藏首要目的则为保卫达赖喇嘛。现今情况有变，拉萨噶布伦官员内部康济鼐与阿尔布巴矛盾尖锐，而达赖喇嘛又站在后者一方，他们与青、准蒙古又有姻亲关系，如果变由内生、内外勾连、事起仓猝，我兵虽两路疾驱进藏，也缓不济急。他提出两条对策。

第一策，为目下计，对派员进藏稍作调整。第一，派遣经常性的驻藏大臣和部队。他认为进藏钦差，须派参将或游击1员领马兵300名，随从进藏，驻扎弹压。凡有关系紧要事宜，令驻藏钦差大臣与康济鼐等相商料理，"其一切地方钱粮诸事，不得干预，以免滋扰。至口粮钱粮，宽裕支给，每岁约需银三四万两。到藏之日，听其自行买备，三年更换一次。如此则有备无患，一遇谆（准）噶尔有窥藏之信，即便会同康济鼐等督率唐古忒之兵，于喷（蓬）多（今林周县）、样（羊）八井（今当雄县属镇）险要之处勒兵拒守，乘其远来疲乏之际，以逸待劳，不难剿灭。倘贼势众大，度量唐古忒之人不能拒敌，即领官兵先护送达赖喇嘛由叉（察）木多一路前赴内地，则喀木藏卫之人心有所归向，自必皆为我用。纵使谆（准）噶尔之人再踞西藏，亦不能固结彼处之人为其附和"。岳钟琪这一策是建议设立经常性的驻藏大臣和部队，任期3年。驻藏大臣的职能是与噶布伦班子商办西藏紧要事宜，以及保卫达赖喇嘛，但不过问日常行政，驻藏费用由朝廷承担。第二，同时令川陕两路兵马做好准备，以防藏中生变。

第二策，为长远计，须平定准噶尔。岳钟琪写道："将三边之兵预为操练精熟，甲仗衣粮驮载，事事办理完足，俟其一有觊藏之行，令驻藏官

---

① 《雍正朝汉文朱批奏折汇编》第8册，第775页。

五、雍正两路西征

兵将达赖喇嘛保护而来，与其应援西藏，不若乘虚直入，捣其巢穴。彼如逃遁，则因粮扼要，反客为主，务使殄灭丑类，以仰副我皇上久安长治之怀，庶属一劳永逸之计也。"①

对于岳钟琪的建策，世宗非常欣赏，称赞说："卿此丹衷，上苍圣祖早赐鉴察矣。两议俱系上策，此外无法！"② 对于第二策，世宗认为要等待机会，但西征须预先筹划。他批示道：

> 此一大事，非卿朕无所倚任也。那时卿须来与朕通盘商酌妥协，一鼓而可成此事也。进取事宜，卿可预为筹画，朕览。所用兵数，进剿道路。至于靡费钱粮之处，不必介意。朕常戏言，舍千万钱粮，除策妄（旺）一大患，亦可偿价矣。凡一劳永逸之举，朕不惜费也。况户部库中今岁可至五千万矣。朕元年，户部只千五六百万，数复何忧也。此事亦非急务，卿可徐徐议奏，不必过劳精神，必遵朕旨而行。③

也就说，经过数年的整顿后，国库充裕了，有了以军事手段对蒙藏问题做一彻底了断的财政能力。而且，世宗明确指示岳钟琪，西征准噶尔的筹划就交给他了。以世宗这一朱批为标志，雍正朝开始了西征准噶尔的筹划准备。

对于第一策，世宗认为部队常驻西藏，得由西藏僧俗高层发出邀请方好，其他的则立即采纳执行。可岳钟琪奏折到京时，世宗所派赴藏钦差副都统玛拉、内阁学士僧格已经出发，于是派人驰驿携带谕旨追赶，让僧格、玛拉转道成都，与岳钟琪商议进藏事务。

闰三月二十七日，钦差抵达成都，与岳钟琪商定，派参将颜清如、把总梁万福率马兵30名偕同钦差进藏。至于驻藏部队，由岳钟琪预备兵丁300名听调，待钦差视藏中情况，与达赖喇嘛、康济鼐商议后，若有驻兵之需，再一面请旨，一面移咨调兵。

四月十八日，玛拉、僧格离开成都。七月十一日，到沙尔刚拉（今洛

---

① 《雍正朝汉文朱批奏折汇编》第9册，第145–147页。
② 《雍正朝汉文朱批奏折汇编》第9册，第147页。
③ 《雍正朝汉文朱批奏折汇编》第9册，第147页。

隆县西），遇见达赖喇嘛的使者。使者带有两份藏文文书，分别是达赖喇嘛和阿尔布巴催促钦差赶紧进藏议事的咨文。僧格看了咨文后，得知拉萨发生了政变，阿尔布巴等人在六月十六日，已经将康济鼐杀害，而达赖喇嘛、阿尔布巴等人遣使的目的，则是为擅杀康济鼐的行为辩护，咨文中捏称康济鼐勾结准噶尔，苦害唐古特。于是，他将藏文文书翻译成满文，急送岳钟琪，然后加紧赶赴拉萨。

八月初一日，玛拉、僧格一行抵达拉萨，一并成为清朝首任常设驻藏大臣，达赖喇嘛父亲索诺木达尔札及阿尔布巴率众噶布伦，出10里迎接钦差。第二天，到哲蚌寺，达赖喇嘛下楼立听钦差宣敕。宣敕毕，玛拉等将敕书和赏赐礼物颁给达赖喇嘛，随后就康济鼐被杀一事展开询问，缮折密奏。

玛拉一行到达拉萨不久，给岳钟琪的咨文以及达赖喇嘛的使者也到了成都。岳钟琪随即上奏，提出两条对策并做出一项安排。

第一条，阿尔布巴等人不待钦差入藏，擅自杀害赤心忠诚于清廷的康济鼐，是蔑视国法的悖逆行为，声罪致讨理所当然，但是仍需讲究策略。为避免阿尔布巴等人畏罪勾连准噶尔，目前的办法，可趁达赖喇嘛使者赴京辩解之机，将计就计，姑且信其辩解，让钦差调查康济鼐的所谓"罪行"以暂安"群逆"之心，待真相查清后再做处理。

第二条，朝廷宜敕令达赖喇嘛不许收留康济鼐属下的厄鲁特蒙古人。

一项安排，是增加川藏间塘汛（传递文书和情报的兵站）的马兵，在理塘、巴塘、乍丫、察木多四处各增加马兵4名，而马兵千总以查塘为名，前往拉里一带打探藏中消息，及时禀报。

岳钟琪奏折至京之前，驻西宁副都统达鼐根据康济鼐侍卫的报告，已将西藏事变奏报。世宗接奏后，召怡亲王允祥、大学士张廷玉、公鄂齐、富宁安四人商量，富宁安一脸茫然，其他三人也无定见，他只好独断，谕令川陕、云南总督选调部队，做好准备，明年两路进藏，护送达赖喇嘛至西宁，以防悖逆噶布伦勾结准噶尔。又指示岳钟琪从四川速回西安，准备好部队后即驰驿赴京，并且特意嘱咐："其川陕总督印务，仍著岳钟琪随路带办，不必委人署理。"① 之所以要如此特意嘱咐，是因为世宗实在看

---

① 《清世宗实录》卷六〇，雍正五年八月戊申（二十五日）。

五、雍正两路西征

不上富宁安。当时发谕旨召岳钟琪进京时，也召西安将军延信进京，将军职掌，则暂时安排大学士富宁安署理。世宗在岳钟琪的密折中批示说："不可因大学士（指富宁安）来，欲将总督印着他署理。此人有名无实之庸碌人，一些事体不晓之人！虽系满洲大臣，从前朕曾未交一语，实不知其人，但闻其赫赫之名，想必是一大人物。既今同事半年来看，不过是一洁己无能人耳，甚平常。"①

数日后，世宗接到岳钟琪奏折，开匣阅看后，不禁感叹其忠诚担当与谋事周密，断定阿尔布巴并无勾结准噶尔之意，即令暂缓备兵，按照岳钟琪的意思，敕谕达赖喇嘛，并令其将康济鼐属下的厄鲁特蒙古人交与钦差，安排回驻青海。

而在西藏，康济鼐被杀后，其老搭档颇罗鼐在后藏举兵相抗。钦差派随从把总晓谕双方停战，借机了解颇罗鼐的情形和战况，与颇罗鼐的奏章一同密报北京。为促成达赖喇嘛、阿尔布巴向朝廷请兵安藏，钦差免除隆布鼐、札尔鼐噶布伦职务，暂以索诺木达尔札和阿尔布巴掌管藏务。

十月二十五日，岳钟琪抵京陛见，获丰厚赏赐。随后，参加明春派兵安藏军事会议。会议确定，以左都御史查郎阿为安藏军统帅，率北路军进藏，以銮仪使周瑛率东路军入藏。十一月，岳钟琪回西安。

雍正六年（1728）三月，查郎阿到达西安，与岳钟琪商定：派其督标（总督直辖营）把总马元勋先行赴藏，以携带查郎阿致驻藏大臣咨文，令隆布鼐、札尔鼐仍旧协办噶布伦事务，借以消除阿尔布巴、隆布鼐等人对官兵进藏的疑惧。又向交战双方宣布皇帝谕旨，静候官兵到来。世宗对这一方案，拍案叫好：

妥协是当之极！朕畅悦览之，实在好！②

马元勋出发一个多月后，北路安藏军于五月初六日从西宁出发。

五月十二日，马元勋抵达拉萨。钦差驻藏大臣即召见阿尔布巴，由马元勋将文书亲手交给他，随后，让把总梁万福偕同马元勋去后藏宣谕颇罗鼐，并遵照咨文，仍旧补授隆布鼐、札尔鼐为噶布伦，协助阿尔布巴办理

---

① 《雍正朝汉文朱批奏折汇编》第10册，第421页。
② 《雍正朝汉文朱批奏折汇编》第11册，第962页。

藏务。阿尔布巴果然尽释疑虑，请求两路官军速速进藏。

马元勋领有秘密使命，趁宣谕颇罗鼐之机，告诉他保存实力，待朝廷兵到，即召其赴拉萨，令其扣押自己，以造成违抗朝廷诏旨的假象。马元勋、梁万福到江孜，只见到颇罗鼐儿子，乃被扣押，正合其意，于是写信给颇罗鼐，请他回江孜一见。钦差驻藏大臣不明就里，多日未见两位把总复命，以为被颇罗鼐扣留，遂缮折驰报朝廷。

颇罗鼐初与隆布鼐前藏军战，失利，但等两位把总到达江孜时，已扭转局势，很快突进到拉萨西北羊八井一带。二十五日，抵拉萨东15里的噶木柄（噶莫呈山）。钦差驻藏大臣用弓箭向颇罗鼐射出咨文，告其勿得向布达拉宫射一箭，勿伤达赖喇嘛，勿扰害百姓。当夜，隆布鼐兵溃，逃入布达拉。钦差驻藏大臣亦护送达赖喇嘛前往，留参将严清如守拉萨城。

二十六日晨，颇罗鼐入拉萨，围布达拉，擒获阿尔布巴、隆布鼐、札尔鼐等，并派人到钦差大臣处献哈达致敬。二十八日，颇罗鼐亲自到钦差驻藏大臣处，跪请皇帝"圣安"，禀告已擒获作乱噶布伦，并未惊扰达赖喇嘛，关于进城的3000部队，只留1000，其余尽出城到草地驻扎。钦差大臣让颇罗鼐谨慎看管被押者，等候朝廷办理审讯大员抵达，并赏犒军银500两。六月初二日，钦差大臣应颇罗鼐请求，领他谒见达赖喇嘛，气氛友好。

八月初，查郎阿等统军抵达拉萨，随后会同钦差驻藏大臣审讯被押诸人，阿尔布巴、隆布鼐谋杀康济鼐属实，坐谋逆罪处以凌迟；两人从逆诸子及札尔鼐，处斩。颇罗鼐以平叛有功，赏银3万两，总管前藏、后藏事务，补授色朱特色布腾、策凌旺札尔二人为协办噶布伦。

十一月，大军留2000驻藏，由副都统迈禄、銮仪使周瑛统领，偕同钦差僧格办理藏务，其余分五队撤离西藏。为防准噶尔侵扰，副都统玛拉偕同查郎阿，统领第二队1000兵丁，护送达赖喇嘛到理塘居住。

至此，阿尔布巴事件宣告完满解决，清朝进一步加强了对西藏的统治。

五、雍正两路西征

2. 两路西征准噶尔

西藏既安,西征准噶尔之事遂提上日程。

早在雍正五年(1727)二月,岳钟琪提出平定准噶尔的长久之策,得到世宗赞赏。此后,两路西征的准备工作秘密展开。一应军需事宜,由怡亲王允祥、大学士张廷玉、户部尚书蒋廷锡办理,西路事宜则交给了川陕总督岳钟琪。年底,策妄阿拉布坦病故,子噶尔丹策零继位,清廷认为征讨准噶尔时机已到,备战进程加快。

雍正六年(1728)十一月,军需筹备已基本就绪,世宗派遣署吏部尚书三等公傅尔丹、福州将军石礼哈到西安,与岳钟琪商议西路事宜。

傅尔丹(1683—1752),瓜勒佳氏,出身满洲贵胄,9岁时袭封三等公。康熙年间,圣祖西巡,傅尔丹扈从。驻跸山西祁县阅兵时,受阅战马突惊,载着骑士,向圣祖疾奔而来。傅尔丹飞身上前,一把拉下骑手,一手控住辔头,果断一勒,使战马将触皇帝之际,戛然立定。圣祖大悦,赞他好身手,当场赏貂皮褂子。后历任都统、领侍卫内大臣。但傅尔丹颇有些纨绔气,康熙晚期,曾托病不视事,被革职。不久圣祖西征准噶尔,拟在北路科布多等地屯田,傅尔丹认为是东山再起的机会,申请效力赎罪,领着2000人到北路去种地。这一招,果然让圣祖感动,不到两年,官复原职。康熙五十六年(1717),他就当上了北路振武将军。雍正三年(1725),撤北路驻军,傅尔丹领兵回京,仍任领侍卫内大臣。因此,对于西北军事,他虽无显赫功绩,却也历练颇多。不久调黑龙江将军。雍正五年(1727)年底,世宗正谋划继承皇父遗志,两路出征准噶尔,大学士张廷玉推荐傅尔丹,称赞他"谙练边情、才识超卓",可用为北路军统帅。于是,傅尔丹被调回北京,任议政大臣、署吏部尚书,参与西征军务筹划。

石礼哈(?—1747),出身汉军八旗世胄,康熙年间出仕直隶正定府同知。雍正元年(1723),由文改武,任正定协副将。此后年年升官,凭借胆大心不细、善于逢迎的性格，深得世宗赞赏，4年间就做到广州将军。雍正六年（1728），因与另一宠臣广东巡抚杨文乾不和，改调福州将军。到西安来密议西路军务时，石礼哈已被内授为北路军参赞。

傅尔丹、石礼哈与岳钟琪商议10天之后，最终形成一个涉及进兵机宜、善后、屯田诸方面的报告。

十二月初四日，世宗戎装登京郊玉泉山顶，大阅八旗官兵。观八旗虎贲队伍整齐，进退有节，弓马娴熟，火器锐猛，世宗对两路出征、一举而定准噶尔，充满信心。

雍正七年（1729）二月十八日，世宗认为准备已经停当，出征时机已到，于是将两路出师直捣伊犁的计划公诸诸王大臣，让他们开会讨论。

大学士朱轼认为天时未到，不宜西征。张廷玉则赞成西征，并推荐傅尔丹为北路军主帅。独一等公达福曰："不可。"

世宗曰："策妄死了，噶逆新立，内部瓦解，王师讨其招降纳叛，有何不可？"

达福道："策妄虽死，其老臣固在。噶逆亲贤使能，诸酋长感其先人恩德，力为捍御。主少则易谏，臣强则制专。我以千里转饷之劳，攻彼效死之士，臣未见其可。况且天气溽暑，未易兴师。"

张廷玉反驳达福道："六月兴师，载诸《小雅》，公真的不清楚？"

世宗也不无讽刺说："达福怕暑热，怎么不喝些卤汁？"

皇帝的讽刺让达福满脸涨红，说话调门也高了，语速也快了。

世宗又说："好了，让你做北路的副将军，你敢抗命？"

达福语塞，只得叩头从命。于是议乃定。

当时世宗的判断是：已令岳钟琪、鄂尔泰、田文镜、允祥、张廷玉、蒋廷锡、傅尔丹等人密筹，备战两年余，钱粮充足，兵马强壮，与俄罗斯的中段边界已定，西藏稳定，达赖喇嘛又在严密保护中，而"噶逆"甫立，此时西征，真可谓天时、地利、人和齐备。

三月十二日，世宗颁布两路征讨准噶尔诏令。命领侍卫内大臣三等公傅尔丹为靖边大将军，统京营八旗劲旅等23800人，为北路军，出驻阿尔泰，以巴赛为副将军，顺承郡王锡保掌振武将军印，石礼哈、达福等为参赞；川陕总督三等公岳钟琪为宁远大将军，统陕晋绿营等兵26800余人，为西路军，出驻巴里坤，以陕西固原提督纪成斌为分领（地位类似副将军，稍低），率4总兵（兴汉镇总兵曹勷、延绥镇总兵颜清如、肃州镇总

五、雍正两路西征

兵王刚、松潘镇总兵张元佐)、10副将。

五月初十日,世宗在南苑举行车骑营阅兵式。阅兵毕,派兵部尚书查弼纳(?—1731)护送宁远大将军印敕到西安,授予岳钟琪。二十二日午后,岳钟琪誓师起程,查弼纳远送至廓城外,岳钟琪长子山东巡抚岳浚(?—1753)奉旨送父至肃州。

六月二十二日晨,世宗登太和殿,授靖边大将军傅尔丹印敕,然后赴堂子①行礼,送傅尔丹至东长安门外,解御用朝珠赐之,目视其上马起行后,方才回宫。

3. 西路受挫

自西安出发后,西路军分队经凤翔、平凉、临洮、凉州、甘州等府,至肃州会齐。雍正七年(1729)闰七月二十一日,这是世宗选定的吉日,清晨,宁远大将军岳钟琪统领西路军头起官兵出嘉峪关,踏上了前往巴里坤的征程。经过43天的跋涉,九月初四日抵达巴里坤军营。天山山脉东段在巴里坤西分岔,是为南北两山。两山向东渐渐放开,绕过明眸般的巴里坤湖,留下一片开阔的山间盆地,至东边又渐渐合上,整个地势,就像一只完整的大眼睛。大营的地址,就选择在湖东的南山北坡下。西路军拥有数万马、驼和10多万只羊,春夏季节,可就食盆地丰美水草,秋末寒冬,可牧于两山之温暖阳坡,驻屯部队又可凭借眼形山势,获得便于防守的天然屏障。

在清朝两路大军压境之时,噶尔丹策零也有所动作。西路扎营甫定,十月初五日之前,准噶尔使者就到了大营西南140里的陶赖达坂斥候(哨所),岳钟琪让理藩院官员将其带到大营。第二天,来使特垒等11人抵达巴里坤。

---

① 堂子,清廷在北京内城祭祀诸神的设施。

特垒声称：原本应大皇帝的要求，奉本国君之命，将罗卜藏丹津押解前来。中途走到伊尔布尔和邵，遇到逃回的3个蒙古人，说总督大人正带兵2万从哈密一路前来，本使臣疑天朝情况有变，于是请示本国君，将罗卜藏丹津仍送回伊犁，然后轻骑简从，赍折前来探听用兵缘故。

岳钟琪回驳说：尔国不将罗卜藏丹津送来，反怪本总督领兵驻营，显无讲和诚意，使者来往都无用处。本总督领兵驻营，乃在我管辖范围，即使征剿尔国，亦无不可，但只要尔国将罗卜藏丹津送来，也就没有用兵的道理。我清朝皇帝，顺天应人，岂有因尔等恭顺而加兵之事。尔因听逃人不经之言而心生疑惧，也只应将罗卜藏丹津送回乌鲁木齐，待问明情况后即押解前来，没有径直送回伊犁的道理。如此看来，尔这一番言语，实难凭信。

特垒说：我今已了解用兵缘由，总督大人让我回去把罗卜藏丹津带来好了。

岳钟琪说：既然如此，无需带来。尔还有口信和奏折要面奏皇上，我不能阻拦。皇上圣明，无微不照，尔等之诚伪，圣鉴自明，尔自应赴京。

随后，岳钟琪调查得知，确有吐鲁番回人部落逃走3位蒙古人，但日期较特垒所说为早，推测噶尔丹策零或许原有送回罗卜藏丹津之意。若今不送回，则明年仍然出师，声讨其"匿逃纳叛"之罪。

于是，岳钟琪一面加强哈密—吐鲁番一带回人部落中的蒙古人管理，一面仍循议和以来惯例，派遣参将刘廷琰将特垒一行先护送到肃州贸易，等候朝廷指示，再定是否送往北京。

世宗接到岳钟琪奏报，未与他人相商，即命将特垒护送至京，并写三策与岳钟琪商量：

> 卿所论甚是。特垒到京，朕有三般意见与卿商酌：
> 一、到时向伊发旨，朕前谕甚明，今汝等既未将罗卜藏丹津送来，所奏朕亦勿用览，此支吾搪塞之言辞也。将伊等严加看守一处，好好恩养留京，事定发落。
> 二、将伊等仍旧恩待遣回，令伊等将罗卜藏丹津送来，稳住伊防备，明岁如期进兵。但此举未免略用权术。然兵不厌诈，亦非不可者。
> 三、到京将伊等人人各调一处，令人一一说化，问其中有愿降

五、雍正两路西征

者，便准其归顺。详细问伊处情形，定不遣回。

此三种料理，卿意以孰为上？特垒到京，朕暂令住，候卿奏回到时，朕再斟酌举行。①

岳钟琪接到朱批谕旨后，立即复奏，赞成第二策，他字面上陈述的理由是：若扣留来使不遣回，恐令对手生疑而有所防备。

其实，这一选项非岳钟琪本意。在报告特垒前来出使的奏折里，他明确表示担忧，万一特垒回去后真将罗卜藏丹津押解前来，清朝就失去了发动战争的道义根据。可是，当世宗问及是否要将特垒放回时，他却赞成放回，与他前面担忧的表述相矛盾。这显露了他的谨小慎微。

世宗接到岳钟琪的复奏后，与怡亲王允祥、大学士一等公马尔赛和张廷玉详议。怡亲王与大学士一致认为，放回来使，势必泄露军情，况且准噶尔已经得知两路兵临界地，明年五六月间才将特垒放回，这五到六个月的时间里，对手绝无不做准备之理，放回使者也属无益，因此赞成采用第一策。

岳钟琪于雍正八年（1730）正月初九日接到朱批奏折，即回奏，赞成王大臣所议，但建议照第三策处置来使。因为王大臣赞成扣留来使，则战争仍旧继续的决策就得到了朝廷再次确认。既然战争仍旧继续，那么不管皇上本人是否尚存犹豫，让朝廷从来使那里深挖情报，也是谋事尽忠的表现。

二月中旬，世宗接到岳钟琪奏折，请求降旨兵部尚书查弼纳，务令军需如期搬运出口。查弼纳自去年十一月起，接掌西路军需。

世宗严谕查弼纳从速催办。又谕岳钟琪曰：

进剿事关重大，诸凡行粮、牲畜，务必齐备，方可举行。倘少有迟误不备处，当据实奏闻。今准噶尔业已有备，便缓一年，朕料与机事无碍而更有益。便多费些钱粮，为数能几何。卿可知朕意，万万不可丝毫勉强从事。内中或有不完备处，此即天心也，亦当遵奉而行

---

① 《雍正朝汉文朱批奏折汇编》第 16 册，第 914 页。

之者。①

世宗在岳钟琪折尾的朱批中，不仅明确表示对征讨准噶尔的犹豫，而且表露了今年暂停进剿的意思。但是，二月底，他仍令大学士马尔赛等筹议今年两路出师吉日与路程。马尔赛等复奏，选定北路于六月初六日起程，西路于七月初九日起程，会师于波洛塔拉（博罗塔拉）。会师后进发之日期，由两位大将军面商酌定。世宗随转发傅尔丹及岳钟琪。

未等两路将军复奏，世宗其实已经决定今年两路大军暂停出征。

原来，对于两路西征，世宗本无必胜把握。与父亲圣祖不同，世宗既未曾真正坐镇庙堂亲自指挥过战争，更未亲历过战争，雍正二年（1724）顺利平定青海罗卜藏丹津叛乱，全仗年羹尧，实乃上苍与圣祖在天之灵的眷顾。两路西征是圣祖未竟之业，从当年部署中虽可得有益经验，但并无现成决胜路数可仿用。因此，对于西征，他心中总怀有忐忑。为稳定心态，世宗甚至求助于谶纬迷信。雍正六年（1728）夏，两路西征筹备工作已做了大半，大致计划前后约花费20个月，亦即雍正七年（1729）五六月出师，到雍正九年（1731）一二月间竣事。这时，为寻找万年吉地（即世宗死后的陵墓选址），在昌平试掘时，挖出一块石碑，碑面所刻八联句云：

> 红花落尽放黄花，遍地胡儿乱似麻。
> 东来西去归藏土，南上北下返牛家。
> 七九之年虎哺兔，一人骑马踢双猢。
> 八六家鸡夜宿粮，十个孩儿九哭娘。

此碑据说为明朝开国元勋诚意伯刘伯温（刘基）所立，世宗观摩半天，也不知是何应兆。他想起康熙年间的一则轶事，《推背图》有云"胡人二八秋"，圣祖求"大仙"明示合意，"大仙"批曰："不用修来不用修，谁识胡人二八秋。红花落尽黄花发，五月干戈八月休。"但圣祖仍是云里雾里，终不能明，"一惟从宽省刑薄税，从天听命"。世宗想起自己继

---

① 岳钟琪雍正八年二月初一日奏折尾批，见《雍正朝汉文朱批奏折汇编》第17册，第819页。

位以来，迫于形势，用刑不免过严，征税不免搜求，能否求得"天命"眷顾，心中不免掠过一丝惶恐。于是，传谕内阁：自明年七月起，（一切谕旨文移）不必写出年号，只写己酉、庚戌、辛亥。

怡亲王允祥见到谕旨，颇为惊讶，急忙进见，奏道："皇上以孝治天下，仁德化民心，虽古圣贤君，无以复加。况我朝定鼎以来，四民咸服，五谷丰登，皆天赋久祚于大清。碑文解语，何足凭信。若据碑上之诗，不写年号，一若（旦）外扬，反为惶惑。若有借俸一二年者，可只写年份，不写年号。其现年历日文书稿案，仍照旧例。至于各衙门启奏事内有字眼不好者，请为改正。即如'年终尽数'四字，以臣愚见，改为'岁底全数'。未知可否，伏乞圣裁。"

听了怡亲王的话，世宗才转过弯来，连声称赞："好！好！"即令追回原来谕旨，文书中不好字眼，改用吉利字词。①

不过，心中的这一份忐忑一直未去。

事有凑巧，两路出师后的当年冬天，先是怡亲王允祥生病，接着世宗亦病，且日渐加重。接到岳钟琪报告特垒来使的奏折时，世宗已在病中，心中的那份忐忑让他生出几许犹豫，因此才出现批示中"三种料理"择其一之事。

特垒在赴京途中患病，直到雍正八年（1730）三月初二日，方由参将刘廷琰伴送到京。特垒一行共11人，其中多尔济等人留在肃州做买卖。特垒所谓"送回罗卜藏丹津"云云，虽然岳钟琪对其深表怀疑，但世宗仍在疑信之间，因为毕竟涉及出师之名，涉及天命是否许可。刘廷琰到后，向世宗奏报，曾询问多尔济，所供与特垒相同。世宗心中疑虑，不能向外臣直白，给岳钟琪、傅尔丹的批示只是反复强调：由此确信准噶尔已觉察朝廷调兵，必然尽力警备，来年进兵将会费力。②

三月以来，世宗病情愈加严重，有疟疾之症，间日时发寒热，饮食减

---

① 世宗因昌平掘出石碑令雍正七年、八年、九年改用干支纪年一事的考证，见拙文《朝鲜使臣见闻记述之康雍史事考评——以争储及雍正继位为中心》，载《东北师大学报》2013年第2期。

② 世宗此意，除在岳钟琪雍正八年二月初一日奏折、三月十六日奏折朱批及将二月初一朱批奏折转发傅尔丹之廷寄中反复表达外，又在雍正七年十月初七日岳钟琪奏报询问自准噶尔逃回民折尾批中表达了相同的看法。按：该尾批当在特垒抵京（八年三月初二日）后所书。

退，夜间不能熟寝。而太医所开药方疗效甚微。出于无奈，四月底，世宗亲书手谕十数份，发田文镜、李卫、鄂尔泰诸宠臣，令其寻访名医道士。

五月初四日，怡亲王允祥病故，世宗亲赴王府与皇十三弟做最后告别，因痛失股肱心膂，悲戚不已，病情益发沉重。此前，岳钟琪已经复奏，主张按期进兵。此时，傅尔丹的复奏亦到，与岳钟琪意见一致，认为良机不可延误，坚请按期进兵。①

世宗阅奏，心中颇苦道：兵者，刑也。朕继位以来，为了列祖列宗传下的大清江山永固，一变皇考宽仁之风，一时颇有肃杀之象。两路出师以来，皇十三弟与朕身即罹病殃，莫非上天怪罪。"往者不可谏，来者犹可追"，朕身系天下安危，绝不能追随皇弟而去，因此，只能暂缓进兵，求上天谅解吧。奈何两路将军不体朕心。遂于五月初十日，谕大学士等：

> 准噶尔噶尔丹策零，藏匿负罪潜逃之罗卜藏丹津，抗违国法，因特发两路大兵，声罪致讨，期于今年进发，直捣伊理。今噶尔丹策零遣使特磊，奉表陈奏，谓已将罗卜藏丹津解送天朝，因闻进兵之信，暂行中止，若朝廷俯念愚昧，赦其已往，即将罗卜藏丹津解送等语。朕欲将特磊遣回，并差大员至准噶尔，谕以受封定界，敦族睦邻，速将逃匿送出。伊若一一听命，朕当宽宥其罪。其进兵之期，暂缓一年。俟特磊起身之后，著宁远大将军岳钟琪、靖边大将军傅尔丹、参赞大臣陈泰、苏图来京。②

允祥既逝，西征已停，世宗以为上天已无怪罪理由，便渐觉健康恢复。五月二十日，亲临圆明园正大光明殿，以得病经过和健康渐复宣谕诸王大臣：

> 怡亲王事出，朕亲临其丧，发抒哀痛之情。次日留心观察，觉体中从前不适之状，一一解退。今则渐次如常矣。③

---

① 傅尔丹雍正八年四月二十四日奏折，《雍正朝满文朱批奏折全译》下册，第3723号，第1971–1973页。当时傅尔丹驻地到北京间奏折传递片道约需13至14日。
② 《清世宗实录》卷九四，雍正八年五月丁丑。
③ 《雍正朝起居注册》第5册，第3644–3646页。

五、雍正两路西征

二十四日，参将刘廷琰回到巴里坤，并从肃州将多尔济带到。岳钟琪遵旨审讯多尔济，得其口供与特垒所说一致，六月初六日缮折奏报，仍将多尔济送回北京，待特垒下年再来出使时将其带回。

巴里坤大营至京奏折，途中传递，约需19日，如此，则世宗约在六月二十五日接到奏折，在末尾的批示中，自认"今岁停进剿"之误：

> 此事因刘廷琰言及有此一人，乃朕偶耳（尔）未留心之谕，亦未料及今岁停进剿之举大错了！甚无味之事矣。朕深为之愧悔。①

缓兵的理由，世宗私下对岳钟琪并没有说实话。但是，明眼人一看就知道，这种缓兵理由过于幼稚，所以世宗也承认缓兵之举"大错了！"，表示"深为愧悔"，但并未收回"缓兵"谕旨。

六月，世宗因健康再次恶化，召皇四子弘历、庄亲王允禄、果亲王允礼、皇五子弘昼及大学士、内大臣等数人到卧室，交代秘密建储、大位传承的办法，特别嘱咐：继任新君，待诸弊革除后，将严政革除，酌复旧章。②

七月，浙江总督李卫（1687—1738）推荐的道士贾士芳，由河东总督田文镜（1662—1733）派人护送到达北京。③经过诊治，世宗病情颇有好转。

八月初四日，侍郎杭奕禄等将特垒带到巴里坤军营，岳钟琪遵密旨予以训示，特垒表示"诚心感悟"。初六日，遣特垒一行返回准噶尔，杭奕禄等留巴里坤待命。岳钟琪将宁远大将军印务委托提督纪成斌护理、随印侍郎顾鲁协办后，初八日起程赴京，并咨会靖边大将军傅尔丹同日赶到。

十月初五日，两位将军同日抵京。君臣相见，分外高兴。世宗诰封岳钟琪祖宗三代并本身，许返回途中祭告祖墓，又特意让岳钟琪长子岳浚赴京见父，并派御医为岳浚治病。对北路军，则采纳傅尔丹意见，增派查弼纳为北路副将军、内大臣马尔萨参赞军务，石礼哈不谙满洲军营事务改管绿营。

---

① 《雍正朝汉文朱批奏折汇编》第18册，第887页。
② 《（高宗）御制文集·初集》卷一五《圣德神功碑》。
③ 《雍正朝汉文朱批奏折汇编》第18册，第981—982页。

十二月初三日，傅尔丹离京。初八日，岳钟琪离京，一路驰驿，平均日行 2 站，行路 130 多里。11 天后，十九日午间，岳钟琪抵达山西汾州府（今山西汾阳），接护理宁远大将军印务纪成斌的加急咨文，得知准噶尔军 2 万余人，趁大将军离营之机，偷袭西路军营卡伦，将牧放于南北两山的马驼羊只掠去十分之七八。① 现存史料没有记载岳钟琪当时的反应，但其心情之糟糕可想而知，因为他是两路出征准噶尔的主要策划者和执行人之一。

二十六日，岳钟琪抵达西安以东的渭南。次日晨，收到兵部火牌加急密匣，里有皇帝亲书朱笔谕旨 1 份、大学士字寄 2 份、转发护理宁远将军印务纪成斌奏折 3 件。皇帝收到纪成斌奏折约在二十一日，随后召大学士和近密大臣商议，命大学士代书谕旨 2 份，又亲书谕旨 1 份，于二十三日寄出。

纪成斌奏折内容和早先接到咨文一致，自在意料中，但仍让岳钟琪感到人生百态中的冰冷。但令人欣慰的是，皇帝的朱笔谕旨却如寒夜中的炭火，暖心贴心：

> 事既如此，出乎意料。目下局面，实非人力之所能施。仰赖上天慈恩，必有斡旋化解之恩。卿万不可因一时之气愤，有乱方寸，以急赴军营为要。况此事须更弦改调，通盘须另筹画，全赖卿一人之敷陈办理调度。朕意住肃州，将一切事办理筹画妥协请旨，再出口方是。所关甚大，万不可轻举也。不尽之谕，大学士等代朕传谕。②

读完大学士代书谕旨（廷寄），岳钟琪更是感佩无已。一份是派员把抚远大将军的印信送来，供岳钟琪回到大营之前调兵、传令之用。另一份是增调兵员，其中满洲兵 2000，绿营兵 3000 或 4000，赶赴肃州及附近，

---

① 据纪成斌雍正八年十二月初五日奏折，向朝廷奏报准噶尔军来袭的同时，亦飞咨驻肃州办理西路粮饷署陕西总督查郎阿及岳钟琪。该飞咨与奏折传递速度应一致，奏折于二十一日抵京，平均日行 530 里，岳钟琪抵达西安为十二月二十八日，平均日行 132.5 里，据此推算，他应在十二月十九日抵汾州府时接到纪成斌咨文。

② 《雍正朝汉文朱批奏折汇编》第 19 册，第 755 页。按：《汇编》只收录世宗亲书朱笔谕旨，未收二十三日大学士所传二份谕旨，该二份谕旨，见《清世宗实录》卷一〇一，雍正八年十二月丁巳。

供岳钟琪调遣。因忙于赶路，一切复奏、调兵、重新部署，只有到西安、肃州之后再议。

二十八日清晨，天空浓云密布，飘洒起雪霰，岳钟琪一行进入西安城。稍解旅途劳顿，岳钟琪便仔细检讨起大营部署及应对得失。

原来特垒出使清朝时，即沿途留心观察清兵部署、仔细打探各种消息。他也没料到，清朝皇帝和统兵大将竟会轻易相信他们的缓兵之计。回到伊犁后，特垒向噶尔丹策零建议：清朝虽然兵马强壮、粮饷丰足，但他们的兵马受不得冷，雪深打不了仗，自愿领兵2万，趁清军主将离营的机会，夺其马驼牛羊。待明年二月，再去夺其铅弹火药。噶尔丹策零纳其议，令备兵作战。

当时西路共有大小营盘12座，呈东西排列，绵延30余里，每营都有两层防御墙，外层是木城，木城之外掘壕，内层四周帮筑土台，部署火炮，营里有水井、存粮、柴草和充足的火药铅弹。① 营盘每两座相连，形成一个相对独立单位。整个西路的布防区，东到盐池（今伊吾县盐池乡）、土古鲁（今伊吾县土葫芦乡）一带（距离大营约312里），西到陶赖（距大营140里），南到南山南坡边缘（距大营约60里），北边越北山到戈壁（距大营约60里），面积超过1万平方公里。因此，防守重点放在大营、大营附近南北两山和大营以西的要地。但即便集中驻守要点，因须防守之哨所、牧场、台站、粮仓等军事据点过多，要点驻守兵力亦有限。除大营和各军事据点外，其他集中驻守的部队分为12个营，即使将西路军26800人的兵力全部分配到12个营，每营平均仅2233人，又处于30余里的狭长线上，守则有余，出战却不足。这就造成西路军两个劣势：不擅冬季作战和兵力驻守分散。而不擅冬季作战让兵力分散驻守的劣势更加突出。准噶尔方面正是看准了这一点，决定运用其擅长的游击战，采用快速运动、包围集中驻守点，袭击并掠夺牧场、台站、粮仓等后勤保障设施和物资，以弱势兵力，给强大的西路军以实质性打击。

噶尔丹策零很快做好战争准备。九月，准噶尔军2万人从伊犁出发，由小策零敦多布、色布腾札尔总统，下由5位宰桑任分统，特垒随行，沿天山北路，经乌鲁木齐，向巴里坤周边进发。

---

① 《雍正朝汉文朱批奏折汇编》第19册，第872页。

十二月初三日晚，准噶尔部队趁雪夜，分两路，小策零敦多布统南路，色布腾札尔统北路，每路各1万人，悄悄接近南北两山西部交汇处卡伦。① 初四日晨，特垒带数人来到西山阔舍图卡伦，声称解送罗卜藏丹津前来，要求通报大营。② 该卡伦由副将张朝良统领的1200人驻守，往北鄂隆吉地方由副将徐宗仁统领800人驻守。正在张朝良犹疑之际，准噶尔骑兵数千人蜂拥而至，张朝良派人飞报大营。不久，阔舍图和鄂隆吉的清兵营盘就陷入南路准噶尔兵的包围中。而特垒则向北山奔驰而去，与色布腾札尔会合。在军营西北巴里坤湖周围，水草丰美，西路军的马驼夏秋多数都牧放于此，冬季则入附近北山阳坡，不料会有敌军来赶掠，防备甚疏。准噶尔军一到，即将马驼尽数赶往北山深处。

初五日晨，清军南山瞭望哨发现巴里坤湖滨有敌军活动，遂派出小股部队抓回1名俘虏，押往大营。此时，张朝良求援信使亦到。纪成斌立即派总兵樊廷、副将冶大雄、参将陈弼、游击米国正等率兵2000，前往阔舍图增援。樊廷等领兵出大营40余里，在巴里坤湖南，遇南山牧场兵丁，得知驼马数群已被敌军赶去北山，苏吉（亦名搜吉、苏济，今巴里坤县萨尔乔克乡苏吉村）卡伦、陶赖卡伦都已遭敌冲击，正鏖战中。樊廷当即决断，他与副将冶大雄领兵继续由南路赴援，参将陈弼、游击米国正等分兵由北路进剿，扫清各自前途敌军后，初六日到肋巴泉（巴里坤西南山北坡下）会合，再往援阔舍图、鄂隆吉。而北山敌军已推进到巴里坤湖东破城子，距清军大营仅20里。

陈弼等率部追击劫掠驼马敌军，抢回骆驼60余只、鞍马2匹，见天色已晚，敌军已进入北山深处，只得回军苏吉。初六日晨，纪成斌派副将韩良卿、马云，游击李质粹等带兵2200名迎击北山敌军。

同日，陈弼、米国正军追上樊廷军。疾驰到肋巴泉（巴里坤西）南山脚下，山上突然冲出数千准噶尔兵，将樊廷的部队分割包围成两队，压向山下戈壁。纪成斌得樊廷等人被围讯，即派总兵张元佐率2000兵驰援，

---

① 纪成斌雍正八年十二月初八日奏折，《雍正朝汉文朱批奏折汇编》第19册，第640－641页。

② 广义上，天山东段南山都可以称为"阔舍图"（又有"科什图""库舍图""科什兔"等多种写法），但西路设卡之处，乃南山与北山交汇处西山的南部，此处在雍正时期西路诸将军奏折中，多写成"阔舍图"。

五、雍正两路西征

每兵带10日粮和100出弹药。

初六日晚,一天鏖战下来,副将马云发现北山之敌分兵东移,欲与南山之敌会合,抢掠东路台站,于是分兵千余连夜东进。初七日晨,至奎素头道沟遇敌约6000人,敌分左右两翼来攻,马云亦分两翼对抗。敌仗势众,远远对马云部形成合围。马云即将两翼收缩为团阵,凭优势火力,以连环枪四面冲打。自辰时至酉时,合战5次,互有杀伤,未分胜负。马云于是令一小分队携子母炮突围出,攻占东北面小山,毙敌甚多,敌乃遁。①

马云分兵东移后,北山清军力量减弱,500名清军陷入重围,与韩良卿部无法会合,各自苦战。初七日鏖战一整天,夜黑收兵。初八日晨,发现敌兵已深入北山。因雪大天寒,恐有埋伏,乃收兵。韩良卿清点人数,阵亡守备1员、兵丁90余人,受伤兵丁30余人。而被围的500多清军围亦解,阵亡兵丁6人,受伤10余人。北山清军吃紧时,纪成斌又派兵1000人往救,待初八日上午赶到战场,战斗已结束。

当时西路12营驻兵,除牧放马驼羊只、押运米面、分防坐卡以及派出了两支援军外,仅剩4000余名兵丁可供机动征调,面对局部构成优势之敌军,纪成斌只得持重保守大营,而韩良卿、马云等部冰雪中奋战3昼夜,不得炊爨,伤者多为手足冻伤,乃令撤回大营,不敢再出兵征剿。②

时奎素之敌溃而复聚,将腰泉、奎素、松树塘3站之牧场马匹抢掠一空,又转向东南,与小策零敦多布部会合,将南山牧场的马驼牛羊,基本驱赶尽净。东边最远,深入到盐池、土古鲁(今伊吾县土葫芦乡)一带。纪成斌恐台站通讯被断,急令哈密清军增援东路400名,并调关内安西镇、肃州镇兵各3000人驰援。③

张元佐兵为敌兵分部所阻,初六日未能与樊廷部会师,但迫使小策零敦多布分兵应对,减轻了樊廷部压力。十二月初七日,经两天力战,樊廷

---

① 纪成斌雍正八年十二月十五日奏折,《雍正朝汉文朱批奏折汇编》第19册,第658-659页。

② 纪成斌雍正八年十二月初八日奏折,《雍正朝汉文朱批奏折汇编》第19册,第638-639页。

③ 纪成斌雍正八年十二月初九日奏折,《雍正朝汉文朱批奏折汇编》第19册,第642页。

部两队合击,终于突破敌围,前进到陶赖达坂。稍作停留后,又与尾追之敌鏖战一昼夜。初九日上午,突进到阔舍图达坂,离张朝良营约10里地方驻营。夜三更,敌军袭营,樊廷率部力战,直至第二天傍晚,张元佐军赶到,两军夹击,方将敌兵击退,于是与张朝良部会师。敌军营于10里之外阔舍图达坂,守南路回撤之津。在阔舍图营盘休整两天后,十三日,樊廷、张元佐率部赴援鄂隆吉。鄂隆吉为北路西归要地,北山驻守之敌恐归路被断,纷纷西撤。南路敌军见状,亦驱赶所掠马驼羊只,满载西归。鄂隆吉卡伦围亦解,副将徐宗仁阵亡。樊廷、张元佐整军尾击,抢回马驼数千头。

至此,西路战事告一段落。但准噶尔兵仍潜伏于鄂隆吉达坂山间,未尽撤去。

岳钟琪在西安总督府邸写好奏折,已是深夜。二十九日,即付之火牌加急。在奏折里,他责备纪成斌调度无方,自请受"荐举非人"之罚。虽然世宗在密折批示中也表示过烦躁气恼,但廷寄谕旨中的态度却也颇为公正:

> 贼人之冒昧深入,总未虑及,朕与大将军当分任其过,而办理军务之廷臣,亦不得辞其责。①

世宗当时并未追究责任,而是重赏樊廷等有功官兵,对阵亡将士则建忠勇祠旌表,春秋祭享。阵亡军官有副将徐宗仁,守备刘贵才、刘芳雨、李国勋,各给世职,子孙承袭;千总王大谟、徐维新,外委把总方正、刘世勋,从优议恤。凡阵亡兵丁、跟役、余丁,于恤赏定例外,加倍赏赐。皇帝在京遥酹,派大员至军营崇礼祭奠。② 残疾兵丁,以子弟一人入伍食粮,本身月给米3斗,赡养终身;无子弟者,给予守粮(月给米11.5斗,折银1.15两)1份,赡养终身。③

遭此偷袭西路军损失巨大,人员伤亡、驼马被掠者经事后清点,具体数字如下:阵亡兵丁1798名,受伤、生病及冻坏手足者3500余名,失踪

---

① 《雍正朝汉文朱批奏折汇编》第19册,第789页。
② 《清世宗实录》卷一○二,雍正九年正月甲申。
③ 《清世宗实录》卷一一○,雍正九年九月丁丑。

五、雍正两路西征

被俘者 1380 名，共计 6678 名，个别阵亡军官在外，占西路军总兵员的四分之一，① 剩余存营牧放之马 1.4 万余匹，比原额损失了 5 万余匹，损失率 78%，骆驼剩 2400 余只，比原额损失了 4.86 万余只，损失率超过 95%。马一匹价银 8 两，骆驼一只价银 24 两，马驼损失折银总计为 156.64 万两，占西路军 20 个月军费预算 500 万两的 31.33%。另外，巴里坤军营放牧的 16.5 万余只羊，被掠去 7.5 万余只，损失率达 46.3%。②

因为西路遭袭，一时间羽书旁午，世宗一变以往帝心独运的习惯，一切军机文书都交与亲近大学士、重臣商议，令其书旨，过目后，如须删改添补，即就原稿勾画改正，誊录留底后，将原稿以加急直接寄给奉行者，称为"廷寄"。奉行者收到廷寄后复奏，须全文引用廷寄谕旨内容，原件定期缴回。此后，世宗指挥部署两路军务，多用此种方式。

通过廷寄，世宗指示岳钟琪须在肃州会同办理西路粮饷、署理陕西总督查郎阿，将军务万全筹划，方得出口回营。又料算西路军经此挫折，直捣伊犁已无可能，令岳钟琪会咨傅尔丹，筹划两路各挨次筑城屯田，持重递进，不时出游兵，出击敌境，掳其人畜。两路军营相距千余里，之间须筑小城、墩台，以保障联络，期于三四年间覆敌巢穴。③ 于是，原定的两路进剿战术，就从速决突袭战演变成持久袭扰战。

雍正九年（1731）正月初一日，抚远大将军印信送到。从巴里坤军营出来送信的岳钟琪家人胡殿元也到了，他先到肃州，向署理总督查郎阿报告军情：听说土古鲁的屯粮被焚、笔帖式遇害，"贼兵内有沿边口内并山西、直隶的人，狠（很）多口语还没有改"。④ 查郎阿按原样上奏，世宗阅毕不悦，传旨大学士："（岳钟琪家人）将传闻不实之语流布妄报，摇惑众听，甚属可恶！"大学士拟："严究逃出原由，从重治罪。"世宗亲笔添上一句："但不可伤其命。"连查郎阿原奏折，一并寄给岳钟琪处理。岳钟琪接旨后，将家人照军法"捆打八十棍"。⑤

---

① 《雍正朝汉文朱批奏折汇编》第 20 册，第 15 页。
② 《雍正朝汉文朱批奏折汇编》第 19 册，第 1013 页。
③ 《大学士马尔赛等为于西北两路筑城驻兵以防准部进犯事致大将军岳钟琪寄谕〈雍正八年十二月二十九日〉》，《雍正朝汉文朱批奏折汇编》第 19 册，第 755 - 756 页。
④ 《雍正朝汉文朱批奏折汇编》第 19 册，第 717 页。
⑤ 《雍正朝汉文朱批奏折汇编》第 19 册，第 1029 页。

岳钟琪正月初三日从西安起程，前往肃州，一面赶路，一面处理军机文书。途经兰州老家，未祭祖。岳钟琪是宋朝忠武鄂王岳飞的二十一世孙。明万历年间（1573—1619），高祖岳仲武宦游甘肃，因之定居兰州。而岳钟琪父亲岳升龙，曾于康熙三十五年（1696）从征噶尔丹，晋升为四川提督，至康熙五十年（1711）休致，在任15年，因以成都为家。康熙五十二年（1713），升龙病逝，遗疏奏准赐籍成都，所以岳钟琪的籍贯改为成都，但祖墓在兰州。途中顺道祭祀祖墓，本是皇帝给的恩宠，赐祭一坛，已安排兰州巡抚许容代为举行，但因西路遇袭，西征无功先有过，岳钟琪于正月初六日即致信许容，表示："第目下正臣子经画国事之日，非乐行典礼之时。"① 十四日在兰州住一宿，次日一早即继续驰驿西行。

此时，屯驻巴里坤西山鄂隆吉一带的准噶尔兵，见清兵军营无机可乘，逐渐散去。十六日，纪成斌派总兵颜清如率2000骑搜索北山西山之敌，又将12营驻军加以调整，挑选精壮兵丁、马匹9000，以三总兵各领3000，分驻营地东、中、西部，部署相对集中，便于互相应援。二十一日，颜清如率军回营，称未见一敌，西路警情解除。

4. 北路喋血

雍正九年（1731）正月二十七日，岳钟琪至肃州，与署理总督查郎阿商办西路军务。拟添绿营兵丁8500名，即以赴援安西、肃州镇兵6000名留营，另选2500名。又因朝廷之议，以刑部侍郎常赍为镇安将军，统领满洲蒙古八旗兵5000人出驻安西镇布隆吉尔、柳沟、赤金一带，以为西路预备队（应援夹攻之师），听宁远大将军调遣；增派福建陆路提督石云倬为西路副将军，京营副将张存孝加总兵衔，太原总兵王绪级、广东潮州总兵马纪勋、办理军需署肃州总兵马会伯，俱调往军前，听岳钟琪派委。

---

① 《雍正朝汉文朱批奏折汇编》第19册，第945页。

五、雍正两路西征

巴里坤军营部署也加以调整，原12营合并为6营，粮饷统贮一营之内，留够防守之用的马步车兵，多出的全部派拨机动作战①。

调整部署毕，岳钟琪与查郎阿联名上奏军机十六条，建议于吐鲁番派驻重兵，攻取乌鲁木齐，成掎角之势，控天山南北两路要津。② 如此，进则迫使准噶尔分兵应敌，守则可阻遏其威胁两路，尤其可防备哈喇沙尔之敌经吐鲁番侵扰哈密、越噶斯侵扰青海。

以西路驼马被掠为转折，世宗西征战略由"直捣伊犁"一变而为"筑城屯田、持久渐进之计"，军机十六条，不过是该转变在西路的具体落实。但因为此议需要增调更多兵员，动用更大物力，且必然扩充岳钟琪权力，而平定准噶尔的期限将被延长，世宗斥其为"无一可采取之处"。③

不久，得知准噶尔可能再次发起袭击，岳钟琪奏防备之策四条。世宗据拘押在京准噶尔人多尔济供词，责备岳钟琪："于口外地方形势，茫然不知，于军务机宜，亦觉昏愦。"④ 岳钟琪覆奏称，多尔济没讲实话，不可据信，再次委婉陈述吐鲁番驻兵之重要。⑤

二月下旬至三月初，准噶尔游骑1000余围吐鲁番鲁谷庆城14天，纪成斌移咨岳钟琪，从巴里坤发兵4000赴援。岳钟琪认为，准噶尔此举目的在于骚扰以疲惫我师，且当时城中有办粮官兵170余、民1.7万，凭借城防，可以无忧，檄令中止赴援，与世宗之旨正相吻合。但岳钟琪仍请派兵500驻守吐鲁番，世宗责其错谬，令晓谕吐鲁番头目，暂移近边善地躲避。可见，遭遇西路被袭，世宗部署有些乱。

三月初六日，岳钟琪离开肃州。二十四日，回到大营。

在得知西路驼马被劫而准噶尔兵尚滞留巴里坤西山一带时，世宗曾指

---

① 《雍正朝汉文朱批奏折汇编》第20册，第2页。
② 岳钟琪原折具于二月初九日，见《雍正朝汉文朱批奏折汇编》第19册，第990-1001页。
③ 《清世宗实录》卷一〇三，雍正九年二月癸丑（二十日）；参见岳钟琪三月初六日折，《雍正朝汉文朱批奏折汇编》第20册，第98页。
④ 《雍正朝汉文朱批奏折汇编》第20册，第57页。
⑤ 岳钟琪之四条奏、世宗斥责之谕、岳钟琪之覆奏，见《雍正朝汉文朱批奏折汇编》第20册，第54-57页、第273-278页，《清世宗实录》卷一〇四，雍正九年三月乙亥。

示北路防备准噶尔偷袭，又令傅尔丹预备赴援西路，并询之岳钟琪。北路大营离西路千余里，岳钟琪认为赴援须是邻近方有济，千里赴援，除了疲劳我师，没有好处，世宗遂作罢，令北路副将军查弼纳将昭武将军印信交傅尔丹收贮。

四月中旬，岳钟琪按计划，动工兴建巴里坤城。"筑城屯田，持久渐进"是年初就定下的方略，到三月下旬，世宗要求北、西两路在该年七月份之前，都完成第一座城的修筑，然后以该城为根据地，由北路张疑兵，西路选劲旅，袭击乌鲁木齐。岳钟琪于四月十三日接此旨，但两天前已破土动工了。接旨后，他表示两个月后城工即可完毕，又将协同北路袭扰乌鲁木齐之计划上报。①

这时，准噶尔游骑再扰吐鲁番鲁谷庆城，且远及巴里坤大营西140里之陶赖卡伦。岳钟琪遵旨不应援，请待城工完竣后，再将吐鲁番回民内徙。

五月，世宗察不应援之失当，命岳钟琪酌量变通。时鲁谷庆已被围38天，敌兵增至3000人，缠回（维吾尔人）首领额敏和卓一面率部民助办粮官兵力战，杀敌200，一面再次求援大营。岳钟琪考虑到吐鲁番在战略上的重要性，感念回民的忠勇，再次奏请赴援，并将援兵留驻该城，适接变通之旨，即令总兵官张元佐、曹勷、张存孝领3000骑驰援，而以提督颜清如统领步卒2000屯塔库，纪成斌将马兵4000防陶赖。

准噶尔兵久攻鲁谷庆城不下，转至哈喇火州，架梯攻城，被缠回击杀300，闻元佐等军将至，弃围逃遁。

岳钟琪留援兵1000驻守鲁谷庆城，比原计划增加一倍，其余撤回大营，请在袭击乌鲁木齐回师之时，再添足3000之数，并护该城缠回内迁。由此可见，岳钟琪是在朝廷指示和自己判断之间寻找平衡。

五月底，巴里坤城工告竣，城墙高2丈，城周8里，四门外加筑月城、炮台、角墩、马道一并完工。

春回阿尔泰，傅尔丹也开始选址筑城，考虑到科布多接连布娄儿，靠近库里野图，系进兵孔道，战略要地，于是奏准在此筑城。

五月初六日，傅尔丹移营至科布多地方，动工兴筑。六月初二日，拿

---

① 《雍正朝汉文朱批奏折汇编》第20册，第399-404页。

五、雍正两路西征

获 1 名准噶尔探子塔苏尔海丹巴，押到大营讯问。丹巴供出两条信息：一是准噶尔自阿尔泰来攻北路兵力有限，二是噶尔丹策零陷入多向作战，无法应援阿尔泰方面。

关于第一条信息，丹巴供称：噶尔丹策零派兵 3 万，令大策零敦多布、小策零敦多布及大策零敦多布之子多尔济丹巴三人统领，陆续起程至阿尔泰山奇林地方会合，进攻北路。现今小策零敦多布已至察罕哈达地方，大策零敦多布与多尔济丹巴尚未到齐。

关于第二条信息，丹巴供称：为防哈萨克国乘虚来攻，预先派兵 2 万分别驻防阿尔辉、阿里马图西拉百尔。另外，噶尔丹策零和妹夫罗卜藏策零不和，罗卜藏策零抗命带兵防备哈萨克，率属下 3000 余户投奔噶斯地方而来，所以大策零敦多布迟延未到阿尔泰。

对于丹巴所供，傅尔丹将信将疑。但仔细分析后，他不得不信。

首先，事先已得知准噶尔在袭扰西路时，已计划今年袭击北路。其次准噶尔四面树敌，与哈萨克为世仇，自噶尔丹时代即如此。再次，噶尔丹策零继位后，清洗内部，把继母和妹妹都杀了，也引起大策零敦多布等元老的不满，去年冬天偷袭西路时，他就拒绝参加。① 另外，例之以去冬准噶尔用兵 2 万袭扰西路，此次阿尔泰之敌为 2 万左右，当属可信。

当然，罗卜藏策零是否往投噶斯，因路途遥远，还有待证明。另外，丹巴提供的信息过于完美，最令人生疑。但战机不可失，正月间，傅尔丹曾接到大学士寄信传旨：北路备战当已充分，且背后有喀尔喀部数万强众，设遇"贼人"窥伺，若不能使之片甲不回，则属将帅无能。②

傅尔丹于是决定以轻装部队，对立足未稳之准噶尔军发起突击。他的部署是：选精锐骑兵 1 万，分三队沿科布多河轻装西进。以前锋统领定寿、散秩大臣一等公达福、副都统塔尔岱领第一队；参赞马尔萨，副都统承保、西弥赖领第二队；傅尔丹自己统领第三队大军继其后；都统衮泰统领留守兵 7300 人，继续筑城，看护粮饷；都统陈泰率领满洲兵 2000 人屯驻科布多河东岸，扼守通往奇林要路。

---

① 《雍正朝汉文朱批奏折汇编》第 19 册，第 640－641 页。
② 《雍正朝满文朱批奏折全译》下册，第 2014－2015 页，大学士字寄，原文为汉文。

部署既定,即将进兵缘由与计划奏报朝廷。

九日,傅尔丹兵发科布多,同时将进兵缘由、计划与发兵日期移咨西路宁远大将军岳钟琪。按照原定西路主攻、北路协攻(张疑兵)乌鲁木齐的计划,傅尔丹应该等待岳钟琪回信后再出兵,但他单独行动了,以免错过战机。

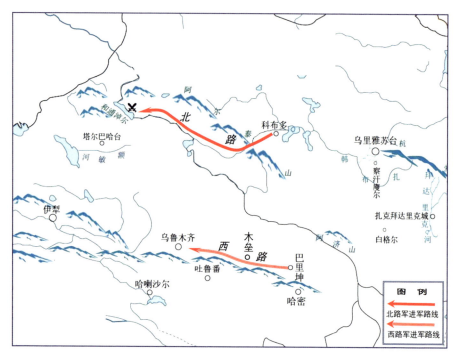

图5.2 雍正九年两路西征(底图据谭其骧主编《中国历史地图集》第八册《清时期全图(一)》,中国地图出版社,1982)

前锋统领定寿率部到扎克赛河,擒准噶尔逻卒12人,称离察罕哈达仅两天路程,准噶尔兵才1000人,尚未立营,其他供词与之前所擒丹巴一致。傅尔丹令乘夜速进。

部队行进数日,未遇一敌。十七日,又获敌逻卒23人,称准噶尔兵2000名屯博克托岭,有驼马万余。傅尔丹派参赞苏图、副都统岱豪统率3000名骑兵出击。十八日,再派定寿统兵1500人增援。遂与敌战于库里野图岭,斩杀400余首级,敌驱驼马逾岭遁。

十九日,傅尔丹督后队师至,与定寿、苏图会合。

五、雍正两路西征

二十日,清军追逐敌兵,入山谷,敌伏兵2万余骑突起,从高阜直冲傅尔丹大营。傅尔丹督将士力战,杀敌千余,塔尔岱、马尔齐率兵夺西山,而敌据险,清军仰攻不利。

二十一日,傅尔丹令移营和通淖尔,企图诱敌至开阔地邀击,以定寿、觉罗海兰、常禄、西弥赖据山梁东,塔尔岱、马尔齐据山梁西,承保居中策应,马尔萨护大营东,达福、岱豪当前,舒楞额、沙津达赖护后。

傅尔丹刚移营,敌骑猛攻山梁两翼。定寿等人麾兵苦战,杀敌1000余人。天将晚,定寿令下马步战,列方阵对敌。突然间,狂风雨雹骤作,两翼被敌兵分割包围。傅尔丹遣兵救塔尔岱出,令承保援定寿。日暮,围未解。

二十二日,海兰突围出,定寿、苏图、马尔齐皆自杀,常禄阵亡。西弥赖令索伦兵救定寿,索伦兵溃,西弥赖亦自杀。

二十三日,敌兵环攻大营,傅尔丹督军力战,杀敌500余人。科尔沁蒙古兵溃,土默特公沙津达赖奋战,杀入敌阵。清军望见敌阵中沙津达赖之旗纛,惊呼:"土默特兵陷贼矣!"遂大溃。

二十四日,与敌鏖战,夜以继昼,永国、海兰、岱豪俱自杀。傅尔丹整顿余兵,稍稍稳住阵脚,护大将军敕印回撤。敌兵大集,势益张,达福护大营后,血战而死。

傅尔丹混杂于士兵队伍中突出重围,率残兵渡哈尔哈纳河。敌尾追至,傅尔丹整队力战,杀敌500人,退入山林,而巴赛、查弼纳、舒楞额等将领皆战死。

七月初一日,傅尔丹回到科布多,清点部属,仅存2000余人。麾下参战诸将,只剩塔尔岱在初七日裹伤回到大本营。

以上就是雍正朝西征中的和通淖尔之役。

北路和通淖尔惨败的消息,逃兵已先行传布军营。筑城都统衮泰据此奏报,传到京城,以为连主将靖边大将军傅尔丹一同战殁,一时人心惊恐,担心准噶尔军乘势扩大战果,快速突进喀尔喀草原,甚至南下威胁北京安全。

当时科布多城墙夯筑才5尺高,若准噶尔军前来攻城,无法抵御。傅尔丹丧师回营后,严令绿营兵丁昼夜全力筑城,务必尽快修筑至高1丈、宽1.5丈。城中有兵近1.6万名,足可抵御准噶尔之攻城。城守部署定,傅尔丹即将战役前后经过奏报。七月十二日，世宗收到奏折，得知主将全身而回，方才松了一口气。翌日，授大学士一等忠达公马尔赛为抚远大将军，令轻骑前往图拉（今乌兰巴托南）等形胜之地驻扎，统率北路防务。① 傅尔丹继续缮折奏报具体经过，并追究和通淖尔之役失律诸将。在鏖战时，科尔沁蒙古兵先败，傅尔丹据此传言，认为先行溃败的是土默特兵，于是劾土默特公沙津达赖临阵溃逃，又劾参赞陈泰退却不应援，请戮降敌的土默特副都统衮布妻孥，又自请正法。

世宗谕曰："损兵败绩诚有罪，览尔等竭蹶力战，朕特宽恕之。痛恻难忍，不觉泪下。解朕亲束之带赐尔系之。尔等勿急思报复而妄动，敌至能坚守，即尔等之功。科布多若不能守，可回军察罕廋尔。"② 察罕廋尔在科布多东面1400里，世宗随即令署振武将军顺承郡王锡保固守察罕廋尔，③ 护喀尔喀游牧，不可贸然赴援科布多，严防准噶尔围城打援。④

世宗宽恕傅尔丹、沙津达赖、衮布之罪，并令衮布家属照旧安居，只将陈泰拟了斩监候。

傅尔丹再奏请罪，世宗谕曰："轻信贼言，冒险深入，中贼诡计，是尔之罪。至不肯轻生自杀，力战全归，此尔能辨别轻重之处。事定之后，朕自有办理之道。"⑤

傅尔丹回到科布多10余天，也不见准噶尔人来攻，派人察探，发现准噶尔军暂时退驻阿尔泰山岭，正等候噶尔丹策零的指令以定进退。⑥ 世宗暗自庆幸，密谕浙江总督李卫说："此次贼之即回，甚为奇异，实出意望之外，乃上天再造之恩也。"⑦

其实，这并非什么"上天再造之恩"，乃岳钟琪的西路军此时发起了袭击，准噶尔军被迫回救。

---

① 《清世宗实录》卷一〇八，雍正九年七月甲戌。
② 《清世宗实录》卷一〇八，雍正九年七月甲申。
③ 察罕廋尔在科布多东1000余里，较巴里坤离科布多略近。
④ 《清世宗实录》卷一〇八，雍正九年七月丙子。
⑤ 《清世宗实录》卷一〇九，雍正九年八月癸卯。
⑥ 《清世宗实录》卷一〇八，雍正九年七月乙酉（二十四日）。
⑦ 《雍正朝汉文朱批奏折汇编》第20册，第975页。

5. 岳钟琪被劾

岳钟琪率军袭击计划，当年三月已定。原计划西路主攻，北路助攻（为疑兵），只因噶尔丹策零于阿尔泰设伏诱敌，傅尔丹贸然进兵，而两路相距遥远，联络不畅，遂成各自为战之局。

傅尔丹发给西路军的咨文，岳钟琪于六月十七日接到，随即挑选兵马，准备袭击乌鲁木齐。岳钟琪选兵1.2万，其中绿营马兵弓箭火枪手7200人、步兵枪炮手4000人，另选蒙古兵800人，以备抢掠收赶敌军牲畜之用，携威远炮20门、子母炮80门。为保机动性，步兵均乘马行军，火炮辎重皆以马驮载，共用马2.05万匹。① 十七日，北路送到战马1.6万匹，须牧放半月以上方能骑用。

二十六日，再接傅尔丹咨文，通报擒获准噶尔巡逻卒12人、供词以及行军情况，可见当时西北两路间文书传递单程需时9天。按照四月谕旨所定方案，西路接北路敌情通报后，一面进兵一面请旨，岳钟琪即缮折请旨。

二十八日，新任副将军石云倬到营，岳钟琪即授以振威将军印信，委以应援驻守之命。预备8000兵马，机动应援北路或接应西路进讨官兵，以剩余之1.3万满汉兵守卫城池、牧场。

七月初五日，岳钟琪接北路筑城都统衮泰咨报，傅尔丹被围困于和通淖尔。岳钟琪忖度，若需增援，数日后必有振武将军顺承郡王锡保之信，而世宗指示进兵方略谕旨亦必抵达。

直至十二日，未见任何信谕，此时已是马肥秋高，蚊虻不扰，正当西进袭扰好时机，忽然得知傅尔丹已返回科布多，于是岳钟琪麾兵发巴里坤城。蒙汉兵各500人，充两路前驱哨探，而岳钟琪自领南路，从阔舍图西

---

① 《雍正朝汉文朱批奏折汇编》第20册，第975页。

进，纪成斌领北路，由赛毕忒进。

十九日，两路会师于伊尔布尔和邵。此处系四通之地，留兵 2500 名驻守。师行又 500 里，直至穆垒河滨，未见敌卡伦。

二十一日，前锋总兵王绪级率部至吉母色河，遇敌 500，击败之。突然有敌 5000 自山间奔驰而出，自午后战至日暮，敌犹不退。总兵曹勷等部到，敌方逃遁。

二十三日，岳钟琪率大队至阿察河遇敌，发枪炮奋击，敌遁。追至厄尔穆克河，见敌约有三四千人，在河对岸山梁分三处布阵。岳钟琪令总兵张元佐率步兵为右翼，过河后架炮轰击峻岭高岸第二、第三敌阵；纪成斌率马兵为左翼，突击敌头阵；王绪级、曹勷自中路上山策应，参将黄正位率勇健兵从北山抄敌后。诸军奋进，夺所踞山梁。敌往西败遁，岳钟琪令追击，杀敌颇众，因山路崎岖，天色将晚，遂收兵扎营。

二十四日，接世宗谕旨："略行游击，即撤兵回营。"仍行追击，不见敌，离纳邻河已不远，距乌鲁木齐仅两日程。谍报云乌鲁木齐敌帐尽徙，深入无益。二十五日，引兵还。中途分兵 2000 人，配备足量铅弹火药，赴鲁谷庆驻防，合原驻兵丁，共 3000 名，以强化吐鲁番—鲁谷庆一带防御。岳钟琪缮折奏凯，世宗谕奖道："进退迟速，俱合机宜。"① 八月十一日，岳钟琪率军回到巴里坤新城。

西路驼马被掠、北路和通淖尔之败，让世宗承受了巨大压力，既怕遭受进一步损失，又急于求胜，一定程度上动摇了他对两位主将的信任。

在西路，世宗给岳钟琪增派了两位副将军，一位是福建陆路提督石云倬，另一位是刑部侍郎常赉。石云倬（1684—1742），字天章，济南德州人，康熙四十五年（1706）年武进士，授三等侍卫，历游击、副将、总兵，任职地都不出陕西，后升任江浙提督、福建陆路提督等职。康熙五十四年（1715），圣祖发起西征准噶尔战争后，石云倬曾赴巴里坤军营效力，因此虽未曾与岳钟琪共过事，对准噶尔军特点有所了解，用为西路副将军是合适的。但是，世宗命他与常赉为副将军的目的，是要纠正岳钟琪的"过"。世宗认为，岳钟琪用兵，往往过于冒险，不稳当，失之于"过"，不会有"不及"的问题，让大学士字寄谕旨给石云倬，叮嘱他在岳钟琪将

---

① 《清世宗实录》卷一〇九，雍正九年八月甲寅。

五、雍正两路西征

"过"之前予以拦阻,并且把谕旨转给岳钟琪阅看。①

石云倬勇鲁爽直敢担当,世宗虽认为他刚愎自用,到军营后,石云倬亦不负皇帝所望。岳钟琪领兵出征第二天,准噶尔游骑一二千人袭扰吐鲁番,企图牵制岳钟琪进兵。清军驻守副将王廷瑞,手下仅千人,但他不惧兵少奋勇出击,战两日,杀敌200人、活捉7人,颇有年羹尧、岳钟琪旧部风采。石云倬也不待与岳钟琪商量,即缮折奏报。世宗不问当时情势,予以严词训斥,称王廷瑞出战"甚属孟浪","幸获小胜不但不足为喜,朕更为吐鲁番忧之"。因为他觉得吐鲁番、鲁谷庆易遭报复,指示吐鲁番、鲁谷庆两城驻兵归并一处,往后若遇来敌,应坚壁拒敌,切勿轻出杀敌。②。世宗又恐西路有如北路之败,传谕青海蒙古及各部族,若准噶尔人来攻,黄河以南蒙古投奔近边时,近边各部族须目之为同受朝廷恩泽之赤子,留心照看。③

另一位副将军常赉(?—1746),出身满洲勋贵,父玛奇官至都统。常赉在雍正元年(1723)任工部员外郎,进入仕途,雍正四年(1726)十二月,任福建巡抚,是世宗颇为得意的新锐八旗子弟。不久,世宗的另一宠臣广东巡抚杨文乾请假葬亲,令常赉暂署。常赉在广东期间,丢失巡抚印章、密匣钥匙,并不报告,擅自私造一套,又联合广州将军石礼哈、两广总督阿克敦向世宗进杨文乾谗言,被判了死罪。后世宗顾念其父功劳,赦其罪,不久重新起用。更有甚者,石云倬与常赉有旧怨。任福建陆路提督时,石云倬曾弹劾过时任福建巡抚常赉。此时两人同被任命为西路副将军,前往肃州宁远大将军岳钟琪行营报到,常赉主动对石云倬说:"为的都是国事,那能记旧过。况且过在小弟。"于是取箭一支,折为两半,誓重新出发,共辅大将军,成就勋业。

就这样,世宗对出师未捷的西路大将军略施权术,用两位互有芥蒂的副将军牵制他。

其时,北路之败已宣告"两路筑城、持久递进"战略破产,但西征之箭已经射出,自然不能草草收回。世宗一面派遣大臣分往晋、陕、喀尔喀安抚民心、鼓励士气,又遣内大臣阿齐图赴西路会商军务,希望老将岳钟

---

① 《雍正朝汉文朱批谕旨汇编》第20册,第931页。
② 《清世宗实录》卷一〇九,雍正九年八月庚子。
③ 《清世宗实录》卷一〇九,雍正九年八月丁酉。

琪能建意外奇功。

至于北路，世宗对败军之将傅尔丹已不抱希望，鉴于科布多孤立辽远，难于协防，令傅尔丹撤兵到察罕廋尔。又以大学士马尔赛为抚远大将军接掌北路军务，会同喀尔喀副将军丹津多尔济等，防备准噶尔进攻喀尔喀。八月二十一日，马尔赛率八旗劲旅出城，皇四子弘历为之祭告列祖列宗，王以下官员俱到西长安门外送行。

马尔赛出身正黄旗满洲勋贵，康熙中袭三等公爵，康熙末任领侍卫内大臣掌銮仪卫事，世宗继位后第八天，追赠其祖为一等公，即以马尔赛袭。马尔赛的一等公爵位，应是世宗对其在继位一事上曾发挥积极作用的回报。可见，马尔赛是世宗信得过的人。雍正五年（1727），任大学士，入内阁，为满汉大学士之首席。两路出兵后，参议军机，深受倚重。以其取代傅尔丹任北路最高统帅，是世宗对他的信赖。

九月初七日，马尔赛在归化城南接顺承郡王署振武将军锡保咨报，得知准噶尔兵已至科布多城附近，料其必东犯察罕廋尔，马尔赛令锡保与喀尔喀3位副将军聚兵固守，并以精骑二三千袭扰敌尾。次日，世宗在北京接到准噶尔动向的奏报，谕令马尔赛缓进，又令锡保总理北路调遣事务，固守察罕廋尔，严护军需马匹。① 这是一个很奇怪的人事变动，临阵易帅，兵家所忌。从当时情势揣度，世宗临阵易帅，应当是考虑到马尔赛千里奔赴前线不如锡保就地指挥来得及时。

世宗又以同为成吉思汗苗裔的名义号召内蒙古王公，出力援助喀尔喀，共同抗击叛逆准噶尔。② 为防止准噶尔军突袭时危及喀尔喀宗教领袖二世哲布尊丹巴胡图克图，世宗令"额驸敦多卜多尔济（约1678—1743，和硕亲王土谢图汗，尚圣祖第六女和硕恪靖公主）可加意防备，若贼人有来侵库伦之信，将胡土克图远避，来至多伦脑儿（诺尔）居住"。③ 二世哲布尊丹巴胡图克图，法名罗布藏丹彬多密，系敦多卜多尔济之子，生于雍正二年（1724）。雍正五年（1727），清廷册封其为哲布尊丹巴胡图克

---

① 《清世宗实录》卷一一〇，雍正九年九月戊辰、己巳。
② 《清世宗实录》卷一一〇，雍正九年九月庚午。
③ 《清世宗实录》卷一一〇，雍正九年九月辛未。二世哲布尊丹巴胡图克图离开库伦至多伦具体日期不明。于乾隆六年春季方回到库伦。（见《平定准噶尔方略》前编卷四五，乾隆五年二月丙子；同书前编卷四七，乾隆六年五月乙亥）

五、雍正两路西征

图,"其钟灵原有根源,乃与达赖喇嘛、班禅额尔得尼相等之大喇嘛也"。拨银 10 万两,在库伦为其建寺。亦同时拨银 10 万两,为章嘉胡图克图在多伦诺尔建寺。①

此时,休整后的准噶尔军正在东进喀尔喀。

大败傅尔丹之后,大小策零敦多布回防阿尔泰山之西,将战利品、俘虏送至塔尔巴哈台南边的叶密立河(今额敏河)地区安置,并休整部队。岳钟琪西路军撤回后,大小策零敦多布统率 3 万部队,再次东进喀尔喀。此次东进目的是争取和控制喀尔喀,稳扎稳打,拟攻取察罕廋尔,在杭爱山南过冬。准噶尔人早在噶尔丹时期就想控制喀尔喀,但失败了。策妄阿拉布坦也想武力和宗教并用,收降喀尔喀,但心有余而力不足。如今,噶尔丹策零认为清军既败,转折机会来到。在重兵进击同时,他试图策反喀尔喀王公,在出兵前就写好了给喀尔喀札萨克图汗部亲王喇嘛札卜的信,称"喀尔喀、厄鲁特法教相同",倡议联合起来,以免沦为清朝统治下的"旗下佐领"。②

准噶尔军于八月十一日从华额尔齐斯出发,在索勒毕乌拉克沁留兵 4000 以为接应(预备队),主力则进窥科布多。因城墙巍峨矗立,无法攻取,遂继续东进,发现扎布韩、察罕廋尔俱城防严密,无机可乘,继续沿杭爱山东南行,直至肃州镇夷营(今内蒙古额济纳旗一带)口外。准军一面抢掠喀尔喀公通摩克、辉特公巴济、土尔扈特多罗贝勒丹忠等部,一面策反巴济及丹忠属众墨尔根绰尔济叛清。

大策零敦多布率准噶尔军主力至苏克阿尔达胡(约在扎克拜达里克西南)驻营,遣两队各 3000 人,分别往掠克尔伦(克鲁伦河上游)以及鄂尔海、锡拉乌苏一带(鄂尔坤河上游土喇河流域)草原喀尔喀游牧牲畜,寻机劫取二世哲布尊丹巴胡图克图。锡保令副将军王丹津多尔济、额驸策凌,率兵尾随准噶尔军。

九月二十一日,2 副将军在欧登楚尔(应在苏克阿尔达胡北数十里杭爱山麓)驻营。当日夜,派 600 兵偷袭大策零敦多布营,擒 3 人而回。敌觉,遣 3000 人追击,劫营清兵将其诱至大营外。次日晨,两军大战,自辰至午,清兵阵斩敌将 1 人,重伤 1 人,敌乃遁。清兵追击,复斩数百。

---

① 《清世宗实录》卷六三,雍正五年十一月庚午。
② 《清世宗实录》卷一一二,雍正九年十一月丙寅。

入夜，大策零敦多布趁夜色，移营西南台锡里山（今蒙古国戈壁阿尔泰省中北部、巴彦洪戈尔省中部一带阿尔泰山某处）。二十五日，准噶尔军劫掠牲畜的两支分队亦败归。翌日晨，清兵4000人追击，见敌已逾阿尔泰山，乃撤兵回营。

世宗接捷报大喜，称锡保为"好儿子，好贤王！"① 赏丹津多尔济银万两，策零晋封亲王、赏银万两，其他有功人员赏赐有差。

世宗初闻准噶尔进犯北路，令岳钟琪张势应援，旋即又令发精兵6000至8000人，轻装速赴阿济、毕济驻扎应援。京师传令至巴里坤军营，单程需15日，世宗谕旨抵达，已是十月初，进犯之敌早已被击退西逃，逾越阿济、毕济一带。且巴里坤距科布多1000余里，西路无直接赴援之可能。而阿济、毕济两卡伦离巴里坤300至660里，两卡伦相距360里，以6000至8000兵分驻，欲拒3万未受重创之敌，无异于羊填虎口。岳钟琪接旨后，复奏称，既无能赴援科布多，亦无力阻准噶尔之回师，认为今冬敌若回巢，科布多可以无虞，若越冬不归，则明春趁敌草枯马瘦，会北路，发精兵合击之。

不过，世宗并不以为然，饬岳钟琪不可仍旧固守从前不必旁及北路之令，拥兵四五万，坐镇无事之坚城，令议奏阿济、必济驻兵方策，并责其未能剿杀袭扰西路之敌。准噶尔军长驱北路时，曾以小队游骑袭扰西路卡伦、盗赶驼马，岳钟琪令将士谨守营垒，故世宗对其表示不满。

这时，钦差阿齐图到营与岳钟琪会商西路军务也出了结果，两人缕析十二条上奏，基本内容为拟聚兵5万，精练3年，一举平定准噶尔；5万余名兵丁及跟役，先留精兵2万，余者回口内休整；准噶尔大鸟枪、大炮优于官军所用的子母炮和威远炮，请仿造并请颁大炮4门用于城防。

十二月，岳钟琪复奏，拟于毕济驻兵1.2万，明年五月中进驻，哈拉乌苏（巴里坤军营北100里）驻兵3000人以为应援。

对于军务十二条，世宗甚觉平淡，思忖岳钟琪曾有"奇谋"之说，于是让大学士寄字询问。岳钟琪寻奏，所谓"奇谋"系指灭敌机会。此种机会有二：一是乘哈萨克、土尔扈特与准噶尔交战之机，清军从东面夹击灭亡之，但此机会只可想象而无法期待；二是"扼要制敌"之法，巴里坤西

---

① 《雍正朝满文朱批奏折全译》下册，第2077页。

五、雍正两路西征

500余里有穆垒（今新疆木垒哈萨克自治县）地方，形势险要兼可屯种，若在此筑城屯兵2万，200余里外之鲁谷庆增兵至1万人，巴里坤留驻1万，构成掎角之势，直逼敌人门户，使其进无所掠、退无所安，3年内必有灭敌之机。来年马肥合剿北路来犯之敌后，即可移营筑城。在奏折末尾，岳钟琪发誓：

> 倘蒙俞允，若将来穆垒驻兵如有不妥之处，将臣治以重典，臣之妻子俱从重治罪，以为人臣误国之戒。①

对于岳钟琪的"扼要制敌"之法以及誓言，世宗心中暗自赞许其敢做事、有担当，但对岳钟琪计划有一疑问，即如何解决给养。据岳钟琪之奏，巴里坤离哈密仅300里，从大营出兵保护哈密之稼，那些不善奔跑又不善马背作战的陕西绿营兵，尚需3天方能到达，禾稼早已被敌军蹂躏残毁，则穆垒的禾稼不能不为敌兵所毁，故令岳钟琪在大营踏实训练士兵，等待机会。若兵丁平时能日行百里，战时能日行五六十里，打起仗来就能从容裕如。为警示岳钟琪，世宗追究上年冬西路驼马被掠事，降四川提督纪成斌为沙州副将。②

从世宗前后发出的谕旨看，一方面他要求岳钟琪不能拥兵坐守，应当有所作为；另一方面又害怕他的有所作为会让西路军付出损失，因此只好令西路军守好地盘，协助北路军保卫喀尔喀。但对岳钟琪来说，要满足皇帝要求，却有难以克服的困难。

首先，西路和北路的地理环境有很大不同。西路基本防区是一条宽约120里、长约450里的狭长地带，地貌大致是南北两山夹一谷，南山南沿为绿洲和戈壁。大营之东310里为牧场、台站通讯补给线，大营之西140里为侦察前哨。扩展防区，西南到吐鲁番，离大营660余里，鲁谷庆（今鄯善县鲁克沁镇）离大营560里。基本防区已达上万平方公里，扩展防区则接近3万平方公里。在这个区域内，西路军基本只能孤军奋战，哈密、鲁谷庆、吐鲁番三城民众仅能协助清军防守城堡。而北路可以广阔的喀尔喀草原为战场，数万喀尔喀蒙古军是清朝派驻部队的重要援手，甚至成为

---

① 《雍正朝汉文朱批奏折汇编》第21册，第570—574页。
② 《清世宗实录》卷一一三，雍正九年十二月丁未（十八日）。

北路的主力。

其次，西路军事部署，原为主动出击设计，作战部队基本上骑兵与步兵对半配置（13000∶13500）。出击时，步兵亦骑马行军，可以做到快速机动，进入战场则下马列阵步战，以密集火力杀敌。但在被动防守时，步兵的弱点就暴露无遗。敌骑来袭飚忽不定，清军步兵马背上不能作战，而两条腿又跑不过战马，雪地奔跑更是困难。快速机动应敌，只能靠骑兵。虽然骑兵原有1.3万人，雍正八年（1730）冬天驼马被劫后，又配备了5000名八旗马兵，总数已达1.8万人，但西路军机动防守作战能力并未因之得到根本改观。这其中1000人防护粮道，3000人驻守鲁谷庆，5000左右分守周边各卡伦、牧场，大营大约有4000名绿营骑兵、5000名八旗骑兵可用于快速机动作战。当遇到二三千人以上规模敌军来袭时，除大的军事据点可凭城自保，其他据点多则数百人、少则数人，自保已难，遑论杀敌。因此，若想有效杀伤来袭之敌，全凭大营部队出营机动作战。9000名八旗、绿营骑兵要在山岭、沟壑交错数万平方公里的狭长区域内上下奔驰，成功截杀二三千来袭准噶尔游骑，诚为不易。

再次，经过雍正八年（1730）十二月马驼被盗事件后，西路军不敢再在巴里坤湖西北牧放马驼，牲口都被赶往东南，甚至远到塔尔纳沁一带牧放。若遇敌军来袭，马匹猝然难以调集，骑兵也只能步战。

果不其然，雍正十年（1732）正月二十二日，准噶尔游骑3000人犯哈密，岳钟琪即令总兵曹勷、副将纪成斌率兵5000人尾追，总兵张豹领兵2000人出阔舍图截击，不过他的情报失误。准噶尔军当时并未回返，而是继续东进，直犯塔尔纳沁。岳钟琪料提督颜清如足以败敌，故需立即部署堵截准军西逃。敌西逃有南北两路，北路消息传递慢，故令副将军石云倬、署总兵马会伯率绿营兵3200名，署镇安将军卓鼐等率骁勇兵及满洲兵3800名，连夜驰赴军营北面100里的巴汗恩度尔、插汉转津埋伏，约定若敌仍由南路逃归，两军则速从无克克岭赴梯子泉截杀。

二十八日，获悉敌果为颜清如所败，从南路西逃。岳钟琪令副将军常赉统满汉兵3000人，赶赴无克克岭堵截，飞调石云倬、卓鼐军与常赉会合。石云倬军疾行200里，攀近道，于二十九日傍晚到达指定地点。

当天曹勷报，二十七日遇敌约5000，战至次日中午，敌溃。二十九日，曹勷会合张豹等军追击敌骑，自二堡直至柳树泉。岳钟琪得报，再发手谕，令常赉扼守无克克岭，石云倬选绿营兵即赴梯子泉杀敌，卓鼐率满

五、雍正两路西征

洲兵接应。

三十日晨，卓鼐奔驰240余里，率前锋抵达无克克岭。巴里坤南北两山，道路崎岖陡峭，满洲兵舍马就步非其长，甚觉艰难，数人饮刃自尽，卓鼐愤懑不平。入夜，常赍接岳钟琪手谕，催石云倬发兵，卓鼐继其后。时岭上绿营兵有4400人，常赍部满兵1700人，卓鼐部半数（1900人）未到，石云倬恐接应不灵，拖延到二月初一日子时方下岭。

天明，石云倬见火光数处，督兵至山口，余烬未熄，羊腔尚温，知敌去不远，令扎营等待卓鼐。日暮，卓鼐方领兵到。宿1夜，初二日晨，卓鼐率部往东南梯子泉搜敌，石云倬领兵往西追踪。不久，哨骑回报，敌已越过陶赖达坂，逃往塔库纳库山，离我师将近200里，无法追及。

本已落网之敌竟轻易脱逃，令岳钟琪大感意外，奏劾石云倬偾事。石云倬不服，认为被构陷。世宗命革石云倬职，逮至京治罪，以贵州巡抚张广泗代为副将军，又增设副将军一名，调闽浙总督刘世明充任。

张广泗（？—1749），汉军旗人，鄂尔泰主持西南改土归流期间，因力赞并主持将黔东南收入版图，三年间自知府擢升贵州巡抚。据张广泗后来调查，此次满汉兵丁作战，实属不易。自雍正八年（1730）以来，西路陆续倒毙战马4万余匹，而牧放于东南的马匹离大营数十到300余里，一时无法调用，"本年正月内，贼人仓促前来，我兵无马可骑，所遣令追御之满汉兵丁，悉皆步行，……以致兵丁等在于深雪地面，往往往返步驰六七百里不等。绿旗营内有不知体恤之官弁，身自乘骑，严督步兵速行，而兵丁内实有力不能前，竟有与本官抗衡者。更有满洲兵丁，既不惯徒步，又不甘退后，遂忿急自刭者。"①

世宗认为岳钟琪怀游移之见致战守乖宜，望他痛自省惕，坚志树威，愿观后效。② 旋以大学士鄂尔泰劾岳钟琪玩忽纵贼、奏报不实，命降岳钟琪为三等侯，留总督，护大将军印务，戴罪立功。

鄂尔泰（1680—1745），满洲勋旧家庭出身，喜读书，曾中举人。世宗继位后深得重用，雍正三年至九年间（1725—1731）出任云贵总督，主持西南改土归流，卓有政声。年底调回北京，新年过后，授保和殿大学士兼兵部尚书，办理军机，居首辅。

---

① 《雍正朝汉文朱批奏折汇编》第22册，第828－829页。
② 《清世宗实录》卷一一五，雍正十年二月辛亥、壬子、癸丑。

岳钟琪的"扼要制敌"方案，单从军事上看仍有相当合理性。在穆垒筑城驻兵两万，巴里坤、吐鲁番各驻兵1万，如此，三城俱为有力军事据点，真正构成犄角之势，既有门户，又有堂奥，天山南北两路具有重兵扼守，且能互相应援，则西路军事上的被动局面将大为改观。另外，移营穆垒，可以让西路获取更大更好的牧场，同时有效保卫吐鲁番的绿洲农业，增强了西路军就地筹粮的能力。

因此，尽管西路再次受挫，主将被罚，世宗仍于五月令月岳钟琪秘密移营穆垒。世宗认为，北、西两路兵力，原足自为战守，且相隔遥远，呼应为难，遂正式确认西路之兵不必接应北路。①

移营原定于六月初四日开始，因稍显仓促，关内征调部队和马驼尚未完全就位，故延至六月二十七日。

当天天气晴朗，清晨，西路军分两路移营穆垒。岳钟琪和副将军常赉率1.2万人自巴里坤南路、阔舍图大道直进，副将军张广泗与署镇安将军卓萧统7000余人，由北路西进，防敌从北面侧翼偷袭。两路在阔舍图会合后，同往穆垒新营地。辎重由4000名兵丁护送，分四批运到新营。巴里坤与穆垒间，设8座台站，另于阔舍图、鄂龙吉、乌兰乌苏口分别筑堡驻兵2000名、800名、500名，护大、小阔舍图，乌兰乌苏沟三处牧场和饷道。巴里坤大营留绿营兵6694名，由副将军刘世明、扬威将军武格、效力赎罪原兵部尚书马会伯统领驻守。

七月初四日，两路大军在阔舍图会合，停驻两昼夜，以整理要隘、安设卡伦、踏勘马厂。初七日，大军继续西进。初九日，至乌兰乌苏口，分南、中、北三路搜敌而进。十一日，抵达穆垒驻营地。随后发现敌兵骚扰，旋续至200余骑，遂出击擒4人。复见敌2000于西北丘陵，岳钟琪统兵追逐不及，乃回穆垒伐木筑城。

当岳钟琪统军从巴里坤出发，尚未抵阔舍图时，留守巴里坤的两位将军却暗中掣肘。扬威将军武格，出身满洲勋贵，康熙年间第二次援藏之役后，曾驻藏统领察哈尔兵。参与过平定罗卜藏丹津之役，管理过北路台站，历任各旗都统、刑部侍郎。西路出征后，任陕西巡抚，协助办理粮饷。十月，奉调回京任抚远大将军马尔赛的参赞，随因人事变动，未能成

---

① 《雍正朝汉文谕旨汇编》第2册，第122页。

五、雍正两路西征

行,改任刑部左侍郎。本年正月,西路副将军石云倬被免后,调至巴里坤任扬威将军。不久晋升刑部尚书,仍管扬威将军事。武格抵达大营后,疏于士卒训练,好大言。

副将军刘世明也颇自负。他出身武举,始任侍卫,由副将、总兵、提督,直官至巡抚、闽浙总督。现任副将军一职,让他难以施展抱负。于是,七月初一日他写了一封密折,用六百里加急速送世宗,然后又给肃州管理西路军需的陕西总督查郎阿寄去密信。

密折、密信内容基本一样,即移师穆垒,而巴里坤防守未周,"贼夷"在在可入,是守门户而危堂奥;且饷道愈远,运输愈艰,亦难保不为"贼夷"所乘。又兴兵数年,兵丁运户苦累,嘉峪关外至军营沿途,倒毙之牲畜,毁弃之车辆,在在可见。言中之意,第一,仅驻守巴里坤,尚难保无虞,现却分兵远驻,漏洞百出,处处可为敌所乘,也许比驼马被掠更严重的厄运即将降临;第二,兵丁、百姓已经厌战,兵心民心都不支持继续战争。因此,他请皇帝简派"贤能忠正大臣"亲历军营,酌量措置。

刘世明密折、密信的影响立竿见影。

七月十二日,世宗令大学士等寄信:"宁远大将军岳钟琪,著来京陛见,朕有询问之处。其大将军印务,著副将军张广泗暂行护理。"①

翌日,又谕办理军机大学士鄂尔泰、张廷玉等:

> 西路军营事务,岳钟琪办理总不妥协,再四思维,只得将伊调回京师。查郎阿忠诚体国,年来办理军务,事事合宜,克胜大将军之任。但肃州路远,伊若来京请训,未免多需时日。今特命大学士鄂尔泰驰驿前赴肃州,传朕训谕,尔等可密寄信与查郎阿,令其先期料理预备。②

所谓"不妥协"即不稳妥。同日,世宗又谕内阁铸造"钦命少保大学士一等伯督巡陕甘经略一应军务"印信,颁给鄂尔泰。

七月二十八日,岳钟琪在穆垒军营接到回京陛见谕旨,即着手办理交接。八月初二日,交接办理完毕,岳钟琪策马环视穆垒:形势扼要,水草

---

① 《雍正朝汉文朱批奏折汇编》第 23 册,第 81 页。
② 《雍正朝汉文朱批奏折汇编》第 22 册,第 997 页。

丰饶，南有高山迤逦，北有戈壁千里，东面倚山高厚，西向一望无涯，其地可战可守，诚为御敌之门户，大营周围城垣俱已高筑，仅城门尚未造就，新城垂将竣工，于是回营缮折，请暂驻环山踞险之阔舍图，尤冀再回穆垒。次日，岳钟琪起程回京。

6. 光显寺大捷

雍正十年（1732）八月初五日，岳钟琪行至阔舍图。是日，北路军获额尔德尼昭（光显寺）大捷，歼敌万余，为世宗屡战屡败的西征扳回一局。

上年九月下旬欧登楚尔小捷之后，世宗对北路防务做了人事、城防诸方面的强化。

人事方面，重用顺承郡王锡保。上年十月，抚远大将军马尔赛向锡保发令调遣蒙古兵，世宗颇恼怒，饬令他："抚远大将军印信，除奏章及行部咨文钤用外，其调遣兵丁等事，不准钤用。"① 这样，马尔赛北路军最高统帅职权无形中被解除，心中未免不平，当着军前诸将面抱怨道："不如发配黑龙江！"② 十一月，世宗任命顺承亲王锡保为靖边大将军，令傅尔丹率部正式撤至察罕廋尔，降为振武将军，协助锡保。又降马尔赛为绥远将军，令其率归化城过冬汉军营4000兵丁，赴扎克拜达里克驻扎，听锡保调遣。

十二月，清廷令筑北路扎克拜达里克、推河、翁金三城。雍正十年（1732）二月，又令于北路白格尔地方筑城，驻兵1万。此地位于杭爱山之阳、阿尔泰山之阴，控扼山间东西通道，其西北300余里为察罕廋尔，正东近400里为扎克拜达里克，可构掎角之势。③ 上年九月，若此地驻有

---

① 《清世宗实录》卷一一一，雍正九年十月乙巳。
② 《清世宗实录》卷一二四，雍正十年十月甲子。
③ 《清世宗实录》卷一一五，雍正十年二月辛卯。

五、雍正两路西征

重兵，则小策零敦多布无法逾越阿尔泰山西归。

大策零敦多布兵败欧登楚尔之后，将其所俘的一位额驸亲王策凌部属放回，此人携带一封给札萨克图汗部王、喇嘛、札卜的策反信。该部属回到喀尔喀即向策凌亲王如实汇报，策凌立即转奏朝廷。世宗读了策反信后，立即向喀尔喀颁布谕旨，回顾了清朝在喀尔喀危难时的"存恤爱养"，并强调清军与准噶尔的作战是为永保喀尔喀安宁，同时劝告"尔等既属内地多年，共知法度""力战贼夷、立功雪耻"。①

六月，经过9个月的休整准备后，小策零敦多布率3万骑，分为南北两支，南支1.5万人，自奇林出发，经布拉罕；北支1.5万人，自和通淖尔起行。两支在阿尔泰山东南会合后，沿阿尔泰山与杭爱山之间草原驰驱东进。

锡保得信，令预备1万精兵赴喀尔喀西北特斯路（今蒙古国西北杭爱山与唐努山之间草原）驻扎，防准噶尔兵出北路。又重点防南路，往白格尔、台锡里山增派绿营兵、内札萨克兵、喀尔喀兵。

七月十二日，锡保得报，准噶尔军已越过卡伦，朝察罕廋尔城西200余里的乌孙珠尔进犯。当时锡保患瘘疮已两年有余，艰于动履，遂令傅尔丹调集1万人堵截，其余则于次日傍晚进入指定地点。因蒙古、满洲、绿营诸兵散处各牧场，主帅又未亲临，行动缓慢。十四日，最先到达指定地点的3000满洲兵遇敌前锋交战。战数回合，敌大集，傅尔丹令后队速赴援。日暮，战斗仍在继续。鏖战至次日午，满洲兵箭矢、火药、铅弹俱耗尽，伤亡甚众，而后队未及时赶到，傅尔丹乃撤兵回营。事后锡保劾傅尔丹失误军机，世宗令尽削其官职、爵位，免治罪，留军营效力。

见傅尔丹失利，锡保担忧战局，令正赶往战场的绥远将军马尔赛撤回扎克拜达里克以西台站。随后得信，在察罕廋尔城西70余里之克尔

---

① 《清世宗实录》卷一一二，雍正九年十一月丙寅。

森齐老地方①,副将军额驸策凌率兵顶住敌军,锡保又改令台站照旧,并令驻守白格尔提督周瑛焚毁粮草,将绿营兵3000人撤至扎克拜达里克,旋又改令将粮草就地掩埋。

十七日晨,策凌派人求援,锡保以持重为计,令副将军王丹津多尔济率兵在察罕廋尔西边20里地方驻扎接应。策凌见援兵久不到,不敢恋战,麾兵撤回。十八日,策凌途中遇丹津多尔济,于是同赴大营。

策凌见到锡保,情绪激愤道:"贼人远来,马匹疲瘦,所以我一万兵战平了贼人三万。若是援兵及时,贼人片甲休想逃出。贼人既然跑了,抢了我喀尔喀的马畜,力将复强,眼下当速发大兵追击。"

锡保迟疑良久,方以丹津多尔济为总统,策凌为分统,率兵2万,定于二十一日起程。策凌急,以抗命相拒。锡保计无所出,竟然涕泣以对,锡保的眼泪打动了策凌,跪称愿服丹津多尔济调遣。丹津多尔济与策凌于是率大兵尾追准噶尔军,日行百余里。因丹津多尔济听锡保之命,以保库

---

① 克尔森齐老,《雍正朝满文朱批奏折全译》译为"柯尔森赤楼",应该是一个湖。据《护军统领永福奏报大将军王锡保进兵失机折(雍正十年十一月十八日)》,该地离察罕廋尔大营70里,当时敌军从西面来,因此该地应在察罕廋尔西70里地方。该奏折表明,克尔森齐老之战后,准噶尔兵"向东南而去",而锡保在雍正十年八月初一日(乙卯)奏报:"目今准噶尔贼人,前赴厄得尔河源地方,臣等侦探已确,酌议于奔博图山岭发兵堵截。"(《清世宗实录》卷一五四)厄得尔河(今伊德尔河)在察罕廋尔北面90公里(据天地图测量),《蒙古族通史》将该记载理解为"小策零敦多卜白(自)克尔森齐老经厄德勒河源,直赴喀尔喀腹地的额尔德尼召"(《蒙古族通史》中册,第315页,民族出版社,2001年修订版)。此为误解,正确的理解是在发兵堵截准噶尔"贼人"之前,锡保已经派人到厄得尔河源地方做过侦察。该《通史》又云:"八月五日黎明前,额驸策凌率领清军右翼二万人,突然袭击了哈喇森济泊的准噶尔大营"(同书第315页)。该纪事,该书未交代史料出处,与清朝官方正史、档案及笔记史料的记载俱不符。笔者认为,此纪事属于无中生有。所谓"喀喇森济泊"即"克尔森齐老"的汉字音义别写。"老"亦写作"脑""淖",或"脑尔""淖尔",为"湖""泊"之意。据上面所引档案及清修正史,雍正十年七月十六日到八月五日之间,策凌和准噶尔只在克尔森齐老和额尔德尼召两地作过战,两地距离在1400里左右,两场战役相隔17天。《通史》之误,殆沿袭《准噶尔史略》之误。《史略》将两场战役连续叙述,而且将克尔森齐老误断为策凌游牧地塔米尔河附近(《准噶尔史略》第176页,人民出版社,1985)。

五、雍正两路西征

伦为要,而策凌则心忧妻孥,以速与敌战为要。争执中,行军缓慢。策凌派人向丹津多尔济军参赞护军统领阿岱表示,如果他的要求不能得到满足,就分道扬镳。

小策零敦多布率兵越过察罕廋尔,沿杭爱山东南草地,直趋喀尔喀腹地额尔德尼召(光显寺)。因哲布尊丹巴胡图克图上年已转移到多伦诺尔驻锡,准噶尔军扑了空,于是大掠策凌鄂尔坤河上游一带牧场,掳其家眷、属众与牲畜。

策凌闻之大为愤怒,以刀断发,又断坐骑尾毛,誓歼来敌,遂率部急行军,向鄂尔浑河上游进发。八月初三日午后,抵额尔德尼召地方(今属蒙古国杭爱省)。策凌令满洲兵部署在召庙西侧河滨,背水而阵,蒙古兵则于河对岸布阵,自己所领喀尔喀兵埋伏于召庙南面山林间。

初四日晨,小策零敦多布驱赶着掠获的无数人口和数万头牛羊,溯鄂尔浑河而上。将至额尔德尼召,发现满洲兵,小策零敦多布眼露不屑道:"我的奴仆多多益善。"

参军道:"主子要小心策凌报复。"

对曰:"敌国体统,外藩不得统满洲,策凌岂能在此。"①

于是令辎重、掳获人口与牲畜俱列营于召寺西北开阔地,以小队骑兵看守,其余士兵分两翼,对河滨满洲兵发起攻击。

满洲兵溯流且战且退,眼见敌骑全部进入河谷,乃佯败,丢盔弃甲,涉水逃亡河对岸。

此时,苍劲雄浑的胡笳声响越河谷,小策零敦多布未及反应,山上与河对岸蒙古铁骑排山倒海般冲杀过来,队尾被迅速合围,辎重、掳获人口与牲畜瞬间成了过眼浮财,士兵被击杀者无数。战数回合,已是尸横遍野、河水漂红。

鏖战中,不知不觉阵地换了方向,策凌部变成了河岸东向列阵。小策零敦多布发现形势有利,即令数千兵丁抬炮抢上东山头,企图架炮轰击策凌部。丹津多尔济令副都统率2000新察哈尔兵齐射上山,三阵排射之后,敌军已渐渐遁出视野,暮色亦渐浓。丹津多尔济即令收兵驻营,并派兵连夜驰报锡保与扎克拜达里克守将绥远将军马尔赛。

---

① 〔清〕昭梿:《啸亭杂录》卷一〇《书光显寺战事》。

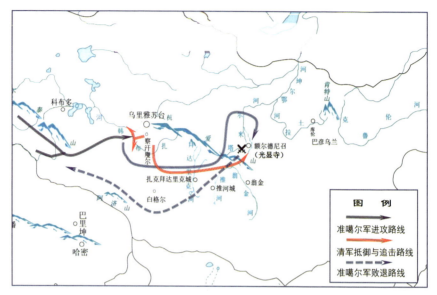

图 5.3 雍正十年光显寺大捷示意

初五日晨,众将士精神振奋,欲速行追击,丹津多尔济行军持重,令各队先用早餐,尔后打扫战场、整顿行装,待一切停当,已是日午。此役杀敌1万余,而清军仅损失军官两人、士兵受伤者数十人。

小策零敦多布率领溃卒连夜循鄂尔浑河河谷南奔,越过杭爱山分水岭,南坡即推河,推河下游有推河城,推河城西北即扎克拜达里克,正当准噶尔溃卒归路。

马尔赛前后接到丹津多尔济军报与锡保拦截溃卒的命令,而且得知建勋将军达尔济从归化城统领而来的部队,已到达扎克拜达里克军营附近。将士得知大捷,士气高涨,纷纷要求立即出战。建勋将军达尔济接到命令后,亦致书马尔赛,表示不顾人疲马乏,约会出城合击。

但马尔赛犹豫不决。他手下有兵丁1万余(其中4000汉军火器营兵,善于守城,绿营兵5000,喀喇沁兵1000,还有察罕廋尔调来的数百满洲兵),加上远道而来的达尔济部有鄂尔多斯蒙古兵3000,扎克拜达里克共有兵1.3万余人,但是与2万准噶尔溃卒相比,仍不占优势。特别是他觉得自己奉命守城,截击溃敌并非分内事,且锡保堵截令中提到大将军营所派3000援军不日赶到,所以,他决定坐等。但属下将士纷纷请战,不得已，马尔赛召将领会议。参赞都统李杕力主坚守城池不出，马尔赛即将所有出战请求都挡了回去。连续数日，溃敌从城前悠然而过。6天后，至八月十二日，逻卒报敌兵纵火烧荒。参赞诺尔浑告曰："若后面尚有贼人，此番经过之时，决无烧荒之理。我等急当追剿，断不可失此机会。"① 翌日清晨，参赞胡琳、傅鼐忍无可忍，径自率部追击，马尔赛不得已，领兵起程。二三天后，至博木喀拉地方，不见敌，选兵700，令参赞钦拜统领继续追击，马尔赛本人领大军返回大营。钦拜追敌不及，无功而返。②

十八日，额尔德尼召大捷捷报至京，世宗甚是高兴，赏丹津多尔济王号"智勇"、策凌王号"超勇"。又令办理军机大臣即转录捷报，寄信鄂尔泰，令传知巴里坤军营，速派兵赴阿济等处要隘堵截溃敌。但已缓不济事，本来可以全歼之残敌，竟然兔脱，让世宗惆怅不已。

此时西路署宁远大将军印务张广泗弹劾岳钟琪移营穆垒，实出自两大私心：一是企图侥幸获得进取的功名，二是企图将指挥不力之过推诿于巴里坤地形不利。认为穆垒形同锅底，四面受敌，饷道可虞，不如移驻阔舍图。于是督军撤离。至阔舍图，发现当地驻兵条件更差，只好自食前言，还军巴里坤，又遵旨将吐鲁番回民迁至内地。

7. 议和划界

世宗原以为乘准噶尔汗位更迭之机，凭借着清朝强盛国力，两路西征可一劳永逸解决准噶尔问题，完成皇父未竟之业，为蒙藏边疆求得永久安宁，没想到4年下来，折损了许多钱粮，靡费了诸多膏脂，牺牲了不少将士性命，结果却不尽人意。

雍正十年（1732）十月，岳钟琪至京，皇帝令革其职，下大学士等鞫问。大学士等拟判岳钟琪斩立决，世宗将判决扣下，没有批示。

---

① 《清世宗实录》卷一二四，雍正十年十月甲子。
② 《清世宗实录》卷一二六，雍正十年十二月丁卯。

十二月十四日，以马尔赛有心偾事、贻误军机，命斩于军前。

雍正十一年（1733）正月十八日，世宗命办理军机大学士鄂尔泰往北路军营经略军务。大学士等请究原振武将军傅尔丹失误军机罪，世宗察傅尔丹当时兵少，既已削去一切职衔，命仍留北路军营效力。

四月十九日，追究西路粮车被劫事，命斩副将纪成斌于军前，总兵张元佐降三级。

六月初五日，鄂尔泰回京，命仍兼管兵部。初九日，以上年准噶尔兵犯北路时锡保调度无方，坐失全歼来敌机宜，罢其靖边大将军任，削郡王爵，授平郡王福彭为定边大将军，前往接替。又追究丹津多尔济冒功，降郡王，削巴图鲁之号，撤回黄带子，仍留喀尔喀副将军任。

九月，追论驰援哈密失机，斩西路总兵曹勷于军前。纪成斌、曹勷皆岳钟琪旧属，相继皆以细故诛。

雍正十二年（1734）五月二十二日，世宗召北路副将军额驸策凌、西路署大将军查郎阿等驰驿赴京，同王大臣会议与准噶尔和战之事。

七月，"御前"会议召开。策凌、查郎阿主进剿，大学士张廷玉建言，不如先遣使抚谕，不顺再进剿不迟。侍郎傅鼐表示赞同张廷玉之言。世宗于是纳张廷玉言，遣傅鼐、额外内阁学士阿克敦、副都统罗密往准噶尔，谕以罢兵议和之意，并将北路军营自科布多撤往察罕廋尔。

翌年三月，傅鼐等回奏，噶尔丹策零愿议和，请以哲尔格西拉胡鲁苏地方与喀尔喀划分游牧地界。雍正皇帝命将傅鼐奏折和地图密寄额驸策凌，询其意见。策凌复奏，同意噶尔丹策零的游牧划界方案，卡伦照旧在哲尔格西拉胡鲁苏以东安设，但准噶尔游牧不得过额尔齐斯河或阿尔泰山岭，中间地带空出。

不久，傅鼐一行偕同准噶尔使者垂纳木喀等至京，闰四月二十八日，谕噶尔丹策零，以阿尔泰至噶斯口一带为游牧界，将中间地带空出，赏各色缎10匹，由其使者带回。

至此，雍正朝的两路西征，又回到了原点，虽然没有达到原本的目标，但强化了清廷与喀尔喀蒙古及天山东路缠回的关系，在某种程度上进一步巩固了西北边疆。

至于西北两路主帅的个人命运，虽屡经波折，但均得善终。雍正十三年（1735）八月，北路侵饷案发，傅尔丹被牵连，逮捕至京受审，未及判罪而世宗去世。高宗继位，令将其暂羁刑部狱。十月，总理事务王大臣追

五、雍正两路西征

论傅尔丹在和通淖尔等战役失误军机,判其斩立决,高宗命改为斩监候。乾隆二年(1737),高宗施恩,将傅尔丹、岳钟琪一同赦免。两人在家闲居10余年。乾隆十三年(1748),川陕总督张广泗征大金川土司,师老无功,高宗起用傅尔丹为内大臣署总督印,起用岳钟琪为四川提督。岳钟琪至金川,劝谕土司莎罗奔投经略大学士傅恒军营降,为高宗挽回面子,复封三等公,赐号"威信"。而张广泗坐罪"狡诈欺妄、有心误国",被处斩立决。傅尔丹后任黑龙江将军,乾隆十七年(1752)卒。乾隆十九年(1754)后,岳钟琪卒于四川提督任,享年68。

六、乾隆两平准噶尔

六、乾隆两平准噶尔

雍正十三年（1735）闰四月，清廷将划界敕书交准噶尔使者带回。八月，世宗逝世，高宗继位。高宗乾隆元年（1736）正月，准噶尔使臣至北京，续议划界事。在喀尔喀与准噶尔相邻的阿尔泰地区划界问题上，双方颇有分歧，经多次使臣往返，至乾隆三年（1738）正月，准噶尔使者呈递国书，同意"尊重现状"的划界原则。翌年十二月，双方达成协议，以阿尔泰山岭为界，准噶尔人在山后游牧，不得越岭。喀尔喀在山前游牧，不逾札卜堪，科布多不再驻兵，清军每年定期派兵二三十名前往巡逻，停止在托尔和、布延图两地筑城，卡伦依康熙年间之旧。

划界既定，乾隆五年（1740），清廷又同意准噶尔每隔3年逢寅、午、戌年份到北京进贡，但不得携带货物贸易，人数勿过200名；每隔3年逢子、辰、申年份，到肃州贸易，人数勿过100名。准噶尔新汗继位，可进藏熬茶，中途可在东科尔（今青海湟源）贸易，人数初限以100人，后增至300人。表面上对清廷而言，贸易与进贡不同，可以讲究互利互惠，但也往往以"怀柔远人"的政治考虑优先，于是就出现一种畸形的贸易关系。贸易伊始，准噶尔畜牧等特产抵达肃州，俱由官府收购，以示怀柔。所谓怀柔，就是要让对方占便宜、得好处。对方占了便宜得了好处，自然得陇望蜀，人也好，物也好，越来越多。多到一定程度，清朝很是为难。因为收购来的"夷货"，不是价格太高，就是不合内地民人需要，无法销售变现，造成亏空黑洞。陕甘总督为此惊呼："在夷人以无用之物耗内地之财，所关系者犹小，而以百姓有限之脂膏，供外夷无穷之贪壑，致令纵肆无度，玩视中华，此有关国体者甚大！"①

贸易本是双方互利互惠之事，但一旦发展到其中一方不仅经济上吃亏，且政治上也不划算，势必难以为继，不但无法化干戈为玉帛，反成重

---

① 陕甘总督尹继善乾隆十五年五月十三日奏折录副，转引自庄吉发著《清高宗十全武功研究》第22页，中华书局，1987。

启干戈之诱因。①

1. 准噶尔内乱

乾隆九年（1744），准噶尔境内爆发了天花。这场天花从何而来，史无明文，但乾隆五年（1740）后清准之间频繁的贸易往来，有可能是将内地天花传播到伊犁地区的渠道。

急性传染病的大规模爆发，也就是瘟疫，在公共医疗不发达的时代，往往会给一个政权带来严重的破坏性影响。倘若这个政权内部本就酝酿着不可调和的矛盾，那么突发瘟疫就会撕开矛盾爆发的口子。

天花来势凶猛，不分贫富贵贱。先是准噶尔宰桑（准噶尔相当于千户的基层组织鄂托克的管理人员，各鄂托克设1—4名不等）墨得格齐巴图鲁得了痘症，不幸亡故，接着他身边人就死了13位，属下死者"甚众"。噶尔丹策零怕被传染，躲往北部靠近哈萨克的地方。他一离开伊犁，臣属于准噶尔的吉尔吉尔（应在伊犁西南部）人就闹起内部兼并，伯克（首领）甘班图杀另一头目，据其地，建萨瓦尔格里雅城，拦截商旅征税。噶尔丹策零不得已回到伊犁，派兵3000将该伯克攻灭，迁其民于厄鲁特。西南部阿卜都尔噶里木（在浩罕国附近）等部落，不服统治，杀死看守行军道路的士卒，噶尔丹策零震怒，于乾隆十年（1745）正月，派兵3万征讨，夺得2城。

同年九月，噶尔丹策零病故，准噶尔内乱由属民造反演变成核心统治集团的内部残杀。

有资格继承汗位者，是噶尔丹策零的三个儿子。长子喇嘛达尔札，时年19岁，次子策旺多尔济那木札尔13岁，幼子蒙库什5岁（俱为虚岁）。按长幼论，达尔札最有资格，他曾经做过喇嘛，有许多台吉、宰桑、喇嘛

---

① 清朝与准噶尔之贸易矛盾，参见庄吉发《清高宗十全武功研究》第12—22页。

六、乾隆两平准噶尔

支持他,对于汗位他也相当希冀。但准噶尔贵族嫡庶观念强,达尔札系庶出,因此噶尔丹策零传位时未考虑长子,而是传于嫡出的次子那木札尔,同时"将长子喇嘛达尔札分路一千余户,令各自管辖"。①

那木札尔继位,也赢得了汗父老臣家族,如大小策零敦多布子孙的支持。不过,噶尔丹策零对接班人的选择和培养并不合格。那木札尔年少继位,"昏暴不理政事,日以杀狗为戏。其姊乌兰巴雅尔代管诸务"。② 但是,那木札尔对姐姐夫妇并不能悉心委任,这让那木札尔身边的管事宰桑们内心不安。宰桑纳庆是那木札尔乳母之子,与新汗关系亲密,宰桑博活尔岱想通过这层亲密关系,对新汗施加影响。他劝说纳庆与其姐共同执政,而纳庆则鼓动博活尔岱直接向那木札尔进言,博活尔岱随即照办,那木札尔未置可否,直接将其杀害,又擒拿纳庆,以鹰、犬等凶猛动物将其活活啄咬致死,并株连刑杀纳庆妻兄及台吉策卜登一家。③

让那木札尔不安的还有其同父异母兄达尔札。达尔札年长,处事理智,有相当号召力。替那木札尔掌权的姐姐也为达尔札说好话,那木札尔因此怀疑姐姐有野心,加之部下有人进谗言,遂将姐姐及姐夫赛音伯勒克拘禁。

接着,那木札尔计划以行围打猎为名,将长兄达尔札及其属下台吉、宰桑召到沙喇擘勒(大约在今新疆温泉县西北部与哈萨克斯坦交界一带)除掉。出乎意料的是,那木札尔对姐夫赛音伯勒克的拘禁形同虚设,除掉达尔札的密谋也走漏了消息。赛音伯勒克得知密谋后,与执政官厄尔锥音、衮布等议定,准备乘机袭杀那木札尔,拥立达尔札为新汗。

不过,赛音伯勒克的阴谋,又被小策零敦多布的儿子达什达瓦告诉那木札尔。那木札尔遂先发制人,调兵逮捕了厄尔锥音。衮布等人得信,亦领兵还击,将厄尔锥音救回,擒获那木札尔,将其两眼弄瞎,与达什达瓦一同送往阿克苏囚禁,另立达尔札为新汗。时为乾隆十五年(1750)秋天。

不久,达什达瓦被杀,部众离散,属下宰桑萨拉尔率妻、子逃往青海,归降清朝。同年九月,清廷授萨拉尔散秩大臣,其家口部属安插于察哈尔,赏给畜产,编设佐领。

---

① 《平定准噶尔方略》前编卷五〇,乾隆十二年二月己丑。
② 《平定准噶尔方略》前编卷五二,乾隆十四年九月辛酉。
③ 参见庄吉发《清高宗十全武功研究》,第24—25页,中华书局,1987。

达尔札的武力夺位，彻底打开了准噶尔核心统治集团权位恶斗、暴戾相循的潘多拉盒子。

此时，那木札尔的拥护者——大策零敦多布的孙子达瓦齐对达尔札的武力夺位颇为不满，尤其是达什达瓦被杀，让他深有兔死狐悲之感。达瓦齐游牧地在额尔齐斯沙喇泰地方（今新疆北部、哈萨克斯坦东北部塔尔巴哈台山与额尔齐斯河一带），"人众地险"，他决定以力相抗。他与辉特部台吉阿睦尔撒纳及其兄沙克都尔、杜尔伯特部台吉达什及其弟车凌乌巴什、和硕特部台吉班珠尔等商议，欲起兵推翻达尔札，立噶尔丹策零幼子蒙库什为汗，若事败则往投清朝。

沙克都尔、达什和车凌乌巴什脚踏两只船，将密商事宜私下告诉了达尔札。结果，达瓦齐派去联络蒙库什的两位宰桑连同蒙库什，都被达尔札处死。达尔札又以议国事为名，召达瓦齐赴伊犁。达瓦齐回答说："先前尔等拿那木札尔之时，并未令我知道。如今有何事向我商量？看来尔等并无好心。我是不去的。"①

诱捕不成，达尔札随即派兵1万进据阿尔泰边境，堵截达瓦齐投清之路，又指示达什、车凌乌巴什作为内应阻击。乾隆十六年（1751）九月二十二日，达瓦齐得信后，率众往阿尔泰移动，准备投归清朝。未料刚动身，达什领兵5000人反，将达瓦齐的3000属众掠去过半。达瓦齐与阿睦尔撒纳率余部东行到和通哈尔盖（霍通哈尔盖）地方，又遭遇车凌乌巴什追击。达瓦齐、阿睦尔撒纳力战，暂时击退追兵。前有堵截、后有追兵，达瓦齐、阿睦尔撒纳考虑到难以逾越阿尔泰山，于是改向西北，沿额尔齐斯河，且战且退，逃到哈萨克境内，部众仅剩100余人。②

达瓦齐的家属、子女都被押往伊犁看守，达尔札自信满满，拟待抓到达瓦齐后一起处置。而阿睦尔撒纳的部众则一半分给其异父兄沙克都尔，另一半分给众宰桑。乾隆十七年（1752）七月，达尔札派人要求哈萨克汗交出达瓦齐等人未果，于是派兵3万压境。哈萨克汗为避免战争，打算将达瓦齐等人交出。达瓦齐善于结交人缘，一位相好的知情哈

---

① 《宫中档乾隆朝奏折》第2辑第286页，台北故宫博物院，1982。
② 综合安西提督李绳武乾隆十六年十二月二十二日奏折（《宫中档乾隆朝奏折》第2辑285－287页）及《平定准噶尔方略》前编卷五三，乾隆十六年十一月癸未条记载。

六、乾隆两平准噶尔

萨克小头目将消息透露给了他,他与阿睦尔撒纳领着百余部下和相好的几名哈萨克人,连夜逃回准噶尔,潜回原来的游牧地塔尔巴哈台,收集旧部。阿睦尔撒纳痛恨其兄沙克都尔出卖自己,于是将其袭杀,夺其部众。

阿睦尔撒纳(1723—1757)是拉藏汗长子噶尔丹丹衷的遗腹子。策妄阿拉布坦为了拉拢拉藏汗,借此控制西藏,将女儿博托洛克嫁给噶尔丹丹衷,生子班珠尔。噶尔丹丹衷赴准噶尔娶妻后,实际落入虎口,心有不甘,被策妄阿拉布坦发觉,以行巫蛊罪将其残酷处死,并将女儿博托洛克改嫁辉特台吉韦征和硕齐。博托洛克当时已有身孕,不久产下一子,即阿睦尔撒纳。因此,阿睦尔撒纳名为辉特台吉之子,实为拉藏汗之孙、噶尔丹丹衷之子。策妄阿拉布坦派兵袭杀拉藏汗之后,将拉藏汗次子索尔札也押赴准噶尔。策妄阿拉布坦死后,噶尔丹策零为改善与西藏和硕特蒙古的关系,给班珠尔5户属民以为养赡之资;又将女儿嫁给阿睦尔撒纳以为笼络。那木札尔继位后,担心索尔札之子纳哈查逃回西藏,将其禁锢。① 因此,表面上阿睦尔撒纳与噶尔丹策零的儿子们是亲上加亲,既是他们的表兄弟,又是姐妹夫,实际上却是世仇。他处心积虑,寻找复仇机会,达瓦齐正是他实现目标的好搭档。

同年冬,达瓦齐、阿睦尔撒纳约伊犁心腹为内应,选部众精锐1500人,昼伏夜行,由闼勒奇(今新疆霍城县北科古尔琴山)山路潜出,突至伊犁。达尔札发觉,急令四图什墨勒(执政)调兵,仓促未集。伊犁城被围第二天,达尔札身边缠回大头目们将其绑缚,开城迎降。十二月二十一日(1753年1月24日),达瓦齐杀达尔札,自立为准噶尔汗。至此,噶尔丹策零子嗣被戮尽。②

达瓦齐自立后,许诺将塔尔巴哈台之地赏与阿睦尔撒纳,以酬其拥立之功。同时执杀了向达尔札告密的杜尔伯特部台吉达什,俘虏了逃亡哈萨克的宰桑赛音伯勒克,将其流放于叶尔羌。

当时与赛音伯勒克一同前往哈萨克追索达瓦齐的讷墨库济尔噶尔,是达什达瓦的侄子、小策零敦多布的孙子,与达瓦齐原本关系良好,因此,当达瓦齐自立后,他也就归顺了。但达瓦齐非绰罗斯正脉,"底下人说,

---

① 《皇舆西域图志》卷首一,《准噶尔全部纪略》。
② 《宫中档乾隆朝奏折》第8辑,第262页。

达瓦齐原根不是我们的台吉，众人心上都不大服"①，而其本身实力，并非首屈一指。讷墨库济尔噶尔要求与达瓦齐分掌准噶尔，达瓦齐怒，双方兵戎相见。乾隆十八年（1753）八月，讷墨库济尔噶尔领兵1万进攻伊犁，达瓦齐落败，退回原游牧地，向阿睦尔撒纳求援。阿睦尔撒纳设计擒获讷墨库济尔噶尔，诛之，仍护达瓦齐归伊犁为汗。

阿睦尔撒纳在扶助达瓦齐两登汗位的过程中，本身实力获得扩张。他娶杜尔伯特部台吉达什之女为妻。据说达瓦齐杀达什时，阿睦尔撒纳曾为之求情，但被拒绝，由此结下芥蒂。② 但是，达什被杀获利最大者却是阿睦尔撒纳，他借机收服达什的儿子讷墨库，将自己的庐帐由绰尔郭迁到额尔齐斯河流域，据其原游牧地。这样，阿睦尔撒纳就与杜尔伯特台吉讷墨库、和硕特台吉班珠尔一同游牧，可以统合辉特、和硕特、杜尔伯特三部的力量。当年十月，他派人到伊犁，要求达瓦齐兑现诺言，将伊犁以北至阿尔泰山岭的地盘及人户，归其统辖。

在阿睦尔撒纳使者前往伊犁的同时，杜尔伯特部台吉三车凌率属投奔清朝。

连年内乱，使杜尔伯特部损失惨重。当年八月讷墨库济尔噶尔与达瓦齐发生战争时，该部首领为避免再度沦为牺牲品，曾派使者赴清朝阿尔泰卡伦，接洽归顺事宜。如今眼见祸乱旋即复起，该部台吉车凌（1698—?）、车凌乌巴什（1729—?）、车陵蒙克毅然率领部众3888户（车凌1977户、车凌乌巴什1200户、车凌蒙克711户）共1万余人，陆续离开额尔齐斯河流域，往阿尔泰清朝边境移动。③

---

① 《宫中档乾隆朝奏折》第9辑，第114页。
② 《宫中档乾隆朝奏折》第9辑，第113页。
③ 《平定准噶尔方略》正编卷一，乾隆十八年十一月丙子、十二月庚戌。

六、乾隆两平准噶尔

2. 奋乾断直捣伊犁

经历一个来月的跋涉后,杜尔伯特三车凌率部陆续抵达阿尔泰清军北路卡伦,请求归顺清廷。因清准和议之时原无不纳降人的约定,北路将领副将军王成衮札布等人即安排保护与防守,将情况奏报朝廷,并移咨西路。高宗接到奏报后,极为重视,立即召军机大臣商议,断定准噶尔高层已陷入内乱,三车凌"向往王化"意愿诚实可信,令成衮札布速速派员安抚,许其进入卡伦之内安顿,并动用官项牛羊粮食接济,又特派理藩院左侍郎玉保携带御用元狐(银狐)帽、端罩(翻毛裘皮外套)驰驿前去颁赐加恩,待今冬成衮札布赴京时带领该部台吉一同陛见。随后考虑到蒙古未出痘者甚多,对内地天花无抵抗力,而且新附部众急需安抚,故该部台吉陛见安排到次年热河避暑时办理。又因准噶尔宰桑玛木特领兵200 尾追车凌闯入清方卡伦,清廷派遣尚书舒赫德前赴鄂尔昆军营权宜办理。

乾隆五年(1741)和议达成后,清廷对于准噶尔的动向,尤其是高层动向,一直密切注视。乾隆十七年(1752)年初,清廷得知达瓦齐有投清可能时,曾派兵部尚书舒赫德(1710—1777,字伯容,舒穆鲁氏,满洲正白旗人,大学士徐元梦孙)、侍郎玉保以视察军容为名,往北路防备应对。乾隆十八年(1752)二月,达瓦齐篡立后未及时向清廷遣使,清方怀疑其"或阴怀不轨",派侍郎兆惠赴西藏督查防备。四月,又派舒赫德、散秩大臣萨拉尔赴北路军营,湖广总督永常、护军统领努三赴西路军营,加强防备。六月,舒赫德奏报,达瓦齐杀达尔札,自立为台吉,据说遣使前来请安,已密咨西路。高宗令永常"夷使到哈密,一切事宜,并可照旧办理"①。七月,清方从准噶尔降人得知达瓦齐篡立详情,并"与阿睦尔撒纳相失"情形,撤回北路防边兵,并撤回两路及赴藏钦差大臣。八月,舒

---

① 《清高宗实录》卷四四〇,乾隆十八年六月丁酉。

赫德上奏建议，达瓦齐既为台吉，必遣使来告，我应遣使往报修好。高宗当时在热河避暑，对"遣使修好"说甚不以为然，令军机大臣寄信，谕舒赫德：

> 至所称遣使修好，殊为不晓事体。前之止兵修好，是与噶尔丹策零修好而已。至达瓦齐，本系别支，胆敢作乱弑君，自为台吉，若系属国，尚当兴师问罪。但我大国，无乘乱兴师之理。今若遣使前往，不惟于体制未协，反谓我国畏彼，每立台吉，必皆遣使任意干请。况准噶尔之性，无事尚欲捏造妄言，若欲定议修好，彼必遣使往返，言之不已矣。①

该谕旨表明，得知篡立的达瓦齐与"阿睦尔撒纳相失"消息后，高宗的对准方略有了改变，即从修好转向挞伐。

九月，改调永常为陕甘总督，以加强西路力量。

至是，因三车凌来投捎有达瓦齐与讷墨库济尔噶尔兵戎相争的信息，高宗令舒赫德赴北路鄂尔昆治军事，令侍郎玉保、前锋统领努三、散秩大臣萨拉尔佐定边副将军成衮扎布，并借乌梁海部落阑入卡伦之机，用兵将其降服或驱之远去，以获取更有利的对准态势；又令永常勿照往年惯例轻许贸易，当借达瓦齐篡立、玛木特擅闯卡伦责问来使。若来使生事，即相机擒捕，并令安西提督王进泰，如遇准噶尔大队人马来降，即予保护收留。② 高宗担心王进泰为人过于谨慎，难当重任，吩咐军机大臣"传谕永常，明岁夏秋间，令其亲往安西一带，悉心筹画，节制调度，务协机宜，庶于边备夷情，均有裨益"。③ 永常即饬令王进泰、镇守哈密总兵冶大雄"时督卡伦，严加瞭望。但见来夷踪迹，无论进贡贸易暨脱出夷众，一经探实，飞速驰奏"，同时呈报总督，"以便星赴酌办"④。

乾隆十九年（1754）春，舒赫德至北路军营，参赞大臣达清阿诱致玛木特，将其槛送京师。奏闻，高宗以玛木特闻召即至，非因拒捕被擒，不

---

① 《清高宗实录》卷四四五，乾隆十八年八月乙巳。
② 《清高宗实录》卷四五三，乾隆十八年十二月庚子。
③ 《清高宗实录》卷四五二，乾隆十八年十二月乙巳。
④ 《宫中档乾隆朝奏折》第8辑，第14页。

六、乾隆两平准噶尔

符原降谕旨,令释还。不久,萨拉尔、努三出边,获上年乌梁海部阑入卡伦头目札木参、瑚图克,舒赫德复奏报欲将其槛送京师。高宗赞赏萨拉尔之勇,晋内大臣,而擒获乌梁海头目并非目的,遂令囚置军中。军中方传达瓦齐派兵5000来攻,成衮札布致书解释玛木特、札木参等犯边被捕始末,舒赫德又奏收降乌梁海非易。高宗责舒赫德等过于怯懦,究其包庇部下,下部议夺官,以示儆诫。寻降旨宽免,召舒赫德赴热河受方略,以侍郎兆惠代,解成衮札布左副将军任,以策楞代。又将北路军营自鄂尔昆(塔米尔)西迁至乌里雅苏台,改设台站,增派军队,增运粮饷3万石,并增设边境卡伦。三车凌部众编设旗佐,赐名杜尔伯特赛音济雅哈图盟,分授车凌等为正副盟长,暂安插于推河、扎克拜达里克、库尔奇勒等处种地游牧,从归化城运去种子并赏给羊1.3万头,以供养赡。

四月,陕甘总督永常亲赴安西坐镇,接到冶大雄密札,准噶尔数十人已到哈密西北巴里坤山的东达坂,沿肋巴泉,往苏吉而来,但不确定是来朝贡请安,或是贸易买卖。永常随即奏报。高宗同时接到冶大雄、永常两人奏折,却不明准噶尔来者目的,甚是着急。8天后,永常再次奏报,确认来者系贡使,为首者名敦多克,已遵旨责问达瓦齐篡立、玛木特阑入卡伦,将其贸易用牛羊留于哈密,许其使团35人带马驼三分之一及行李,派员护送至京。就在接到永常第二封奏折的前一天(庚戌,四月十一日),高宗接到北路左副将军策楞奏报,从乌梁海人处得到消息,达瓦齐与阿睦尔撒纳已经讲和。策楞认为,该消息可能有假,是缓兵之计。高宗也赞成此判断,但内心颇为忐忑,接到永常奏报仍是一头雾水,非常失望,责永常奏报迟缓。①

五月初四日,永常第三封奏折抵京,谓讷墨库济尔噶尔战败被杀,达瓦齐与阿睦尔撒纳关系如何,尚不得知。但准噶尔来使并未提及两人和好,而且对达瓦齐能否坐稳台吉,亦颇有疑问。②

高宗览奏,抑制不住地兴奋:了结数十年未了之局的时机到了!

他密召满洲王大臣到圆明园商议进剿计划,与汉臣无涉。这一点可能

---

① 见《清高宗实录》卷四六二,乾隆十九年闰四月庚戌、辛酉。永常第一封奏折发于四月二十四日,第二封发于闰四月初二日,见《宫中档乾隆朝奏折》第8辑,第94页、第177页。

② 《宫中档乾隆朝奏折》第8辑,第255-264页。

是汲取了雍正年间西路失利的教训。当年宁远大将军岳钟琪由于出身汉人，缺乏旗人自信，谨小慎微，对上意过于揣度，没有大担当，导致难于展布。

然而，令高宗意想不到的是，鉴于雍正九年（1731）和通淖尔之役的惨败，满洲王公大臣均心有余悸，除了大学士傅恒，无一人支持用兵，连兵部尚书舒赫德也表示反对。① 真是应了俗话"栗木之外无好火，郎舅之外无好亲"！傅恒（1722？—1770），字春和，富察氏，出身满洲镶黄旗世家，姐为高宗皇后。在傅恒的支持下，高宗决意不理睬众满臣异议，大奋"乾断"，谕军机大臣筹备明年两路进兵，直捣伊犁：

> 从前准夷部落，准其通贡贸易，原系加恩噶尔丹策零。其后策妄多尔济那木札勒（尔）、喇嘛达尔札继立，因系噶尔丹策零之子孙，是以仍前办理。至达瓦齐篡立，则系伊之仆属矣。今伊贡使前来，若仍前相待，我朝当全盛之时，国体攸关，不应委曲从事，以示弱于外夷。若少示贬损，准夷素性猜疑，阴怀叵测，将来必至构衅滋事，不得不先为防范。况伊部落，数年以来，内乱相寻，又与哈萨克为难，此正可乘之机。若失此不图，再阅数年，伊事势稍定，必将故智复萌，然后仓促备御，其劳费必且更倍于今。况伊之宗族车凌、车凌乌巴什等，率众投诚，至万有余人，亦当思所以安插之。朕意机不可失，明岁拟欲两路进兵，直抵伊犁。即将车凌等分驻游牧，众建以分其势。此从前数十年未了之局。朕再四思维，有不得不办之势。所有明岁军兴，一应粮饷兵丁马驼，均应豫为筹画。②

此上谕，明确指出三大原则。第一，征伐准噶尔的目的既在于彻底解除清朝西北国家安全隐患，对将近1个世纪以来的清准之争做一个了结，也在于恢复准噶尔社会秩序，安置准噶尔难民。第二，天赐良机，准噶尔内乱，其主要统治者已经失去统治的合法性，不能维持正常社会秩序，不

---

① 《清高宗实录》卷四七四，乾隆十九年十月戊午条载，两路并进平定准噶尔之筹画，"在汉大臣等，原未与议。今满洲王大臣内，惟大学士傅恒奏请办理，其他皆畏怯退缩，恐生事端"。

② 《清高宗实录》卷四六四，乾隆十九年五月壬午。

六、乾隆两平准噶尔

能保护其属民生命与财产安全,此机会比雍正年间岳钟琪所说准噶尔面临多线作战的"第一种机会"还要好,临以兵威,顺天应人,机不可失,势在必行。第三,准噶尔的善后原则是准噶尔地方自治,将准噶尔难民回迁,分设数个地方政权,接受清朝统治。

大的原则既定,两路具体出征计划,就由军机大臣与相关部门、两路统帅协调落实,并召永常、策楞回京听训,期以本年十月到京。

初六日,高宗奉皇太后出巡盛京,发圆明园。十二日,抵哈喇河屯行宫(河北省承德市双滦区滦河镇西北),命分别封三车凌为亲王、郡王、贝勒,其他头目封贝勒、公、头等台吉等,俱授札萨克。次日,在热河避暑山庄澹泊敬诚殿接见三车凌等,赐宴赏赉有差。

十五日,理藩院尚书纳延泰、左侍郎玉保带领达瓦齐使臣敦多克觐见,与杜尔伯特车凌等一同与宴,共观百戏。三车凌陛见,进一步报告了准噶尔内乱实情,高宗兴奋无比,加快了遣将调兵步伐。

二十日,命刑部尚书刘统勋协办陕甘总督事务,调福建巡抚陈弘谋为西安巡抚,协同办理西路军需。

次日,军机大臣奏上两路派兵方案。用兵5万人(西路2万人,北路3万人),每兵用马3匹,共15万匹,北路驼1万头、口食羊20万只,南路驼6000头、口食牛羊10万只。

二十二日,以明年两路征讨准噶尔谕内外蒙古。

二十三日,令户部左侍郎兆惠速赴归化城办理北路运米之事。兆惠(1708—1764),乌雅氏,字和甫,满洲正黄旗人,世宗生母孝恭仁皇后族孙。

就在紧锣密鼓部署两路进兵时,高宗获得一条更加令人兴奋的消息:准噶尔辉特部大台吉阿睦尔撒纳正在归降的路上。

因获玛木特约会阿睦尔撒纳前来投诚之信,二十五日、二十七日,高宗两次颁旨,令军机大臣、北路军营抓紧做好接纳大规模降人以及明年进兵事宜。①

原来乾隆十八年(1753)十一月中,阿睦尔撒纳的使者10人带着密信到达伊犁后,达瓦齐拒绝其摒弃嗜酒好杀的劝谏和裂土分封的要求,将

---

① 参见《清高宗实录》卷四六五,乾隆十九年五月癸卯、乙巳。

使者拘捕，随即派台吉沙克都尔曼济等人领兵3万攻打塔尔巴哈台。阿睦尔撒纳、讷墨库力不敌，被迫率众迁往东北的都兰哈拉（今新疆哈巴河县境）额尔齐斯河流域住牧。乾隆十九年（1754）三月初，达瓦齐又派宰桑策凌巴雅尔、布林率兵进攻阿睦尔撒纳，派台吉诺尔布、宰桑玛木特领兵掠其游牧地。阿睦尔撒纳且战且退，计划投奔清朝。五月中旬，玛木特了解清朝待准噶尔降人甚厚，又断定阿睦尔撒纳降清意向甚坚，于是暗中接洽，约会同投清朝。

六月十一日，定边左副将军策楞奏折送达热河行宫，高宗得知阿睦尔撒纳率部且战且行，已抵达额尔齐斯夔博和硕，即令杜尔伯特贝勒色布腾自其游牧地率所部精锐，协同策楞，赴边卡办理接纳投诚事宜。又召内大臣萨拉尔立即出京赴行在面授机宜。① 二十日，询问有关情形后，授拉萨尔为军营参赞大臣，令驰赴北路。

准噶尔降人如潮水般涌来，高宗确信，两路大兵宜轻装速进。自五月二十一日军机大臣奏两路进兵方案后，陆续定议两路所调各地兵马，于明年四月内各自齐集乌里雅苏台或哈密军营。而陕甘总督永常所奏西路携带武器粮饷计划，偏于繁重，裹带米面竟达数百万斤，高宗指示说：

> 此系从前岳钟琪所办，乃相沿绿旗陋习，已属失策。况此番情形，与前更自不同。现在准夷内乱相寻，人心离畔，以天朝余力，乘机进取，正所谓取乱侮亡之时。若裹带米面数百万斤，驮载前往，则兵丁防护不暇，何能轻骑进剿。且与蒙古交战，惟应仍用蒙古行走之法，加以官军节制足矣。若辎重为累，不得鼓勇直前，反启准夷窥伺攘夺之心，岂非转资盗粮耶！②

而甘肃巡抚鄂昌为两路官兵各准备1份生津止渴的果丹，获得高宗"甚好"称赞。③

---

① 《清高宗实录》卷四六六，乾隆十九年六月己未。当时北路军营奏折抵达行营约需14日，则该奏折发出日期约在五月二十七日，玛木特使者抵达北路卡伦的日期约在五月二十六日。行在，即"行在所"，指皇帝离京外出所至之地。
② 《清高宗实录》卷四六七，乾隆十九年六月壬申。
③ 《清高宗实录》卷四六七，乾隆十九年六月"是月"。

六、乾隆两平准噶尔

七月初五日，高宗奉皇太后自避暑山庄启程，诣盛京谒陵。这次谒祭祖陵，特别具有祈告祖先、光大祖业的意味。

下旬，高宗往盛京途中，在辽河西岸草原行围打猎，接到定边左副将军策楞奏报，七月初八日，阿睦尔撒纳率部进入阿尔泰清朝边卡内，男女老少部众共两万人，其中兵士5000余人。这是近年来准噶尔部众投诚规模最大的一次。为安抚如此庞大的归降人口，首要的事情是让他们切身感受到"嘉惠伊等远方输诚纳款之意"。高宗指示北路军营，一面派出大员到边界隆重接待、照看安插他们游牧，一面酌量其需要，及时动用军营牧放的牲畜、储存的粮食接济，尔后再奏报。并特别指示，新降部众安置地点就于北路军营附近选择，不得将其分散迁往他处，以安其心，且于明年西征时得其效力。又指示北路军营主要将领于十月至京商议明年进剿事宜，待盛京谒陵事竣返京，完成冬至祭天大典后，即赴热河接见阿睦尔撒纳。又令西路军统帅陕甘总督永常抓紧安排西征准备事宜，于十一月底前抵京。可见，在高宗的擘画中，利用好阿睦尔撒纳的归降力量，是执行西征计划的关键一环。

当时阿睦尔撒纳以同来投归者尚有千余户滞后，且其胞兄和亲子被玛木特拘捕，请求北路给予兵马前去接应救援。参赞大臣成衮札布、萨拉尔、努三皆赞同，而定边左副将军策楞、参赞大臣舒赫德两人则反对。之前两人还曾奏请将降众迁至大戈壁之南安插，高宗以目前正当对准噶尔降人"大示怀柔、永绥边境"之时，两人不识轻重，颠倒舛谬，令革职仍留军营，在参赞上效力，以班第为兵部尚书，驰驿往北路署理定边左副将军印务。① 班第（？—1755），博尔济吉特氏，蒙古镶黄旗人，雍正二年（1724）任内阁学士，乾隆十三年（1748）授内大臣。

十月十一日，高宗奉皇太后结束盛京谒陵之行，回到北京。十三日，以谒陵礼成，至太和殿受诸王文武百官庆贺。毕，召见诸满洲王大臣等，宣示西征平定准噶尔乃当行必行、行之必成之事，戒励满洲臣仆效法前人，奋勉从事，立功报国。

二十八日，接班第收服乌梁海部捷报。此前原任定边左副将军策楞等奏报，若七月出兵收服乌梁海，回师时恐遇降雪封路，不果行。八月又奏

---

① 《平定准噶尔方略》正编卷三，乾隆十九年七月丙午。

报计划九月间进兵。高宗责其前后矛盾，种种错误，殊堪发指！令不如等明年大军西征时再行办理，并谕署理将军班第熟筹妥办。不久，班第奏，与萨拉尔等率领大军已于八月二十四日、二十五日出发，不便撤回。高宗赞班第勇于担当，旋即实授其为定边左副将军，调两江总督鄂容安为北路参赞大臣，协同办事。至九月九日，萨拉尔等领兵擒获阿尔泰山南麓额尔齐斯河岸居住之乌梁海部宰桑三人，收其户口千余。十月中旬，复往南越索勒毕岭（阿尔泰山东南脉山岭之一），至布拉罕河察罕托辉、额贝和硕地方（今蒙古国西南），又擒宰桑2人，收降厄鲁特兵150余名。至此，收复乌梁海，清兵未曾损伤一人。高宗得捷报甚悦，赞叹办理甚合机宜，赏给班第世袭子爵，补授正黄旗领侍卫内大臣，赏银1000两；赏给萨拉尔世袭子爵，补授正白旗领侍卫内大臣。同时，惩策楞、舒赫德此前之畏缩无能，令班第审明具奏后再行治罪，先将策楞的5个儿子、舒赫德的2个儿子遣发京外各地驻防，披甲效力赎罪。

次日，高宗以准噶尔用兵事宜，宣示朝廷内外，要求臣工将士以班第、萨拉尔为榜样，以策楞、舒赫德为儆戒，奋勇争先，竟三朝功业。寻宥两人治罪，仍留北路军营效力。

十一月初九日，南郊祀天大礼成。翌日，高宗离京，兼程赴避暑山庄，当日晚宿密云县行宫。十一日晨，疾驰赶路，晚宿常山峪行宫（今河北滦平县长山峪乡）。十二日晚，宿王家营行宫（常山峪东北40里）。十三日晨，发王家营，午后抵避暑山庄西十余里之广仁岭。在理藩院左侍郎玉保的悉心安排下，投诚的辉特台吉阿睦尔撒纳、杜尔伯特台吉讷墨库、和硕特台吉班珠尔等率众恭迎，并扈从至避暑山庄。高宗于行殿召见投诚诸台吉，封阿睦尔撒纳为亲王，讷墨库、班珠尔为郡王，其余封授贝勒、贝子、公、头等台吉，均授为札萨克，管辖所部人户。旗分佐领的编次、官职补授，由理藩院照例办理。又以阿睦尔撒纳、讷墨库分别充任北路、西路参赞大臣。随各赐冠服、银两、宴席。①

翌日，投诚诸台吉行谢恩礼。高宗赐宴如意洲。十五日，高宗于万树

---

① 《平定准噶尔方略》《清高宗实录》俱不记乾隆十九年十一月十二日驻跸王家营行宫事，且将高宗抵达避暑山庄日期记为十二日。而《高宗起居注》记十二日驻跸王家营行宫，十三日"驾至避暑山庄"。《实录》记归顺诸首领在广仁岭迎驾事，《方略》《起居注》皆不记。

园大帷，再赐投诚诸台吉宴，与宴各宗室王公、蒙古王公台吉、文武大臣，也有绸缎衣料赏赐，此后连日宴飨。十七日，招班第来京陛见，以阿睦尔撒纳暂署定边左副将军印务。十九日，以进剿达瓦齐宣谕准噶尔。二十日，阿睦尔撒纳离开热河赴北路，高宗也动身回京。

随后，两路主将陆续到京。乾隆二十年（1755）正月中旬，两路西征方案最终确定下来。出征日期最初定于四月内，后因萨拉尔的建议，提前到二月，后觉备战颇仓促，又改为三月。终因阿睦尔撒纳奏报其兄巴特玛车凌与哈萨克人众往征达瓦齐，博罗塔拉以外，已被抢掠，内乱中的准噶尔有被哈萨克占领的危险，高宗于是令阿睦尔撒纳酌量马力，奋勇前进，将北路进兵时间提前到二月十五日。①

因出征时间提前，原定调兵与进兵计划也做了相应调整。最重要的调整是两路出征部队都分作哨探兵和声援兵两大部分：哨探兵既是先头部队，也是作战的主力部队，由新归顺的厄鲁特部首领率领；而声援兵，则由两路主帅统领，负责接应哨探兵、保障其后勤供应。实际出征时间，则取决于北路哨探兵统帅阿睦尔撒纳的判断。

3. 了却百年之争

北路哨探兵由定边左副将军阿睦尔撒纳统领，以额驸色布腾巴尔珠尔、班珠尔、讷墨库、郡王衔贝勒青衮杂卜、内大臣玛木特、奉天将军阿兰泰为参赞大臣。其6000名哨探兵的组成为阿睦尔撒纳等所属厄鲁特兵2830名、札哈沁兵300名、察哈尔兵1000名、和托辉特兵500名、喀尔喀兵1370名。另外有屯田兵11000名，其中厄鲁特兵100名、绿营兵300名、喀尔喀兵700名，出师时与哨探兵一同前进，至额尔齐斯上游流域，屯垦驻守。

---

① 《清高宗实录》卷四八一，乾隆二十年正月癸巳。

在哨探兵之前，还有一支由副都统衔札哈沁得木齐（系宰桑下面管理鄂托克内 100 户以上至 200 户事务的首领）达什敦多布率领的先遣队，由新归降厄鲁特等组成。原来萨拉尔收服乌梁海后，遵旨将所擒获噶勒杂特、札哈沁包沁（札哈沁系准噶尔边防军，包沁是炮手）两鄂托克（鄂托克，蒙古基层社会组织）及乌梁海部众安置于特斯鄂衣浑等处游牧，交与和托辉特贝勒青衮杂卜旗内；将札哈沁宰桑库克新玛木特、通玛木特，与库克新玛木特之子车凌达什、得木齐达什敦多布等解送至京。高宗分别授其为内大臣御前行走、散秩大臣乾清门行走，两子俱授三等侍卫。该两鄂托克住牧地在阿尔泰额尔齐斯河上游一带，正当北路进兵要道，阿睦尔撒纳降清后，即建议清廷先予收服。而三车凌降清后，车凌孟克之子巴朗又复叛去，高宗令北路军追捕，久不得。因此，高宗欣然采纳阿睦尔撒纳的建议，令其率所属及新降附厄鲁特兵前去办理，并收服未降乌梁海部众，遭噶勒杂特阻挠。达什敦多布陛见时，称噶勒杂特宰桑之一的都噶尔是其弟，愿往招安。高宗于是赏其副都统职衔，令其驰赴北路军营，与乌梁海宰桑察达克、侍卫图伦楚等一同领兵 1000 速进，正可出敌不意。① 尔后又接哈萨克攻打准噶尔军报，高宗即令达什敦多布等在大队哨探兵之前行走，受阿睦尔撒纳节制。阿睦尔撒纳于是令达什敦多布率先锋前出齐齐克淖尔，以招抚阿尔泰附近厄鲁特，打通进兵之路。不久，噶勒杂特部众来降。二月十二日，阿睦尔撒纳统领北路哨探兵大队，打着各色旗帜，携带 4 个月口粮，自乌里雅苏台出发西征。

高宗原本让阿睦尔撒纳、班珠尔、策凌所部厄鲁特兵使用八旗上三旗旗纛，但热河会见时，阿睦尔撒纳提出仍用旧纛方便，因为"每到准噶尔地方，彼处人众，易于识认，投降甚便"。高宗欣然接受，令他们仍用旧的准噶尔旗纛。② 如此使用旗帜，使两路西征的清军颇像一支准噶尔和清朝的联军。至于如何向准噶尔人众传递清晰的信息，判定谁从属于谁、谁为谁帮忙，则取决于两路副将军的拿捏、各位满蒙将领的制约。不过，高宗有信心，厄鲁特降将终究跳不出他的掌心。

北路哨探兵出发后，屯田兵随即续进。北路声援兵大队，则由主帅定

---

① 《清高宗实录》卷四八〇，乾隆二十年正月丁亥。
② 《清高宗实录》卷四七二，乾隆十九年九月乙酉；同书卷四七六，乾隆十九年十一月庚寅。

六、乾隆两平准噶尔

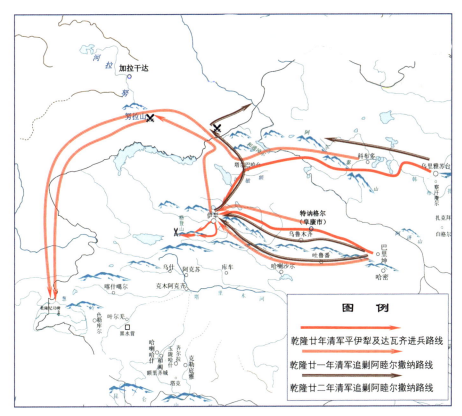

图6.1 乾隆两平准噶尔（底图据谭其骧主编《中国历史地图集》第八册《清时期全图（一）》，中国地图出版社，1982）

北将军兵部尚书班第统领。北路原定用兵30000人，将哨探屯田兵8000减除，剩下的22000人声援兵大队。但当时大队人马尚未抵达北路军营，因哨探兵已经出发8天了，且预计准噶尔不会有组织良好的抵抗，班第率察哈尔兵2000人，携3个月口粮，于二月二十日起程。

西路原计划用兵20000人，后减至16000人，其中哨探兵6000人，声援兵10000人，专用蒙古、满洲兵，绿营兵一概不用。其哨探兵由定边右副将军萨拉尔统领，以杜尔伯特亲王车凌、郡王车凌乌巴什、贝勒车凌孟克、内大臣鄂容安等为参赞大臣。哨探兵的构成为察哈尔兵1000名、三车凌兵2000名、阿拉善蒙古兵500名、凉州庄浪满洲兵1000名、宁夏满洲兵1000名。还差500名，原计划由和托辉特部选调300名，哈密回兵200名，因临近出发日期，和托辉特兵尚未到，定西将军永常拟用绿营兵替补，但高宗反对，认为绿营兵"只可令供台站等用，若令前队进发殊不足恃"①。西路哨探兵，携带2个月口粮，于二月二十五日自巴里坤出发。

初得阿睦尔撒纳奏报哈萨克攻击准噶尔消息时，高宗顾忌哈萨克和阿睦尔撒纳兄弟得了先手，遂发一明一暗两道谕旨。明发谕旨给两路将军，谓：西路哨探兵领队萨拉尔若先到博罗塔拉，有机可乘，则不必等候北路会师；倘北路先到，亦如此办理。如必须两路合攻，则会齐后一同进发。密旨则发给萨拉尔，令其努力进兵，争率先擒获达瓦齐，以防哈萨克、阿睦尔撒纳捷足先登，恃功恣意。高宗以为"现在准噶尔情形，穷蹙已极，成功甚易"②，又屡颁谕旨，催促所调西路将士抓紧行军，赶赴巴里坤，于原定日期前进兵。二月初三日，阿睦尔撒纳奏报，西路军营距伊犁路程较北路近，如果不等与北路会师即先进，不无孤军深入之虞。高宗又觉得有理，出于万全，复令西路仍遵原定二月二十八日自巴里坤起程，俟到额林哈毕尔噶，候北路信息，再同至博罗塔拉，会同前进伊犁。不久，永常得知有准噶尔部众来降，遂令哨探兵提前3天出发。

西路声援兵由定西将军永常统帅，以喀尔喀亲王额林沁多尔济等为参赞大臣。其兵力总数约为10000人，其组成为：京师健锐营兵1000人、哲里木兵1000人、索伦兵3000人、西安满洲兵2500人、察哈尔兵2500人。

三月初一日，北路哨探兵至齐齐克淖尔，与先锋兵会合，稍作休整，整饬给养。初三日，继续前进。初九日，因大队尚未到齐，西路定西将军永常率绿营兵、回兵继进，以及时呼应哨探兵，后到各队兵丁，陆续继进。

两路进兵比预想的还要顺利。兵锋所到，准噶尔部落台吉、宰桑纷纷率众迎降。而两路将军均派人传宣朝廷诏敕，令其各于原地安心耕牧，仅选各鄂托克兵力，大者数百人，小者数十人，由其首领统率，随队从征。

西路哨探兵出巴里坤，沿天山北麓西进。出兵17天后，就获得重大进展，在三月十二日招降了游牧于罗克伦河流域（今新疆昌吉回族自治州三屯河）的噶尔藏多尔济及其所部1600余户。噶尔藏多尔济是准噶尔大台吉绰罗斯部首领。高宗得信兴奋地说："看来大功告成在指顾间！"③ 高

---

① 《平定准噶尔方略》正编卷八，乾隆二十年二月癸未。
② 《清高宗实录》卷四八二，乾隆二十年二月丙午。
③ 《平定准噶尔方略》正编卷九，乾隆二十年三月壬寅。

六、乾隆两平准噶尔

宗曾计划，平定伊犁后，废黜准噶尔大汗，将四卫拉特各设可汗，分而治之。两路出征前，预定3位可汗人选：辉特部可汗阿睦尔撒纳、杜尔伯特部可汗萨拉尔、和硕特部可汗班珠尔，尚有绰罗斯部可汗人选未定。该部可汗人选，原则为绰罗斯氏苗裔，虽然噶尔丹策零已经绝后，但仍有近亲，而噶尔藏多尔济最符合这个条件。因此，他的归降意味四汗分治架构已经成型，伊犁和准噶尔全境的平定便是指日可待。

北路军哨探兵越过额尔齐斯河后，收服了附近准噶尔部落，并于布拉罕（今布尔干河滨，乌伦古河上游）、青吉勒河（今乌伦古河）畔安置屯田兵，然后向乌里雅苏台河（今额敏河）流域进军。这一地域位于塔尔巴哈台山以南、鄂尔和楚克山西北，原本是阿睦尔撒纳和达瓦齐的游牧地。为接应哨探兵，班第依据马力，率1500名察哈尔兵加速前进。三月十九日至郭勒阿里克台，接到阿睦尔撒纳要求声援兵速进咨文，即派马力健壮者600骑减装驰行，班第率后队继进。寻于额尔齐斯之西喇托辉与哨探兵会合。一路履戈壁、顶狂风，于三月三十日共同进兵至额尔得里克。因奉高宗谕旨，声援兵须与哨探兵保持数日程距离，不得有争功之心，班第与阿睦尔撒纳商定后，拣选马匹膘壮兵丁1000名，由阿睦尔撒纳、色布腾巴尔珠尔、青衮杂卜率领先发，其余兵丁由班第等带领，一边牧养马匹、一边进兵，约定四月初六日到察罕呼济尔（今新疆额敏县东北）会师。同时，将两支屯田兵分别前移至察罕呼济尔与鄂伦淖尔（大约在今新疆和布克赛尔蒙古自治县北部）。

班第如约到达察罕呼济尔，阿睦尔撒纳正在额米尔（今新疆额敏县一带）收服达瓦齐所属五集赛（集赛语义为"轮值"，是准噶尔大汗划拨出来专门供养黄教寺院僧侣的世袭牧户组织）7000余户，并俘获逃人巴朗等人。四月十七日，阿睦尔撒纳又移咨班第，提了三项要求。一是将五集赛中他的原属民查出，集中迁移到博罗塔拉住牧。二是保障军饷接济。因为轻装前进，兵丁携带口粮不足额，要求或将部队中的牲畜与沿途牧民易换给养，或将烟茶银两运到军前派发，让兵丁沿途自行交易。另外，需预先筹办两路大军会合后的接续口粮，不然要浪费时间筹粮。三是以伊犁人众、穷苦者必多为由，建议预先筹备物资，以便大军抚定时给予养赡。

班第转奏了咨文。高宗看后很不高兴，怀疑阿睦尔撒纳为了一己之私迟误军期。阿睦尔撒纳原奏预计四月十五日两路大军在博罗塔拉会师，但过了两天，北路军仍在额敏地区停留。而清查收集原本属民，尽可放在成功后从容办理，这引起高宗进一步怀疑："明系欲藉此时，将伊属下人等豫为纠合，俟抵伊犁后，将尽攫其财物，可以就近窜逸，逞其狡诈耳！"故密令班第"察其心迹，密加防范，不得稍有疎虞"。① 事实上，阿睦尔撒纳的确在利用自己的地利与人和优势，借清兵之威，大肆收服旧部，兼并对手。

四月二十一日，班第统兵抵达博罗塔拉。萨拉尔已先期抵达该地东南。先是萨拉尔得咨文北路，于四月中可抵会师地，为避免阿睦尔撒纳抢先行动，咨催定西将军永常派索伦兵1000紧急增援，且不待永常抵达乌鲁木齐，即于三月十九日自罗克伦出发，率马匹膘壮满洲兵400名、属下兵40名、新降厄鲁特各部兵1070名速进，按约定日期抵达会师地。②

班第移咨西路，为避免绕道耽搁进兵，约定西路轻骑径趋博罗布尔噶苏台山梁，北路大兵沿库苏河、木苏克河前进，彼此互为声援。二十三日，班第自博罗塔拉起程，不久色布腾巴尔珠尔率哨探兵前锋赶上，阿睦尔撒纳随后亦到。

四月二十七日，西路哨探兵抵达博罗布尔噶苏山（北天山，清代又称北山，今科古琴山）登努勒台山口（今新疆精河县托里乡西南通往伊宁县北部之阿恰勒河谷），翻越山口，往前3日路程的地方，就是伊犁河固尔札渡口，准噶尔汗廷所在。

群山夹峙中，伊犁河自东往西蜿蜒而去。河畔谷地土壤肥沃，水草茂盛，宜农宜牧。雍正五年（1727），噶尔丹策零继为准噶尔大汗后，在河北修建固尔札都纲（今伊宁市郊东北4公里处），意为"盘羊寺"，因寺顶装饰成盘羊角的形状而得名；河南建海努克都纲（今察布查尔锡伯自治县海努克乡西北4公里处），意为"犏牛（牦牛与黄牛的杂交后代）寺"，因其顶有巨大牦牛角式装饰而得名。两寺于5年后（1732）竣工。③ 中心经堂都是三层建筑，河北者殿顶覆铜胎鎏金瓦，塔刹为纯金制作；河南者

---

① 《平定准噶尔方略》正编卷一一，乾隆二十年五月乙亥。
② 萨拉尔抵达博罗塔拉东南日期，史无明文。但伊自罗克伦出发时曾奏报起程日期和预计抵达日期，而高宗料其必按期抵达，且班第抵达博罗塔拉时，萨拉尔已先期抵达，故著者认为萨拉尔按预定计划抵达了会师地。
③ 才吾加甫：《清朝时期的新疆准噶尔汗国藏传佛教》，载《新疆师范大学学报》2005年第3期。

六、乾隆两平准噶尔

殿顶鎏银，塔刹则为纯银打造，故又分别称为金顶寺、银顶寺。阳光明媚的日子，两寺喇嘛可以望见对岸塔刹闪耀的夺目金光或银光。固尔札都纲寺垣周长1里，噶尔丹策零以五集赛轮番供养，鼎盛时有喇嘛6000人，每逢年初与仲夏时节，"准噶尔之众膜拜顶礼者，远近咸集"①。都纲正门前有1对威风凛凛的石狮，正殿里供奉绿度母（观世音菩萨的化身）塑像，塑像前供有2件黄教圣物：从西藏抢来的佛钵、宗喀巴饮茶用的嵌有8朵银花的白瓷碗，还有象征汗权的珲台吉方印。殿壁绘有噶尔丹策零及其可敦、众喇嘛、台吉、宰桑的画像。而噶尔丹策零去世后，其舍利亦存放于庙中，岁时享祭。两寺的周围，宫帐、善众、商旅云集，渡口船只穿梭如织。固尔札和海努克都纲已成为准噶尔汗权政教兼统和汗国鼎盛的见证。但是，达瓦齐篡夺汗位后，噶尔丹策零的享祭即告断绝。

二十八日，北路班第与阿睦尔撒纳也统兵到达20里外的尼楚滚。两路将军们商定后，计划稍作休整，即直攻达瓦齐。原来清兵两路出征时，达瓦齐正向各鄂托克调兵，以对付哈萨克的进攻。调兵使者中途得知两路清兵已迫近博罗塔拉。消息传到伊犁，达瓦齐大惊失色，放弃在塔勒奇山北坡组织抵抗，直接撤出伊犁，越过乌孙山（中天山），带着属众和各鄂托克兵丁共1万余人，退守格登山（乌孙山西南山麓）。

随后，阿睦尔撒纳即领衔奏捷：

> 臣等进兵至伊犁，沿途厄鲁特、回子等，牵羊携酒，迎叩马前。臣等宣布恩旨，无不额手称庆。所在人众，耕牧如常，毫无惊惧。臣等抚定贼巢，即渡伊犁河北，务擒达瓦齐献俘。②

高宗收到捷报十分喜悦，令军机大臣们传阅。五月十九日晨，亲赴畅春园凝春堂，向皇太后问安、报喜。随后发表长篇上谕，宣谕诸王大臣，诏告乾纲独断之英明，顺天应人之壮举，竟皇祖考之余绪，出准噶尔部曲于水火而登衽席，卒不伤箭未折仅小费而速成功，亘古未有。论功行赏，阿睦尔撒纳赏亲王双俸，所属护卫官员增添一倍，子封世子，这是把平定

---

① 〔清〕爱新觉罗·弘历：《安远庙瞻礼书事（有序）》，《御制诗集》三集卷五二，《景印文渊阁四库全书》本。
② 《清高宗实录》卷四八九，乾隆二十年五月壬辰（十九日）。

准噶尔的第一功算在了他的头上。高宗清楚，没有阿睦尔撒纳的号召力，平准之役绝不会如此轻易成功。班第、萨拉尔俱晋封一等公，赏四团龙补服，大学士一等忠勇公傅恒再授一等公，其余参赞大臣封赏有差。

平定准噶尔乃军国大事，今有如此成功，一切告祭天地、太庙、社稷、陵寝诸礼仪，均接续敬谨办理。其凯旋、筵宴、赏赉等事，则于皇帝赴热河时举行。其他如皇太后上徽号、进表、行庆贺礼、颁诏天下一应典礼，均择吉日举行。高宗又亲撰平定准噶尔碑文，勒石太学。大兵所过之处，及伊犁地方，勒石纪铭，俱请"御制"。大成功必有鸿篇纪录，即开馆纂辑《平定准噶尔方略》。

赏行于有功，而罚加之罪过，于戴罪立功者，赏罚亦丝毫不紊。策楞以闲散为参赞，戴罪效力北路哨探兵队，"尚属奋勉"，赏给都统职衔，令同副都统三格统率西路撤回健锐营兵1000，驻守巴里坤。而鄂容安充西路参赞大臣，虽有功，但其不检举揭发父其鄂尔泰、兄鄂昌与"大逆"胡中藻交往秘事有罪，两者抵消，不赏不罚。

至于主管西路军后勤和后援保障的定西将军永常未得封赏之缘由，高宗不惮烦言，详悉宣谕：第一，永常未能像班第那样领兵向前，尽管班第不过"遵朕所授机宜，黾勉无误"；第二，西路军哨探兵于二月十二日出征时携带2个月粮，2个月后，永常以粮将尽奏请接济，犯兵家之大忌。

按高宗的说法，此次平准得以迅速成功，有赖于"新附之人深感朕恩"。其实，还有一个高宗未曾道出的原因，即此次成功是以低水准为前提的。按预先计划，两路大兵直捣伊犁，不仅要推翻达瓦齐的统治，更要重建卫拉特社会秩序，实现边疆长治久安。显然，后一目标尚远未达成。

至于锦州副都统那兰图，高宗以其西征之初，妄奏阿睦尔撒纳不可深信，本欲治罪，恐动摇人心，未做处理，今准噶尔全部已定，着将其革职押送京师，交刑部治罪。

高宗处罚那兰图，急急诏告"准噶尔全部已定"，大举庆功，可能都是为稳住阿睦尔撒纳而故意做出的姿态。然而，以阿睦尔撒纳为首的卫拉特各部台吉、宰桑，很快就将建立在"新附之人深感朕恩"基础上的"准噶尔全部已定"之断言推翻。

六、乾隆两平准噶尔

4. 阿睦尔撒纳之叛

其实,"新附之人深感朕恩"仅是高宗的自我感觉,而这一良好感觉的面具,在共同对手达瓦齐被擒之前,阿睦尔撒纳也不会轻易撕掉。

在阿睦尔撒纳的捷报向京师飞奔时,四月三十日,两路大军向伊犁河岸进发。西路趋东边喀塔克渡口(今雅玛图渡口,位于伊宁县与巩留县交界处雅玛图大桥之东、喀什河汇入伊犁河处之西),北路则西趋固尔札渡口(今伊宁市伊犁河大桥附近)。五月初一日,即有沿河附近住牧的准噶尔部落喇嘛、宰桑、得木齐络绎来降。初三日,两路大军抵达渡口。西路声援军索伦兵1000赶上哨探部队,军威益壮,获得两岸喇嘛、头目和居民们夹道欢迎。初五日,两路大军同时渡河。初七日,渡河毕。空格斯河(今名巩乃斯)、哈什(或喀什)河沿岸部落望风归降。清军将领颁布安民告示,晓谕各安住牧。

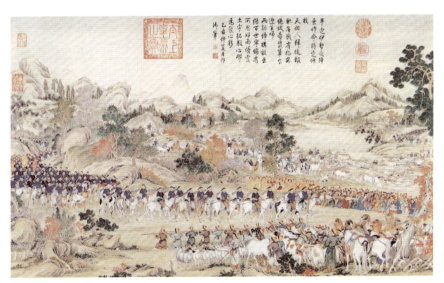

图6.2 平定伊犁回部之伊犁受降(《清史图鉴》第6册《乾隆朝上》,第67页)

随后北路军南越推墨尔里克岭（今察布查尔县与昭苏县交界处之帖木里克他乌，又称乌孙山），西路军翻越扣们岭，两路东西相距数十里，保持声势联络。初十日，至华诺辉图西里（乌孙山昭苏县一侧的一个山口坡地），见敌踪迹，遂两路并进。至哈新乌苏（今昭苏县哈桑河），距达瓦齐大营约50里，阿睦尔撒纳等勘察敌情，得知达瓦齐拥众近1万人，背负格登山崖（今新疆伊犁州昭苏县松拜）扎营，其西南紧邻苏木拜尔河，东南则距特克斯河大约27里，山河之间是一片泥淖，泥淖往东是牧放牛羊的草地。勘察间抓获两名俘虏，阿睦尔撒纳、拉萨尔亲自讯问，据供：他们是明阿特鄂托克人，在特穆尔图淖尔（今伊塞克湖）居住，最近被达瓦齐调取前来。达瓦齐军械不整，马匹亦疲，所调兵力已属搜刮无遗，外此别无可调之兵。

将军们断定，达瓦齐已气衰力竭，难以持久，在大兵压顶态势下将发生内部瓦解。同时，考虑到贯彻"圣主拯救准噶尔众生（于）涂炭"的精神，开厄鲁特投诚自新之路，商定使用夜战，增强神秘色彩，瓦解敌人斗志，避免大兵掩杀。①

十四日，详察地形后，两路清军并进至泥淖东侧。西路军在东侧停下，派出1支部队抢占山坡有利地形，大部队则在山脚至河滨布阵。北路军继续前进，绕过泥淖地，涉水过苏木拜尔河，在河西南岸布阵，并派分队上山占据形胜地，做出欲包围歼敌之势，以诱出达瓦齐乘机俘获，但达瓦齐不为所动。

入夜，将军们派西路军翼领喀喇巴图鲁阿玉锡、厄鲁特章京巴图济尔噶尔、新投诚宰桑察哈什等带兵22名，往探达瓦齐果否在营。

阿玉锡，厄鲁特人，因犯锉臂（砍掉一只胳膊）重罪，在雍正十一年（1733）逃归清朝，安置于喀尔喀住牧。萨拉尔受命为定边右副将军后，向高宗力荐阿玉锡，称其机勇绝伦，两军对阵、敌军举铳欲发之际，他毫无畏惧，跃阵直入，徒手夺敌鸟铳。高宗大为称赞，急召见，赐银两，授侍卫，令入萨拉尔哨探军充翼领。巴图济尔噶尔则是郡王讷墨库的下属宰桑，去年跟随阿睦尔撒纳、讷墨库一同投诚清朝。宰桑察哈什则是新投诚的厄鲁特人。②

---

① 《平定准噶尔方略》正编一三，乾隆二十年六月丙午。
② 弘历：《阿玉锡歌》，《御制诗集》二集卷五七。

六、乾隆两平准噶尔

阿玉锡等乘着清淡的月色出发，两支清军同时自东西迂回到格登山梁敌营背后。抵近敌营，阿玉锡发现防守松懈，遂率领24位勇士大声呼号，策马挺枪杀入敌营。敌军惊溃四散，自相蹂躏。清军大队随即从四面合围，达瓦齐来不及组织抵抗，仅带2000余人惊狂奔逃，余众纷纷缴械投降。黎明时分清点战果，俘获准噶尔台吉20名、宰桑4名、宰桑等子弟25名，达瓦齐亲随兵500余名，各处派调兵4000余名。① 此外约有1500名准噶尔兵逃散。缴获达瓦齐所用大蒙古包1个、大炮6门。

图6.3　平定伊犁回部之格登鄂拉斫营图（《清史图鉴》第6册《乾隆朝上》，第68页）

发现达瓦齐脱逃，将军们即令郡王青衮杂卜、讷墨库、参赞大臣达尔党阿、鄂容安等率兵分路追击。达瓦齐一路往南狼狈奔逃，部众陆续被清军打散收服，仅带100余人，翻越南天山木素尔岭冰川达坂（木札尔特冰川古道，又称夏特古道，位于南天山深处海拔6995米的天山第二高峰——汗腾格里峰东侧，北起昭苏县夏塔柯尔克孜民族乡，南至阿克苏地

————————

① 格登山战役过程，是综合《平定准噶尔方略》正编卷一三所载乾隆二十年六月丙午阿睦尔撒纳奏折摘要及《平定伊犁回部战图册·格登鄂拉斫营图》所描绘格登山战役图。

区温宿县克兹布拉克山口，全长 120 多公里），逃往南疆阿克苏图尔璊（今新疆乌什县）。因为达瓦齐相信，图尔璊阿奇木伯克霍集斯兄弟 4 人皆为其所立，必不至于背叛。

冰川前阻，清兵只得停下，一面晓谕图尔璊回人，倘若达瓦齐来投，务即擒拿解送，一面将达瓦齐游牧地的家口、喇嘛、部众 6000 余人收服。班第料定达瓦齐穷途末路，逃无可逃，遂率部回驻伊犁城，与参赞大臣鄂容安等人，忙于按照原定计划筹办善后和撤兵。

准噶尔善后方案，在当年正月即已确定，一共七条，可归纳为四方面的内容：

第一，四卫拉特仍于原处住牧，撤销统管各部大汗，各设可汗，照喀尔喀之例，实行札萨克盟旗制。

第二，原为准噶尔汗国臣属的"回部"（天山南路）和乌梁海人脱离卫拉特管辖。回部内属，岁供喇嘛贡赋减额，其他赋税全部免除。原系内地的吐鲁番，由该地缠回首领管辖。乾隆初为避乱迁居瓜州的额敏和卓所部，仍迁回吐鲁番。乌梁海人另派人管理。

第三，以阿尔泰山梁为喀尔喀和卫拉特游牧地的分界，山阴归喀尔喀，山阳归卫拉特，而其间乌梁海所住牧者仍旧，札哈沁包沁由玛木特掌管，住牧地不得越山岭之阴。

第四，伊犁留兵 500 名，以定北将军班第率领驻扎。卫拉特各部、回部、乌梁海受伊犁将军节制，与伊犁间设立台站，以便文移传递。吐鲁番、鲁布沁（即鲁谷庆）、瓜州、乌鲁木齐膏腴可耕，屯田驻兵，以伊犁为掎角。①

平准后取消准噶尔大汗（珲台吉）、四部各设可汗的安排，是整个善后计划的核心。但该核心却建立在阿睦尔撒纳与清廷利益暂时妥协的基础上。

四部各设可汗的安排，阿睦尔撒纳上年十一月赴热河觐见时，曾获高宗面谕，但内心很不以为然。出征前，他又通过辅国公纳噶查之口表达欲为四卫拉特之珲台吉，高宗没有对他明确下旨驳斥，只是吩咐班第等人透

---

① 《清高宗实录》卷四八〇，乾隆二十年正月辛巳。

六、乾隆两平准噶尔

露,事定后,朝廷将在四卫拉特各立可汗。① 格登山之战后,班第向阿睦尔撒纳说起以噶尔藏多尔济为绰罗斯汗之事,他表示反对,认为此人为汗,众心多不服,不如事定时,齐集各宰桑、得木齐,广泛征询意见,令噶尔丹策零亲戚中,不论何姓,择众心诚服,能御哈萨克、布鲁特(今吉尔吉斯)者,公同保举,奏请朝廷批准。

阿睦尔撒纳又说:他承蒙皇上重恩,已极尊荣,将来带领属人游牧栖息于阿尔泰附近,心愿已足,再无他求。但四卫拉特与喀尔喀不同,若无总统之人,恐人心不一,外不能御诸敌,内不能安变乱。此事非急务,待和额驸色布腾巴尔珠尔商酌后再陈请。

班第将绰罗斯汗另选他姓服众者、四卫拉特继设总统之人两点,与额敏地区急于收集失散部众的行为综合观察,认为阿睦尔撒纳"希冀侥幸之心已经毕露",遂将所闻所想密奏。

高宗认为,绰罗斯部可汗人选,班第私下可听取阿睦尔撒纳之意见,因为定边右副将军萨拉尔也曾反映,众人不愿噶尔藏多尔济为可汗。至于四卫拉特分设可汗,已有成命,班第正词相拒,阿睦尔撒纳即不敢妄行。但其觊觎之念既已萌动,待平达瓦齐,班第可相机促其觐见,调虎离山。②

---

① 《清高宗实录》卷四八一,乾隆二十年正月辛卯条载"又谕:准噶尔平定之后,朕意将四卫拉特封为四汗,俾各管其属。封车凌为杜尔伯特汗,阿睦尔撒纳为辉特汗,班珠尔为和硕特汗。朕曾面谕车凌、阿睦尔撒纳二人,班珠尔尚未知悉。可即谕伊知之。""又谕曰:唐喀禄奏班珠尔等愿留北路一摺,著钞寄班第、萨喇勒知悉。……今(班珠尔)所告唐喀禄之言,有'事成后,封阿睦尔撒纳为汗,带领喀萨克阿布赉等瞻仰,令与阿睦尔撒纳连界居住,从此当愈加和好'等语,甚属含糊。似事成时,只封阿睦尔撒纳为汗。殊不知准噶尔平后,朕亦不过将伊四卫拉特台吉分封为汗,令各管属下而已,并非只封阿睦尔撒纳一人统管准噶尔地方也。若果如此,是仍如达瓦齐矣。试思朕之办理此事,果专为伊等乎?伊等豫为此言试探,是其所望甚奢。若将来只封阿睦尔撒纳为辉特汗,转不免于失望。班第、萨喇勒,可将封阿睦尔撒纳为辉特汗,其余于三姓台吉内、封为三汗之处,于闲中言及,俾伊等熟闻,庶几妄念可消。……"(《平定准噶尔方略》正编卷五记载同)四卫拉特各自立汗一事,车凌、阿睦尔撒纳陛见时,高宗曾当面说过。但分封四汗为善后关键事项,亦应是西征前清廷与阿睦尔撒纳等准噶尔归附台吉所达成的约定。

② 参见《平定准噶尔方略》正编卷一三,乾隆二十年五月庚子(二十七日)。班第具奏日期当在12日前。

然而，调虎离山并不容易。安排赴热河觐见的准噶尔各部台吉、宰桑名单时，班第觉得阿睦尔撒纳有意拖延。六月初九日，班第在密奏中说：

> 至查办牧场及遣人收服四路之事，至今亦并未办理，一意迁延，惟与各宰桑头目私行往来，行踪诡秘。即如各部前往热河入觐之人，并不即为派定，催促再三，始行开送。又屡行更换，及至起程，仍不免舛误。①

班第的检举固然揭露了阿睦尔撒纳作为朝廷命官在落实善后方案上的不称职甚至包藏祸心，但也暴露了不仅清兵出征准噶尔高度依赖阿睦尔撒纳，善后重建更离不开阿睦尔撒纳的支持。

其实，阿睦尔撒纳不听主将节制，在进兵途中已有显露。最明显者，四月份进兵至额敏河时，"惟知寻获被抢人口，攫取牲只为务，有意迁延，致误会集博罗塔拉日期"。而到博罗塔拉之后，又要求补充军饷和为伊犁贫民准备"养赡"，被班第视为贪婪。到伊犁后，作为战胜者，阿睦尔撒纳的贪婪变本加厉。伊犁平定后，班第拟按原计划，派遣参赞大臣喀尔喀和托辉特郡王青衮杂卜、额驸色布腾巴尔珠尔领北路凯旋兵，去招降尚未归附的乌梁海人。阿睦尔撒纳则主张不必派兵，只需派1位新降宰桑带其属下一人前去宣告准噶尔全境平定消息，该处乌梁海人必然归降。将该乌梁海宰桑带到伊犁来见他本人后，再遣往京师觐见。班第赞成遣一信使即可抚定乌梁海人，但明确指出，要求乌梁海宰桑先到伊犁见阿睦尔撒纳本人，乃"深欲要结乌梁海，且归功于己"，故坚持原议，仍令青衮杂卜招抚后，即遣乌梁海宰桑经乌里雅苏台赴京觐见。高宗夸奖班第做得"甚属持正得体"，并乐观预言，只要班第能果断定夺，阿睦尔撒纳纵有妄念、私心，也不敢违抗。②

出征之初，高宗曾选派额驸色布腾巴尔珠尔为阿睦尔撒纳的参赞，希望借"言语相通、气类相近"，于褒融之中寓伺察之用。但这位年轻额驸

---

① 《平定准噶尔方略》正编卷一四，乾隆二十年六月甲子（二十二日）。此书奏折所系日期为朝廷收到批谕日期，伊犁到北京，军机文书单程传递需13日，故班第此密折发出日期当为六月初九日。

② 《平定准噶尔方略》正编卷一四，乾隆二十年六月辛酉（十九日）。

六、乾隆两平准噶尔

缺乏经验,"不免堕其术中",每每站到阿睦尔撒纳一边,与班第、拉萨尔作对。正好趁收服乌梁海未降部落之命,班第令额驸与青衮杂卜同去,以削其羽翼。经历一番明争暗斗后,六月初四日,青衮杂卜和额驸终于领兵出发。

阿睦尔撒纳觉得自己不仅是准噶尔最大实力派,而且朝中有人,他寄望一手紧抓实力扩充,一手做朝廷工作,终能登上准噶尔珲台吉的宝座。进驻伊犁后,阿睦尔撒纳的兄弟与属人肆行劫夺,尤其是收取达瓦齐游牧地的牲畜财物后隐匿不报,多至千余数万,主将派人清查,仍是一笔糊涂账。更为恶劣的是,擅杀达瓦齐所属宰桑,为朝廷招怨。班第屡次催其觐见,总是借故拖延不动。又处处张其私威,并散布"此处喇嘛等谋叛"的言论。另一面则阻碍朝廷权威确立,比如"凡有传行事件,并不用印信,仍仿达瓦齐,私用小红铃记。臣等节次理谕,终不遵行"。所谓"小红铃记",是准噶尔大台吉(大汗)权力的象征,噶尔丹策零时规定,其他台吉人众私用者,"罪即应斩"。因此,班第认为阿睦尔撒纳有"图占伊犁"的野心,奏请"令其速行入觐,早定四部封汗之事,以杜非分之想",并将其亲信纳噶查调往青海驻防,以散其党羽,派遣济隆胡图克图速往伊犁,安辑人心。

发出密奏后,班第安排准噶尔各部台吉分两批,于六月上旬和中旬出发,赴热河觐见;又令南北两路续进各队官兵,自六月初十至二十四日陆续撤回。

六月十三日,因阿睦尔撒纳以防备哈萨克和布鲁特为由,擅自以小红铃记从博罗塔拉等鄂托克调兵5000名驻防博罗呼济尔(今哈萨克斯坦东南部科克塔尔北),又从阿里玛图等鄂托克调兵4000名驻防布敦阿璘(约位于今吉尔吉斯斯坦伊塞克湖西部),班第密奏朝廷。

当天,阿克苏图尔璊阿奇木伯克(伯克中级别最高者)霍集斯擒获达瓦齐,并正派兵押送北来,要求班第派兵到木素尔达坂迎接。

原来,霍集斯伯克接到清军使者要求协助擒拿达瓦齐的信札后,即在各岭隘口设卡瞭望。六月初八日,达瓦齐率残兵抵达喀尔噶尔边界,距图尔璊城40里。霍集斯伯克一面派其弟携酒牵羊前往迎接,自己则带兵埋伏于林中。

其弟见达瓦齐,说:伯克因病不能亲自前来,大汗欲往何处,需用何物,我等自当预备。大汗现今既然已到本伯克地界,何不进城暂住?

达瓦齐亲随私下劝言：我等方至，彼即遣人来迎，不亲身来，必有他图，不可入其城。

但达瓦齐走投无路，也顾不得吉凶，宁愿押宝于霍集斯的忠诚，于是答道：你们既有诚心，我即应前去。于是烹羊酌酒。

俟酒酣，林中伏兵突起，将达瓦齐及其子罗卜札、宰桑等70人全行拿获。霍集斯派兵200名，将达瓦齐解赴木素尔。

班第接见霍集斯的报信使者后，即派兵500名，于十四日出发前往木素尔。

十五日，班第又一次密奏阿睦尔撒纳行迹。除六月初九日密奏中奏报的擅杀达瓦齐属下宰桑、贪占牲畜财物、擅用大汗权力象征的小红铃记召集以往失散部落和归顺者外，又奏报阿睦尔撒纳的种种"逆谋"。如在商定了撤兵的具体安排后，他为了拖延进兵陛见，竟散布哈萨克大兵来掠谣言，并借从哈萨克逃回的厄鲁特人之口，声称哈萨克人曾说"若阿睦尔撒纳代为台吉，我等不敢发兵，两相和好"。又私自给予喇嘛熬茶银1000两，并声称："我若统辖准噶尔时，必将尔等善为养育。"班第认为，他"窃仿噶尔丹策零，其心迹显然可见"，再次要求将其调取回京，即行分封四部落，绝其妄念。①

二十二日，班第具奏阿睦尔撒纳有觐见皇上之意，并已做出安排，且乐观期待："俟阿睦尔撒纳抵热河后，皇上训谕开导，伊背逆之意，自必潜消。"②

同一天，高宗在京师接到班第六月初九日密奏，据之判断，阿睦尔撒纳未曾体验朝廷法度严明，是以"希图徼幸，贪得牲只什物耳，并无图占准噶尔确据"。而班第对其居心行事，据实陈奏，深得防微杜渐之意，但"若无确据，而过甚其词，亦不能逃朕洞鉴"。随即颁发谕旨，召阿睦尔撒纳到热河陛见。

二十四日，霍集斯偕同清军将达瓦齐等押至伊犁。二十五日，班第派公哈达哈率500兵丁将达瓦齐父子押解赴京。

---

① 《平定准噶尔方略》正编卷一四，乾隆二十年六月庚午（二十八日）。班第此奏折当发于六月十五日。

② 《平定准噶尔方略》正编卷一五，乾隆二十年七月丁丑（初五日）。班第此奏折当发于六月二十二日。

六、乾隆两平准噶尔

二十六日,高宗接到十三日班第密奏阿睦尔撒纳擅自调兵的奏折,指示班第,若阿睦尔撒纳遵旨入觐,则此事不问。然而,两天后,高宗做出了一个严厉决定。

二十八日,高宗接到十五日班第的密奏,即与军机大臣相商,断定阿睦尔撒纳"图据准噶尔,已无可疑",于是提出四条预案,密谕班第:

(1) 如阿睦尔撒纳尚未起程,班第等即行密商,或托以商议事务,密行擒治,数其罪恶,即于军前正法。齐木库尔、纳噶查,与伊任用宰桑等,一并拿解来京。无干人等,慰谕释放,候旨遵行。

(2) 如已起身前来,俟伊到时,朝廷另行办理。

(3) 如伊勉强前进,及至中途,或于路通哈萨克处,逗留不前,或寄信于伊兄巴特玛车凌等,勾结生衅,则应如何先事预防之处,着班第等悉心筹酌,一面办理,一面奏闻。

(4) 倘阿睦尔撒纳经伊游牧处,托故迁延,朝廷另遣人办理。但伊游牧处因此必致惊溃,或往哈萨克逃窜,此亦当预为防范。朝廷已降旨,以防守乌里雅苏台军营为名,留兵一千名,令普庆、达色带领驻防。前降旨令阿兰泰在乌里雅苏台驻扎办事,其阿睦尔撒纳游牧,即着阿兰泰、普庆、达色领兵前往,与纳穆札尔办理。班第等将如何办理之处,一经酌定,即速行知会阿兰泰,令同普庆、达色领兵往游牧处,将伊妻子及札木参并素日任用之和通等,一并拿解来京。余众俱属无干。亦将此遍行明白宣谕,以安众心。①

达瓦齐既解京,两路大兵撤军近在眼前,而赴热河觐见之准噶尔各台吉、宰桑,必须在大兵撤出伊犁前起行。和硕特部台吉班珠尔是阿睦尔撒纳的同母异父兄,也在觐见者名单之列。进兵途中,阿睦尔撒纳对其兄照顾有加,既为其兄召集失散部落,又将非班珠尔原属和硕特部众也一并令其管辖。为防阿睦尔撒纳进一步坐大,班第坚持将非班珠尔原属者另立头目管领。阿睦尔撒纳又以防备哈萨克、布鲁特之兵丁需人统领为由,要求留用班珠尔。班第则视之为借故阻碍班珠尔入觐,经多方劝说,终在二十

---

① 《平定准噶尔方略》正编卷一五,乾隆二十年六月庚午(二十八日)。

九日促成班珠尔偕参赞大臣阿兰泰起程。

七月初五日，六月二十二日召阿睦尔撒纳陛见之谕旨到达伊犁，两天后，班第率部移驻伊犁北部山麓尼楚滚地方，留察哈尔兵300名、喀尔喀兵200名驻防，其余部队，西路于初十日、北路于十一日，各分三队撤回。阿睦尔撒纳目送各队起程后，与留驻将军班第、萨拉尔道别，统所部兵，于北路末尾行走。此前已安排尚未抵达博罗塔拉之北路兵丁和尚未到乌鲁木齐之西路兵丁，就地返回。

阿睦尔撒纳刚走出不远，高宗六月二十八日的密谕就到了伊犁。按原计划，北路参赞大臣阿兰泰领兵回至乌里雅苏台时，留办军营事务，驻扎乌里雅苏台办事大臣莫尔珲即继续带领诸准噶尔台吉、宰桑赴热河觐见；西路参赞大臣策楞，以都统衔带领1000名健锐营满洲兵留驻巴里坤。如此，则乌里雅苏台、巴里坤、伊犁"三处声势联络，互成掎角之势"①。

七月二十五日，七月初五日对班第六月二十二日奏折所作密谕抵达军营。高宗对阿睦尔撒纳的入觐诚意表示高度怀疑，令班第接旨后，若其起程尚在10天内，即派人追回"擒治"。"如已逾旬日之外，亦须沿途详密侦探消息，再行办理。"同时给出处理原则："总之，阿睦尔撒纳逆迹已著，不可姑容。"班第须乘时决策，不失机宜。并指示："额林沁多尔济不过一小有才之人，未经更事，一切密要之语，且勿令与闻。"②

但接旨时，阿睦尔撒纳离开尼楚滚军营已经14天了，班第得知其尚在博罗塔拉地方逗留，仍派人传檄，令其速回军营。传檄者出发不久，哈萨克使者到了军营。原来五月时，班第、阿睦尔撒纳奉旨派使者赴哈萨克，宣谕阿布赉汗（1711—1781）：准噶尔已经平定，俱为大清臣仆，达瓦齐与哈萨克之间的战争就此结束，"尔等如愿归诚，必普加恩泽。若欲自为部落，亦只许静守边界，毋得侵扰。倘仍照前掳掠，当发大兵征讨"。③ 至是，双方使者来到军营。哈萨克使者"辞意极为恭顺"，表示"愿与阿睦尔撒纳同行"。班第考虑到仓促调回阿睦尔撒纳，必令其益生疑忌，而哈萨克使者不明始末，见状或惊恐逃窜，散布谣言，因此与副将军、参赞商量后，决定酌赏来使，遣往阿睦尔撒纳处，由其定夺是否随同

---

① 参见《清高宗实录》卷四九一，乾隆二十年六月丁卯（二十五日）。
② 《平定准噶尔方略》正编卷一五，乾隆二十年七月丁丑（初五日）。
③ 《清高宗实录》卷四八九，乾隆二十年五月癸巳。

六、乾隆两平准噶尔

入觐。又星夜派人飞奔追回传檄之人。同时密切打探阿睦尔撒纳行踪。至于"擒治",待其靠近内地再行动。

作为准噶尔贵族、台吉和久经沙场的老将,阿睦尔撒纳无法接受四卫拉特分治局面,一直以扩充实力和游说等各种方式向清廷抗争。他坚信,由他做珲台吉是最好的安排;若四部分立,在与哈萨克、布鲁特等邻敌争斗中,又如何能捍卫准噶尔的利益?因此,虽然离开了尼楚滚军营,他仍心存侥幸。

离开尼楚滚的第二天,阿睦尔撒纳就扎下营来,派纳噶查回军营,告诉班第:"阿巴噶斯、约苏图、乌克图与喇嘛等潜行计议,如不令阿睦尔撒纳统领驻扎,伊等宁剖腹而死,不能贪生别事他人。"① 这是一种向班第和清廷挑衅的行为。纳噶查提到的三位宰桑,分别是额林哈毕尔噶、伊犁和塔尔巴哈台地方有实力的鄂托克首领。阿巴噶斯是额林哈毕尔噶(今新疆乌苏、奎屯一带)地方的宰桑,有属民 2600 余户,三月中,与其弟哈丹及另一鄂托克宰桑乌勒木济,在额尔齐斯向阿睦尔撒纳投诚,随率所部兵千余从征。② 约苏图是绰和尔鄂托克的宰桑,有属人 3000 户,在伊犁向阿睦尔撒纳投诚。乌克图系游牧于额米尔河(即额敏河)流域的集赛宰桑,原被达瓦齐拘禁于伊犁,阿睦尔撒纳至伊犁将其解救,其弟于四月间已率属投诚清廷。

但挑衅毫无效果。数日后,阿睦尔撒纳召集纳噶查、阿巴噶斯等人"密商竟夜"之事被班第侦知,"或煽动各游牧,使不遵约束,或与绰和尔、约苏图等,结连哈萨克、布鲁特侵扰边境,俱未可定"③。不过,班第未敢据此实施果断抓捕。而高宗更令其甄别纳噶查等人是否真心从逆,以免株连过多、人人疑惧。但班第得知阿睦尔撒纳有可能派人赴札卜堪(乌里雅苏台军营西部扎布汗河流域)搬取家孥后,即檄令乌里雅苏台驻扎大臣留心防范。

在塔尔巴哈台住牧多日后,阿睦尔撒纳已做好诉诸武力的准备。他再度起程,派人往札卜堪搬取家孥,嘱咐若不能全员逃出,可仅将其妻儿带

---

① 《平定准噶尔方略》正编卷一六,乾隆二十年七月辛丑。
② 《平定准噶尔方略》正编卷九,乾隆二十年三月丙午。
③ 《平定准噶尔方略》正编卷一六,乾隆二十年八月甲辰。

往，他向阿尔泰方向前去迎接，并约定八月二十日三地同时起事。①

八月十九日，阿睦尔撒纳行至乌隆古地方（额尔齐斯河上游支流乌伦古河附近），沿乌隆古河往前，越过阿尔泰山，就为札卜堪，是其投清后家属和部落暂时游牧的地方。他将定边左副将军印信交给额林沁多尔济，告称先到游牧地准备好行装再行入觐。然后带着喀尔喀札萨克林丕勒多尔济、章京雅木丕勒察、喀尔喀与察哈尔兵25名、厄鲁特兵300名，四蹄生风往前赶路，一副归心似箭的模样，额林沁多尔济并未感到任何异常，远远地跟在后边监视。第二天，"经各处陆续来报"，额林沁多尔济才发觉阿睦尔撒纳并不经由正路，而是绕道从额尔齐斯逃去，并沿途抢劫。于是他从郡王桑塞多尔济所统兵内，挑选索伦兵200名、喀尔喀兵100名，把副将军印信留下，连忙跟踪追赶，同时将情况上奏并通报班第和一干人员。

不过，阿睦尔撒纳未能成功接应他的家属出逃。他派出的7个联络使者到达札卜堪游牧地后，被其兄弟贝勒齐木库尔、普尔普等人拿获，绑送乌里雅苏台军营。随后，驻营办事大臣阿兰泰派兵将阿睦尔撒纳妻儿、班珠尔押往北京，部属东迁塔米尔游牧。

让阿睦尔撒纳大有底气的是，其在西征过程中假清朝之威收服了不少部落头目。其中包括住牧于阿尔泰的包沁回人部落，其总管阿克珠勒在年初归服清朝时，曾受高宗接见。阿睦尔撒纳既遁，阿克珠勒随后回到游牧地，即举兵附逆，杀伤官军。驻乌里雅苏台办事大臣阿兰泰得信，旋即派500索伦兵追击。阿克珠勒在布拉罕被喀尔喀声援兵拦截就擒，阿睦尔撒纳在阿尔泰一带起事的计划就破产了，只能疯狂逃窜。

---

① 参见《平定准噶尔方略》正编卷一七，乾隆二十年九月乙亥（初四日）、丁丑（初五日）条纪事。丁丑条记驻扎乌里雅苏台办事大臣阿兰泰奏疏有云："又询据亲王额林沁多尔济解到阿睦尔撒纳属人宾巴巴图尔、哈尔察等供称：阿睦尔撒纳潜谋叛逆，令长史阿穆尔济尔噶勒等接取札卜堪游牧，由哲尔格（札布汗河西）、西喇呼鲁苏（巴里坤北山要地）、哈卜塔克（北山北，现蒙古国阿尔泰）、拜塔克（巴里坤西北）等各处一同逃出。如不能全逃，止将妻子带往。又闻令阿巴噶斯之兵，抢掠驻扎额林哈毕尔噶之叶克明安台吉、巴雅尔宰桑、哈萨克锡喇游牧；令库图齐纳尔、克勒特、乌鲁特、绰和尔之兵，抢掠驻扎伊犁将军大臣；令塔本集赛噶勒杂特之兵，由乌隆古路抢掠撤回各兵，及声援兵丁。"三地同时起事日期应是八月二十日，论据见后文。

六、乾隆两平准噶尔

在阿睦尔撒纳叛逃的同一天,阿巴噶斯、哈丹所部自其游牧地,对西路台站发起攻击,乌鲁木齐以西罗克伦、玛纳斯、乌兰乌苏一带台站瘫痪,伊犁与乌鲁木齐间的通讯中断。中断地段台站守军和回师官兵,被迫往东撤至乌鲁木齐,或是往西撤回伊犁。

定西将军永常领兵500人,回师至穆垒时方得消息,即令索伦兵、巴尔虎兵暂缓撤回,同时调用巴里坤军营马匹3000匹以供换乘,又檄令额林哈毕尔噶地方归顺宰桑剿敌,以期恢复台站。① 永常一时不明乱由何起,初以为系贫穷鄂托克部众抢掠台站牲畜财物,继闻阿睦尔撒纳叛逃,煽动各鄂托克反清且欲进攻巴里坤,心中尚有疑惑。但形势发展,让传闻迅速坐实。永常先是调札哈沁宰桑鄂尔奇木济协同官军恢复台站,不听调,屡调皆不应。不久,接定北将军班第咨文,确认"阿睦尔撒纳实已叛逆",永常心中颇为不安。环顾四周皆厄鲁特游牧地,而屡调不到之宰桑鄂尔奇木济偏偏在此时要求转移家属,布库努特、叶克明安两鄂托克的首领带着4000多部属,要求安置在安全的游牧地,永常心中恐惧,疑其"假托游牧欲来侵犯",而东面乌兰乌苏、阔舍图、噶顺一带山险路狭,倘遇敌夹击,则我师归路断绝,于是一面檄令策楞速从巴里坤赴援,一面挟数位厄鲁特首领入队为人质,移营东撤。

喀尔喀贝勒旺亲札卜领兵回师,刚接近额林哈毕尔噶地方,即受攻击,遂奔伊犁,八月二十二日抵达,将情况报告班第。班第即令侍卫札克素(苏)、护军校鄂齐尔图领兵,与散秩大臣都噶尔一同前往侦察。都噶尔是噶勒杂特鄂托克宰桑,其兄为北路军前锋侍卫达什敦多卜,当年四月,阿睦尔撒纳进兵到集赛游牧地时方来投顺。一行跟着都噶尔,离开军营不远即到克什木(库图齐讷尔五宰桑之一)的驻地,却被缴械看押。克什木是四月下旬在伊犁方才投归清军的。随后,都噶尔、克什木、巴苏泰(库图齐讷尔五宰桑之一)等率众抢掠附近台站和固尔札。

二十三日,班第派宰桑敦多克、得木齐曼集前去劝慰,结果一同反叛。班第、萨拉尔领兵前去镇压,但叛兵势众,而且纠集之喇嘛、缠回越来越多。

二十四日,班第、萨拉尔率部且战且却,沿空格斯河往东移动。二十

---

① 《平定准噶尔方略》正编卷一七,乾隆二十年九月丙子。

九日,转战至乌兰库图勒地方,叛兵大集。

先是闻台站中断,知阿睦尔撒纳叛,班第召萨拉尔等议。萨拉尔说:"阿逆智勇兼备,何可以撄其锋?不如裹粮先归,覆命天子,将准夷全部界之,则其祸立解也。"

鄂容安正色说:"为王守土之臣,安可以地资贼?当此危急之时,理宜效死弗去,岂可捧首逃窜,致对于司败也?"

萨拉尔怫然不悦,说:"竖儒安知兵家事!"①

至此,萨拉尔见力不能敌,乃率达什达瓦及喀尔喀兵百人,弃主帅而不顾,由小道逃遁,班第手下蒙古兵遂争相奔溃,仅剩司员、侍卫和兵丁60人。② 入夜,叛兵攻益力。班第持剑太息久之,刎颈而死。参赞大臣鄂容安,本书生,腕弱不能下,命其仆刺腹而死。③ 萨拉尔与参赞大臣玛木特,不久亦被俘。

九月初三日,塞外木兰围场,艳阳高照,秋风送爽,山峦叠翠,旗纛猎猎,高宗正大摆排场,兴致勃勃地率领满蒙汉回王公大臣、八旗禁旅行围打猎,向新归降入觐的准噶尔台吉、宰桑们显扬清朝军威、天子至尊、天下归一。随围行走的准噶尔台吉宰桑有绰罗斯台吉噶尔藏多尔济、和硕特台吉沙克都尔曼济、辉特台吉巴雅尔等。

高宗正得意于承祖考之余烈,竟未就之功勋时,却接到额林沁多尔济奏报阿睦尔撒纳潜逃的奏折,心中不解为何其在塔尔巴哈台老巢不跑,也不带家属一起跑,且不攻击喀尔喀,于是指示军机大臣将额林沁多尔济奏

---

① 萨拉尔、鄂容安之间对话,见昭梿《啸亭杂录》卷四。另,萨拉尔被俘时间有两种不同说法。一是布鲁古特台吉纳旺的供词谓:"(八月)二十九日,宰桑巴桑向众云:宰桑克什木、敦多克曼集、乌克图、图布慎、巴朗及喇嘛回人等,率众前至乌兰库图勒,围守将军大臣,正在抢掠,班将军、鄂参赞俱行自尽,萨将军由小路带达什达瓦兵百人脱出。……前在哈丹鄂拓克时,闻萨将军为乌鲁特宰桑纳亲哈什哈之子锡克锡尔格所获,送往伊犁。"(见《平定准噶尔方略》正编卷二〇,乾隆二十年十月甲子"参赞大臣策楞疏奏诺尔布林沁等遣使迎候及询问伊犁情形")而萨拉尔遣使巴里坤时,则称:"八月二十四日,宰桑克什木、敦多克、曼集等作乱,萨喇尔及布林那木查尔、和通鄂勤等冲阵力战。至二十六日夜,为宰桑锡克锡尔格所执。"(见《平定准噶尔方略》正编卷二三,乾隆二十年十二月丙辰"驻扎巴里坤办事大臣和起等疏奏副将军萨拉尔遣人报知伊犁情形")两说差了3天。笔者采信纳旺的说法。
② 《钦定八旗通志》卷一八五《萨喇勒传》。
③ 〔清〕昭梿:《啸亭杂录》卷三。

折抄寄班第,随机办理。

当日驻营后,高宗让军机大臣引见宰桑厄尔锥音、哈萨克锡喇等人,询问准噶尔地方情形后,各赏银两,派往西路巴里坤军营听候调遣,命郡王札拉丰阿同往办事。札拉丰阿是内蒙古喀喇沁部七世札萨克,前充西路参赞,回师时伴送准噶尔台吉、宰桑至热河,论功晋郡王。

初五日,永常奏折到,高宗才知道台站被劫,与伊犁的通讯中断,于是令永常仍充定西将军,以驻守巴里坤都统策楞、理藩院侍郎玉保、郡王札拉丰阿为参赞大臣,即统凯旋官兵平叛。又令尚书二等公哈达哈暂停回京,仍留乌里雅苏台办事。

同日,永常已率部撤至木垒东北之乌尔图布拉克,策楞、三格所率援兵恰好赶到,遣回鄂尔奇木济等厄鲁特首领,继续撤往巴里坤。准噶尔之地甫得旋失。

5. 四汗分封计划破产

乾隆二十年(1755)九月十二日,高宗在避暑山庄澹泊敬诚殿举行隆重仪式,封噶尔藏多尔济为绰罗斯汗,车凌为杜尔伯特汗,沙克都尔曼济为和硕特汗,巴雅尔为辉特汗。其他各级首领,分授公、札萨克等。准噶尔四部各自分封可汗的计划并未因阿睦尔撒纳叛逃而中止,只是更换了预定人选中的两人。

十四日,高宗在热河接到永常撤兵奏报,颇为郁闷,两天后才做出决定:永常撤兵,实属怯懦,不称将军之任,着革去内大臣,以副都统职衔参赞效力,定西将军着策楞补授。计此旨抵达巴里坤时,札拉丰阿、玉保与厄鲁特宰桑亦到。策楞与伊等商酌后,即整齐兵马,擒剿阿巴噶斯、哈丹,直抵伊犁。

同时,补授达尔党阿为定边左副将军,哈达哈、阿兰泰、雅尔哈善、桑寨多尔济、青衮杂卜为参赞大臣。仍留喀喇巴图鲁阿玉锡于北路军营,并派厄鲁特头等侍卫丹津前往。待丹津到,哈达哈、青衮杂卜即率领二人,选精兵 1000 名为前驱,达尔党阿、阿兰泰等选兵 3000 名继进。

高宗的平叛安排基于一个重要判断,即阿睦尔撒纳的叛逃只是局部事件,甚至是畏罪潜逃,附逆者仅为少数,大多数准噶尔贵族和民众都是拥护清朝的。

3 日后,高宗对西路主帅又做了调整。永常撤到巴里坤后,上奏计划西路用兵七八千名平叛,军营现有 5800 余名,尚缺一二千名。而协办川陕总督刘统勋更是奏请放弃巴里坤,撤至哈密防守。驻防巴里坤都统策楞亦无主见。西路军三位统帅竟然全都怯懦不堪用,"无端自相惊怖",陷班第于孤立无援,实属有心偾事,高宗遂将永常革职,拿解赴京治罪,着策楞即派委干员严加看守,如或畏罪自戕,唯策楞是问;定西将军由札拉丰阿接任,策楞仍在参赞大臣上行走,选兵二三千,刻期出征;刘统勋留巴里坤,就军营现有驼马口粮筹措军需。① 寻革刘统勋、策楞职,押解回京治罪。旋又宽两人罪,令以司员在军营效力。调直隶总督方观承驰驿前往署理陕甘总督事督办军需。

十月中,阿睦尔撒纳西逃行踪渐明。先是抢掠额尔齐斯附近台站,未敢进犯声援兵及屯田兵丁。据逃回人员反映,其追随者颇有怨言,人心不稳。后窜至塔尔巴哈台,纠集塔本集赛、噶勒杂特诸鄂托克部众 4000 人,迁往伊犁。如此,进兵重点应在西路。高宗令达尔党阿自北路统兵往会噶尔藏多尔济等,经阿济、毕济,由哈卜塔克、拜塔克前往会合西路军,一同进兵。不久,又改授达尔党阿为定边右副将军领兵千人赴西路,而以哈达哈为定边左副将军统领北路,雅尔哈善为参赞大臣,阿兰泰管乌里雅苏台大臣印。高宗还特别强调,若萨拉尔归来,达尔党阿即将定边右副将军印移交,仍为参赞大臣。②

时天气已寒,北路军营暂驻布延图过冬,各队兵丁分驻要隘,肃清附近。喀尔喀亲王成衮札布率兵至乌隆古之札克鄂博地方追及逃散包沁人众,三路堵截,将肯哲、颜达什、巴雅尔、图萨喀等尽行剿灭,剿杀成丁男子 300 余人,俘获妻孥 400 余口。

北路因天寒停止前进,进剿伊犁倚重西路。

不久,策楞领兵出巴里坤,抚恤新附厄鲁特,策应噶尔藏多尔济之子

---

① 《平定准噶尔方略》正编卷一八,乾隆二十年九月庚寅。
② 《清高宗实录》卷四九九,乾隆二十年十月丙寅。

诺尔布林沁。当阿巴噶斯、哈丹来袭时,诺尔布林沁率部属千余力战,将之击退,迫其退守图古里克(今新疆玛纳斯县南边)。寻达什达瓦属人索诺木自伊犁逃出,报告班第、鄂容安陷敌,萨拉尔被俘,达什达瓦妻率属来投。策楞立即密奏朝廷。

高宗综合阿睦尔撒纳动向及伊犁情状,进一步断定"自当于西路进剿",催促各领兵大员抓紧赶往西路军营,又以策楞"自知前遣,勇往任事。著给予都统职衔,仍以参赞大臣行走"①。又赞达什达瓦妻"深知大义",加封"车臣默尔根哈屯"嘉号,派副都统鄂实,带妆缎蟒缎10匹、银500两、茶叶1000斤,前往赏赉,允其在巴里坤过冬,明年迁往阿尔泰地方住牧。

随后高宗复虑定西将军札拉丰阿等一干人等自北路军营赶到巴里坤尚需时日,遂令策楞暂署定西将军事务,以便行事。

策楞偕同喀尔喀贝勒车木楚克札布、台吉唐古忒、札哈沁宰桑鄂尔奇木济,将叛逆宰桑敦多克、曼集鄂托克之得木齐(宰桑属官)沙喇勒岱等5得沁(鄂托克下的基层组织)游牧剿灭。札那噶尔布(噶尔藏多尔济之侄)、诺尔布琳沁又统兵将布库努特附逆3得沁游牧尽行杀戮。

十一月初四日,高宗在京师接到策楞奏折,甚赞策楞"奋往从事,悉协机宜。额林哈毕尔噶等处,共知其为将军,不便更替。著即授为内大臣,兼定西将军。札拉丰阿,著授为定边右副将军,即将达尔党阿带往之印,给与掌管,驻扎额林哈毕尔噶办理军务。达尔党阿,著授为参赞大臣,同伊办事。玉保随将军策楞带兵前进。"并赏策楞银1000两,授其子特通额为三等侍卫,随军效力。封诺尔布林沁郡王。

此时,策楞统兵已在特讷格尔(今新疆阜康市南水磨沟,清代称为特讷格尔郭勒)驻营多日,一面派遣索伦兵前路侦探、一面等待诺尔布林沁。吐鲁番达尔汉伯克莽噶里克遣子白和卓至军营,禀称愿派兵效力,随应策楞要求,送羊只、面粉到军营贸易。呼尔璊台吉达瓦之弟鄂尔奇达逊带领宰桑归还所掠台站驼只。玉保已于十月二十日抵达巴里坤,带来噶尔藏多尔济宰桑车木布,并于两天后带索伦兵、察哈尔兵500,赶赴策楞军营。车木布回到游牧地,传其台吉令,候将军札拉丰阿、参赞大臣玉保等

---

① 《清高宗实录》卷四九九,乾隆二十年十月辛酉。

到时，再赴军营会商进兵。故诺尔布林沁不应策楞约会。

不久，参赞大臣玉保到达军营，散秩大臣尼玛续到。策楞令尼玛速往其游牧地备兵，玉保则领兵西进，至水草丰足地阿察喀喇乌苏（约在特讷格尔西数十里）驻扎，策楞随后亦移营往驻，等候各台吉、宰桑备兵及领兵大员与后续各队进驻巴里坤、特讷格尔。十二月初五日，布鲁古特、呼尔璊兵1000齐抵军营，而诺尔布林沁因病重且巴雅尔因马少，未能派兵。参赞大臣富德入驻特讷格尔，管理进兵新设台站，兆惠驻巴里坤，管理两地军营间台站。

初七日，玉保、贝勒车木楚克扎布、副都统阿敏道、尼玛等领兵1100名先发，策楞率后队继之。郡王诺尔布林沁于当日病故，清廷颁银1000两抚恤。

十九日，玉保、尼玛等领兵抵哈齐克地方（今新疆玛纳斯县塔西河一带）①，派人招降游牧于乌兰乌苏（约在今石河子市沙湾县乌拉乌苏镇附近）、纳林（约在乌拉乌苏镇南）的纳木奇及其部属，而发兵将游牧于乌兰乌苏、西喇特克（约在乌兰乌苏西）一带的阿巴噶斯之5得沁人众剿灭，收其马匹、牲畜。随后玉保挺进安济哈雅博木（今新疆沙湾县安集海镇附近，清设安济哈雅台），剿灭阿巴噶斯所属5得沁300余户，尼玛收降9得沁人众，策楞领兵至和洛霍澌（又译为"和尔郭斯"，在安济哈雅东，今沙湾县金沟河）地方，收降阿巴噶斯得木齐班咱游牧。阿巴噶斯已赴召往博罗塔拉，而哈丹闻大军进剿，连夜奔窜。策楞派阿敏道率精兵100人，偕内大臣尼玛追剿。

乾隆二十年（1755）年底，阿巴噶斯、哈丹游牧地宣告肃清，自天山北路往伊犁之路始得开通。二十一年（1756）正月，根据当时形势，策楞部署两路进兵伊犁。

先是，上年十月以来，策楞与拥清准噶尔台吉、宰桑对附逆鄂托克的剿杀，达什达瓦妻率所属回归清朝，阿睦尔撒纳日暮途穷以及清廷只究首恶欢迎自新的政策，让伊犁地方台吉、宰桑们开始做出新的选择。十月二

---

① 《皇舆西域图志》卷一〇记载："绥来县治，旧地名玛纳斯。……玛纳斯郭勒环其西，塔什郭勒（一名哈齐克郭勒）经其东。俱从天山北麓发源，北流百余里，左右回抱，地势宽平，水泉饶裕，亦古都会也。旧为准噶尔呼拉玛部？牧地、纳木奇之昂吉。"塔西即"塔什"之异写。"郭勒"，蒙语"河"也。

六、乾隆两平准噶尔

十四日，萨拉尔已被乌鲁特宰桑锡克锡尔格关押了近60天，突然间被奉为座上宾。原来伊犁的大喇嘛、台吉、宰桑等侦察到，阿睦尔撒纳领兵1000余在博罗塔拉居住，另以兵1000付巴特玛车凌、额琳沁等，计划十一月初起程，掳掠诺尔布林沁游牧。他们觉得这是一个向清廷立功赎罪的机会，于是请出萨拉尔共商对策。最后定议：

一、两路进兵擒拿阿睦尔撒纳：萨拉尔同公丹拜、蓝翎侍卫通鄂勤、宰桑约苏图、锡克锡尔格、巴桑（克勒特宰桑）等带兵3000余名，由博罗布尔噶苏进发；台吉诺尔布贝奇、宰桑乌克图等带兵3000余名，由囡勒奇岭进发，定于十一月初九日在托和木图（今新疆博尔塔拉自治州精河县大河沿子镇附近）会师，擒获首恶后，交萨拉尔解送。

二、两路遣使：巴桑之弟普尔普往告诺尔布林沁防备，而萨拉尔之兄布林、察哈尔蓝翎侍卫那木查尔等，带领和硕特台吉诺尔布敦多克的使者鄂尔奇木济、乌鲁特使者鄂斯库、绰和尔使者韦诺克、克勒特使者齐木伯尔、和硕特台吉图们使者乌特巴拉等5人，经天山南路吐鲁番至巴里坤往告驻扎大臣，并觐见皇帝。①

二十年十一月十七日，普尔普在阿察哈拉乌苏被玉保拿获。十二月初五日，萨拉尔和5名鄂托克的使者抵达巴里坤。驻巴里坤办事大臣和起将所获伊犁消息，一面移咨策楞，一面奏报朝廷。策楞设想麾兵继续西进博罗塔拉，协同萨拉尔，擒拿首恶。高宗赞赏其部署"甚合机宜!"

不过，上奏及等待批示，往返将近一个月。谕旨尚未到，而形势已发生变化。十二月二十八日，传来消息，伊犁台吉、宰桑们正在阿底斯巴克围攻阿睦尔撒纳。尚未证实情报真伪，内大臣尼玛押送一位厄鲁特来到军营，是前来投诚的哈丹之弟库图齐。据称，因敦多克曼济之弟将密商之事告诉了阿睦尔撒纳，擒拿计划失败。后来阿睦尔撒纳攻入伊犁，联合缠回和卓（宗教首领），共计有兵4000余人。十二月十五日，萨拉尔、诺尔布敦多克、锡克锡尔格等，在诺罗斯、哈济拜牲与阿睦尔撒纳相遇，激战2天，不敌，遂四散。萨拉尔偕诺尔布敦多克从朱尔都斯路（今新疆巴音郭楞蒙古自治州和静县北部开都河上游珠勒都斯河谷一带，为伊犁通吐鲁番孔道）撤向巴里坤。十七日，阿睦尔撒纳在伊犁坐床。

---

① 《平定准噶尔方略》正编卷二三，乾隆二十年十二月丙午、丙辰。

乾隆二十一年（1756）正月初九日，萨拉尔至吐鲁番，致信巴里坤办事大臣兆惠。十三日，信使到达巴里坤，参赞大臣达尔党阿即派兵往迎。同日，根据伊犁最新情报，策楞仍计划分北南两路进兵伊犁：自己从北路额林哈毕尔噶前进，另以厄尔锥音、鄂实领兵3000由南路朱尔都斯前进。达尔党阿计划待萨拉尔到，即偕同陆续分队起程，由南路进发。高宗批准其计划，并令尼玛带兵数百名往剿博罗塔拉、塔尔巴哈台，以为牵制。

为避免耽搁时日，未待萨拉尔抵达，达尔党阿即领兵偕锡克锡尔格，出巴里坤往迎，同至特讷格尔会议军务，而中途锡克锡尔格到其游牧地时，酌调兵从征。

正月二十七日，策楞在行营获悉：伊犁台吉宰桑们已将阿睦尔撒纳捕获！

原来普尔普投归后，高宗授他为三等侍卫、赏银50两，给予一纸敕书，让他带回伊犁，谕告众喇嘛、台吉、宰桑，擒拿阿睦尔撒纳，立功赎罪。策楞遵旨派虚衔蓝翎侍卫福昭、千总车布登一同前往。不到一个月，此三人就发动伊犁的喇嘛、台吉、宰桑等，擒斩额琳沁。福昭派来的报捷人到玉保行营后，详细叙述了经过，谓阿睦尔撒纳向哈什河往东败退，遭乌鲁特兵截击，遂奔向北山雅玛图岭，正在斫冰开道之际，被台吉诺尔布等率兵擒获，其同党宰桑察哈什（系格登山战役闯营25个勇士之一）被打断腿，同时就擒。① 玉保随即驰报策楞，策楞不审虚实，随即移咨厄尔锥音，飞报朝廷，暂停进兵，并移檄达尔党阿后队暂驻特内格尔待命，巴里坤解送驼马亦停止。

时内大臣厄尔锥音（《清高宗实录》作"鄂勒哲依"，档案作"鄂尔哲"）正由朱尔都斯路进兵伊犁，得捷报，即轻骑减从速进，得知所谓"捷报"乃阿睦尔撒纳所造谣言，于是急赴乌鲁特、克勒特聚集兵丁，诱擒其同党宰桑察哈什，押赴京师。随移咨策楞，带兵4000余人往追首酋。

二月初三日，有个叫莫和里的人，自伊犁逃至军营。询之，未闻有阿

---

① 《明清史料》庚编第十本收有《策楞等奏折（移会抄件）》一件（见第920页），系策楞满文报捷奏折的汉译抄件，所记日期多有错误。本文此处系据《平定准噶尔方略》正编卷二五，乾隆二十一年二月甲子（二十六日）"命定西将军策楞确查阿睦尔撒纳情形"。另参同书第921页："……将阿睦尔撒纳就擒、厄林沁伏诛、查哈尔什折足三处，具报前来。"

六、乾隆两平准噶尔

睦尔撒纳被擒之事。策楞知"捷报"可能有假，檄令玉保、尼玛相继西进追击，但仍怀疑惑。直至接到厄尔锥音咨文，确认"捷报"为子虚乌有，方率大队出发，檄令达尔党阿率兵1000，赴安济哈雅一带接应。①

二月十三日，早春的京师已是杨柳垂青、桃杏含苞。清晨，高宗呼吸着尚寒的空气，精神振奋，到畅春园给皇太后请安后，回到圆明园，按原计划启銮，亲赴曲阜孔庙祭祀，以告慰先师，伊犁平定，天下一统，王道流行。就在这个时候，策楞的"报捷"奏折到了！高宗喜出望外，立即宣布调整行程，就近先赴泰陵（世宗陵墓）告祭。又大施封赏，封诺尔布为亲王、策楞一等公、玉三等男，诏告天下。各省都抚藩臬贺捷奏折像雪片一样纷沓而至。

这么一番朝廷内外举国上下的欢喜折腾，最后却是假戏一场，高宗心中十分不爽。

此时，在西北前线的策楞正沿着天山北麓大路急行军，赶至博罗布尔噶苏，山南就是伊犁，得知阿睦尔撒纳从洪郭尔鄂博（又译为"烘郭尔山""空郭尔额隆"，今吉尔吉斯斯坦境内伊塞克湖南）出发，带兵往击乌哈尔里克（今新疆霍城县水定镇附近）的宰桑诺尔布。于是策楞一面派人联络诺尔布及附近的台吉、宰桑，一面从山内间道行军，以取奇袭效果。

二月二十四日，策楞至固尔札北济尔哈朗，有大喇嘛来犒军。遂停驻等候前队消息。二十七日，接参赞大臣玉保咨文，前队已于二十六日抵达乌哈尔里克，据宰桑诺尔布禀报，敌兵3000余人，正朝和洛霍澌（今新疆霍城县中哈交界之霍尔果斯河）而来，宰桑因兵力单薄未敢出战。玉保率部连夜前进，副都统衔领队大臣乌尔登、宰桑札那噶尔布领后队续进，又派宰桑哈萨克锡喇率精兵50名督同诺尔布兵作战，策楞随即统兵速进。

二月二十七日晨，哈萨克锡喇至伯勒齐尔（当在霍尔果斯河与伊犁河

---

① 达尔党阿奏折云："臣带领官兵由朱尔都斯进发，前闻阿逆已经拿获，准将军策楞咨文，停止进兵，即在特讷格尔驻札办事。二月十二日，复接策楞咨，令臣派兵一千名至安集哈雅等处接应。"（《平定准噶尔方略》正编卷二五，乾隆二十一年二月丁卯）策楞军营离特讷格尔，军报传递日程一到两天，则策楞调兵咨文发于二月十日或十一日，距初三日就是七到八天。而策凌之所以向达尔党阿发出调兵咨文，是因为策楞所率大队向西移动了，需要后援部队跟进。

汇合处），与诺尔布会合，沿河北行到哈拉乌苏（当是霍尔果斯河天山峡谷部分，今霍尔果斯口岸北8公里红卡子以北河谷），见额琳沁据山险结垒，遂派人招降。傍晚，额琳沁等5位宰桑率部降。这时，阿睦尔撒纳正隔河在对面沙冈上驻阵，尚未遭清兵攻击。他见额琳沁等投降，料后面必有大军，趁着暮色急忙逃走。玉保得报知"阿逆相距仅一日程途，趱行即可追及。"乃选膘力尚可马匹、兵丁50人骑，由乌尔登等率领，于翌日晨出发紧追，又派达永阿以军情告策楞。策楞行营与玉保相距亦仅1日程，但以马力不足，追击无济，乃撤兵回伊犁。乌尔登等追至库尔默图岭（伊塞克湖东北），仅剩28人，不见阿睦尔撒纳踪影，料其已窜入哈萨克境内，遂撤回。①

三月初，策楞驻营固尔札，先缮折参奏萨拉尔。有侍卫巴宁阿于上年班第陷敌后被俘，至是逃回策楞军营，言班第陷敌前萨拉尔实先奔逃。后高宗命将其逮捕至京审问，侍卫所言不虚，而萨拉尔罪当死。高宗免其死，令囚之狱。接着，策楞奏报各日战事进展，并缮折认错，请治率尔报捷之罪。

高宗对其报捷乌龙，仅批两句："此亦有何关碍。但汝等不亟图擒获，朕甚不取！"② 观察1个月有余，高宗终于对策楞、玉保大失所望，斥其"漫不经心、彼此玩误"致"叛贼遁迹"。于四月十五日降旨，令西路参赞大臣达尔党阿、北路定边左副将军哈达哈领兵前赴哈萨克，务期擒献阿睦尔撒纳。达尔党阿遂率2000人出击，侍卫哈宁阿、鄂实任参赞大臣。

翌日，高宗又命大学士傅恒往西路整饬军务，将策楞、玉保拿解回京治罪。两天后，策楞奏折到京，奏报接到训斥谕旨后，已领兵前往哈萨克追索。高宗只得召回傅恒。

五月，授达尔党阿为定西将军，统领两路兵丁，以兆惠为定边右副将军，充西路后援。不久，参赞大臣巴禄在博罗和里雅（当在今精河县天山北麓一带）擒获阿睦尔撒纳手下干将阿巴噶斯等。阿巴噶斯是原准噶尔四

---

① 《平定准噶尔方略》正编卷三四，乾隆二十一年十二月己巳，"申谕策楞玉保等擒贼不力罪状"。

② 《清高宗实录》卷五〇八，将策楞该折系于乾隆二十一年三月庚午（初二日）。《明清史料》庚编所在该折则注明"三月十九日奉朱批"（第十本第921页b）。则三月初二日当系缮折发出日期。

六、乾隆两平准噶尔

大图什墨勒（蒙语官吏之意，亦译"图什墨尔"，为准噶尔最高政务官员）之一，一度投清，授为内大臣，复叛清投敌。

先是，阿睦尔撒纳叛逃，同行监督之札萨克亲王额林沁多尔济知其不乐觐见而疏于防范，高宗愤其失机，赐之死。至六月中旬，北路参赞大臣喀尔喀郡王青衮杂卜上折为额林沁多尔济鸣不平，且不满累年兴兵疲累喀尔喀。高宗怒斥曰："以其怨望之私，托为他人之语，妄行渎奏，藐法已极，断难姑容！必当明正典刑，以示儆戒。"① 密令北路将领伺机将其逮捕。而青衮杂卜上折后，随即撤回守喀尔喀守台兵丁，致使北路第十六台至第二十九台一时瘫痪。高宗授超勇亲王策凌之子成衮札布为定边左副将军，统领平叛；又派尚书纳延泰、侍郎阿桂往北路，旋复各台。

达尔党阿统领西路兵丁，于七月初三日至雅尔拉地方，侦知哈萨克兵潜伏山沟幽僻之地。乃遣兵一队占据右翼高阜地，一队入山诱敌出战。后队分两翼续进，中军殿后。接战，杀敌570余人、俘虏11人。十一日，追至努喇地方，遇敌2000余人，鏖战。敌方统兵者实为阿睦尔撒纳，为防清兵识破，改打蓝色旗纛，见势将不支，乃遣2哈萨克人赴达尔党阿营中降，称本欲擒献阿睦尔撒纳，待阿布赉汗赶到，即便送来。达尔党阿信其言，止军勿进，限15日内擒献。阿睦尔撒纳得喘息之机，乃从容捆载而去。达尔党阿见状方知受骗，乃发兵追，不及。

哈达哈率北路军，越过额尔齐斯河后，侦知有哈萨克兵1000余人，沿巴彦山西行，即遣兵600人追踪，大队随进。至蒿哈萨拉克山，接战，杀敌100余人、俘5人。讯知，敌方统兵者乃阿布赉汗。哈达哈派兵追上敌后队，交战，复杀敌100余人。又与敌另队战，杀20余、俘1人。讯之，乃知两日前阿睦尔撒纳为西路击败，现逃往尼雅斯图山中。复追击，不见敌，遂止。二十三日，西北两路大兵在伊什勒会师。

时天已渐凉，兵疲马乏，商议后，两路将军请在哈萨克境内过冬，待来春再举。高宗为追剿已叛之青衮杂卜，令北路军2500名撤回平叛，西路军初定留600名，由定边右副将军兆惠率领暂驻伊犁，办理善后，留1000兵丁由哈宁阿带领驻扎安济哈雅。后以供饷不便，移驻伊犁。兆惠吸取班第教训，留兵2300名，稍多于高宗谕旨所允留兵"多亦不必逾二

---

① 《平定准噶尔方略》正编卷二九，乾隆二十一年六月癸亥；参见赵翼《皇朝武功纪盛》卷二《平定准噶尔正编述略》。

千"，其余 700 名兵丁撤回巴里坤。① 策楞、玉保此次从征无功，不能赎其怯懦失机之罪，仍令械系解送京师。

十月初，乘青衮杂卜之乱，辉特汗巴雅尔发兵抢夺洪霍尔拜札哈沁之牲畜，杀伤人众，兆惠檄巴里坤办事大臣和起，会同绰罗斯汗噶尔藏多尔济擒拿。和起即率兵 100 名，檄调哈密额敏和卓、缠回（维吾尔人）莽噶里克兵、厄鲁特兵前往擒拿。十一月初六日，和起驻扎辟展（今新疆鄯善），等待各路兵会齐。此时，尼玛统所领布鲁古特、杜尔伯特、札哈沁兵丁，共约 1500 名，竟然倒戈相向，莽噶里克兵亦从后鼓噪。和起徒步转战，终因寡不敌众，身负重创被杀。策楞、玉保当时正械系在途，俱遇害。

高宗得报，令巴里坤办事大臣雅尔哈善速选精兵二三百名，驰赴兆惠军营报信，即领兵回巴里坤，"沿途遇背叛贼人，悉行剿灭"。又增调安西镇绿营兵 2000 名，吉林和察哈尔兵各 1000 名，阿拉善蒙古兵 500 名，赶赴西路。

兆惠高度关注西路厄鲁特的情况。十一月十四日，得知两台站被抢，派副都统三格带兵 200 名，前去接续台站。十九日，有阿巴噶斯宰桑库图齐派人送来札那噶尔布、哈萨克锡喇发往各台吉、宰桑的文告，而绰罗斯汗噶尔藏多尔济的名字赫然列在首位。送信人称，库图齐将擒拿噶勒杂特宰桑齐默特库至军营。

兆惠等至二十五日，未见擒到。传唤宰桑吞图布等，亦不到。疑有诈，即领兵自济尔哈朗（固尔札北）起程。次日，驻营鄂垒札拉图（今新疆精河县托托乡西 40 里），有敌突至，一触即走。兆惠立遣侦骑查探敌情。

十二月初一日，宰桑达什策楞、图布慎、塔什等聚兵数千来战。兆惠以我兵半系步行，不利冲杀，乃坚守营垒，伺机而动。敌兵见兆惠马力平常，心存轻视，夜间驻营，俱不设备。至初三日五更时分，兆惠派索伦委署营总伊灵阿、三达保领精兵悄悄出营，趁敌熟睡未起，自正面猛攻，而侍卫努浑领兵 100 余侧翼协攻。敌军大败，纷纷逃窜。复搜剿残敌。是役，歼敌 1000 余，而清兵仅阵亡 34 人，伤 104 人，缴获驼马军器无数。

---

① 参见《平定准噶尔方略》正编卷三二，乾隆二十一年闰九月辛酉；同书正编卷三四，乾隆二十一年十一月壬子。

六、乾隆两平准噶尔

其时，靠近巴里坤一带，和硕特汗沙克都尔曼济因不堪巴雅尔等部抢掠，向巴里坤方向设立卡座，东移游牧。又屡屡派人探听巴里坤驻军情形。巴里坤办事大臣雅尔哈善听闻其属人与札那噶尔布潜通消息，于是派人召其至军营。沙克都尔曼济称病不至。雅尔哈善疑其同谋叛逆，为杜隐患，遣副将丑达、参将阎相师领兵500，以失路借宿为名，进驻其营垒，沙克都尔曼济屠羊以待。中夜大雪，笳声作，清兵齐起袭其卧庐，随尽歼其部4000余人，沙克都尔曼济夫妇亦被杀。后来雅尔哈善充将军，平大小和卓之乱，以失机罪正法，高宗作诗《忆旧》，自注谓"而杀降受祸，益征天道之不爽矣。"①

二十八日，侍卫图伦楚带兵800名，自巴里坤起程，往迎兆惠军。

乾隆二十二年（1757）正月初五日，兆惠领军至乌鲁木齐。翌日，发觉敌尾追而至，交战1日。至夜，往劫营，敌已遁。因军中马驼无多，口粮亦少，暂坚守营垒不战，乘敌懈怠时再行进击。越5日，副护军校兆坦回到军营，报告噶尔藏多尔济扣留蓝翎侍卫爱新泰，现正与札那噶尔布、尼玛、哈萨克锡喇、鄂哲特等聚兵前来，并带回一纸文书。兆惠展看，有"从前将伊等骚扰，今请军营大臣赴彼游牧面陈"②之语。断定噶尔藏多尔济叛逆无疑，只得一战。

十二日，噶尔藏多尔济领兵1000人攻击兆惠军营。兆惠令坚守营垒不出，待敌靠近时射击。连攻7天，无所得手，十八日，噶尔藏多尔济乃引去。

十九日，图伦楚军至伊勒巴尔和硕（今新疆木垒县、奇台县之间北部），剿杀巴雅尔属部100余户。寻遇兆惠报信兵2名，知兆惠军现在乌鲁木齐坚守，乃令1名驰赴巴里坤，1名为向导。至济尔玛台（今奇台县东南），歼哈萨克锡喇属部20余户。

二十三日，兆惠起行往特讷格尔，遇敌200余人，一战击溃。二十六日，厄鲁特兵数百人绕道而行，前往堵截图伦楚援兵。兆惠拟拖住敌兵，但诱之不来，而军中所余火药、马匹、弓箭无多，不能正面突击，只得原地驻营固守。

---

① 〔清〕爱新觉罗·弘历：《御制诗集》四集卷八二，《忆旧》夹注。
② 《平定准噶尔方略》正编卷三七乾隆二十二年二月乙酉"定边右副将军兆惠等疏奏沿途剿灭贼众事宜"。

二十七日，图伦楚军遇从阿察郭勒逃出之沙克都尔曼济所属部众 100 余人，俱行歼灭。二十八日，复剿杀札哈沁 100 余人。翌日，至察罕乌苏，巴雅尔宰桑达巴、札哈沁宰桑塔尔、巴津所领兵 200 余人迎战，击败之，擒杀达巴、塔尔、巴津。是日夜一更，图伦楚军与兆惠军会师。

二月初四日，高宗正在第二次南巡途中，驻跸江南仰化集（今江苏宿迁市宿豫区仰化镇），得知兆惠即将顺利返抵巴里坤，乃宣谕：兆惠系驻扎伊犁等处办事大臣，适遇厄鲁特等背叛，奋勇剿贼，甚属可嘉，着封为一等伯，世袭罔替。图伦楚此次亦属奋勉，著赏给副都统职衔。其他有功人员分别封赏有差，所有阵亡官兵，查明交部议恤。

二月二十三日，兆惠、图伦楚领兵回到巴里坤军营，一场新的出征又在等待他们。

6. 首酋"天诛" 告厥成功

乾隆二十二年（1757）正月间，清廷已任命成衮札布亲王为定边将军，统领此次西路军新出征，并命其弟车布登札布暂行署理定边左副将军印务，留守北路，策应西路行动。二月二十日，成衮札布偕参赞大臣舒赫德，抵达军营。

此时之准噶尔又陷入群酋争雄局面，宣告四部各自封汗、沿用鄂托克旧制的羁縻统治方案破产。因此，此次出征的总目标即建立起直接统治。细分目标有三：擒首恶、灭叛贼、防复发。

擒首恶是缉捕阿睦尔撒纳，为此次出征的首要目标，所谓"叛贼一日不获，则伊犁一日不安，边陲之事一日不靖"①。

灭叛贼是针对降而复叛的厄鲁特，不分主从与罪之轻重，一律予以消灭。兆惠被反叛厄鲁特屡屡围攻后，曾感叹"厄鲁特等反复无常，应行剿

---

① 《清高宗实录》卷五二七，乾隆二十一年十一月庚戌。

六、乾隆两平准噶尔

灭"。高宗深表同意："前此两次进兵,皆不免过于姑容。"① 而对于未曾从叛之鄂托克,也要将其健壮迁往内地,不得保留鄂托克旧名和补放宰桑、得木齐等职衔,其人员酌量授予总管一二员约束,老幼人口不必迁徙,但须同内地派驻兵丁同住。②

防复发是指防止厄鲁特卷土重来。实际操作办法是屯田:民屯加军屯。高宗指示成衮札布说:"现在大兵前进,贼众谅无不知。厄鲁特等势穷力竭,必窜入哈萨克境内。惟是大兵撤回后,伊等仍复占据巢穴,终非一劳永逸之计。著即于进兵时,招募回人垦种地亩,并将带往绿旗兵丁派令耕种,不特秋成之后,可资军食,且使贼人无可归之路,哈萨克势不能久资养赡,必至自相戕贼,庶可以永绝根株。"③

这次出征仍分两路,全部骑马前进。其中又各分哨探队和大队。哨探队作为前锋,其主帅有专办军务之权责。与大队会合时,仍听命于大队将军。两路会合时,俱听命于定边将军。而分路进兵时,各队间须保持声息相通、相互应援。

南路哨探队兵 1400 名,由富德、博尔奔、察诺尔、卜札卜、鄂穆布带领。大队索伦兵 800 名,由明瑞、色布腾巴尔珠尔管理;吉林兵 250 名,由满福管理;察哈尔兵 250 名,由敏珠尔多尔济管理;喀尔喀兵 500 名,由旺布多尔济、齐旺多尔济管理;绿营兵 400 名,由明瑞兼管。定边将军成衮札布、参赞大臣舒赫德总统督率。哨探队于二月初十日起程,大队次日起程,由吐鲁番、朱尔都斯、空格斯至伊犁。

北路哨探兵 1500 名,由额尔登额、鄂卜什达、体善、顺德讷等率领。大队索伦兵 700 名,由三格、图伦楚、奇彻布管理;察哈尔兵 600 名,由端济布管理;吉林兵 300 名,由爱隆阿管理;阿拉善兵 500 名,由罗卜藏多尔济管理;绿营兵 400 名,由三格兼管。定边右副将军兆惠、参赞大臣鄂实、参赞大臣永贵总统督率。哨探队于三月初十日起程,大队于十一日起程。

两路大军沿着天山南北两侧,一路清剿诸反叛鄂托克,并未遇到有效

---

① 《清高宗实录》卷五三二,乾隆二十二年二月戊辰。
② 《平定准噶尔方略》正编卷三九,乾隆二十二年五月戊戌"谕定边将军成衮札布等安插厄鲁特投诚效力人等"。
③ 《清高宗实录》卷五三四,乾隆二十二年三月丙午。

抵抗。噶尔藏多尔济已于二月间迁往伊犁，哨探队进兵迅速，北路进军顺利。南路大队因要安置屯田、招抚回人，虽出发早，行军速度稍慢。

四月初七日，北路已推进到乌鲁木齐与玛纳斯之间。兆惠得报，知晓阿睦尔撒纳近况：上年冬，因面临清朝压力，哈萨克左部汗阿布赉不敢继续容留，阿睦尔撒纳被迫返回境内，今年二月间知清兵撤退，又潜回博罗塔拉，召集拥护者，趁准噶尔残余势力两派火并之机，杀入额林哈毕尔噶一带札那噶尔布的游牧地抢掠。

统领南路哨探队的富德，几乎在同一时间也得知了这一消息。富德着先鞭，沿空格斯，至固尔札北济尔哈朗，直冲敌阵，杀伤无数，阿睦尔撒纳不敢战，望风遁逃。富德策马越过北天山，追至噶顺（今博罗塔拉州精河县沙泉子，又名东噶顺，清代在此设有"噶顺腰台"），渐不及。于是派鄂博什领兵200，驰赴额尔齐斯之纳林河（今哈雅尔巴斯河）① 截击，防其逃入俄罗斯。

数千里之外的高宗接到战报，连发数道谕旨，指示兆惠抓住重中之重，将大队留给定边将军成衮札布指挥，兆惠带领哨探队追上富德，务必擒拿"阿逆"，勿蹈策楞覆辙。又谕令北路参赞大臣唐喀禄协剿、定边将军派员晓谕左右哈萨克汗毋得容留阿睦尔撒纳。

四月底，富德途中俘虏往哈萨克请兵之阿睦尔撒纳侄子达什策凌。又侦知"阿逆"在100余里之外的额卜克特地方，有众700余人，乃令奇彻布、达礼善、努三领兵先进，而亲率罗卜藏多尔济、爱隆阿、图伦楚继进。五月初一日，至额卜克特山，阿睦尔撒纳已遁。据其侄所供，阿睦尔撒纳去处总不离塔尔巴哈台一带。于是，富德分兵四路追剿。

二十四日，寻迹追至塔尔巴哈台山后，东面是山，西面是爱呼斯河（今译爱古斯河，在哈萨克斯坦境内，流入巴尔喀什湖），地势极险，奇彻布截后路，罗卜藏多尔济领兵从东面攻入，连夺五险。夜半时分，原辉特汗巴雅尔带眷属50余人逃出，奇彻布即驱马紧追。巴雅尔围绕塔尔巴哈台山转了3圈，跑了6天，未能甩掉追兵，人疲马乏，不得已回到原地，下马步战，举枪轰击追兵，奇彻布中枪阵亡。此时，副都统爱隆阿已从河

---

① 据《皇舆西域图志》卷二五载："额尔齐斯郭勒……又西北行四十里，东会纳林郭勒，又西北行十里，入烘和图淖尔（斋桑泊）。"与当今地图对照，纳林郭勒应是今俄罗斯境内的哈雅尔巴斯河。

六、乾隆两平准噶尔

畔增援,巴雅尔凭险抵抗。突然,侧翼跃出敌骑 200 余,爱隆阿则率 30 余骑奋勇冲杀,双方鏖战数次,未分胜负。爱隆阿正欲调后队增援,敌阵却树起玛尼纛 4 杆,派人示意停战,喊道:"你们是哪里的部队?"

爱隆阿答道:"天朝征讨准噶尔巴雅尔至此。"

对方来人告曰:"我等系哈萨克阿布赉属下,阿布赉遣伊弟阿布勒比斯侵扰厄鲁特游牧,并令如遇大国之兵,即出去岁将军所发印文为据,以来归附。适因仓促不知,是以拒战。我等即退兵,告知阿布赉,约于五日内遣人来见将军、参赞。"①

哈萨克兵随即撤去。爱隆阿、图伦楚、达礼善、马甲占颇图、马甲海兰察等兵分两路,继续搜剿巴雅尔。六月初三日,巴雅尔被海兰察追及,犹引弓欲射。海兰察手快,射中其肘,占颇图射中其胫,将其擒获,并获其妻、妹及 2 子。问以阿睦尔撒纳及哈萨克锡喇下落,巴雅尔坚称不知。爱隆阿随派海兰察将其押解到额米尔河(今额敏河)西岸兆惠大营。兆惠又派侍卫额尔登额偕同海兰察,将其驰驿解京。

同一天,哈萨克得木齐两人至富德营,告称:"我等原不敢擅动兵戈,只因阿睦尔撒纳去岁逃来,大国遣人索取,沿边居住之人,未即达知阿布赉,是以烦大皇帝征讨,致游牧惊扰。阿布赉欲将阿贼擒献,以求安静。先为所觉,盗马逸去。近闻厄鲁特溃散,欲乘间取其货物,不期猝遇大兵,致彼此伤损。今特献马请罪。倘阿贼入我境,必行擒送。如将军、参赞遣人往见阿布赉,必遣人请罪,并恳带兵效力,以图往来交易。"②

富德再三诘问,说法一致,且情辞恭顺,于是派参领达里库等 11 人随来使往见左哈萨克汗阿布赉。六月初七日,抵爱呼斯河滨阿布赉营地。达里库叙完来意后,阿布赉汗先是声称要与兄弟商酌后方能答复,迟疑片刻后,曰:"我系为首之人,自应主张。我等自祖父来,未能受中国皇帝恩典。今情愿将哈萨克全部归顺,永为大皇帝臣仆。"③ 随具托忒文表文

---

① 《平定准噶尔方略》正编卷四一,乾隆二十二年七月丙午,"定边右副将军兆惠疏奏哈萨克归顺情形"。

② 《平定准噶尔方略》正编卷四一,乾隆二十二年七月丙午,"定边右副将军兆惠疏奏哈萨克归顺情形"。

③ 《平定准噶尔方略》正编卷四一,乾隆二十二年七月丙午,"定边右副将军兆惠疏奏哈萨克归顺情形"。

一份,并献良马4匹,交与派使者7人,赴京入觐,并赠将军、参赞马匹。

初十日,哈萨克使者偕达里库等回到富德营。十三日,兆惠至富德营,抚慰来使,遣达里库等伴送入京。又派喀尔喀台吉额尔克沙喇、侍卫努三等,携缎匹礼物答贺阿布赉汗。随将本末驰奏,并附表文副本。

高宗连得擒获巴雅尔及哈萨克阿布赉汗归顺之两大喜讯,极为高兴,立即封赏有功人员,并诏告天下,曰:

> 贼所借以虚张声势者,惟一哈萨克。今已归降,愿擒贼自效,则益无所恃。朕心为之欣慰。此实上苍福佑,列祖鸿庥,以成我大清中外一统之盛。①

七月,班第、鄂容安灵柩至清河,高宗亲临吊祭,令将"逆党"阿巴噶斯、克什木先行馘耳祭奠,押萨拉尔在旁观看,待阿睦尔撒纳拿获之日,将"逆党"一并正法。随令永远拘禁萨拉尔,旋察其忠诚,赦出狱,并赐房屋居住。萨拉尔之遇害参赞玛木特,赏银300两抚恤,令其孙札木禅承袭公爵。

兆惠办理哈萨克交涉时,即遣侍卫顺德讷带兵往古尔班察尔、额尔齐斯、俄罗斯一带追踪阿睦尔撒纳。六月十三日,顺德讷至鄂逊绰确特山,遇阿布赉、阿布勒比斯兄弟,兄弟声称奉富德参赞之令擒拿"阿逆",以赎前罪。十六日,至塔尔滚河,见有马驼踪迹。次日,至俄罗斯边境小镇铿格尔图喇(俄文名"乌斯季卡缅诺哥尔斯克",今属哈萨克斯坦)。十八日,俄罗斯军官到额尔齐斯河滨相见,称阿睦尔撒纳先前派来的使者已经拿送察罕汗,并未见到其本身。顺德讷要求遵守两国间引渡逃人条约,传知俄罗斯附近边境各卡伦,若遇"阿逆"来投,即擒拿解送,并将未见"阿逆"之事给文为据,以便交差。

十九日,阿睦尔撒纳带着30余人来到哈准边境阿尔察图,要见阿布赉,被告知打猎未归,明早相见,并要求在别处另立营帐。不久,阿睦尔撒纳发现其营帐被哈萨克人营帐包围,心中怀疑,适逢阿布赉归来,派人

---

① 《平定准噶尔方略》正编卷四一,乾隆二十二年七月丁未"命以哈萨克归降宣谕中外"。

六、乾隆两平准噶尔

询问,阿布赉说:"没我同意,没人敢动你。"阿睦尔撒纳不放心,悄悄给两匹马备上了鞍。深夜,哈萨克人劫营,擒获阿睦尔撒纳随从达什策凌(又名额布济,噶克巴集赛宰桑,与阿睦尔撒纳侄子同名)、齐巴罕等19人,而纵"阿逆"逃去。阿布赉早年被准噶尔俘虏,与阿睦尔撒纳、达瓦齐等私交甚密,曾以生死相盟,后又以女妻之。但上年因庇护阿睦尔撒纳,招致与清军冲突,其上层势力一致反对继续庇护,主张交好清朝。为兼顾私情与国利,阿布赉汗安排了这场一擒一纵的戏剧。① 随后派人将达什策凌、齐巴罕等移交兆惠押送北京。

阿睦尔撒纳带领10余人出逃,甚为狼狈,连马匹、衣服都来不及取,只能徒步狂奔,渡过额尔齐斯河,逃往俄罗斯。

二十日,顺德讷带着俄罗斯军官的证明文书,领兵返回。二十三日,顺德讷已知"阿逆"徒步出逃确信,又派员往森博罗特图喇,见俄罗斯西伯利亚总督。总督称齐伦图拉有人报告,有刈草人见到两人步行前来,一人自称阿睦尔撒纳,要求派船渡河。随派人驾船前往。久未回报,派人查看未见踪迹。只是在额尔齐斯河曲,发现一只渡口小船,想必他们是淹死了。俄方正派人寻找尸首。

顺德讷半信半疑,派副都统鄂博什带兵沿河水陆两路寻找。历20日,未见踪影。八月十五日,富德约见俄总督,要求遵守两国间条约。总督仍以前话相答,并礼貌地说:"是否溺死,我也没有确切消息。有了消息,必知会将军。"

途中还遇到两名厄鲁特人。一名是在森博罗特卡伦遇到的伊宛,自称达瓦齐的属人,认识阿睦尔撒纳,七月份,亲眼看见阿睦尔撒纳带领8个人,步行到了俄罗斯,被刈草人擒获,送到了总督的办公室,阿睦尔撒纳于当夜被送往察罕汗处,其他8人于次日解送。富德旋即报告兆惠奏闻朝廷,令理藩院行文俄罗斯萨纳特衙门交涉。

乾隆二十三年(1758)正月初七日,俄罗斯毕尔噶底尔派图勒玛齐、毕什拉等到中俄边境通知:阿睦尔撒纳为追兵所迫,溺水几死,经我卡伦人等救起,拿送固伯喇纳托尔监禁,旋因出痘身死。为取信起见,今将伊身尸移至边界,清国速遣人来,或至塞楞格城,或至恰克图验看。

---

① 参见吴阿木古冷《1755—1758年间阿睦尔撒纳与哈萨克阿布赉汗关系考》,载《西部蒙古论坛》2014年第4期第7—15页。

高宗令喀尔喀亲王桑寨多尔济派亲王齐巴克雅喇木丕勒、御前侍卫三泰前往验看。齐巴克雅喇木丕勒会同俄方人员哈毕坦等,详验阿睦尔撒纳身尸,肌肉尚完,并未朽坏,且面貌宛然,毫无可疑。但俄方拒绝移交尸体。考虑到会同详验确实,毫无可疑,罪恶贯盈之"阿逆"已伏"天诛",则俄方将其尸首解送与否,均可不必深论,高宗指示就此完结,仍然可以宣布"准噶尔全局,自可以告厥成功"①。

乾隆二十二年(1757)七月,在兆惠、富德率哨探队搜捕阿睦尔撒纳的同时,定边将军成衮札布率大队将乌鲁木齐、朱尔都斯以西,额林哈毕尔噶、伊犁、博罗塔拉一带从逆宰桑逐一清剿。七月初二日,副都统职衔由屯、贝勒旺布多尔济进兵到哈什河之阿尔察图山口,将阿睦尔撒纳宰桑尼玛及其子擒获,剿杀其属200余口。尼玛父子解京后,在和起墓前被凌迟处死。

时绰罗斯台吉札那噶尔布已被尼玛击败俘虏,并身罹痘症(天花)。寻札那噶尔布被台吉珲齐、达瓦割取首级献于清军,枭示肃州通衢,家属解京,其宰桑库图固尔游牧异地安置,而两台吉获免罪、赏还原职。台吉额琳沁达瓦系被迫投降,在军营正法。

哈什河回师时,成衮札布与鄂实,又派兵将办理克呼特游牧。该鄂托克共有19得沁,其中11得沁从逆被陆续剿灭,未成丁者,赏给官兵为奴。未从逆之8得沁,迁徙内地安置。

与俄罗斯边境交涉既毕,与哈萨克定议来年赴乌鲁木齐贸易,九月中旬,兆惠接收哈萨克所移交"助阿逆要犯"乌勒木济,遣返使者后,即率军向博罗塔拉、布尔噶苏台一路回师。月底,与成衮札布、雅尔哈善在济尔哈朗会师。寻遵旨会议驻兵过冬,来年再举计划。因济尔哈朗驻兵已久,水草已不敷用,定议移师乌鲁木齐驻营过冬。

十月,富德、喀尔喀台吉额尔克沙喇、侍卫努三率队从哈萨克撤回,至乌鲁木齐驻扎。

时届冬令,得报土尔扈特台吉巴图尔乌巴什死于痘症,原任三等侍卫札哈沁得木齐巴哈曼集为得木齐哈勒拜所杀,仅剩哈萨克锡喇、厄尔锥音等少数大头目未擒获,厄鲁特大都已沦为吗哈沁(盗匪、乌合之众)之

---

① 《平定准噶尔方略》正编卷四八,乾隆二十三年正月丙午"以逆贼阿睦尔撒纳身死宣谕中外"。

六、乾隆两平准噶尔

地,唯伊犁之沙喇擘勒为其会聚地。朱尔都斯一带沙喇斯、玛呼斯两鄂托克游牧,在定边将军成衮札布招抚不久后,即叛逃,都统福满带兵往讨,结果受骗被害,再派侍郎阿里衮同额敏和卓带兵前往平剿。而回部(清代称新疆维吾尔族聚居地区为"回部")诸城已难控制,前往招抚之副都统阿敏道为小和卓霍集占所杀,让高宗认识到非以兵威重创不足济事。但目前将领需要调换、大军需要休整、马匹兵饷需要补充,于是调成衮札布、富德等回京,厄鲁特的玛哈沁、回部的不臣只能暂置度外。

七、戡定回疆

七、戡定回疆

对于高宗君臣而言，擒拿达瓦齐、平定阿睦尔撒纳之叛，仅稳定天山以北地区，显然还不能解决国家统一的问题，必须将原准噶尔统治下的"回疆"也纳入版图，平定准噶尔的大业方告真正完成。

清代所谓"回疆"指天山以南、哈密吐鲁番以西，塔里木盆地周边的绿洲农业社会。这里的主要居民是维吾尔族，因信奉伊斯兰教，被称为"回人"（为与内地回族相区别，又称为"缠头回""缠回"），所以这一地域就被称为"回疆""回部"。十六至十七世纪，成吉思汗次子察合台后裔曾在此建立叶尔羌汗国（1514—1680）。康熙十九年（1680），噶尔丹将其攻灭，纳入自己的统治下，并押送缠回大小宗教领袖（和卓）及其家属至伊犁做人质，后安插到各鄂托克看管。在由阿巴噶斯鄂托克看管的和卓中，有一位大人物，即阿哈玛特和卓。

和卓最初的含义是"圣裔"，也就是伊斯兰先知、圣人穆罕默德的后裔，后来也用于对有知识道行高人的尊称。阿哈玛特和卓的祖上，自称"圣裔"，其直系祖先是伊斯兰教苏菲派纳格什班迪耶教团的第五代教主玛合杜木·阿札姆（1461—1543）。阿札姆去世后，子嗣间因争夺教权而分裂为白山派和黑山派。16 世纪末到 17 世纪初，黑山派从撒马尔罕（今属乌兹别克斯坦）到天山南部传教，得到叶尔羌汗廷的支持。17 世纪中叶，白山派也来到喀什噶尔一带传教，但后来者居于弱势。为了扭转局面，白山派首领阿帕克和卓（1625—1694）联合达赖喇嘛引入准噶尔势力。准噶尔灭叶尔羌汗国后，仍以原叶尔羌汗室之人为汗，同时扶持白山派。不久，汗廷又与白山派发生争斗，白山派胜出，迫使汗廷屈服，并杀死马哈麻特·额敏汗，以阿帕克和卓之子为汗。但仅过了 1 年半，阿帕克和卓遭毒死，8 个月后，其子也被杀。此后，因噶尔丹被清朝追剿，准噶尔暂时无暇顾及天山之南，叶尔羌和喀什噶尔各自立汗，陷入纷争。最终，准噶尔汗策妄阿拉布坦派兵干预。为了防止两派恶斗，策妄阿拉布坦一方面撤汗不设，选任当地人为伯克（官员）管理各城，并以准噶尔人监督之。另一方面，将两派有影响力的和卓，都带往伊犁羁管，各伯克也派 1 子为人质。而阿帕克和卓的孙子阿哈玛特后来被押解到阿巴噶斯鄂托克看管。阿哈玛特在羁管中，生了两个儿子布拉尼敦和霍集占，是为大小和卓。

乾隆二十年（1755）四月，清朝西路军进兵至天山北麓阿巴噶斯鄂托克游牧地一带，厄鲁特望风而逃，大小和卓兄弟得机会逃脱，至定边右副将军萨拉尔军前，禀告"我等情愿带领属下三十余户，投降大皇帝为臣仆。"① 高宗得奏非常高兴，让萨拉尔令两人赴京朝觐，等平定伊犁后再派他们回"原部"，并让萨拉尔将皇帝的这一计划预先告知，"俾知感戴"。然而，事情并未按照高宗所期待的那样发展，大小和卓兄弟先降后叛，南疆问题仍得大费周章。

1. 和卓兄弟之乱

乾隆二十年（1755）六月，定北将军班第平定伊犁后，安排小和卓霍集占留下，管理被准噶尔掠到伊犁种地的缠回，将大和卓布拉尼敦列入第二批进京朝觐人员内。但数天后，阿克苏阿奇木伯克阿卜都瓜卜报告②，叶尔羌、喀什噶尔的黑山派和卓蠢蠢欲动，打算趁准噶尔瓦解之机，勾结包沁，将要兴兵抢掠阿克苏、图尔璊（乌什）、多兰、赛里木等处，而阿克苏等处兵力少弱，请求将军派兵与旧伯克、和卓一并前来援救。班第接到报告，就停派布拉尼敦赴京，令侍卫托伦泰领兵 400 人并新归顺厄鲁特兵 1000 名，护送霍集斯伯克、布拉尼敦前往阿克苏、图尔璊一带，招抚缠回。霍集斯即擒拿达瓦齐的图尔璊伯克，阿卜都瓜卜伯克之兄。

托伦泰一行先到了阿克苏，安定人心后，随即进驻乌什。不久，叶尔羌、喀什噶尔的黑山派和卓派兵攻打乌什，被击溃。清军随即进兵喀什噶

---

① 《平定准噶尔方略》正编卷一〇，乾隆二十年四月丁卯。

② 阿奇木伯克是新疆维吾尔语的音译，官名，为城镇或乡村的长官，总理当地一切事务。

七、戡定回疆

尔。喀什噶尔是白山派的基地,当地人听说大和卓回来了,都来迎接,所以布拉尼敦和托伦泰很顺利就控制了喀什噶尔。

随后,布拉尼敦进兵围攻黑山派的基地叶尔羌。围城的时候,布拉尼敦得知阿睦尔撒纳叛清的消息。原来阿睦尔撒纳叛清、攻下伊犁后,即派人领小分队突至回疆。当时布拉尼敦、托伦泰正在领兵攻城,这支厄鲁特兵的突然出现,让守城者和攻城者都非常惊愕。守城者竟然停止作战,放弃城垒,拥挤出城逃亡。侍卫托伦泰则更为蹊跷,先被厄鲁特兵擒去,而后又经布拉尼敦收留。很快,布拉尼敦就控制了叶尔羌城。

对于布拉尼敦来说,这是一个激动人心的时刻,因为这不仅意味着维吾尔人摆脱了准噶尔的奴役,也是祖先荣耀的复归,同时也是一个奇迹,因为眼前的一切,祖辈们魂牵梦萦,都未能实现,如今却"忽如一夜春风来,千树万树梨花开"!

当然,布拉尼敦心里很清楚,这"春风"其实就是清军。于是,出现一幅奇怪景象:阿睦尔撒纳派来的厄鲁特小分队一直驻扎叶尔羌过冬,而托伦泰所率领清军也留在此地。布拉尼敦需要观察形势到底如何变化,看"春风"是否一直那么强劲。

乾隆二十一年(1756)三月,霍集占突然带着伊犁的缠回返回了叶尔羌。原来该年二月,阿睦尔撒纳就被支持清朝的台吉、宰桑们赶出了伊犁,然后遭定西将军策楞所率清兵追捕,被迫逃亡哈萨克,而霍集占就乘机南下。

大小和卓重逢后,需要做出一个命运攸关的抉择:是自立门户还是服从清朝。

布拉尼敦从大局着想,愿意服从清朝。他认为"从前受辱于厄鲁特,非大国兵,安能复归故土?恩不可负,即兵力亦断不能抗。"霍集占却错误估计了形势,主张自立:"你我兄弟二人被准噶尔禁锢,历有年所,今始得归故土。若听大皇帝谕旨,你我二人中必有一人唤至北京为质,与禁锢何异?莫若与中国抗拒,地方险远,内地兵不能即来,来亦率皆疲惫,粮运难继,料无奈何我!且准噶尔已灭,近地并无强邻,收罗各城,可以自立。"①

---

① 和宁:《回疆通志》卷一二。

受到弟弟蛊惑,布拉尼敦也决心走上对抗之路。于是兄弟俩召集各城伯克、阿訇,霍集占自立为巴图尔汗(意为"英勇汗"),传檄各城爱曼(官员),筹集兵马器械粮饷、加固城防,以备战斗。而对于清军,则密切关注其动向,尽量迟延其进攻时间。

清军方面,在霍集占南归后,定西将军策楞旋即领兵回驻伊犁。不久从京师入觐而返的回人总管推测,霍集占弟兄与叶尔羌、喀什噶尔结有仇隙,未必前去,必去之地方当是库车、赛里木、吉木萨尔一带,请求派人同他一起前去招抚霍集占弟兄。策楞认为缠回受准噶尔役使多年,现今既舍伊犁而去,必不愿回来,于是同意了总管的要求。

四月上旬,策楞终于见到大小和卓派来探信的人。探信人转达,兄弟俩"欲来投诚"。策楞随即奏报,高宗表示"如投诚之意属实,策楞等应即派兵前往晓谕。伊等果亲至军营,即准其归降。其如何安插纳贡之处,奏闻请旨。"①

奏折往返需 40 多天,策楞也不能等待接旨后再行动,见此前所遣使者久未回信,接连又派出了 3 位使者。策楞随即因追剿阿睦尔撒纳不力,被高宗严旨申饬,革职前往哈萨克追捕阿睦尔撒纳。

五月,策楞派出的第二位使者到达叶尔羌(第一位使者不知所踪,文献失载),其主要使命是向霍集占弟兄传达三件事:派 1 人进京觐见皇帝,速定贡赋章程,派人赴军前贸易。霍集占不经意地对使者说,已经派沙呢雅斯随侍卫托伦泰进京,所有事宜都会直接向皇帝奏报。然后就把使者打发了。

此时,霍集占正与布鲁特交战,结果以失败告终。因此,弟兄俩觉得与清朝决裂时机尚未成熟,遂斩杀厄鲁特小分队人员,而释放托伦泰,让其返回,并扣下随行的厄鲁特兵。

不久,策楞派出的第三位使者传令,让霍集占仍派人回伊犁种地。霍集占怒火中烧,但忍而未发,将使者扣下。

随即,副都统阿敏道奉策楞之命派出的使者抵达,传令布拉尼敦将阿睦尔撒纳派往回疆的使者擒拿送往大营。这位使者到达阿克苏,便被投向霍集占的伯克阿布塞塔尔扣押。

---

① 《平定准噶尔方略》正编卷二七,乾隆二十一年正月丙寅。

七、戡定回疆

九月中旬,定边右副将军兆惠到伊犁后,对托伦泰久无音信甚觉可疑,遂询问军中的拜城伯克噶岱墨特。噶岱墨特为准噶尔羁留伊犁的伯克之一,乌什人,是清朝的坚定拥护者。他认为,使者迟久未回,一定是发生了变故,或是布拉尼敦到那里之后制造事端,或是中途遭遇布鲁特人、缠回生变。他建议派兵招抚回疆东北的阿克苏、库车、乌什等城,可以震慑叶尔羌、喀什噶尔。于是兆惠派副都统阿敏道带领索伦兵100名,新归降的空格斯、朱尔都斯厄鲁特兵3000名,与噶岱墨特一同前往招抚。

九月下旬,阿敏道到了朱尔都斯(今和静县开都河流域),在等待厄鲁特兵时接到了侍卫托伦泰的报文,立即咨报兆惠。兆惠觉得缠回地方安静,"并无事故",不用多带兵丁,令阿敏道到回城安抚众人,查明应交贡赋,告知其在年内派人带着耕牛农具到伊犁种田即可。

闰九月初五日,阿敏道领兵接近库车城,哨探兵报告阿布塞塔尔率众1000人,驻守木素尔河。①

哨探兵还报告,霍集占率领3000人,驻守图尔璊。

阿敏道觉得情形甚为可疑,于是令八旗兵30余名、厄鲁特兵1500名先行,他领后队继之。离城30里,前队厄鲁特兵遭遇百余缠回阻击,便奋起击杀40余名人。阿敏道随督兵围城,千余回人出城迎战,被击退后逃回城中坚守。

阿敏道派人进城招抚,城中达尔罕伯克呼岱巴尔氏回话称:我等久已归顺天朝,只是厄鲁特为我等世仇,恐为其所害,故不敢出迎。

阿敏道遣人答道:尔等若生疑惧,即可将厄鲁特撤回。尔等若再无诚心,我兵即便攻城。

城中称:若将厄鲁特兵撤回,我等即便出城。厄鲁特所掠牛羊米石,可作"天兵"行粮。但其中的马驼,恳请给还。

阿敏道立即将马驼归还,仅留下100名索伦兵,厄鲁特兵全部遣回游牧地。统领厄鲁特兵的宰桑说:"都统兵力单弱,似属危险。"

---

① 木素尔河,发源于南天山终年积雪的冰达坂,有南北两支。北支,现称为木扎尔特河,是昭苏县境内特克斯河上游的一条支流;南支,现称为木扎提河,是渭干河的上源。顺着两条河的河谷,越过冰大坂,或往南,或往北,是古代往来南北疆最为便捷的通道。南支流淌到拜城县西南的察尔齐镇,越过山隘,就进入阿克苏。阿布塞塔尔所驻守的地方,当在察尔齐镇附近。

阿敏道满怀豪情说："唯期于国家大事有济，岂可论其危险！"

于是，闰九月初九日，厄鲁特兵全部撤回，阿敏道带着100名索伦兵进入库车城。

10天后，被霍集占扣押的3位使者同时回到兆惠大营。根据使者们的报告，兆惠判断"布拉尼敦似属恭顺，霍集占素不安分。前曾党同阿逆，后畏惧大兵，又袭击阿逆，以图掩饰。其人反复无常，今为布鲁特击败，始将屡次使人遣回。此时不立定贡赋章程，又并未遣人前来，显有背逆情状。"一面即传令阿敏道"作速进兵，绥靖阿克苏、库车地方，令霍集占亲来谒见。其伊犁种地回人，即照旧派拨前来。倘稍抗拒，即行剿灭。"一面奏报高宗。①

高宗接到奏报时，伯克噶岱墨特的儿子阿卜都尔璊、霍集占的使者沙呢雅斯正在京师觐见。因阿卜都尔璊提到缠回与厄鲁特素如仇敌，高宗料想，若派回人返回伊犁种田，或许会遭厄鲁特欺凌，反倒生出事端，不如仍令各回原处，种田纳贡，较为妥当。于是谕令停派缠回返伊犁种田。而对沙呢雅斯的表现，高宗甚是满意，认为他代表霍集占弟兄觐见，"明有畏惧天朝之意"。而奏表中感激皇恩"情甚诚笃"，故在给兆惠的谕旨中强调"毋庸加以兵威办理，方为妥协。"②

沙呢雅斯随后自京返回，高宗安排他抵达巴里坤后，随同清军以及拜城伯克噶岱墨特、库车伯克鄂对等到回疆招抚霍集占弟兄。但沙呢雅斯抵达巴里坤后，准噶尔残余势力再次叛清，兆惠一时被围于伊犁北部的济尔哈朗，巴里坤与回疆、伊犁间的台站暂时不通，只能等待来年开春再行出发。

乾隆二十二年（1757）春，清军仍两路平叛。定边将军成衮札布率南路军，由朱尔都斯趋伊犁。定边右副将军兆惠率北路军，沿天山北麓西进。

四月二十七日，侍卫托伦泰奉成衮札布之命再赴叶尔羌，他报告：据开都河附近的厄鲁特游牧人说，大小和卓已叛清，并将派往之副都统和兵丁100人全部杀害。托伦泰将信将疑，继续前进，又遇库尔勒逃出缠回告称"现在叶尔羌等处回人俱叛，杀害官兵。我等系伯克托克托属人，感激

---

① 《平定准噶尔方略》正编卷三三，乾隆二十一年十月丙子。
② 《平定准噶尔方略》正编卷三三，乾隆二十一年十月丙子。

大皇帝天恩,故来告知。(尔等)断不可前去。"

托伦泰仍半信半疑,继续前进探信,将缠回送至将军大营,据称:两和卓将副都统阿敏道等一百余人在库车城看守,今年三月间,有库车城伯克呼岱巴尔氏、伯克呢雅斯,闻两和卓欲害官兵,暗行通信阿敏道等,遂步行脱出,杀回人三十余。两和卓即遣三百人追及阿敏道等,尽行杀害。今聚众二千人,欲拒大兵。其通信之呼岱巴尔氏,亦俱被杀。①

高宗接到成衮札布报告,谕令先集中力量荡平伊犁,擒拿阿睦尔撒纳,然后再议平定霍集占弟兄叛乱。托伦泰即行召回。至于霍集占使者沙呢雅斯,如恐其泄露军情,则即行正法。

是年冬,两路清军回巴里坤和乌鲁木齐休整。乾隆二十三年(1758)春,高宗命定边将军兆惠率军肃清伊犁余寇,同时授兵部尚书雅尔哈善为靖逆将军,领兵征讨大小和卓。

2. 库车攻围战

雅尔哈善是觉罗贵族②,字蔚文,满洲正红旗人。雍正三年(1725)翻译科举人出身。历任通政使、四川龙安知府、江南松江知府、苏州知府。在松江、苏州知府任上声誉颇好,后来升任福建按察使,离开苏州时,"民思之"。乾隆十三年(1748),署理江苏巡抚,不久调任户部侍郎。乾隆十六年(1751)出任浙江巡抚。3年后,再回京任户部侍郎,不久入军机处行走,调兵部侍郎。其时,高宗正筹划两路出兵准噶尔,因此雅尔哈善自始就参与了准噶尔机务的处理。

乾隆二十年(1755)九月,雅尔哈善被派往北路充当参赞大臣,征讨阿睦尔撒纳。参赞大臣是将军副手,除参谋定策外,必要时也带兵打仗。不过,当时征伐任务主要由西路担当,他无机会表现。翌年三月,赴京觐

---

① 《平定准噶尔方略》正编卷三九,乾隆二十二年五月丁未。
② 觉罗,清代皇族称谓之一,指努尔哈赤父亲叔伯兄弟之子孙。

见高宗后，改赴西路，与宁夏将军和起同为驻巴里坤办事大臣。巴里坤是西路军的大本营，一切兵员、物资都在此中转，军用驼马羊只在附近草场牧放，虽然军需有专员办理，但办事大臣有守卫城防、保障安全、及时分拨派发督运到前线的责任。当前线要求增援时，办事大臣必须尽快派兵或者亲自领兵接应。再者，巴里坤西边即和硕特游牧地，南边为哈密，西南为吐鲁番，办事大臣须监视、应援此数地。另外，巴里坤城外南北山坡往东直到塔勒纳沁一带，还临时安置了归降的厄鲁特人，需监视和照顾。可见办事大臣在当时实属要职，因此在赴任前，高宗特意召他进京面训。

此年冬天，探知缠回莽噶里克与厄鲁特等潜谋叛逆，雅尔哈善果断擒其子白和卓与党徒，高宗嘉奖他"宣力军营、实心办事"，加内大臣衔。又奉命密切注意和硕特汗沙克都尔曼济部落行迹，时和起领兵出城召集诸厄鲁特平叛，遭倒戈被害，巴里坤气氛紧张。雅尔哈善见该部异动，遂遣总兵丑达、副将阎相师袭杀，尽屠之。乾隆二十二年（1757）春，定边右副将军兆惠自济尔哈朗率师归，陷入厄鲁特叛众围堵，在特讷格尔固守待援，幸雅尔哈善所派侍卫图伦楚领兵及时赶到，全师回到巴里坤。四月，赴高宗南巡行宫陛见，授户部侍郎，仍回巴里坤。途中又改授参赞大臣，赶赴西路，驻济尔哈朗。九月，复与定西将军成衮札布、定边右副将军兆惠定议撤兵，待来年再举。晋兵部尚书。十二月，移驻鲁克察克（今鄯善县鲁克沁镇），暂督屯田，并筹备来年剿抚回疆之事。

乾隆二十三年（1758）正月，清廷定议两路出兵。一路由定西将军兆惠、定边右副将军车布登札布统领，发兵5000名，由乌鲁木齐出发，往剿伊犁沙喇擘勒厄鲁特叛众。事竣后，即入援回疆。一路由雅尔哈善任将军、额敏和卓等任参赞大臣，统兵5700余名，由鲁克察克出发，戡定回疆。

此两路进兵方略有别。因厄鲁特叛众游骑飘忽不定，兆惠军重在剿。而回疆人民定居农耕，建有城邑，且叛逆者居少数，因此，雅尔哈善军重在抚，以剿为次。用兵主要目标就是小和卓霍集占，胁从者若能将其擒献，可以将功赎罪，概赦不问。为此，高宗特意强调，用兵之外做好两点：第一，须纪律严明；第二，须继续做好宣传与招抚。①

---

① 《高宗实录》卷五五五，乾隆二十三年正月癸丑。

七、戡定回疆

乌什城伯克霍集斯家族是回疆的一大势力，3 年前擒献达瓦齐，让高宗默记其功，特别嘱咐雅尔哈善注意招抚奖励。雅尔哈善从额敏和卓处进一步了解到，霍集斯的父亲阿斯呼济，原是吐鲁番头目，康熙年间，清兵入吐鲁番，额敏和卓的两个哥哥以鲁克察克城归附，阿斯呼济则逃入准噶尔。清兵撤走后，阿斯呼济自准噶尔返回，将两人杀害，将吐鲁番和鲁克察克的缠回迁往哈喇沙尔，复前往乌什，所以仍称乌什城为图尔璊，也就是吐鲁番。这样，哈喇沙尔和乌什都有额敏和卓的旧部。另外，吐鲁番现住有霍集斯的旧属五六户，可以从中挑选数人，待取库车后，相机派往招抚。

三月十一日（4 月 18 日），靖逆将军印信送至军营。两天后，参赞大臣都统哈宁阿抵达，雅尔哈善即率头队自鲁克察克起程，向哈喇沙尔（今焉耆回族自治县）进发。后队陆续继进。

翻越博尔图岭后，四月十六、十七两日，各队陆续到达哈喇沙尔。仍分为哨探队和大队。哨探队由索伦兵 450 名、吉林和察哈尔兵 230 名、绿营兵 600 名、回兵 400 名组成，共计 1680 名，由额敏和卓、顺德讷、玉素福及侍卫等 41 员统领；大队由吉林、察哈尔、阿拉善、哈尔哈、厄鲁特等八旗和蒙古兵 800 余名及绿营兵 4000 余名组成。八旗和蒙古兵，由爱隆阿、端济布、阿拉善公衮楚克、喀尔喀台吉浪滚札卜分领；绿营兵由提督马得胜、总兵丑达、五福、阎相师分领。雅尔哈善、哈宁阿总统哨探队与大队。

五月初六（6 月 11 日），大军至库车城东雅哈托和萧，见有缠回迁移踪迹。翌日，抵库车城外。该城系土筑，又高又坚固。哨探副都统顺德讷截住缠回 3 骑，让他们回城传信：两路将军带领大兵前来擒拿贼首，抚恤尔等回众等等。随后，守备伯克遣其弟立城下回信：我等须候和卓信息，乞宽限 5 天。顺德讷令其近前，回信者不动，反索要招降文书。雅尔哈善派散秩大臣伯克托克托等 3 人持回字文书，至城下，两人出城收取。此时，20 余骑从城中突奔而出，俘掠 3 人，随杀戮之。

雅尔哈善令攻城。因散秩大臣伯克鄂对建议，雅尔哈善令顺德讷领兵 200 名抢占近城树林，城中 100 余骑来争，见清兵即退回。

清兵遂四面围城。自午后至天黑连续攻城，城上枪石如雨。清兵未能得手，而受伤者不少，总兵阎相师头部亦被石头砸伤。额敏和卓原本预计大军压城，招抚当即见效，结果事与愿违。伯克鄂对原为库车头目，属下有 2500 户、15000 余人，亦以为招抚可轻而易举，岂知今非昔比，其原部属不是被杀，就是被外迁，招抚毫不见效。次日，云梯造成，从上午到傍晚，清兵四面攻城，不克。额敏和卓急于自效，虽年逾60，仍身先士卒，右脸被鸟枪铅子击伤。

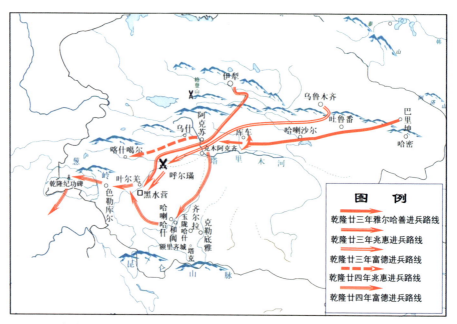

图7.1　乾隆戡定回疆示意（底图据谭其骧主编《中国历史地图集》第八册《清时期全图（一）》，中国地图出版社，1982）

当时的守城指挥者是霍集占的心腹阿奇木伯克阿卜都克勒木，城中原住900户，去年添驻缠回及厄鲁特，有精锐骑兵1000人。守城部队人数虽少，但凭借坚城和顽强防守，让清兵难以得手。

清兵架炮攻城。先发威远炮轰击城墙。威远炮是一种短身管大口径前装臼炮，炮弹直径达20多厘米，本是攻城利器，此次却不能摧毁眼前的城墙。改用大神炮轰击，未等炮弹出膛，炮膛却炸裂了。军中原带4门大神炮，都曾历经战阵，屡建奇功。但这些炮都是前明制造的"太爷炮"，炮龄将近120年，在哈喇沙尔试放时，就炸裂1门；这次发射，3门都炸裂了。这些大神炮可是提督马得胜不远千里，让士兵们从甘肃固原（今属宁夏）辛苦运来的。

七、戡定回疆

失去了大炮,"若领兵冲击,徒致伤损。惟有合围据险,伊等自生内变"①。雅尔哈善在围城同时,派兵蹂践了附近的麦田,摘食了杏、桑葚。同时了解到,和卓弟兄并不在库车,大和卓在喀什噶尔、小和卓在叶尔羌;另外,叛军又在阿克苏附近的乌斯哈雅筑城,命阿卜都克勒木的弟弟阿卜都哈里克驻守。他们不会坐视库车被困,必来救援。那么围点打援或是诱敌出城,就成为清兵的"计取"选项。

围城10来天后,雅尔哈善登临城东南高台瞭望城内情形,觉得城内甚属穷迫。询问鄂对,亦认为数日内赛里木(又称"赛喇木",东距库车210清里,今拜城县赛里木镇)、阿克苏等城必派援兵前来。五月十七日,清兵中的哈密回兵300人,更换衣帽旗帜,至城西潜伏。第二天,他们从阿克苏方向大路前来,尘土飞扬。雅尔哈善已部署满洲、索伦兵于险要地方埋伏,而令绿营兵举满洲、索伦兵旗帜,伪装前往迎战赴援"回兵",诱使城中出兵接应。城中缠回望见"援兵",果然鸣鼓吹角,步兵登城呼噪,骑兵排立于西城门内,但并不急于出战。绿营兵远远地施放鸟枪做攻击状,城中缠回仍是坚守不出。清兵无奈,只好撤回。又射书城内招降,也无回音。

据鄂对所获情报,城内回众被阿卜都克勒木挟制,未必投降,清军必须做继续攻城与打援的准备。于是雅尔哈善积极部署。

攻城的部署是断其水道,多备云梯、土袋,在夜间攻取;打援则要求做好周边防卫与哨探。周边所有各城前来应援必经之路,俱须安设哨卡。城东南通往库尔勒、哈喇沙尔,系清兵来路,现有台站守兵,尚无可虑。城北高山,通赛里木一带,有沙勒达朗、鄂斯克伯什两个隘口,用石垒阻塞,且隘口有泉水,可适量驻守步兵,敌兵自难偷越。城西通沙雅尔(今新疆沙雅县)、阿克苏,60里外有鄂根河,水大的时候可以行船,此处设台瞭望,军机自无迟误。

二十日,守备莫伦岱带领绿营兵往沙勒达朗垒塞隘口,忽然山里窜出敌骑百余,莫伦岱即麾兵枪箭齐发,迫其西遁。二十三日,署参领第雅隆阿领兵35名,再赴城东北筑垒处埋伏,见敌马步兵200余人,伏击之,杀敌50余人。雅尔哈善又派兵渡鄂根河,擒沙雅尔伯克之子,将其押赴京城。

---

① 《平定准噶尔方略》正编卷五六,乾隆二十三年五月癸丑,"靖逆将军雅尔哈善等疏奏攻围库车城情形"。

正当攻城一筹莫展之际,歼敌之机悄悄来临。六月十五日,蓝翎侍卫达克塔纳带领绿营兵180名驻守城东之托木罗克,发现敌人踪迹,即往追寻。见敌五六十名,举一杆玛尼纛,后面紧随两大队。达克塔纳故作避走势,将敌诱至雅哈托和鼐(今库车县牙哈镇)。清兵在这里设有台站。缠回迟疑片刻,见清兵少,派四五百人分两队来攻,而大队则在戈壁前沟边驻扎。达克塔纳大致估算,敌兵应少于3000人(实为2000人),派人飞奔大营送信。当日晚,清军大队2400人赶到。次日黎明,清军以绿营、维吾尔族步兵居中,满洲、索伦、蒙古骑兵分列两翼,向敌营挺进。太阳高挂,清军旗帜格外鲜艳。敌兵据沟边高阜列阵。两军相隔甚远,双方就互鸣鸟枪。当双方进入骑兵冲锋距离时,敌兵已蓄势准备冲击清军两翼,顷刻间清兵火力齐发,铅子、利箭猬集而来,敌兵顿时大乱,拥坠沟中,只能以长枪、刀剑格斗。清兵则以鸟枪、弓箭远射。从中午战至午后,敌兵仅有一二人逃脱,2000余人尽为亡魂。清兵阵亡仅数人,受伤者无几,获马1000余匹、毙伤者亦1000余匹,另获骆驼100余峰、鸟枪1000余杆、似炮鸟枪20杆、带鞍马2匹。询问俘虏,其中一匹系伯克阿卜都哈里克的坐骑。显然,此次被歼灭之敌系阿卜都哈里克从乌斯哈雅等城聚集起来的援兵。

其实,此次敌兵增援部队是从东北和西南两路夹攻,在雅哈托和鼐被歼者只是辅攻之敌。主攻方向则是小和卓霍集占亲自统帅的西南路。此次赴援,霍集占倾力而为,亲自指挥的一路召集了伯克10余人,聚集各城人马。其中,由伊犁带回2000人,贸易缠回500人,新降沙喇斯、玛呼斯厄鲁特500人,阿克苏、乌什马步兵共2000人,总计5000人,但有马者只有3000人。5000兵中留2000人由大和卓布拉尼敦统领,驻守喀什噶尔,防备布鲁特及伊犁清军,另3000人由霍集占统领,沿塔克拉玛干沙漠北面东进,至哈雅尔,渡鄂根河,转向东北,赴援库车城。

早在六月初九日,清军发现沙雅尔西五六十里地方,有大队人马行走卷起的尘土,夜晚有火光,雅尔哈善即派兵往鄂根河一带侦察,并未及时发现霍集占的主力部队。十六日黎明,正当清军在雅哈托和鼐迎战时,攻围库车的清军也发现库车城西门外有敌军活动,而在城西10里的地方,也出现了敌兵二三支,同时城南亦有敌军踪迹,城内敌兵数百骑冲出西门接应。很明显,清军在城门周边的战斗比雅哈托和鼐要吃紧得多。不过,霍集占的部队毕竟是乌合之众,虽然数量上占优势,但在相对训练有素、装备弹药充足的清军面前,很快被分割击溃。霍集占率数百骑,在西门外被清兵包围,进退两难,只好扔掉帅旗,拼命杀往城内,在城内守军配合下,遁入城中。混乱中,清军对地上的旗帜也没在意,不知道敌军主帅已经入城。

其他敌兵则没有主帅直属兵那么幸运。清军追击至鄂根河,敌被击杀或溺死者达1600余人,丢下赞巴拉特10杆、鸟枪500杆、马100匹、驼200只。所弃帅旗,经额敏和卓辨认系霍集占专用。但雅尔哈善无法准确判断霍集占去向。

十八日晨,霍集占令其他各门掩护,组织300多骑兵、800多步兵,集中于西门突击。围城清军在门外列阵叠放枪炮。霍集占突击两次均遭失败,分别被击毙60余人和40余人,本身也受枪伤,被迫仍退守城内。此战,清军亦阵亡11人,伤43人。该日城中之敌作战甚勇,不似以往风格,雅尔哈善方才确信霍集占实在城中。哨探队副都统顺德讷谋于雅尔哈善,与其坐守,不如诱敌出城、伺机消灭。伯克鄂对亦建议增加鄂根河守兵力量,雅尔哈善从其计。令撤西门围城兵,设卡监视通往沙雅尔一带情况,遇敌即予剿杀。

六月二十三日午夜,天色漆黑,霍集占带精骑100余名,束马衔枚,悄悄出西门,向沙雅尔方向疾驰而去。守卡清兵发现敌情,立即向顺德讷报告。顺德讷回答说:"昏夜如何追贼!且俟天晓。"天亮后,顺德讷派出百骑追赶,自己则驱马前往大营。雅尔哈善感觉不妙,令顺德讷立即带兵追赶,并派侍卫前去督促。顺德讷追到鄂根河,发现敌骑已经渡河,留部分兵力据桥堆垒,架枪炮防守。清军向西追赶三四十里,马力已乏,只得眼望敌骑逃往赛里木、阿克苏方向,自己则缓缓撤回。二十五日中午,顺德讷回到军营报告,雅尔哈善并不清楚霍集占已经脱逃。

二十九日,赛里木城新选伯克阿瓜斯伯凯率领缠回500余户投归,雅尔哈善将其安置于大营东边15里的村庄。沙雅尔城旧伯克玛哈默第派其子阿三和卓至军营表示归顺。不过,阿三和卓也带来了一个坏消息:霍集占已于二十三日午夜从西门逃出。为推卸责任,雅尔哈善立即逮捕顺德讷,并参奏他"疏脱贼众,违误军令,罪无可逭!"①

---

① 《平定准噶尔方略》正编卷五九,乾隆二十三年七月甲辰。

高宗得知消息，深悔用人不当，即将雅尔哈善以及参赞大臣哈宁阿、领队大臣顺德讷革职，谕令定西将军兆惠领兵速往回疆，调参赞大臣纳穆札尔任靖逆将军、三泰任参赞大臣，驰赴库车军营。又密谕兆惠，至库车军营便讯问顺德讷，若纵敌情节属实，立即就地正法示众。

霍集占脱逃，雅尔哈善急于立功，用提督马得胜建议，于城北离城墙1里许地方掘地道攻城。马得胜选绿营兵善掘地道者，由千总常继春负责，并命副将达世朗任警卫，待掘至城脚，在地道尽头填满火药，点燃炸塌城墙。刨掘数日，离城墙尚有两丈多，估计2天后即可大功告成，清军放松了警惕。七月十七日夜，雅尔哈善、马得胜、达世朗均安然入睡，而城中守将阿卜都克勒木伯克却趁着夜色，派两支小分队悄悄出城。一支小分队带着柴草、坎土曼来到离城墙10丈，大致是清兵所挖地道的地方，平行于城墙掘开一条深沟，横截地道；一支小分队手握鸟枪，负责保卫。此时地道所处位置的地面，竟然空无一人。掘地小分队很快掘开一条大沟，看到了七八丈外清兵挖洞的灯光，于是迅速将柴草塞入洞里，填满横沟，随即点燃。第二天早晨，达世朗巡查岗哨，方才发现掘洞的绿营兵已经被熏死在地道里，经清点，死者一共10人。雅尔哈善得报，心中愧恨交加，即奏参马得胜等人"昏惰溺职"等情。①

高宗接到奏报，历数雅尔哈善失机之罪道：

> 可见军营调度乖方，全无纪律，已非一日。雅尔哈善坐视贼酋窜逸，顿兵城下，不异守株待兔。前后奏报，情词矛盾，惟图左枝右梧。始参顺德讷以卸过，继参马得胜以诿咎，并无一语引罪，殊不思身任元戎，指麾诸将者，谁之责欤？此而不置之于法，国宪安在？②

遂令兆惠抵达库车军营后，即将雅尔哈善、哈宁阿押解京城。

---

① 绿营兵掘地道之失败，《啸亭杂录》记为"已及城矣，而将军急于收功，严令昼夜力掘，回贼瞥见灯光，其机遂泄。贼匪自内用水灌之，士卒尽没"。《清史稿·雅尔哈善传》沿用该说。城内水灌说当系日后之传闻演绎，其可信度不如《方略》正编卷六〇，乾隆二十三年八月癸亥，"雅尔哈善等疏奏提督马得胜等贻误军机"所记雅尔哈善当日奏报所记城外火烧说。

② 《平定准噶尔方略》正编卷六〇，乾隆二十三年八月癸亥，"申谕定边将军兆惠办理回部事宜"。

七、戡定回疆

此时，库车城内的阿卜都克勒木已经坚持不住。八月初二日，城内已有民众陆续出降。初五日夜半，风雨突至，城东北、西南、城南各方向，同时各有数十骑冲破清军围困，消失在夜幕中。初六日晨，库车城民众3600余口向清军投降，库车攻围战宣告结束。

库车攻围战胶着达3个月后，费时劳师，终于落幕。毫无疑问，雅尔哈善难辞其咎。不过，库车为回疆门户，霍集占必然拼力死守，对清军战力的长短也有准确把握。在乌合之众面前，职业化的清军却长于野战而短于攻城，特别是重型攻城火炮孱弱。高宗接到明末所铸大神太爷炮全部炸裂的奏折后，即令大学士兼陕甘总督黄廷桂鸠工庀材铸造，但大炮迟迟没有运到。所以，攻城方面，雅尔哈善只能采用围困、挖地道等办法。而在野战中对付小股窜逃之敌，也屡屡失手。

而让高宗特别不能释怀的是，"匪首"全部逃脱，遂追发谕旨，令兆惠至库车后，讯问疏纵霍集占情节，若属实可在军营将雅尔哈善就地正法，无需押解回京。

不过，雅尔哈善的命运随后有了转机。两个因素让他有了立功赎命的机会。一是救援库车城的失败以及库车城的陷落，沉重打击了霍集占集团，使其内部呈现瓦解之势；二是高宗密谕传递要经历遥远的路程，兆惠赶到亦需数日，给雅尔哈善赢得了立功赎命的时间。

攻克库车之后，雅尔哈善留绿营兵1500名、回兵150名驻守，以新降伊勒噶尔伯克伊斯迈勒总办库车事务，阿第勒雅科卜协办事务，以鄂对子鄂斯璊为同办，同时派兵收取库车、赛里木的小麦为军粮。清廷另派布政使衔德舒为办事大臣前往库车驻扎。

此时，霍集占正四处征兵，计划第二次赴援库车。他逃到阿克苏后，将拜城回人迁往和阗、图尔璊，然后从叶尔羌等地征兵3500人，从阿克苏、乌什征1000人，起程前往赛里木。途中发现清军大队已往赛里木滚滚而来，霍集占急令回军阿克苏，并欲将城中回民迁往图尔璊。意想不到的是，霍集占被拒之城外。他遂于八月十七日率众攻城，被城中缠回施放鸟枪击毙10数人（其中包括1位伯克）。霍集占不敢恋战，逃往图尔璊。随后，城中头目派人到清军军营请求归附。雅尔哈善即派端济布、鄂对率兵500前往受降、安抚。

高宗接报，谕军机大臣曰："阿克苏回人当霍集占败逃，即已闭城拒敌，斯时雅尔哈善若早为进兵，不特回城，久已降附，而逆贼方与回众争斗，乘机剿杀，即擒获亦未可定。此次乞降，岂雅尔哈善之力？"① 此谕旨明显误读了雅尔哈善的奏报。据奏报内容，阿克苏回人闭城拒敌，并非发生在霍集占败逃之时，而是在其第二次组织赴援库车发现城已陷落、雅尔哈善正率领清兵西进之后。但无论如何，高宗表面上虽质疑雅尔哈善西进促成阿克苏归降之功，实际上却改变了之前就地处死雅尔哈善的命令，让兆惠赶到回疆后，仍将其解京处理。

阿克苏的顺利收复，让高宗滋生了轻敌思想。他命军机大臣传谕兆惠：

> 看来回众俱怀二心，我兵所至，自必相继迎降。兆惠其迅速前进，遵照节次谕旨，奋勉办理。②

高宗的轻敌随后却让兆惠吃尽了苦头。

3. 鏖战黑水营

兆惠，字和甫，乌雅氏，满洲正黄旗人，是世宗、生母高宗祖母孝恭仁皇后乌雅氏的族孙。生于康熙四十七年（1708），长高宗3岁，时年51。父亲佛标，官至都统。兆惠以笔帖式出身，值军机处。35岁就做到了内阁学士兼礼部侍郎。乾隆十年（1745），以刑部左侍郎兼管正黄旗满洲副都统。乾隆十三年（1748），金川之役兴，兆惠奉命兼领户部侍郎，赴金川督办粮运，首次参与了军事后勤。十九年（1754），朝廷议两路西征准噶尔，兆惠受命协理北路军务督办粮运，从此与乾隆朝平定准噶尔全

---

① 《平定准噶尔方略》正编卷六一，乾隆二十三年九月丙申，"雅尔哈善等疏奏阿克苏回众乞降"。
② 《平定准噶尔方略》正编卷六一，乾隆二十三年九月丙申，"雅尔哈善等疏奏阿克苏回众乞降"。

七、戡定回疆

程相始终。他初次展现杰出军事才能，是在乾隆二十一年（1756）十二月至乾隆二十二年春（1757），其时，他以定边右副将军率2000余清兵，在冰天雪地中遭遇反叛厄鲁特的包围，全师撤回巴里坤。特别值得一提的是，兆惠对皇帝的指令一贯坚决执行，从不讨价还价。

自从乾隆二十一年（1756）五月接任定边右副将军以来，兆惠就一直领兵战斗在最前线，在策楞、达尔党阿相继倾覆之后，他一直屹立不倒，可谓"常胜将军"。乾隆二十三年（1758）二月，又充定西将军清剿伊犁余寇，高宗指示，"贼渠"哈萨克锡喇、鄂哲特等务必擒获。直到四月，兆惠领着5000人，才将鄂哲特抓到，解送京师，而哈萨克锡喇据信已远飚右部哈萨克，他一面派定边右副将军车布登札布追踪，一面奏请移师合攻回部。高宗仍责成他俘获哈萨克锡喇等。六月初时，高宗得知围攻库车初战不利，将雅尔哈善奏折转发兆惠，并指示："此时若能直取叶尔羌等城，擒获逆酋，自可赎疏脱哈萨克锡喇之罪。"①

按照高宗的意图，全数捕获厄鲁特尚未就擒之台吉、宰桑，以及尽快捉拿霍集占，必须兼得。故此，从六月开始，每当获得回疆进兵信息，高宗即令兆惠酌量合击，让兆惠左右为难。不过，皇帝也有体恤前线将士的时候。六月二十日，考虑到战事难以年内了结，高宗拟冬季休兵，宣召连年驰驱在外的兆惠、雅尔哈善、富德诸位将军赴京暂歇，安排尚书纳穆札尔、侍郎三泰驰驿前往西路军营代理军务。②

八月初五日③，兆惠接到高宗七月初六日谕旨、雅尔哈善奏折抄件，获知六月十六日清军连续击溃霍集占两路赴援库车之兵。谕旨有云：

> 此次战功，诚为卓越，但稍有不惬朕心者。当此贼人破胆，即宜乘胜派兵急追，且贼远道来援，我兵以逸待劳，侦逆酋所逃之地，并力攻击，渠魁既获，各城必望风归命。不知雅尔哈善等曾否如此办理，抑或因满洲兵少，不敷调遣。可传谕伊等，倍加奋勉。

---

① 《平定准噶尔方略》正编卷五六，乾隆二十三年六月丁巳（初三日）。
② 《平定准噶尔方略》正编卷五七，乾隆二十三年六月甲戌（二十日）。
③ 当时北京到兆惠军营军机文书单程需27～28天。

图 7.2　兆惠像轴　〔清〕沈贞绘（《清史图鉴》第 6 册《乾隆朝上》，第 89 页）

七、戡定回疆

末云：

> 并传谕兆惠等，遵照前旨，速赴回部，合军进剿。①

兆惠安排好追剿事宜，即从所统1000名兵丁中，挑选健卒壮马800匹，于初九日（9月10日）从济尔哈朗起行，直奔阿克苏。部队泅渡伊犁河，时逢涨水，士卒溺死数人。往南疾驰，越乌孙山，沿特克斯河支流山谷，翻越南天山的阿勒坦呼斯坦岭（今哈尔克他乌山）。八月二十日，进入终年积雪的山间冰川，崖岸险峻，乱石嶙峋，无法骑行，只能牵马伏冰卧雪，徒步攀爬而进。大军用了两昼夜，终于越过山顶，到了山南。这时遇到雅尔哈善派来的侍卫信使，获知库车城已克，估计霍集占逃走不远。二十二日，至山口，得知雅尔哈善已过赛里木，正开赴阿克苏。兆惠于是精中选精，率400骑星驰两昼夜，疾行400余里，在二十四日五鼓，也就是二十五日清晨，与雅尔哈善会师。

兆惠从济尔哈朗启行时，回奏高宗说："当即领兵八百名速进，一抵库车，即与雅尔哈善协心剿贼，断不肯半道回京，有腼颜面。"高宗接奏，激赏道："所奏纯诚勇往，深得领兵大臣之体！"又谕大学士曰："今兆惠奉到前次回京之旨，不肯苟且了事，毅然以剿贼自任，其器识实出诸臣之右。且计其具奏时，并未知有雅尔哈善失机偾事、不堪任用、令伊往代之旨，乃如此陈奏，岂揣摩而得者。"② 赐兆惠双眼孔雀翎，以示奖励。兆惠行军到南天山北麓，又接到谕旨，方得知霍集占脱逃，高宗责雅尔哈善失机偾事，"今征回一事，全付之兆惠矣"。③

既与雅尔哈善会师，兆惠并未急着宣布高宗谕旨、将其逮捕，而是急急赶往阿克苏。此前雅尔哈善已派端济布、鄂对率兵500赶赴阿克苏受降。八月二十五日中午，兆惠抵达阿克苏城外，召集全体将士，宣高宗谕旨，逮捕雅尔哈善、哈宁阿、顺德讷，公讯其失机疏纵之罪，将顺德讷正

---

① 《平定准噶尔方略》正编卷五八，乾隆二十三年七月庚寅（初六日）。
② 《平定准噶尔方略》正编卷六一，乾隆二十三年九月甲申朔，"奖谕定边将军兆惠"。
③ 《平定准噶尔方略》正编卷五九，乾隆二十三年七月甲辰（二十日），"靖逆将军雅尔哈善等参奏副都统顺德讷疏脱霍集占"。

法，雅尔哈善、哈宁阿押赴京师。

后来，乾隆二十四年（1759）正月，经满汉王公大臣审讯，雅尔哈善、哈宁阿被判处死刑。高宗令立即执行雅尔哈善死刑，哈宁阿秋后处决。给雅尔哈善定的罪名有几条：第一，不能身先士卒，治军无纪律。运粮绿营兵有400多人逃走，竟未能及时发现。指挥战斗，仅凭登高瞭望。攻围库车城3个月，亲身巡视守垒官兵，仅有1次。赛里木、库车、阿克苏三城受降，皆不身先到场。第二，谋事不忠，居心欺罔。霍集占逃入库车城，而疏防其西逃之路，此不可恕。顺德讷之玩寇养奸，纵不能制，而不及时参奏，直待赛里木降人供出，方才弹劾，希图推卸责任，此不可恕。库车城守将阿卜都克勒木等尚未完全逃到城外，即不力督攻取，授意顺德讷，有"得一空城亦可报命"之语，此居心不可问也。第三，没有敬畏忌惮，不知深自悔罪。竟然援引达尔党阿、哈达哈失机仅处革职、披甲效力之例，希图苟活，而不知深自愧悔。其种种玩误乖张、失机偾事，为从前行师失律诸臣所未有。

兆惠接掌回疆清军毕，即率军入阿克苏城巡察，"回众等携子女跪迎城上，鸣钲击鼓，杂以管籥"。随后任命散秩大臣鄂对为阿克苏总管，采纳城中阿訇、首领意见，以城内头目颇拉特、巴巴克等为副手，调贝子玉素福为办理事务，留总兵闫相师带领800名绿营兵驻守城池。又得知霍集斯伯克及其子漠咱吧尔在乌什城内，故一面驰书招抚，令其擒献霍集占，一面迅速向图尔璊进军，挑选两队官兵2800余名，以侍卫噶布、舒喀喇为前锋，兆惠率后队继进。

乾隆二十三年（1758）八月二十九日，兆惠军抵达哲尔格哲克得（今乌什县东阿合亚乡一带，距乌什城约40公里）驻营。霍集斯派其子呼黛巴尔氏携带文书前来迎接。据文书和来使所述，霍集斯早有心归顺清朝，因霍集占阻挠一直未能如愿。霍集占在清兵平定伊犁后获得解放，返回回疆。为防止霍集斯家族势力坐大，霍集占派霍集斯兄弟子侄到各城任职，以分其势：霍集斯任和阗伯克，长子漠咱吧尔为乌什伯克，其兄阿布都任叶尔羌伯克，阿布都子阿布萨塔尔为阿克苏伯克。每行军，霍集占必令霍集斯领兵扈从，霍集斯畏其威权，只能隐忍事之。霍集占组织第二次救援库车时，胁霍集斯以行，未及赛里木，发现清军正滚滚西来，乃急回军，拟迁阿克苏居民于图尔璊，阿克苏城居民闭城拒。霍集占乃令霍集斯与其侄阿布萨塔尔偕城外居民数百户西迁。霍集斯察归附清朝机会来临，

七、戡定回疆

谋智取霍集占。至乌什城外，霍集占又拟迁其民于喀什噶尔，霍集斯暗中联络城中头目，拟借设宴招待为由，诱霍集占进城，乘机将其擒拿。霍集占疑惧不敢往，霍集斯乃自请入城动员迁民，许之。霍集斯甫进城，即闭城相距，霍集占狼狈西逃。

第二天，兆惠领兵至图尔璊城，霍集斯率众相迎，与兆惠行抱见礼。霍集斯献进兵方略，建议大军直趋叶尔羌（今莎车）。因为霍集占从图尔璊西逃后，有两个去向，或往喀什噶尔，或往喀什噶尔东南的叶尔羌。喀什噶尔往西北是安集延（今乌兹别克斯坦费尔干纳盆地），往西则是布鲁特的地盘，由于大小和卓与他们都有仇隙，必不往投，他们只能由喀什噶尔往叶尔羌逃窜。霍集占弟兄若逃到叶尔羌，则退路广阔；从叶尔羌南逃，可往痕都斯坦（即印度斯坦），可往喀喇土伯特（西藏阿里西北，今印控克什米尔地区）；亦可西南逃，则可往巴达克山（今巴达赫尚，分属阿富汗和塔吉克斯坦）。若如此，则抓捕难度大增。因此，大军如果直奔叶尔羌，则可扼其逃窜要路，截获较易。至于布拉尼敦，原本不愿叛清，大军兵临城下，必然归降。

兆惠又询问军中其他伯克，俱以为实，并得知喀什噶尔和叶尔羌两城可凑集兵力1万余人。于是纳其议，计划立即径直进兵叶尔羌，并重新调整守城部署。乌什归降之后，清军已控制阿克苏、拜城、赛里木、库车等城，其中阿克苏最为冲要，遂调贝子玉素福、游击职衔丑达领兵400防守；以参将王玉廷、伯克鄂对之子鄂斯璊领兵驻防库车，兼管沙雅尔；又饬令舒赫德留驻乌什、阿克苏，往来办理回人贡赋、约束兵丁。

对兆惠的勇往直前，高宗甚为嘉许，称赞"所办甚合机宜!"并期待道："看来回部诸城，自必闻风归顺，逆贼不日就擒，朕伫闻伊等捷奏。"① 赐兆惠、额敏和卓荷包、鼻烟壶，并许诺功成后必有"殊恩"。对霍集斯则尤加笼络，一并考虑以前擒献达瓦齐和此次归诚与划策之功，封公爵，赏戴双眼孔雀翎、宝石顶帽、天马褂、荷包、鼻烟壶。

对于霍集斯，高宗也提醒兆惠应予警惕。认为霍集占以霍集斯兄弟子侄分任各城伯克，既是防范，也是重用。而对于回疆的安定，让其兄弟子侄继续分居各城亦非长策，不如令他们同聚一城。

---

① 《平定准噶尔方略》正编卷六二，乾隆二十三年庚戌。

至于留驻各城人员，赏给舒赫德头等侍卫职衔，以便行事。舒赫德（1710—1777），字伯容，舒穆鲁氏，满洲正白旗人，是礼部侍郎徐元梦的孙子。19岁，由笔帖式授内阁中书，历御史、军机章京。乾隆十二年（1747），时38岁，升户部侍郎。次年九月，暂在军机处行走。十月，升兵书尚书，兼管户部事。十一月，专任户部尚书。时大学士傅恒充经略，办理四川金川之役残局，舒赫德参赞军务。回京后复任兵部尚书。于乾隆十七年（1752），同理藩院侍郎玉保赴北路军，防准噶尔，到二十三年（1758），他参与办理准噶尔有关军务已5年整。因屡屡不得要领，曾从尚书位上革职，降为普通士兵，随兆惠军清剿厄鲁特"残寇"，效力赎罪，又随军至阿克苏、乌什，终得重新崛起机会。

高宗还想用三等侍卫鄂实（1718—1758）驻防库车。鄂实是大学士鄂尔泰第二子。雍正十二年（1734），叔父长芦巡盐御史鄂礼卒，无子，鄂尔泰将鄂实出继为嗣，以荫生授三等侍卫。累迁副都统、左翼前锋统领。兄鄂容安死于阿睦尔撒纳之乱，鄂实请从军。乾隆二十二年（1757）授参赞大臣，佐定边将军成衮札布出西路。以作战不力，降蓝翎侍卫。是年冬颇有斩获，复升三等侍卫，旋从兆惠军。

兆惠当时率领的部队仅4000人，人数虽少，但多是索伦、察哈尔和满洲精锐。因绿营兵不善于马战，而所骑乘的马匹也多瘦弱，故仅挑500名由高天喜带领随行，剩余的2000余名由闫相师、五福等人率领作为后队进发，待城市攻克，从中派兵协同防守。高天喜是甘肃西宁人，原是准噶尔人，雍正年间被俘，由高氏抚为子，故姓高，年既长，从军。乾隆二十二年（1757）冬，兆惠自伊犁回师途中被围时，他以守备军职，跟随参将迈斯汉赴援，勇往直前，途中杀敌100余，而参将迈斯汉胆怯不敢进，退回巴里坤。办事大臣雅尔哈善奏闻，即夺迈斯汉职改授高天喜。不久，升金塔协副将。又升西宁镇总兵，充领队大臣随靖逆将军雅尔哈善征回疆。雅尔哈善失机被黜，遂从兆惠进兵。

出师前，鄂实提出疑问："我兵径路生疏，岂可冒险直入？倘敌人夹以攻我，虽欲生还，不可得也。"①

兆惠不听，他自有主意：第一，乘胜速进，既是皇上的要求，也有可

---

① 〔清〕昭梿：《啸亭杂录》卷一〇《兆武毅公》。

七、戡定回疆

能加速敌人的土崩瓦解,而且前有雅尔哈善之覆辙,与其被治罪砍头,不如战死沙场,既留忠君殉国之美名,又可保全妻儿家室;第二,朝廷不会坐视不救,只要据垒固守,坚持到援兵抵达,即能成就不朽之功。因有上年从伊犁全师撤回的经历,他充满自信。

九月中,兵至巴尔楚克(今巴楚),侦知霍集占已驱使"多伦"(又译"刀郎",多为被霍集占奴役、改宗伊斯兰教的厄鲁特蒙古人)之众逃往叶尔羌,烧毁了沿途的桥梁。至于其粮饷,则依赖挖取以前埋藏于地下的粮食。兆惠考虑到巴尔楚克为通往叶尔羌和喀什噶尔的要路,留小队官兵驻防,看守台站。

随后,继续进兵。中途接到高宗八月二十日上谕:

> 现因办理回部,调发健锐营兵一千名、索伦兵二千名、察哈尔兵一千名,军威甚壮。今年断不彻兵,且必于今冬竣事!盖大兵一彻,则回人又来夺据城堡,种植禾稼。惟相持不解,则贼人无从得食,而我官兵粮饷马匹,又由哈密源源接济,自可早奏肤功。兆惠其加意奋勉,毋蹈覆辙!①

兆惠甚为感奋,宣谕全军官兵,士气大涨。继续越戈壁,衔枚疾进。

十月初三日,兆惠军抵达叶尔羌城东40里的辉齐阿里克。晚间,派哨探小分队,乘着夜色悄悄抵近城下,抓获1名进城取粮的守卡敌兵。该敌兵是霍集占从伊犁带回的布鲁特人。据供,阿克苏、乌什相继投诚后,霍集占带领3000人,入喀什噶尔城住了1宿,后在雅普尔噶驻扎了4天。布拉尼敦与霍集占约定各守一城,互为支援。布拉尼敦率马步兵1万余,驻扎于距离喀什噶尔城1站地(约60里)的当噶勒齐,霍集占则驻守叶尔羌。霍集占做了充分的守城准备。一方面坚壁清野,将各村庄的缠回迁入城中,成熟的粮食都收获入城,尚未成熟的则纵火烧毁。在城东北布尔吉博斯屯安设卡伦,派员领兵50人守哨。城中有马者约5000余名,都是投归的厄鲁特和布鲁特,还有霍集占从伊犁带回的部属,大部分是无马

---

① 《高宗实录》卷五六九,乾隆二十三年八月甲戌(二十一日)。此谕旨抵达阿克苏约需23天,抵达兆惠军营约一个月左右,亦即在九月二十日左右。此时,兆惠应已过巴楚。

者。霍集占还散布假消息，说清军残暴虐杀，霍集斯伯克已被害。

兆惠所领清军共有4000多人，且多为索伦和八旗劲旅，双方实力相差无几，但要攻城却有相当困难。叶尔羌城比库车大很多，四周共有12道城门，兆惠思忖：4000多兵只够围一面城墙，而且从乌什一路越戈壁奔走而来，马匹仅剩1000余，又甚是疲乏，若分散围城则兵力单薄，易为敌兵突破。因此，不如分兵扼守敌兵南逃痕都斯坦、巴达克山、喀喇土伯特必经之要隘，而兆惠本人则领兵攻击城中之敌，诱其出战。又分兵搜刮城外村庄，寻找发掘窖藏粮食，收取山谷间牧放的牛羊，断其刍牧樵采之路，迫其变自内生。

对于后续支援，兆惠的部署是：一，将驻守库车、赛里木、拜城等地的绿营兵大约2000余人调来增援；二，调拨马3000匹。但绿营兵增援，需1个月左右方能到达。巴里坤调送的马匹，亦需时2个月有余，而且马匹长途奔走，必致瘦乏。故中途须在阿克苏牧放增膘，待草青时再赶赴前线。据此可知，兆惠打算长期围攻叶尔羌，直到来年春天，兵马齐备，一举攻克之。

初五日，兆惠领兵抵达叶尔羌城东北。翌日，领马步兵2000余人，分两翼7队，列阵前进。至城外五六里，见有敌哨所高台1座，兆惠督兵夺之，直逼东城墙下。敌自两门各出四五百骑对阵。兆惠以小队骑兵挑诱，欲引之离城一二里，予以截杀。敌不为所动，亦仅出二三十骑挑战。清军即奋勇迎敌。几番较量后，敌骑三四百出北门策应，随为清军阻击，退入城中。至薄暮收兵，是日计射杀敌兵20余名，而清军亦19人受伤。

兆惠筹算敌我情形，守敌虽势众，但能出城作战的机动兵力不足。城外伏兵，多为归降之人，马匹估计有四五千，而堪用者不过1000余匹，敢于出城作战者也就二三千人。但凭借坚城与火器，敌兵守城则绰有余力。基于此判断，兆惠遂领兵渡河，在城东南择有水草、形势俱佳处扎营，伺机杀敌。扎营之处，在叶尔羌河滨。该河蒙古语名喀喇乌苏，意即黑水，故记载称兆惠营盘为黑水营。

初十日（11月10日），闻靖逆将军纳穆札尔、参赞大臣三泰将到，兆惠令副都统爱隆阿领骑兵500、步兵300往迎，并防范喀什噶尔来援之敌，巡查至阿克苏之间台站，保障通讯畅通。又获知城南英峨奇盘山，有敌人牧放的牲畜，兆惠谋取之以充军食。十三日，兆惠统1000余人，沿河滨行进到城南通古斯鲁克地方。霍集占即派兵出城相拒，隔河立阵。兆

七、戡定回疆

惠遥见对岸之敌,骑兵约有四五千,持着鸟枪或长矛。骑兵的后面是不知其数的步兵,分持刀斧、金瓜、棍棒等器械。城外壕沟内也有步兵,持鸟枪排立,这个规模超出之前估计。

兆惠见敌有备,掠取牲畜已不可能,决心冒险一搏。他安下营垒,以步兵驻守。将骑兵500余人分为左中右三队,与敌对阵遥望,拟直取霍集占,或生擒或射杀,便可了却战事。准备停当,兆惠马队即齐声鼓噪,冲过木桥,杀入敌阵。敌骑兵却走,步兵即施放鸟枪轰击,清军暂驻对阵。敌骑绕至清军后部挑战,复从两翼夹击,兆惠颇为被动,坐骑中鸟枪倒毙,易马再战,又毙,兆惠面部和小腿都为铅弹所伤,乃麾兵回保大营。敌兵众,将清军包围分割成数处,并迅速拆毁木桥,后队清军步兵一时难以渡河增援。兆惠等各自奋力搏杀,且战且退,涉水撤往大营,陷于泥淖者甚多,阵亡者100余人,伤者无数,总兵高天喜、侍卫鄂实和特通额、副都统三格俱战殁。

后得步兵枪炮火力支援,兆惠撤回大营,乃集中部队,一面抗敌,一面紧忙掘壕结寨。随后,敌步骑1万余人渡河,将大营团团围住。兆惠的冲锋战一变为突围战。但清军马匹少且瘦弱,无法冲锋突围,而所掘壕沟既浅,所筑营垒也甚低,敌兵每每越壕跨垒来攻。兆惠麾兵施放鸟枪、大炮抵御。敌退却数里,在清军营壕外,筑起一圈壁垒,做长期围困部署。于是,兆惠的突围战再变为固守战。他估计营中军食,宰杀马驼可供2月之需,只是武器与火药不很充足,乃派索伦骑兵两人突围出,往阿克苏送信。

十三日,当兆惠与霍集占部鏖战时,布拉尼敦也出兵袭击叶尔羌东北部清军台站。当日午后,副都统爱隆阿在叶尔羌城东北130余里处,① 遇到派往兆惠大营的靖逆将军纳穆札尔、参赞大臣三泰,即分派骑兵250名、步兵200名护送。将军和参赞考虑到爱隆阿另有任务,只带了骑兵,于下午起程赶路,期于黎明时分赶到大营。爱隆阿仍向前巡查台站。十四

---

① 据十月十三日和十七日,兆惠两次派人往阿克苏送信所花时间,顺利时为7天,途中遇有敌兵需8天。两城相距1500里,以7天计,则日行210余里,半日则是100余里。此为昼夜兼行。而骑兵昼行夜歇,则日行约为100里(乾隆二十三八月增调健锐营等兵往回疆时,长途急行军为日行百里)。"纳穆札尔等,但带骑兵,于申刻起程,期以黎明趱至大营",则所行途程约八分之五昼夜,折算为里程约131余里。

日五鼓，爱隆阿得信，靖逆将军和参赞大臣在当日黎明时分遇敌3000，因寡不敌众，与护送侍卫奎玛岱俱阵亡。此时，两名突围的索伦骑兵也带来了兆惠大营被围的消息。爱隆阿迟回再三，因手下兵少，回救无济于事，遂决定遵兆惠之令，向前维护台站，抵达阿克苏后，再与舒赫德商议赴援大营。于是派索伦兵先继续赶往阿克苏，并捎去信函。

大营被围后，兆惠仍一面抓紧深浚壕沟、筑高营垒，一面奋力杀敌，试图突围。鏖战5昼夜，突围仍未成功。十七日夜，兆惠把军情奏折稿书写5份，派5名勇士各带一份，配上最膘壮的马匹，悄悄出营垒，前往阿克苏送信。奏稿末尾写道：

> 臣等前因阿克苏、乌什既定，擒获渠魁，机不可失，遂不暇计兵之多寡，马力如何，趱行前进。俱在圣鉴之中。总之轻敌妄进之罪，在臣兆惠一人，实所难逭。然策应之兵，若于年内能到，尚可合力攻剿。谨具奏稿，遣人夤夜突围，送至舒赫德处，缮写转奏。①

五勇士出营后，在戈壁一路疾驰。途中屡屡遇敌，且战且走，有惊无险。正当马力疲乏之际，救兵却即时降临。原来舒赫德在十月二十日接到兆惠告急咨文和爱隆阿信函后，即派六骑士前往叶尔羌打探消息，并派人联络爱隆阿。此时，六骑士正好与五勇士相遇，于是换马行走。二十五日夜，五勇士抵达阿克苏，将兆惠奏稿带到。而爱隆阿至托罕塔罕时，遭遇敌兵700抢掠台站，系喀什噶尔伯克哈三爱的尔所统300骑及多伦400人。爱隆阿麾兵冲杀，毙敌100余，随将台站恢复，二十七日，抵达阿克苏。

兆惠被围，舒赫德驻防的阿克苏便成为稳定局势的枢纽。对于舒赫德而言，最困难的事情是手中几无兵马可调。库车、拜城、赛里木、阿克苏所驻3000名绿营兵，是各城的压舱石，不能轻易调往叶尔羌增援，且派500绿营兵驻防图尔璊的计划尚未落实。适逢爱隆阿领兵到，舒赫德即将其所领300绿营兵派往图尔璊，交贝子玉素福统领驻防，而从赛里木所调500绿营兵则留阿克苏，以备赴援。

在八月底接受图尔璊城投诚后，兆惠即派侍卫齐凌札卜、噶布舒偕同

---

① 《平定准噶尔方略》正编卷六四，乾隆二十三年十月甲辰。

伯克鄂对等人前往和阗（今和田）6 城招抚。和阗原属霍集斯地盘，招抚非常顺利。此时赴和田招抚的侍卫带领缠回前来复命，舒赫德即致信伯克鄂对，建议其酌量鼓励属众，偕同清军作战。他又计划发动乌什的布鲁特，发兵攻击喀什噶尔，以减轻兆惠的压力。

舒赫德与爱隆阿料算，兆惠军营有兵 3000 余，凭借营垒足可自保，又有树木可供采伐利用，宰食驼马，给养可以维持到来年正月，届时增援兵马一定可以赶到。

先是八月二十日，高宗谕令兆惠进兵回疆时，即令增派健锐营兵 1000 名、索伦兵 2000 名、察哈尔兵 1000 名，共 4000 人速赴回疆。若按日行百里估算，十月十二日可抵哈密，十一月十七日可抵阿克苏。但是，在获知八月下旬阿克苏、乌什等城接连投诚、兆惠于九月初向叶尔羌进兵的消息后，高宗和朝臣们乐观情绪陡涨，认为"今各城相继迎降，度军营官兵已足竣事"，而增调兵马日行百里，行走过急，有劳马力，遂令"从容行走"①。领队大臣接到谕令数日后，又接到参赞大臣催令速行的咨文，即令部队"酌量马力，以速为要"②。十月二十日前后数日，4000 新调兵马相继通过辟展。

下达"从容行走"谕令后数日，高宗又考虑，兆惠部队所骑乘马匹，俱经长途征战，必定消瘦疲乏，凯旋时有碍观瞻，乃令巴里坤办事副都统阿里衮等自巴里坤牧养马匹中挑选 2000 匹送到库车，供兆惠调用。十月二十四日，阿里衮接选马谕旨，二十五日又接兆惠增调马 3000 匹、骆驼 700 头的咨文，知情势紧急，于是亲赴哈密，与甘肃巡抚吴达善等人，将内地送到马匹、骆驼如数挑选，并酌备余马，亲自督领赶赴叶尔羌。

此外，早在九月二十日，高宗获知哈萨克锡喇不在右部哈萨克及阿克苏城投诚后，即令参赞大臣富德速赴回疆策应兆惠。但因路途遥远，富德所领之兵迟迟未能到达。接到兆惠的求援咨文后，舒赫德即派蓝翎侍卫札勒都赶赴富德行营报告军情。十一月初十日，富德接到报告，即在驻乌鲁木齐兵丁中挑选索伦兵 300 名，吉林、察哈尔、绿营兵各 200，共 900 名充前队，令副都统鄂博什等统领赶往阿克苏。距乌鲁木齐两站地的巴禄属下索伦兵 500 名，富德则亲自率领前进。剩余的 400 名由瑚尔起带领，到

---

① 《平定准噶尔方略》正编卷六二，乾隆二十三年十月己未。
② 《平定准噶尔方略》正编卷六五，乾隆二十三年十一月戊申。

伊拉里克（今托克逊县伊拉湖乡）、托克三（今新疆吐鲁番市托克逊县）领取马匹军械后，立即赶往。

高宗接到舒赫德奏报兆惠被围的首次求援信后，即指示：

> 至兆惠领兵深入，虽未免有轻贼之心，亦恐朕责其怯懦。若当日令伊暂驻阿克苏，候兵马齐集，当不至此。然于现在情形，亦未为失策，朕岂肯加之责备。此时惟坚守以待援师会合，回至阿克苏，整顿兵马，再图大举。①

又授富德为定边右副将军，爱隆阿、副都统福禄（增派健锐营、索伦兵等领兵大臣）、舒赫德为参赞大臣，统率增援部队。

接到第二次求援信后，高宗立即将兆惠由一等武毅伯晋封为"武毅谋勇"一等公，并赏红宝石顶、四团龙补服，对额敏和卓、伯克霍集斯、明瑞、由屯、温布和突围送信的五勇士都分别厚赏，又抚恤阵亡将士，并将兆惠等人的功绩诏告王公百官。高宗还特别说明厚赏兆惠诸人之理由：

> 此次进攻，以劳取逸，以少击众，尚能屡败逆贼，坚守待援，先声所加，贼已夺气，将来戡定，大功皆基于此。②

不过，高宗的封赏谕旨与增援部队一样，尚需时日才能到达兆惠军营。兆惠仍需独自支撑，度过最为艰难的3个月。其实，大小和卓兄弟所据喀什噶尔、叶尔羌地区，是一个被沙漠戈壁和高山封隔的绿洲农业城镇群，其东面与南面阻于戈壁沙漠，要镇图尔璊、和阗已被清军控制，北与西至西南则阻于天山南脉与葱岭（帕米尔高原），山路高险，为宿敌布鲁特和其他部族所据。因此，其回旋余地相当有限，战事越持久，对大小和卓越不利。

当然，霍集占弟兄并未坐以待毙。

兆惠被围后，战事陷入相持。霍集占的长围，兆惠难以突破；而兆惠营垒，霍集占亦难攻进。霍集占运用水攻，从上游掘开叶尔羌河堤，漫灌

---

① 《平定准噶尔方略》正编卷六四，乾隆二十三年十一月丁酉。
② 《平定准噶尔方略》正编卷六四，乾隆二十三年十一月甲辰。

七、戡定回疆

清军大营,而兆惠则麾兵掘渠,将河水引入下游,反倒便利了军营取水。敌又着苇衣,或掘沟潜伏,企图偷袭军营,皆为清军识破,被火攻击退。清军火药铅弹虽然不充足,但防御仍然够用。尤其是大营中的树木,不仅可供薪爨,甚至可得"草船借箭"之妙用。敌兵的每波攻击,都在树木上留下无数铅弹,砍树一颗,可得铅弹数升。又掘地得米20余窖,每窖一二石。此外,小分队袭击附近村庄收获马匹、驼只各有1000余,亦可暂缓军粮之急。虽然突围困难,但清军伤亡不多,被围1月有余,仅侍卫富绍等数人阵亡,数人受伤。

为扭转被动局面,兆惠还不时发起反击。日当薄暮,料敌疲倦懈怠,派出小分队,悄悄靠近敌营,即纵火焚烧,夺其二营,劫杀守敌过半。第二天,敌派两人来到军营前要求讲和,声称:大和卓自喀什噶尔前来,并不知小和卓抗拒大兵之事,请求将军派遣使者与我等一同进京朝见大皇帝,并表示愿接济清军口粮、撤去围困议和。

兆惠回复:

> 天朝大兵特为声讨霍集占负恩之罪,及追拿自伊犁逃窜之逆回、厄鲁特等,与波罗泥都(布拉尼敦)无涉。大皇帝早已洞鉴,奉有谕旨。因不知波罗泥都所在,是以未经颁给。今既到此,即应钦遵旨,将伊弟霍集占,及阿卜都克勒木等,并自伊犁同来助恶回人、沙喇斯、玛呼斯厄鲁特等,一并擒献。①

随将皇帝敕书一并交来使带回,不过并无回信。兆惠料想遣使求和说明敌计已穷,清军坚守到底,必得最后胜利。他并不知道,对手突然求和,原是舒赫德动员乌什的布鲁特协助作战奏效,他们发兵袭击了喀什噶尔所属英吉沙尔城。巧的是,布鲁特的袭击与兆惠火攻劫营发生在同一天,大小和卓以为是清军有计划的协同攻击,恐腹背受敌,于是遣使讲和。不过,兆惠开出的"议和"价码给了弟兄俩当头一棒。

虽然布拉尼敦仅留200人协围,将大部撤走,回防喀什噶尔,但兆惠的大营仍被霍集占部1万余人围困,可供食用的粮食越来越少,瘦驼羸马

---

① 《平定准噶尔方略》正编卷六八,乾隆二十四年二月己巳。

也所剩不多。据载，除夕夜军营效力额外员外郎常钧、一等公明瑞到某领兵大员帐中相聚，话题自然就是军粮，屈指一算，仅够10天。该大员平素颇为吝啬，此时却一反常态，慨然曰："吾出肃州时，有送酒肴者，所余饤饾，今尚贮皮袋中。"呼奴取出，供大家畅怀饱餐。餐毕出帐，常钧与明瑞语："某公亦不留此，事可知矣。"两人不觉泣下。①

又过了8天，即乾隆二十四年（1759）正月初八日，当许多人感到快要撑不下去的时候，大营北边遥遥传来了隆隆的枪炮声。知道救兵来了，清军士气顿时大振，兆惠即令绑造云梯。入夜，清兵1000余，驾云梯，分两翼蜂拥而出，奋勇攻夺敌人营垒，纵火焚其高台，歼敌1000余，生擒50余，缴获军械无数。因缺马，兆惠仍无法冲破敌骑兵长围，于是在硝烟散去、一切重归沉寂的凌晨，派出索伦骑手两名、霍集斯部下维吾尔兵两名，带着求援咨文，悄悄绕过敌营，向援兵方向疾驰而去。

原来，十二月初二日、初三日，4000增调兵马中的先头部队察哈尔、健锐营兵2000余人、1200匹马，陆续抵达阿克苏，阿克苏城的阿訇、伯克以及伯克鄂对之妻积极支援，捐献军马100匹，又将城守官兵的马、驼、骡匀出，加上副都统爱隆阿所领满洲、索伦、蒙古兵500人，有马200余匹，经过1个多月的休整、喂养，已经兵健马壮。舒赫德再从阿克苏驻防绿营兵中挑选鸟枪兵500名、炮兵120名，留副将定柱领绿营兵1000余名守城，共得兵3500余名，马1700余匹。初四日，已升为工部尚书的舒赫德，偕同副都统爱隆阿，统领这支马步各半的队伍，赴援黑水营。

定边右副将军富德亦于十六日抵达阿克苏，知舒赫德已率援兵出发。次日，挑选所部精锐骑兵300余名，兼程追赶。二十五日，于巴尔楚克与舒赫德会师，舒赫德即将指挥权移交。二十九日，富德从俘虏口中得知霍集占获悉援兵已到，正奋力攻击兆惠营寨。富德等即选精健兵丁骑乘骆驼速进，以省马力。

乾隆二十四年（1759）正月初六日早晨，行军至呼尔璊（约在今新疆巴楚县色力布亚镇东之塔里木河滨，河南岸为麦盖提县库尔玛乡，库尔玛即呼尔璊之同音异写），遇大和卓所统骑兵5000余人，已据高岗掘壕布阵。

清军随即列阵相对，步兵居中以枪炮攻击，骑兵分列两翼伺机冲锋。

---

① 参见赵翼《檐曝杂记》卷一，昭梿《啸亭杂录》卷六。

七、戡定回疆

而中军步兵又以众枪炮手居中,发起远射攻击,以索伦、察哈尔善射步兵居两翼,担负近距防卫。从人数看,有 3800 余人的清军略居劣势,战斗并不轻松。从上午巳时(10:00 左右)战斗到下午申时(16:00 左右),鏖战 10 余回合,敌阵始出现动摇。清军乘此机会再次发起强攻。提督豆斌率领中军,齐发枪炮,攻夺敌据之高岗。富德领左翼骑兵攻敌中军,夺其帐房、旗纛、枪炮。舒赫德督右翼骑兵袭杀据壕为营之敌。清军猛追溃敌 15 里,击杀百余,因马力不及,收兵觅水安营。

清点战马,2000 余匹仅剩百余匹,其余或因奔驰力竭倒毙,或死于枪伤炮击。

次日晨,富德率军拔营西进,涉戈壁,见前面高岗又有敌人。清军即发枪炮攻击,敌退避。清军乏马,不能追击。如此相持竟日。至夜,驻营。

初八日,敌知清军乏马,乃以骑兵四面长围,不时袭扰,企图将清军困毙于沙碛。为应对敌骑袭扰,清军只得布列方阵驻营。入夜,清军已缺水两昼夜,只能吞噬冰雪解渴。富德与诸参赞、将领合计,阿里衮所催送马匹、骆驼,应该已距离不远,当务之急是要找到水源。于是一面派人联络阿里衮,一面列阵移营觅水,而以健锐营兵断后。健锐营是乾隆十三年(1748)成立的一支特种部队,专为平定金川土司,抽调八旗精锐组成,强化训练攻取碉楼本领。后扩充员额,娴熟登梯、骑射、步战、火枪、水战等各项技能。这些兵在回疆,以健步如飞、精准射击见长。

清军且行且战,初九日晨,抵达叶尔羌河口(大约在今莎车县阿瓦提镇境内)①,严阵固守,保护水源,以待援兵。大和卓麾兵夺渡口失败,

---

① 富德奏折称"(初九日)天晓,至沁达勒河,贼又夺我渡口,(我)即整兵严守,贼不能夺。"《钦定西域图志》称"天晓,及叶尔羌鄂斯腾(鄂斯腾,为窝阔台蒙古语,意为"河")渡口。"兆惠奏折称"正月初八日,闻数十里外枪炮声,料必援兵"。因此,富德初十日到达的渡口,距离兆惠大营只可能在数十里之内。又富德军于十三日二鼓起程,五鼓至叶尔羌河岸,离兆惠军营 20 里,则所移动地理距离不会超过 100 里,因为当时清军人员约 4400 人,乾隆二十四年(1759)正月初十日富德奏折中提到阿里衮送到马 1000 匹、驼 400 峰,如果在十三日出发前续有送到,也不会超过马 1800 匹、骆驼 720 峰这个阿里衮从阿克苏赶来的数量。因此,富德军势必有 2600 余人得步行,其行军速度须以步兵进军速度推算。据此推算,富德军所据渡口,当在今新疆莎车县阿瓦提镇南境。此地距呼尔璊约 120 公里,约 208 清里,以 5 日计,则日行约 41.6 里。

又行围困之术。富德等思忖：敌军趁我乏马，敢于包围袭扰，我军若不奋勇击杀立威，终陷被动。于是将军营尚能骑乘之战马50余匹，配给50余名精壮骑士，再挑选善于奔跑之步兵200名，日暮后往袭敌营。月亮渐渐隐于地下，清军袭击分队在黑幕掩护下，悄悄接近敌哨。突然，前面不远处出现大队人马，黑影幢幢，蹄声急骤，动地而来。

原来副都统阿里衮督赶着2000匹马、750峰骆驼，在十二月二十五日到达阿克苏。然后，将需要养膘之马驼留下牧放，第二天，与副都统鄂博什一同率领600余名士兵，鞭策着马1800余匹、骆驼720余峰，加紧行军，追赶富德、舒赫德的部队。半路上，遇到富德派出的联络人员，于是又挑选最为膘健的马驼，兼程赶路，终于赶上了袭击分队。

两军既合，人员即全部上马，分为两翼，趁着马力充裕，奋勇呼号杀入敌营。大和卓未料到清军援兵到达如此迅速，仓促迎战，相当狼狈。战斗一直持续到次日黎明，大和卓溃不成军，清军渐渐收兵回营。但大和卓不肯认输，又吹角召集逃散部下，整军再战。清军仍分三军布阵，随即发起密集攻击。第一回合中，大和卓即被清军鸟枪击中腋下，血流不止，部众只好抬着重伤首领，仓皇逃回喀什噶尔。这就是清史上的"呼尔璊大捷"。

图7.3　平定伊犁回部之呼尔璊大捷（《清史图鉴》第6册《乾隆朝上》，第81页）

七、戡定回疆

是役，清军转战 5 天 4 夜，历经 200 余里，歼大和卓部 1000 余人，其中有巴图尔 15 人、大伯克数十人，伤者甚众。清军方面，健锐营兵阵亡 20 余名，伤 70 余名，满洲、吉林、索伦、察哈尔、绿营兵丁，阵亡 70 余名。领兵将领中，提督、总管、侍卫等 7 员中鸟枪受伤，程度不等。其中提督豆斌被击中腋下，伤势严重，最终不治身亡。

清点战果毕，兆惠所派报信骑手正好抵达军营。军营距兆惠大营仅数十里，富德等从咨文得知兆惠军完好无损，仍可固守坚持数日，只是缺少马匹，于是令信使返回黑水营，约定会师日期，而富德军则乘待信之机抓紧休整。

十二日，信使回报，途中遇敌卡伦，火光通明，因惧易于暴露，未能抵达兆惠大营，只好返回。十三日，富德令整备兵马，因距敌已近，决定夜间行军突袭。是日晚二鼓起程，五鼓至叶尔羌河岸，遥见敌营烟火。据哨探报告，距离兆惠军营约 20 里。富德令就地驻扎，与各领队大臣、侍卫分定中军、左右翼，整队前进。

十四日黎明，前进了六七里，左翼遇敌，即发起攻击。敌避不接战，与敌右翼会合。清军右翼发枪炮轰击之，战数会合，敌仍顽强抵抗，藏匿于河滨芦苇中放枪。清军左翼急进，敌遂渡河，逃往叶尔羌城内。此次接战，杀敌二三百人，清军阵亡 2 人，伤 10 余人。

图 7.4　平定伊犁回部之黑水解围（《清史图鉴》第 6 册《乾隆朝上》，第 80 页）

为防城中敌出夹攻，富德等率清军右翼渡河攻城，而令左翼寻找兆惠营盘，左翼旋与兆惠军会师。城中敌军固守不出，于是清军各路人马收兵，会合驻营。黑水营之围，至是解除，营中尚存树木200余株。而富德匀给兆惠军米面400袋，暂缓匮粮之急。

4. 救和阗

清军两路会师后总计兵力有7000余人，但马匹仍然不足，且久战之后将士有待休整，而霍集占军未经重创，故当日晚即起程回师阿克苏。敌军远远尾随窥视，未敢进犯。

清军行走缓慢，第一天仅走30里，第二天行程减至20里。乾隆二十四年（1759）正月二十六日，方抵阿尔吉什（约在巴楚西南）。遇参赞大臣都统巴禄、侍郎阿桂所领增援部队，得知和阗形势危急。

原来，上年九月，舒赫德即派侍卫齐凌札卜、噶布舒陪同散秩大臣、伯克鄂对，带领索伦、察哈尔、维吾尔兵数十名，往和阗招抚。和阗六城伯克闻讯，即将霍集占所派监督之兵四五十人驱逐，迎接清军入城驻守。和阗战略位置重要，扼守回疆通往痕都斯坦、巴克达山要道，至兆惠所驻黑水营仅需七八天。鄂对与各伯克会商，预备10月中旬前往大营拜见将军。但两次派人联络，都未能突破霍集占的包围，无法取得联系。又发现克勒底雅城外有人众驮载陆续前来，不知为何处之兵，鄂对遂派人驰赴阿克苏报信。

上年十一月十二日夜间，驻阿克苏参赞大臣舒赫德接到鄂对信报，恐和阗民众得知将军被围，人心动摇，为坚其归顺固守之心，随即派绿营兵500名，令游击伍凌阿、守备傅能带领，每人备10日口粮，拨马30匹、驼30头，整装起程。一行共60匹马驼，除了长官、哨探骑乘外，没有多余牲口，士兵们背着武器弹药，只能徒步前进。侍卫纳尔布率50骑日夜兼行，于二十一日抵达哈喇哈什，派蓝翎侍卫哲勒顺往和阗6城最东边的克勒底雅（今于田）守御。而绿营步兵则日行80余里，终于赶在叶尔羌

七、戡定回疆

来犯敌之前抵达和阗。

二十六日，绿营兵刚入驻和阗西部两城——哈喇哈什与额里齐，叶尔羌来犯之敌600骑，在伯克鄂斯璊（与鄂对长子鄂斯璊同名）、阿卜都克勒木、阿卜都哈里克率领下，也到达城下，往来两城之间攻击，抢劫村堡。而清军则集中仅有之骑兵50余名、绿营兵500名防守两城。

见清军被牵制在两城，鄂斯璊即率分队疾驰至克勒底雅，在两名守城缠回内应下，诱使守城人喝醉，深夜打开城门，杀害侍卫哲勒顺，克勒底雅失守。该城伯克阿里木沙率200人突围出，投额里齐。其子则被缚至额里齐城下杀害。7天之内，齐尔拉（今策勒）、塔克、玉陇哈什3城也相继陷落。齐尔拉城伯克率100余人投哈喇哈什，其妻子和300余户，皆落入敌手。玉陇哈什伯克率2700余户投额里齐，余300余户陷敌。塔克伯克率部属逃入山中，据险抵抗。4城陷落，清军与维吾尔民众据哈喇哈什和额里齐两城力守。鄂对与齐凌札卜只得派人驰报阿克苏，请求增援。

十二月二十日，驻阿克苏办事侍郎永贵接到求援信，但手下无兵可调。至乾隆二十四年（1759）正月间，两城粮草越来越少，恐人心动摇，变从内生，齐凌札卜、鄂对再次遣使求援，期于正月内抵达。十九日，永贵得报，一面咨送参赞大臣巴禄，一面设法调兵。他从图尔璊、阿克苏调集战马共60匹，加上扣留内地解送马匹，凑集骑兵100名先发；又派吉林、察哈尔等病愈兵丁60名、跟役40名，一人两马，随后跟进。而伯克鄂对之妻热依木又与众伯克召集50人，自备行粮、马匹从征。

当时，巴禄统兵1200名、马1000匹，正往援将军大营，方抵巴尔楚克，自然不能分兵赴援和阗。二十六日，巴禄领兵继续走了4天，遇上回师的兆惠、富德大军，报告了和阗求援之信。兆惠即令随巴禄应援之副都统瑚尔起、巴图济尔噶尔领兵900名，驰援和阗。又令舒赫德加速赶回阿克苏，催办马匹粮草。待粮食马匹送到，富德领兵二三千名续进。又令瑚尔起抵和阗后，若城守仍在坚持，即内外夹击；若已沦陷，则收兵回迎富德军后再进。如仍有增兵必要，兆惠待办足5000官兵及其粮马，再行策应。富德安定和阗后，即以之为基地，堵截霍集占南逃路径，并与阿克苏所驻大军约定日期，两路攻取叶尔羌。

正月十五日以后，敌军加紧了攻城。当时哈喇哈什守城者，有绿营兵200名、维吾尔人4000名。额里齐有索伦兵70名、绿营兵300名、维吾尔人6000余名。虽然守城人多，但有马者少，无力出战，只能固守。

二月初，齐凌札卜与鄂对估算，粮饷、弹药可支持到二月下旬。于是第三次派人求援。初十日，舒赫德收到求援信，估计永贵所派援兵以及瑚尔起所率部队月内可到，于是一面咨报兆惠，一面奏报朝廷。

奉命驰援和阗的副都统瑚尔起率900人，于正月二十六日从阿尔吉什起程，二十九日抵达巴尔楚克①，二月十一日抵达阿克苏②。为躲避敌哨探，从东线穿越沙漠，于二月二十日方到达里雅河滨（今克里雅河，具体地点应为现于田县达里雅布依村附近），适遇侍卫噶布舒从额里齐派出的两位送信维吾尔兵，知两城尚坚守，且额里齐尤为关键。于是，瑚尔起派人驰报兆惠，然后由维吾尔兵带路，先救额里齐。

兆惠接到瑚尔起军报，约在三月初③，他与富德率军刚刚回到阿克苏，于是选派绿营兵1200名，人牵一马，以富德统领，续援和阗，预定初十日出发。并奏报高宗。

此时，和阗城守已岌岌可危。因哈喇哈什城里缺水，齐凌札卜派兵在城外挖井两眼，派兵防守。这两眼水井就成为敌人重点攻击目标，即使有永贵派来的援兵250名，防守仍甚吃力④。终于，在三月初三这一天，两眼水井失守，被敌人封填。于是城里人心摇动，争先逃走。侍卫齐凌札卜、守备富能见大势已去，只好趁着夜色，率部突围而出。齐凌札卜往东北阿克苏方向撤退100多里，在苏尔统岩里克（《钦定西域图志》译作"素勒坦雅伊拉克"），遇上了瑚尔起的援兵，而富能所率50余名绿营兵不知所踪。两军会合，人数达1000余，于三月初四日，整队向额里齐

---

① 巴禄应援兆惠，牵马而行，从巴楚到阿尔吉什用了4天。

② 舒赫德应援兆惠，步骑混行，从阿克苏到巴楚用了12天。

③ 兆惠回到阿克苏的具体日期不明。据其奏瑚尔起于二月二十日抵达里雅河及富德三月初十日领绿营兵赴援和阗之奏折于四月初三日抵京，则具奏日期当在三月初三日左右，当时已抵达阿克苏。

④ 永贵所派250人何时到达和阗，战绩如何，史无明文。《平定准噶尔方略》正编卷七二，乾隆二十四年五月己亥条所记上谕载："赛里木伯克呢雅斯，守哈喇哈什时，得伤身故，亦属可悯。伊有无子孙，亦并查奏。玛玛特讷则尔，及同来之鄂对妻兄阿璘，伯克沙雅尔，回人萨尔巴三等，俱曾效力行走，兆惠现在行文富德，询问鄂对，俟覆得实，即酌赏银两。"呢雅斯曾在正月间赴阿克苏请援，则为鄂对在上年九月带去之人无疑。而据上谕语气，玛玛特讷则尔、鄂对妻兄阿璘等四人是一同来到和阗的，则可能属于永贵派出的50名回兵。

进发。

同一天，京城里的高宗方才接到1个月前舒赫德奏报和阗求援的密折，心急如焚，令军机大臣传谕曰：

> 富德此时曾否领兵往援？着作速奏闻！至兆惠曾为贼困，其望援甚切，可知以身经艰阻之事，而于他人则置之度外，何以为情！然朕亦不追既往，惟促富德速援，兆惠亦酌量策应。贼如闻风溃散，即以进攻叶尔羌等城为要。如和阗已为贼据，则伊等俱不必前往。惟据实奏闻，候朕核定功罪可耳。①

高宗心里着急，不免责备、施压。好在天高皇帝远，高宗的谕旨还得1个月方能送达。

三月初六日，瑚尔起、齐凌扎卜领兵抵额里齐城外，围城之敌望风策马而逃。其实3天前，围城之敌知清军援兵将到，已先将辎重送回叶尔羌，只留下骑兵。因清军援兵太强大，自知不是对手，遂即逃窜。这样，额里齐之围，未费一枪一弹就解除了。

初八日夜，瑚尔起、齐凌扎卜等领兵前往哈喇哈什。翌日黎明，至城外，忽然浓雾弥漫，都看不清眼前之人。于是暂停前进，经"捉生"（抓舌头）询问，得知有敌骑600名、步兵100余名在城南博罗齐驻营，遂乘雾进击。午刻，清军猛攻敌营，敌军猝不及防，惊溃奔逃。清军追击，越皂滗勒河（今皮山县杜瓦镇西之杜瓦河），方才收兵。计毙敌百余，收缴马驼羊只军器无数。

初十日，清军分路搜捕残敌，俘十余人，得知其头目阿卜都哈里克、霍集雅斯被射死，鄂斯璊腋下中箭，已逃回叶尔羌。随后将被掠和逃散的维吾尔千余人，送回哈喇哈什安置。十一日，瑚尔起、齐凌扎卜等领兵返回额里齐，召集玉陇哈什居民，安抚其各回城里或村庄居住。复东进齐尔拉，召回逃散人户4000。再驰书招抚克勒底雅、塔克两城。随后，瑚尔起将收复四城及各官兵功绩、伤亡及回民效力、受害情况呈报富德。

---

① 《平定准噶尔方略》正编卷六九，乾隆二十四年闰六月壬辰。

10天后，两城伯克率领属众擒拿降敌者，迎清军入城。和阗全境危而复安。

三月二十五日，富德与霍集斯领兵抵叶尔羌河之克木阿克齐（其地当在今距叶尔羌河与和田河汇合处不远之上游水库东南），接到瑚尔起收复四城捷报，随即驰报朝廷称："臣等初遣瑚尔起时，未敢望成功如此之速。皆赖我圣主威福，上天垂佑之所致也！"①

随即原先突围而出的守备富能率50余名绿营兵从哈喇哈什奔至，要求返回和阗，富德即奏报朝廷。清廷不但未追究其逃遁之责，反令遇都司、游击缺出，即将富能升补，并赏绿营兵丁银两。

四月初三日，兆惠三月初奏报富德赴援和阗及瑚尔起已到达里雅河滨的密奏方到达京师，高宗悬着的心终于可以放下。二十二日，富德奏报收复额里齐等四城之密折到京，高宗大喜，谕军机大臣："前所加兆惠、富德等爵赏，不必奏辞！"对有功人员分别等差奖赏，鄂对晋封为公，阵亡与伤残者及受难维吾尔人，俱厚为抚恤。同一天，富德领兵抵达额里齐。

五月初六日，富德奏报克勒底雅、塔克两城光复的密折至京，高宗谕令兆惠、富德等上紧筹办再征叶尔羌，且嘱咐兆惠分配马驼时，要"以公义权之"，不要把膘壮的都留给自己用，瘦弱的都拨给富德。

清军援兵抵达和阗，随即恢复了对六城的掌控，其中六城民众和众伯克的支持非常关键，尤其是额里齐坚守3个月之久，成为中流砥柱。额里齐伯克阿什默特率部偕同清军力战，制造弓箭，查获敌藏粮食，而妻室子弟俱被敌害。富德特为阿什默特请功，初授三品总管、赏戴孔雀翎，旋升从二品散秩大臣。和阗原为霍集斯旧属，此役后，霍集斯授为总管和阗六城的阿奇木伯克。只因霍集斯仍要在副将军大营参赞军务，和阗六城事务暂交阿什默特署理。

---

① 《平定准噶尔方略》正编卷七一，乾隆二十四年四月壬申。

七、戡定回疆

5. 两城归降

兆惠回驻阿克苏之后，即紧锣密鼓地部署攻取叶尔羌。原计划从阿克苏、和阗两路夹击，但五月间新得情报，只得修改计划。鉴于黑水营之围时，布鲁特人曾出兵袭扰喀什噶尔，配合清军，早在三月初八日，兆惠就派侍卫成果、布延泰前去游说布鲁特再次协攻大小和卓，并查拿哈萨克锡喇。五月初，两侍卫带领布鲁特首领明伊勒哈、喀什噶尔旧阿奇木伯克和什克回到阿克苏。清军初平伊犁时，曾派布拉尼敦回喀什噶尔招抚，和什克拒不纳，后得知其为清军使者，方开城门迎入。大小和卓既叛，清军一时未集，和什克只好逃亡布鲁特。清朝侍卫既至布鲁特，和什克知机会来临，遂与同归。

和什克告诉兆惠：霍集占弟兄与霍罕（又译浩罕，今属乌兹别克斯坦，1710 年，乌兹别克明格部落首领沙鲁克建立以浩罕城为首都的独立国家，脱离布哈拉汗国的统治）城的额尔德尼伯克交好，将来很可能逃亡那里。而喀什噶尔之西，通往霍罕之路有三，清军先取喀什噶尔，据此三路要隘，则霍集占弟兄无所逃遁。兆惠听了深以为然，立即传檄额尔德尼伯克，晓以利害，霍集占弟兄若来投奔，不得收留；同时奏报朝廷，并咨商富德。数日后，定议兆惠领兵先取喀什噶尔，富德领兵攻取叶尔羌，巴禄领兵由巴尔楚克一路，与富德会合，互相策应。又传檄喀什噶尔之西通往霍罕、安集延三条道路附近之部落，令其认清形势，并将地理形势绘图具奏。

数日前，富德已将霍集斯绘制的南路进兵路线和地理险要图奏报。高宗接奏后，又安排将两图汇编重绘，将应先行驻兵把守、堵截霍集占弟兄逃窜的要地贴上标鉴，发还兆惠、富德。

六月初八日，内地调拨马匹全部抵达阿克苏，由参赞大臣阿桂等督领，分送数千匹至和阗。舒赫德仍驻该城办事，而鄂对本可以回驻阿克苏协助办事，顺便休息，但他选择仍随富德进兵。而调集的兵员，已绰有余裕，兆惠拟将所调2000名西安满洲兵中的500名留下，令其听候台站调遣，其余1500名，分别留驻阿苏克、图尔璊等处。满洲兵本是精锐，兆惠不用其随征，原是嫌其"不习劳苦"，留驻阿克苏等地恐亦"无裨实用、徒糜粮饷"，高宗让舒赫德发给他们口粮，使其徒步返回巴里坤，待抵巴里坤后，再安排车辆遣回西安。①

一等公明瑞升任参赞大臣，充哨探前锋，与定边将军兆惠率马步兵9000名，阿里衮、巴禄领马步兵3300名，于六月十一日，自阿克苏分队起程。

十九日，有从叶尔羌所属萨纳珠（今皮山县东南桑株乡）逃出的赛里木缠回，经由卡伦送至富德和阗大营，报称叶尔羌人闻大军到和阗，很是震惊，霍集占已将家口辎重搬往哈子勒塔克。此时阿桂督领的马匹尚未送到，兆惠咨文中也未通报进兵日期，富德断定，再不进兵，霍集占可能逃之夭夭，故即将所得霍集占动态奏报朝廷并移咨兆惠。闰六月初，留800余名兵丁，待阿桂送马到时，与所带牧马兵700余名一同牵马进发，而富德即率领骑兵和绿营步兵各1200余名，和阗六城伯克派兵650名，由霍集斯率领，携马匹越戈壁，向萨纳珠、固璘（今皮山县固玛镇）方向前进，沿途打听兆惠信息，以便合击。富德在五月底就从一个逃出叶尔羌的缠回处得知霍集占人心不稳，即将相关信息转告兆惠并奏报朝廷，计划在六月初二日从和阗起程，一边牧放战马，一边等候兆惠的回信。因传递中有所耽搁，直至十九日，兆惠方于行军途中接到富德咨文。因此，20多天过去了，富德未接到兆惠回信，为避免贻误军机，他决定立即出征。

闰六月初三日，兆惠军至伊克斯哈喇（今喀什市阿克喀什乡），缠回6骑自喀尔噶尔来投。兆惠详加诘问，得知去年布拉尼敦被富德军鸟枪击中，因着甲重未透，仅受轻伤，他清楚无力与清军对抗，曾派人与霍集占商议投降，但被拒绝，只好另谋退路，分别派人联络巴达克山〔明代文献称"把丹沙""八答黑商"，属帖木儿帝国（1370—1507）属国，后为独立汗国。现译巴达赫尚，其领地现在分属塔吉克斯坦戈诺尔－巴达赫尚自治州和阿富汗巴达赫尚省〕、霍罕额尔德尼伯克。巴达克山已回信，但不知具体内容。据说四月间，霍集占已将家口行装转移到叶尔羌西边羌呼勒

---

① 《高宗实录》卷五九〇，乾隆二十四年闰六月壬辰。

七、戡定回疆

的赫色勒塔克，如遇清军征伐，便逃亡巴达克山。六月初十日前，布拉尼敦已将强征的粮食和马匹，陆续运到塔勒巴楚克河，仅带亲信人等在城居住。十五日，又遭遇布鲁特人袭击，鄂斯璊等俱受伤，布拉尼敦遂加紧征集资装。二十七日，他将男女居民挟持至城东南的提斯衮（今牙甫泉），夺其服装后逃走。

兆惠听了来投缠回的报告，半信半疑，追问布拉尼敦兄弟逃往何处？尔等何不将他们擒来投献？显属诱我军轻装冒进。

来投者回答布拉尼敦兄弟遣使霍罕，未得回音，且虑布鲁特人抢掠，必不敢去。霍集占四月间已将家口辎重转移出城，又曾馈送巴达克山之克卜察克等部落礼物，因此有逃亡的可能。至于擒来投献，我等实无能力，并无其他企图。

兆惠又询问了逃走和留下的人口、农耕等情况。综合判断，兆惠觉得来投者所言可信，但霍集占弟兄这么迅速放弃抵抗，仍出意外，即将之前"围城截逃"计划调整为"抚降追逃"。慎重起见，兆惠仍亲带骑兵3000人进城安抚，重建秩序。而后队阿里衮、巴禄所领之兵，大约7天后可抵达巴尔楚尔，阿桂督送的马匹亦可抵达和阗。叶尔羌、喀什噶尔投诚缠回，也已向和阗分派迎降人员，富德自必知晓，随机处置。兆惠仍行文知会富德，并行文喀尔喀副将军车布登扎布，在北路留心截杀逃走的沙喇斯、玛呼斯厄鲁特。

初五日，牌租阿巴特（今伽师县）缠回报告霍集占弟兄最新动向。六月二十九日，先前会聚在提斯衮的人已到英噶萨尔（今英吉沙县），定于本月初七日起程，兄弟俩约于色勒古勒（又译色勒库尔，今塔什库尔干塔吉克自治县）的齐里衮巴苏相会。兆惠又询问先前来降的回人之后，确认所言不虚。考虑到布拉尼敦出城前虽下令烧城，但焚毁程度很轻，看来尚存有观望返回的念头，且拖家带口，不可能跑得太快，且追赶过急，有可能做困兽犹斗。因此，兆惠传檄布鲁特人等把守霍集占弟兄往投霍罕之路，却并不急于追捕，计划进城办妥安抚事宜后，再行追击。

闰六月十四日，兆惠军抵喀什噶尔，缠回"复献牛羊果饵，歌舞庆幸"。兆惠进一步确认霍集占弟兄去向：兄弟俩相会逃往色勒古勒后，或向西南往巴达克山附近的博洛尔，或向北仍往安集延、马尔噶朗、霍罕、纳玛噶等地。欲堵截擒拿，则必须先据色勒古勒附近的帕米尔隘口。而帕米尔山地多石，马蹄钉铁掌可以行走。十五日，即令参赞大臣一等公明瑞、领队大臣副都统爱隆阿、温布，率2000骑兵，各给马2匹，昼夜兼程，追击霍集占弟兄。而兆惠料阿里衮、巴禄之兵在十六七日可到，即令继进。

富德正如兆惠所料，于闰六月十一日行军途中，夜遇自叶尔羌出降之缠回，得知霍集占已出逃，于是派兵500人，先往叶尔羌抚慰，自己率大队继后。十三日，阿桂、达尔党阿督送马匹并候马兵丁赶到，富德军总兵力壮大到4550人，皆乘马而行。十八日黎明，富德整队渡河，自南门进入叶尔羌城，据奏报"观者塞道，争献果饵，备述前受霍集占扰害，从此永安生业。臣等加以抚慰，回众同声欢呼叩首。"①

6. 追穷寇

明瑞等统率2000铁骑，日夜兼程，往西南追赶。他们不断翻山越岭，经色勒古勒折向西北，往安集延方向。由于须途经布鲁特部落游牧的哈拉库勒（今塔吉克斯坦东北之喀拉湖），于是派人先行招降。闰六月二十五日，即从喀什噶尔出发后的第11天，清军接近哈拉库勒。哨探回报，布鲁特已经转移游牧。明瑞立即登高瞭望，北边五六十里外，有灰尘扬起，遂挑选精锐1300余名，集中良马，连夜追赶，至五更时分发现敌情。二十八日黎明，抓获1名俘虏，经讯问得知霍集占弟兄欲往巴达克山，众伯克不从，遂往安集延。5天前，霍集占发现清军来追，于是丢弃辎重，令家口先行，沿途凡遇水草处，以大麦饲马。明瑞令所部全力追赶。当日上午，追至霍斯库鲁克岭（又称和什库珠克达巴，在哈拉湖以北），敌据岭排列，估计约有6000余人。清军先到者900人，排阵诱敌出战，敌不为所动。明瑞恐僵持至天黑，敌将乘夜色逃遁，于是发起强攻。鏖战3个时辰，敌始却。明瑞麾兵追击，因马力不及，敌渐远去。不久，敌兵复集，

---

① 《平定准噶尔方略》正编卷七五，乾隆二十四年七月丁巳。

七、戡定回疆

恃其人多，分成数队，欲合围清军。明瑞令骑兵直接冲杀敌阵，而令步兵迅速后撤，据两侧山坡埋伏。并麾骑兵且战且退，诱敌至步兵射程。敌骑追至，清步兵自两侧山坡枪箭齐发。敌却，明瑞即驰马追杀。薄暮，敌大败，越山岭往巴达克山一路逃去。

是役，杀敌500余，生擒男女30余，缴获驼马牲口100余峰匹。清军阵亡100余人。明瑞察兵马之力不足以胜敌，一面追寻敌踪，一面寻水草之地牧放马匹，同时报信富德、阿里衮，并报告兆惠、奏报朝廷。

七月初，明瑞率军回到色勒古勒，不久阿里衮、富德皆领兵抵达。① 富德军中原自和阗从征的六城伯克兵，本欲用于攻城掘壕，霍集占既弃叶尔羌城而逃，600名伯克兵即遣回，仅留霍集斯、鄂对等大伯克及亲兵数十人。又酌留1000余守城，即率2000余兵增援明瑞。阿里衮、巴禄则领兵3300名。三军会师后，总兵力约7000余人。留3000余人为预备队，并招抚色勒古勒缠回。富德与阿里衮、明瑞等率4000人精锐马步兵，继续追击霍集占弟兄。

七月初七日，探知敌踪迹，相距百余里，中隔大戈壁。翌日，富德军牵马疾行，日夜兼程，越戈壁，翻越海拔4600多米高的萨雷阔勒岭（今中国与塔吉克斯坦界山）乌孜别里山口。山口附近道路狭窄，仅容一骑通过。山口内河谷地带，即是阿尔楚尔（又译阿喇楚勒）地方，山涧雪水淙淙流淌。初九日晨，追及敌尾。霍集占已发觉，令辎重先行，埋伏射手于山涧两侧山坡，骑兵列阵谷口，迎击清军。富德分兵三路发起攻击。自辰至午，敌阵始动。富德督中军呼噪冲杀，两翼随进，追射30余里。霍集占复据山头列阵，富德亦整军对战，以左翼攻夺山峰，右翼自山麓仰攻。霍集占拼死抵抗，清军攻击一时未能见效。富德遂驱马袭敌辎重，霍集占始放弃山头阵地往救。霍集占复据一山阻击清军，达尔党阿等正面接战，富德等策应，明瑞等绕出山后。霍集占惧遭包抄，复放弃山头阵地撤退。如此反复较量，直到天黑双方收兵驻营。

富德清点战果，敌我投入兵力约为一比一，而清军凭借专业素质以及

---

① 三军回师具体日期不明，此为推测。乾隆二十四年八月初二日抵京之富德奏折提到"三队官兵，业经会合，拣选四千人，往追逆回。其存留之兵，交杨宁管束，招降沙尔呼勒［即色勒古勒、色勒库尔，位于哈喇乌苏（叶尔羌河上游）］回人，以候调遣"。(《平定准噶尔方略》正编卷七六)

充足的武器弹药、良好的马匹，仅以1名士兵阵亡的代价杀敌千余，其中包括伯克阿卜都克勒木，生擒50余人，缴获旗纛6杆、炮5座、鸟枪和长枪千余，疲乏受伤牛马不计其数。

初十日天明，富德率军沿着山涧，辨敌踪迹，继续追击。追行百余里，薄暮，至布隆库勒（今塔吉克斯坦戈诺尔－巴达赫尚自治州之布伦库尔湖），这是一个高山小湖，湖边水草茂盛，于是驻营休息。

据哨探报告，在小湖北边大湖有敌骑活动。此湖名叫伊西洱库尔淖尔（今亚什尔湖，"库尔"在柯尔克孜语中意为"湖"，"淖尔"在蒙语中意为"湖"），是一个狭长的高原湖泊，周长90余里，东西长约39里，最宽处近7里。此湖往南就是巴达克山（今兴都库什山），越过山岭就进入巴克达山村庄了。富德与诸将领商议，认为不能让霍集占弟兄越山遁入其他部落，致生交涉，应先行堵截。当时布拉尼敦领兵先行，占领淖尔北面山头，待辎重、家属到后，陆续上山，霍集占则领主力殿后，在淖尔东面据山险抵御清军，掩护辎重、家属转移，待越过山岭后，自淖尔西面进入巴克达山。

十一日晨，富德即先令阿里衮率兵500人，迅速穿插至淖尔之西，堵截敌逃窜之路，伊柱等领兵800人，绕至山头北面堵截。富德与巴禄等率兵千余名，尾随霍集占队后，其余千余名看守辎重，充当预备队。富德领兵尾随敌军至淖尔东口，只见敌军据守山麓到淖尔路口一带，布阵施放枪炮，而其辎重、家属或正在上山，或拥挤于淖尔岸边。此时已是上午巳时（上午9:00—11:00）。富德整队齐进，对山麓发起密集火力攻击，连发"大神""威远"等炮。霍集占部凭借地势，拼死抵抗。战至下午未时（下午1:00—3:00），战局胶着。

富德挑选鸟枪"精利者"（类似狙击手）40余人，由步兵掩护，绕到山北攻击，山南淖尔东口部队仍佯攻策应。又令霍集斯、鄂对、阿什默特树立回部旗纛，高声谕降。

两个时辰后，数千缠回带领家口驮载，同声诈称愿降，从山麓如潮水般奔流而下逃亡。霍集占挥刀砍杀数人，然尤似抽刀断流，无济于事。

天黑时分，清军继续截杀沿岸之敌，收其家口、辎重。仍分兵把守淖尔东口、北山、西口，东口与北山之间另派兵往来巡查。据守西口之阿里衮部，分防淖尔之南。

十二日黎明，淖尔北山岭上之敌已遁逃无影。山北麓之敌被堵截2000

余人，均缴械投降。询问俘虏，方知霍集占弟兄趁着夜色，带领四五百人逃往巴达克山去了。阿里衮即选精锐骑兵200余名，寻踪追逐而去。

富德清点战果，共计俘虏12000余人、军器2000余件、马骡牛羊1万余。该役即"伊西洱库尔淖尔之战"。

图7.5　平定伊犁回部·伊西洱库尔淖尔之战（《清史图鉴》第6册《乾隆朝上》，第84页）

富德留辅国公鄂对、散秩大臣阿什默特、员外郎保住等率兵3300余名管束降人，即与巴禄、阿桂等领马步兵400余名，增援阿里衮。

富德分兵两路，递进呼应追敌。当日薄暮，发现有敌于山上结寨阻击。询之降人，知为沙喇斯、玛呼斯两鄂托克之厄鲁特，不听劝降，遂连夜围困之。拂晓，清军排阵上山，以密集火力轰击，杀敌200多，余敌400余人投降。

尽管自哈拉湖之战以来，追捕霍集占弟兄，已取得了三战三捷战果，但闰六月初三日，兆惠将霍集占弟兄已弃城逃遁的情况奏报后，高宗就立即批示：

> 我兵未抵城下，贼已窜逸，非将军等之咎。但二城既定，而逆贼

兄弟未擒，难云竣事。兆惠、富德等，自应穷追务获。①

八月二十四日，高宗接到富德报告霍集占弟兄遁入巴达克山奏折后，又批示：

但贼踪已近，不行速追，殊与机宜未合。伊等招降贼众万余，即马匹甚乏，拣选数百，断无不得之理。而贼众止三四百人，经过甫二日穷追，自必成擒。或以拔达克山为外藩，不便惊扰，但果秋毫无犯，伊等亦何辞以拒。从前阿睦尔撒纳投入哈萨克，策楞等初尚不敢遣使，而后来长驱直入，阿布赉即畏惧乞降，皆富德所深悉者。乃劳瘁多时，而稍一迟疑，渠魁即失，殊为可惜！②

其实，处理回疆问题之目标为擒获霍集占弟兄，在回疆用兵之初就是明确的，而雅尔哈善正是专力于攻城，忘了擒获"首酋"的终极目标，落得人头落地的下场。这一点，不待高宗反复指示，兆惠、富德等前线将帅俱明了于心。高宗的指示除了给将军们以督促外，更多的是宣示不擒"首恶"决不罢休的决心。

在高宗的两份谕旨到达前，富德即已派人檄令巴达克山素勒坦沙（苏丹）并所属部落擒献霍集占弟兄，大营则回驻阿尔楚尔。八月初七日、初九日，附近村庄头目偕同富德派出的使者纷纷来到军营，表示归顺清朝、积极擒拿祸首之意，并已呈告素勒坦沙。富德给赏遣还，并将卡伦前移驻扎，以张声势。

对于巴达克山汗素勒坦沙来说，擒拿霍集占弟兄交给清军，是一件与自身命运攸关的大事。

当准噶尔汗国解体、清朝势力西进时，中亚地缘政治格局也在发生重要变化。18世纪中叶，中亚霸主布哈拉汗国衰弱，普什图部落酋长艾哈迈德·杜兰尼，开创了阿富汗历史上的杜兰尼王朝，号称"沙阿"（国王），不断对外扩张，征服了西起呼罗珊、东到克什米尔、北至阿姆河、南抵印度河流域的广袤地域。乾隆十六年（1751）前后，杜兰尼王朝的势

---

① 《清高宗实录》卷五九二，乾隆二十四年七月己酉。
② 《平定准噶尔方略》正编卷七七，乾隆二十四年八月壬寅。

力扩张至帕米尔高原西南部，迫使巴达克山汗国等在臣属准噶尔的同时，也向其称臣。如今准噶尔既为清朝所灭，素勒坦沙必须考虑如何在清朝和阿富汗之间容身。

七月二十六日，清军使者抵达素勒坦沙所居（应当在今阿富汗巴达赫尚省首府法扎巴德附近）。素勒坦沙延迟数日始回复使者说，因霍集占弟兄抢掠村庄，已派兵数千将其拘捕。霍集占胸、背、胯骨三处受伤垂死。但碍于经义，恐他处阿訇、摩罗及外部干涉，而清军之救援不及，故不能将霍集占弟兄解交。在清军使者启程返回2天后，素勒坦沙又派人追赶送消息，声称霍集占伤重身死。

八月二十六日，富德再次遣使，并以巴图鲁侍卫额尔登额等领兵30名同行，晓谕巴达克山，死要见尸、活要见人，限25日内回复，并派前锋至瓦罕，且亲督大队继后。

九月初九日，清军使者面见素勒坦沙。素勒坦沙见清军使者复来索要，只好告以实情，拘禁霍集占弟兄后，珲都斯（昆都士）部落也前来索取，又得知兄弟俩曾打算勾结巴达克山的仇敌塔尔巴斯（巴达克山北布鲁特部落达尔瓦斯），其使者中途被擒，故集众公议将兄弟俩砍杀，以免后患。

随后验尸，只有一具，确认系霍集占无疑，而布拉尼敦的尸体不知去向。清军使者要求追究。数日后，素勒坦沙答复道布拉尼敦尸体被盗，不知何人所为，并举经发誓。清军使者反复调查，并无异说，遂携霍集占首级及兄弟俩被杀目击证人，于九月三十日返回大营。

富德在军营又多方核实，与使者所得一致，始向朝廷递送"红旗捷报"。十月初二日，富德酌留新到兵丁镇守各处后，率领大队起程返回叶尔羌。

7. 全疆一统谋永安

富德的"红旗捷报"以前所未有的速度飞驰，仅用了20多天时间，于乾隆二十四年（1759）十月二十三日抵达京师。高宗即以戡定回部颁谕中外，宣告"从此边陲宁谧，各部落永庆安全"，告陵祭庙，并论功行赏。

戡定回疆过程中，定边将军兆惠已累封至公爵，仍加赏宗室公品级鞍辔，副将军富德晋封侯爵，赏戴双眼翎，两将军一并再加授一子为三等侍卫；参赞大臣一等公明瑞、一等公阿里衮，并赏戴双眼翎；参赞大臣、吐鲁番郡王级贝勒额敏和卓，正式晋封为郡王；驻图尔璊领队大臣、哈密札萨克贝勒王素富，参赞大臣、和阗阿奇木伯克霍集斯，俱加郡王品级；阿克苏贝子鄂对，加贝勒品级；参赞大臣舒赫德，及在事大臣、官员，均交吏部从优议叙。阵亡官兵，封赏优恤有差。前线参战兵丁，赏给两个月钱粮；叶尔羌等城驻守兵丁，赏1个月钱粮。

十一月，高宗亲撰"平定回部三文"：一述全体经过，以满、汉文两种文体，立碑太学；一述叶尔羌诸城投归经过，勒铭叶尔羌城内；一述明瑞、富德追剿霍集占弟兄经过，以满、汉、托忒、察合台文四种文体，立碑于伊西洱库尔淖尔东岸。

乾隆二十五年（1760）正月，霍罕、齐里克（西布鲁克部落）、巴达克山、博洛尔使者抵京，高宗于乾清宫隆礼接见，并在丰泽园（今中南海内）盛宴招待。翌日，于午门行受俘礼。

二月二十六日，清廷已先期于良乡县城南筑坛，是日，高宗祭谒泰陵后，赴京师西南良乡县城北黄辛庄（今属北京市房山区）行宫驻跸，等候郊迎西征凯旋将士。定西将军兆惠、右副将军富德，遣侍卫进折请安，高宗还赐御制诗歌书画。

次日晨，兆惠、富德、明瑞、巴禄等，率凯旋将士至城南，高宗吉服登坛，率凯旋将士、王公大臣行拜天礼。礼毕，进入黄帷，将军、参赞依次趋进，向高宗跪行抱见礼。礼毕，高宗慰劳之，赏兆惠、富德御用朝珠。传旨赐座，凯旋的将军、参赞们列坐西帷，王公、文武大臣列坐东帷，赐茶，又赐兆惠、富德御用良马各1匹。且高奏凯歌。高宗旋回行宫。凯旋将士换着礼服，与回部诸王公伯克、扈从王公大臣与宴。

三月初三日，高宗再次在丰泽园设宴，招待凯旋将军、参赞大臣、回部王公伯克及在朝王公大臣，自将军至随征将士，赏赐帑银、缎匹有差。

至此，不仅戡定回疆圆满落幕，与准噶尔的世纪之争也告结束，而且中国历史上延续2000余年的游牧文化与农耕文化间的冲突也画上了终止符。

七、践定回疆

对于乾隆年间西征的意义，富德"红旗捷报"末尾有一段精彩的概述：

> 我皇上神谟睿虑，缵承圣祖、世宗绥靖遐荒之丕绪，自用兵以来，平定准噶尔全部，左右哈萨克、东西布鲁特、塔什罕、安集延、乌梁海诸部先后内附。今又平定回部，歼厥渠魁，收降拔达克山部落十万户，博洛尔部落三万余户，辟地数万里，请为臣仆者数十部。五载之间，建此伟绩，考之自古帝王，未有若斯之神速者。①

高宗的西征告捷，置于中国历史大一统王朝功业的长河中，可以说是将"大一统"推进到了一个前所未有的新高度——"守在四夷"。

平定准噶尔和回疆后，清廷即派测绘队进行舆图测绘，仍继承汉唐传统，将东起嘉峪关外肃州界、东北接喀尔喀、西跨葱岭、北抵俄罗斯、南界西藏的广大地域称为"西域"，按地理位置划分为安西路、天山北路、天山南路三大部分。

安西路原本属于甘肃管辖或毗邻于甘肃，因此设置府、州、县，仍归甘肃省管辖，行政管理制度与内地各省划一。

天山北路原为蒙古游牧地，经战争之后人口锐减。乾隆三十六年（1771），土尔扈特部回归后，安置在此地，设10旗，其南有和硕特部3旗。伊犁九城中的宁远城（今伊宁市），维吾尔人较多，设伯克管理。又设伊犁厅，管理汉人事务。

天山南路为维吾尔人聚居地，各城、村设伯克管理。伯克是任期制流官，由维吾尔人充当，品级从三品到七品不等。

三路军事驻防，皆由伊犁将军统管。伊犁将军直管伊犁地区四营九城的八旗、绿营兵，另在天山北路分设伊犁参赞大臣和塔尔巴哈台参赞大臣、安西路设乌鲁木齐都统、天山南路设喀什噶尔参赞大臣，分管各地驻防兵丁以及节制各旗札萨克、各城村伯克。

平定准噶尔和回部之后，高宗即认为内有王化流行，外有哈萨克与布

---

① 《平定准噶尔方略》正编卷八一，乾隆二十四年十月庚子。

鲁特之屏藩，西域即可永获安宁。①

---

① 乾隆二十二年七月，因定边右副将军兆惠、参赞大臣富德奏左部哈萨克汗阿布赉遣使称臣入贡，谕曰："今未尝遣使招徕，（哈萨克）乃称臣奉书，贡献马匹，自出所愿，所谓归斯受之，不过羁縻服属，如安南琉球、暹罗、诸国，俾通天朝声教而已，并非欲郡县其地、张官置吏，亦非如喀尔喀之分旗编设佐领。"（《清高宗实录》卷五四三，乾隆二十二年七月丁未）又乾隆二十三年正月，以平准宣谕布鲁特："今准噶尔全部平定，则尔土地，即与朕疆界毗连。尔等若如哈萨克慕化来归，朕将令照旧安居，不易服色，不授官爵，不责贡赋，惟遣使来请朕安，即加恩赏赉。其或尔等，以外藩习俗，与中国异宜，不欲投诚降服，亦惟尔便。但能约束所部，永守边界，不生事端，朕亦不加兵骚扰。"（《清高宗实录》卷五五五，乾隆二十三年正月丙辰。）

八、用兵廓尔喀

八、用兵廓尔喀

廓尔喀原是尼泊尔的一个部落,位于今首都加德满都西北。由于气候适宜、土地肥沃,能生产水稻、豆类、丹参等作物而自给自足,早在公元前6世纪,在尼泊尔的加德满都山谷就有不少人居住,这些人被称为尼瓦人。① 廓尔喀在早期与中国内地并无交集,清朝对其亦并无多少认知,但其与我国西藏地区多有来往。清人昭梿曾言:

> 廓尔喀自古不通中国,乌斯藏以西一大部也。乌斯藏即古佛国,今分为前、后两藏。自蜀省打箭炉西行七十二驿,至前藏,又十二驿,至后藏。又十二驿,至济陇,又三十驿,至石宿桥,为后藏极边地。过桥以西,则廓尔喀矣。②

可见,廓尔喀因其地理位置与西藏临近,自唐朝松赞干布征服尼泊尔后,便与西藏开展贸易往来,并且从文化上、政治上都有所交流,这种关系一直维持至清朝前期。③ 清朝时称尼泊尔为"巴勒布",且从官方文书看清廷多用"巴勒布"概指尼泊尔,这也表明尼泊尔是廓尔喀部兼并周围部落后才逐渐形成的④。

18世纪中期以后,廓尔喀随着自身实力增强,野心膨胀,又受英人的唆使和支持,对我国西藏地区虎视眈眈,先后两次入侵西藏。对此,清高宗两次用兵廓尔喀,从而保卫了我国西部边疆的安全。

---

① 庄吉发:《清高宗十全武功研究》,第417页,中华书局,1987。
② 〔清〕昭梿:《啸亭杂录·续录》,第124页,上海古籍出版社,2012。
③ [尼泊尔] I. R. 阿里亚尔、[尼泊尔] T. P. 顿格亚尔著,四川外语学院《新编尼泊尔史》翻译组译:《新编尼泊尔史》,第151页,四川人民出版社,1973。
④ 柳岳武:《清代中尼关系研究》,载《中国边疆学》第2期第133页,社会科学文献出版社,2018。

1. 清朝与廓尔喀的往来

清朝时,西藏地方与廓尔喀之间的民间贸易由来已久。巴勒布人"自康熙年间,即在前藏居住,皆有眷属,人户众多,不下数千口"①。但廓尔喀与清朝中央政府间的官方往来始于何时,记载不一。魏源认为,双方间的最早往来发生在雍正九年(1731)。《圣武记》载:

> 廓尔喀本巴勒布国,旧分叶愣部、布颜(颜布)部、库木部,于雍正九年,各部奏金叶表文,贡方物。后三部吞并为一,遂与后藏邻。②

此后,龚柴在《廓尔喀不丹合考》中亦有类似说法。③据纂修于乾隆五十七年(1793)的《西藏志》记载:

> (巴勒布)于雍正十年间,遣使来藏,经驻藏大臣等奏,蒙圣恩赏允准内附,颁敕封三道,赐蟒缎、玻璃、磁器等物,于次年八月,派员赍送至藏转颁。十二年正月,布颜罕等遣使来藏,请赴京进贡谢恩。④

乾隆四年(1739),驻藏侍郎杭奕禄奏折中称:"西藏西南三千里外,巴勒布部有三汗:一名库库木,一名颜布,一名叶愣。雍正十二年,曾遣

---

① 《清高宗实录》卷一三八九,乾隆五十六年十月戊午。
② 〔清〕魏源:《圣武记》,第234页,中华书局,1984。
③ 〔清〕龚柴:《廓尔喀不丹合考》,第600页,见王锡祺辑《小方壶斋舆地丛钞》第三帙,杭州古籍书店,1985。
④ (乾隆)《西藏志》,第38页,西藏人民出版社,1982。

八、用兵廓尔喀

使恭请圣安。"① 这里所说的"雍正十二年"（1734），指的是巴勒布使者到北京进贡谢恩的年份。

巴勒布使者至京进贡的方物有"珊瑚树、珊瑚串、琥珀、金丝织成的卡契，各色卡契缎、白卡契布、犀角、孔雀尾扇、黑香，各色药、银丝织成的卡契缎，各色巴勒布的布匹。"②

由于巴勒布的内部状况涉及西藏社会秩序的稳定，故受到清朝驻藏官员关注。对于当时巴勒布三部落间的互相攻战，驻藏侍郎杭奕禄曾派首席噶布伦贝勒颇罗鼐"宣谕皇上好生之德，中外一视"，劝三部"各宜息兵和好，仰报国恩"。不久，三汗"欢欣听命，以三部落户口数目呈报，并各进方物"③。乾隆五年（1740）正月，巴勒布遣使至京贺新年，高宗在正大光明殿，特召使者等"至御座前赐酒"④。

比礼节性往来更重要的，是因地缘相连而带来的巴勒布与西藏地方间经济和文化上的密切往来。

经济上，巴勒布与西藏的互补性很强。

> （巴勒布）素无盐茶，并无银两、马匹，所产惟米、豆、牛、羊、布帛、铜、铁、珊瑚、玛瑙、孔雀。其有象者即称富户，然西藏素产盐斤，及内地贩运银茶，实为科尔喀（廓尔喀）必需之物，故向来藏属夷民往来驮运，彼此通商，相安已久。⑤

更奇特的是，巴勒布不产银，却铸造银币，藏人将白银交给巴勒布人铸造成银币（藏语称之为"章噶"），再运回流通使用。铸币过程中，巴勒布人往往掺入铜、铅成分，谋取厚利。

由于贸易往来密切，与巴勒布接壤的后藏聂拉木（今日喀则市聂拉木县）、济咙（今日喀则市吉隆县南部吉隆镇）、宗喀（今日喀则市吉隆县

---

① 《清高宗实录》卷九一，乾隆四年四月乙巳。
② （乾隆）《西藏志》第 38 页。
③ 《清高宗实录》卷九一，乾隆四年四月乙巳。
④ 《清高宗实录》卷一〇八，乾隆五年正月丁巳。
⑤ 《钦定巴勒布纪略》卷二五，乾隆五十四年九月初六日。

宗嘎镇）等地成为重要贸易场所，巴勒布人"在此居住者甚多"①。

　　文化上，巴勒布是佛祖释迦牟尼的诞生地，是佛教圣地。东晋义熙二年（406），名僧法显西行求经，曾到过该地（当时为北天竺咖毗罗卫国）。法显回到建康（今南京），又和来自咖毗罗卫国的高僧佛陀跋陀罗一同翻译佛经。元中统元年（1260），国师八思巴奉元世祖之命在西藏建黄金塔，尼波罗国（今尼泊尔）17岁的工匠阿尼哥率能工巧匠80人应召赴工。逾年而工竣，八思巴奇其才，收为弟子，授以秘典，荐之元廷。元廷有兴建修缮，多委任之，身后加赠太师、凉国公。其流传至今的建筑艺术代表作是大都的白塔［"释迦舍利灵通之塔"，至元八年（1271）重建，位于今北京市阜成门内大街路北］。这种文化和宗教上的交流，使巴勒布和西藏的关系更为紧密。

　　到18世纪60年代，加德满都河谷的地缘政治发生重要变化。原先弱小的廓尔喀强大起来，到第九代国王普里特维·纳拉扬·沙阿时，先后吞并了分立不睦的巴勒布各部落，又吞并了周边多个小部落，于乾隆三十四年（1769）完成尼泊尔的统一，定都阳布（今加德满都）。刚完成统一的廓尔喀王朝，"疆土偏狭，户口甚繁"，渴望占领更多土地，而其人民"身强多力，勇敢善战"②。更值得注意的是，当时已经占领印度的英国人常雇佣廓尔喀人作战，并将近代火器输入廓尔喀，故廓尔喀军队的武器装备也并不落后，除了冷兵器大刀、长矛外，还装备了精利火器。乾隆四十二年（1777），年幼的喇纳巴都尔（拉纳·巴哈杜尔·沙阿）继承王位后，其叔巴都尔萨野任摄政，"好武，以侵略邻地为政策"③，其"国内之民难于自给，亦必别觅出口，以便懋迁有无，（而）西藏为其最好之出口"④。将扩张矛头指向北方的西藏。其实，早在五世达赖喇嘛（1617—1682）在世时，巴勒布人曾抢掠过济咙，被藏兵击退后议和。乾隆四十年（1775），统一后的廓尔喀⑤又一次侵扰西藏边界，经交涉后退回。

---

①　《钦定巴勒布纪略》卷一，乾隆五十三年七月二十七日。
②　庄吉发：《清高宗十全武功研究》，第428页，中华书局，1987。
③　萧一山：《清代通史》第二册，第109页，华东师范大学出版社，2006。
④　［英］柏尔著，宫廷璋译：《西藏之过去与现在》，第150页，商务印书馆，1930。
⑤　乾隆三十四年（1769）廓尔喀统一后，清人昧于形势，于文书中仍称其为巴勒布，而本书则于此年后，除引文外，一律改为廓尔喀。

八、用兵廓尔喀

十几年后，贸易纠纷与西藏僧侣贵族内部矛盾的纠葛，给廓尔喀武力侵略我国西藏提供了借口。

乾隆四十五年（1780）十一月初二日，六世班禅额尔德尼（1738—1780）在为高宗庆祝七十寿辰后，因患天花圆寂于北京西黄寺。六世班禅大师进京途中，蒙古僧俗信众供奉丰厚，而高宗更是赏赐叠施，因此身后留下巨额财产，"金银不下几十万金，此外宝珠、念珠、品玉之钵、镂金之袈裟、旃檀、华橘、瓷器、彩帛、珍珠，不可胜计"①。高宗又复厚其抚恤，以班禅大师之兄仲巴胡图克图护送班禅灵榇返回后藏。仲巴胡图克图有一位同母异父弟弟沙玛尔巴，是西藏噶玛噶举派红帽系活佛。兄弟俩原本不和，仲巴胡图克图回藏后，将所有班禅遗产"悉据为己有，既不布施各寺，番兵、喇嘛等亦一无所与"②。沙玛尔巴对此垂涎，却不遂心愿，乃生怨愤，以朝拜佛塔为名，出走廓尔喀，欲借他国之力，泄己之私愤。

2. 廓尔喀入寇后藏

乾隆五十三年（1788）五月，廓尔喀寄书西藏地方政府（噶厦）称："藏内所用钱文，皆我巴勒布熔铸。此后但用新铸钱文，旧钱不可使用。在我境接壤之聂拉木、济咙二处，原系我巴勒布地方，仍应给还。倘有理论，可遣人来讲约。"

同时廓尔喀统治者也给驻藏大臣庆麟、协办驻藏大臣雅满泰寄送了禀贴。两位大臣不识廓尔喀文字，听噶布伦丹津班珠尔汇报后，即与八世达赖喇嘛、前任噶布伦辅国公班第达等商议，让丹津班珠尔回书称："现在尔等新铸钱文甚少，不能流通，仍将新旧掺杂使用。至遣人前往尔处，现

---

① ［日］山县初男编著：《西藏通览》，第370页，台湾华文书局影印光绪三十四年刊本，1969。

② 赵尔巽等：《清史稿》卷五二五《藩部传八·西藏传》。

今气候火热，俟立冬时再往。"①

此次交涉主要是两件事。一是货币问题，一是领土问题。当时廓尔喀新铸银币，成色较旧币高，要求藏人在贸易中使用新币，并且规定旧币跟银币的比价是2∶1。这当然是一个行使货币强权的不合理规定，被西藏地方政府断然拒绝。而关于领土问题，回书中没有明确驳斥其非，只是以天气不宜为由，俟立冬以后派人前去交涉答复。

廓尔喀对西藏地方政府的答复很不满意，因为在边境贸易的实际交涉中，西藏方面采取了提高盐税的办法来应对廓尔喀单方面的币制变化，据说还往食盐里掺土。其实藏盐因是从山谷沙土中刨出，不纯净亦属正常，当然也不排除有人掺假蒙混。而沙玛尔巴出走到廓尔喀后，将藏中机密全部泄露。当时前藏驻有绿营兵360名，藏兵800名；后藏驻绿营兵150名，藏兵400名；在萨喀（萨迦）、拉孜（又写成列子、拉子）、协噶尔（又写为协格尔，今定日县县治）等地驻有藏兵200名；另外，藏北达木地方（今当雄）蒙古兵200名常年轮流派差藏内各处；打箭炉以西至拉萨台站每年换班绿营兵丁约有1300余名，合计全藏兵丁共有3410名。虽然总兵力看似不少，但其中1400名藏兵战斗力甚弱，而且后藏与萨喀、拉孜、协噶尔等地常驻兵丁少，总共才750名，其中战斗力较强的绿营兵才150名。沙玛尔巴还向廓尔喀人描绘了藏内的富庶，挑起廓尔喀人的贪婪之心。

其实在上年九月，西藏方面已得到消息，廓尔喀王手下头目苏尔巴尔达布调集人众，欲西向沮木郎部落掳掠，又欲抢后藏济咙等地，不过并未引起驻藏大臣和西藏地方政府的重视。

而复书送出之后不到1个月，六月初，苏尔巴尔达布领着3000廓尔喀兵肆横侵略，抢占了藏南的聂拉木、济咙等地，宗喀震动。六月二十七日，在拉萨大昭寺噶厦办公的前任辅国公班第达接到三地第巴的报告，得知廓尔喀兵可能前来袭扰，随即禀报驻藏大臣庆麟、副都统雅满泰。驻藏大臣立即前往布达拉宫，与达赖喇嘛、丹津班珠尔、班第达等商议，并询问了事情由来，拉萨到三地驿站里程，令后藏戴琫（又译写为戴绷、代奔、戴琫等，藏兵指挥官）巴载就近前往聂拉木探听消息，令戴琫将结密

---

① 《钦定巴勒布纪略》卷一第12页，乾隆五十三年七月二十七日。

八、用兵廓尔喀

撒聂拉木附近藏兵到协噶尔一带紧要隘口守卫。若廓尔喀来侵之信属实，巴载即迅速通知将结，调所集结之兵前往堵截，同时上报。待巴载确信到后，再决定是否由驻藏大臣一员带兵前往扎什伦布（今日喀则）照看年方7岁的七世班禅额尔德尼（1781—1853），并驰报朝廷。

第二天，驻藏大臣得信，廓尔喀兵已攻陷聂拉木，第巴下落不明。随后济咙亦不守，第巴撤往宗喀抵御。还有消息称，廓尔喀同时对东部的帕克里（又译扒克哩，今亚东一带）、定结（又译鼎结，今定结一带）发起了攻击。驻藏大臣随派噶布伦札什端珠布速赴协噶尔督率防御，增派戴琫1名领兵增援宗喀，又派藏兵防守帕克里、定结一带。驻藏大臣了解到，藏兵平时缺乏训练，人数也少，而驻藏大臣能立即或较快调用的只有驻拉萨的500名绿营兵，还有可机动调用的驿站驻防绿营兵200名，共计才700名，而从前藏调赴后藏前线，路上需花费27天至1个月，可谓远水难救近火。驻藏大臣只好以六百里加急飞报成都将军、四川总督和提督，请求派满汉兵3000人驰援前藏；又飞报陕甘总督、西宁驻扎大臣，在通藏各地要路关口，分兵防御；又派噶布伦札什那木札尔赴扎什伦布寺，照看班禅额尔德尼，若协噶尔不守，则立即护送班禅到前藏驻锡；又调藏北达木蒙古兵500名速赴前藏。

由于藏兵多年未经战阵，骤闻战斗命令，急忙备办武器、干粮，一时手忙脚乱，延沓至七月初五日，戴琫巴载方才领兵从扎什伦布出发，向协噶尔前进。初八日，驻藏大臣得信，只能又派两人前去探信。又得信在聂拉木以东罗布理山一带（应为珠穆朗玛峰以东河谷）发现敌兵活动，意图直趋萨喀，威胁扎什伦布。驻藏大臣庆麟思维良久，决定亲自带领200绿营兵速赴日喀则，保护班禅额尔德尼，并督战藏兵。初九日，庆麟领兵从拉萨出发。

十二日，后藏戴琫将结带领骑兵，日夜兼行抵达协噶尔。当时廓尔喀兵已掠至协噶尔西边不远的第哩朗古（今定日小邑之西），西藏方面有兵民及喇嘛500余人防守，将结又调集定本地方驻兵400余人，加上自己所带百余骑兵，兵丁已达1000余人。第二天，向来犯之敌发起攻击，击毙敌军头目1名，士兵三四名，夺回牲畜90余头，迫使敌军退却。将结观察到，敌军有六七千人，以碎米凉水为饮食，并无炊爨。除领兵头目骑马外，士兵都是步行，多着白色服装，间有红色者。面对人数绝对优势之敌，将结只好派人求援。随后噶布伦札什端珠布带数百兵丁赶到，而戴琫巴载则领兵增援宗喀。

十六日，敌军1万余人分三队攻击戴琫将结营盘。噶布伦札什端珠布、戴琫将结不敌，自协噶尔后撤40余里至普琼扎营，而协噶尔第巴寨碉被围，只能凭借寨栅楼房和存粮固守。

驻藏大臣庆麟领兵出拉萨后，昼夜疾行，于十七日抵达扎什伦布，仲巴胡图克图率领苏本堪布、大喇嘛出迎。随后，仲巴陪同庆麟进见班禅额尔德尼，呈献哈达、如意。班禅额尔德尼起立致谢。据仲巴报告，已派出扎什伦布所属藏兵500名赴援协噶尔。

同一天，戴琫巴载带兵赶到宗喀，敌甚众。次日，敌益增，守寨喇嘛望风而逃，巴载兵少不能抵御，放弃宗喀，渡河退守萨喀，复退往协噶尔方向。驻藏大臣庆麟急咨雅满泰自后藏催督援兵。当时西藏几无正规地方部队，遇事皆临时自平民中征调，故计划调兵1.5万人的命令发出20天后，赶赴后藏前线的藏兵才1000余人。

十九日，驻成都的四川总督李世杰接到驻藏大臣六月二十七日调兵咨文，即调满洲兵500名，以副都统佛智统领；绿营兵1300名、屯练降番兵1200名，以四川提督成德、松潘镇总兵穆克登阿等统领，各带器械口粮，计划于二十二日起分批起程，出打箭炉，经理塘、巴塘、察木多，前赴拉萨，应机而行。

二十日，札什端珠布、将结又从普琼后撤40余里，至春对地方结营。

二十四日，四川总督李世杰接到驻藏大臣第二次咨文，得知敌兵仅有3000，而庆麟等已调集藏内各处驻防兵丁及达木蒙古兵，总数达1200名，加上藏兵，人数已经不少，且尚未获知敌军确切消息，为节省粮饷，遂令提督成德带1000人先行，其余兵丁暂缓出口，待庆麟确信到时再定进退。成德奉命即兼程西进，并加带善于登山步战的屯练兵200名。时值雨季，成德军经新津、雅州（今雅安）时，遇河水涨发、舟筏难渡，于河岸等待水落，耽搁了两三天。

二十七日，也就是驻藏大臣庆麟发出第一封军情报告后1个月，正在热河避暑的高宗方才接到这一奏折，立即令已于二十日离开热河的成都将军鄂辉、正在陛见的松潘镇总兵张芝元，兼程返回四川，领兵援藏。又谕令四川总督李世杰、提督成德商议，酌调兵丁三四千人，速援西藏。当调兵谕旨抵达成都时，四川总督李世杰已经做出调兵援藏安排，其安排与谕旨基本相同。可见，为了克服距离遥远、交通与通讯不便造成的时间迟

八、用兵廓尔喀

滞，清朝赋予了四川总督酌情调兵应援西藏的权力，皇帝的调兵谕旨只是起确认和补充作用。

同一天，雅满泰在拉萨接到庆麟调兵咨文，即与达赖喇嘛、班第达商议，三方各派使者三名分为三路催调藏兵，又将最先到达的达木蒙古兵280名派往后藏。

日喀则距协噶尔仅五六站路程。二十八日，鉴于敌兵已过协噶尔，庆麟留扎什伦布寺喇嘛、绿营兵150名，由仲巴胡图克图、七世班禅额尔德尼之父巴勒丹敦珠克统领驻守，并催促蒙古兵速来增援；自己亲率绿营兵50名，偕同遂绷堪布、噶布伦扎什那木札尔，护送年幼的班禅额尔德尼起程，舍驿路，抄近道前往拉萨；令前线战报直送驻拉萨的协办驻藏大臣副都统雅满泰，需商酌者待抵达拉萨之后再行办理。

八月初十日，距接到驻藏大臣庆麟第二次咨文已过去半个月，未见续报信息，四川总督李世杰觉后藏战局难料，为保险起见，飞令松潘镇总兵穆克登阿率领绿营兵300名、屯练降番1200名，副都统佛智统领满洲兵500名，共2000名，立即起程赴藏。除尚有预调兵丁1000名外，令增调理塘等处土兵1000名候命。同时抓紧办理粮饷转运。十四日，李世杰果然接到雅满泰请求增援的咨文。

八月二十四日，大雨，高宗驻跸木兰围场张三营行宫，接到庆麟报告护送班禅额尔德尼至前藏安禅奏折，对藏兵未经力战即节节败退不满，而庆麟并未严督，且轻信军报、表现怯弱，有辱其祖班第之声名，饬令仍回后藏坐镇，倘扎什伦布陷落，必将其从重治罪，断不轻恕。① 同时，明确援藏军统帅分工，以鄂辉为将军、成德为参赞大臣，四川总督李世杰前往打箭炉督办粮饷与续调兵丁。

同日，鄂辉抵达成都，次日，总兵张芝元亦抵达，二十六日即一同起程赶赴打箭炉，计划在此地暂驻，并叫停后队进藏兵丁，待得到藏内进一步消息后再决定下一步行动。

鄂辉的奏报让高宗极为恼怒。先是据驻藏大臣首次军情报告和请兵要求，四川总督李世杰立即动员调集了3000人的部队，不久又接咨报称，敌兵虽众而力弱，无须大举。而在成德领兵1000余赴藏后，却传令后队

---

① 《钦定巴勒布纪略》卷四，乾隆五十三年八月二十四日，第77页。

暂驻打箭炉待命。远在热河的高宗也做出了类似的指示。半月后，李世杰久未得藏内消息，觉局势或许恶化，于是急令后队进发。4天后，果然得到后藏战守吃力的消息。高宗因此甚赞李世杰"能相机妥办，并不拘泥遵旨。所见甚是！实属可嘉！"并赏给御用大荷包1对、小荷包2对，以示优奖。① 可是，成都将军鄂辉在经过34天兼程驰驿，从热河赶回成都后，却仍拘泥高宗令后队缓进之谕旨，奏称先赴打箭炉观察，待藏内有进一步消息再做决定；而此前"能相机妥办"的李世杰，也竟然默不作声，毫无意见。高宗不禁忧心忡忡，降旨怒斥道："鄂辉等实属错会前旨！此逗留误事之罪，鄂辉不能辞矣！"②

因距离遥远而产生应对上的迟滞，高宗是清楚的：以当时驿站传递军机文书的速度，驻藏大臣的咨文至成都后再调遣军队，约在20天之后，而朝廷下达谕旨，则在1个月后。所以，高宗要求前方将帅临机善断，将心独运，即所谓"将在外，君命有所不受"。这正如清朝史臣所言："良以专阃平戎，严疆授律，必重干城之寄，尤资坐镇之风。"③

高宗发出训诫鄂辉的谕旨时，已是九月初八日了。对于庆麟，高宗早不满其办事不力，甚至怀疑其假借护送班禅额尔德尼之名，从后藏前线脱逃，遂于初九日命通晓藏语之理藩院侍郎、御前侍卫巴忠充钦差大臣，带领札萨克喇嘛格勒克纳穆喀前往后藏办事。此时，西藏形势已发生戏剧性变化。

八月十二日，庆麟将班禅护送抵达布达拉宫附近的诺尔布灵噶暂驻。

十五日，协噶尔守将噶布伦札什端珠布欲领兵出击，却发现围攻之敌，已于前一天撤退到相距1站地的墨尔木。

驻藏大臣庆麟回到前藏后，又向班第达等仔细询问了廓尔喀起衅缘由，了解到贸易冲突等事。十六日，庆麟与达赖喇嘛商议后，致函攻围协噶尔的廓尔喀头目，同时将信札稿本奏报朝廷。

---

① 《钦定巴勒布纪略》卷四，乾隆五十三年八月二十三日，第69页。
② 《钦定巴勒布纪略》卷五，乾隆五十三年九月初八日，第86页。
③ 《钦定巴勒布纪略》卷四，乾隆五十三年八月二十三日，史臣按语，第72页。

八、用兵廓尔喀

二十二日①,廓尔喀兵又从墨尔木撤退一站地,至第哩朗古驻营。这时,敌兵千余绕至拉孜一带,往攻萨喀。戴琫巴载等紧急赴援。萨喀没有碉楼城堡,藏兵仅凭野地结营防守,但并未遭受实际性攻击。

二十四日,协办驻藏大臣副都统雅满泰自拉萨出发赶赴扎什伦布。

二十五日,庆麟得到两条重要消息。一是围攻协噶尔之敌于十四日撤退。该消息甚为可疑,因为给廓尔喀领兵头目的信函是两天后才发出的,敌兵撤退,当然不是因此而起;一是高宗在八月初四日发出的"檄谕巴勒布部落廓尔喀等"文稿。该檄文是以驻藏大臣口吻行文的,有满、藏文两种文本,谕旨明确要求,驻藏大臣收到檄文后,即将藏文本钤用印信,与班第达等商酌,选派能员速交廓尔喀"夷目",并将廓尔喀接奉檄文后的言行举止尽快奏报。檄文先是叙述廓尔喀侵犯西藏之由来,表示清朝皇帝对于"似此狡焉思逞之徒,亦断不容稍为轻赦,必发大兵歼戮剿除";然后历数平金川、平准噶尔之役,警告廓尔喀,如果及早引罪退兵,退还所占藏地,尚可原谅其"一时昏昧","大圣皇帝仁慈洞烛,不加深究,或可曲邀宽宥",不然则举兵数十万,明昭"天讨","尔部落可须臾尽灭";结尾云"本都统不教而杀,心有不忍,是以明白宣示。"② 读罢檄文稿,庆麟心中颇为不安,对照已发出的信札中称廓尔喀首领为"王",且信中措辞与御撰檄文相比,亦不切当。于是立即派人追赶雅满泰,速将已经发出9天的信函追回改写,再与檄文一起送达廓尔喀领兵头目,并察探敌军撤退真伪,防其转攻萨喀一路。

二十七日夜,攻围萨喀的廓尔喀兵悄然撤退。戴琫巴载即发兵追击,击毙敌兵头目3人,生擒1人,夺回许多牛羊;追至布扎,又交战一次,杀敌6人,生擒敌营通事(翻译)1名,夺还羊只无数,而藏兵无一损伤。

九月初一日,雅满泰抵达扎什伦布,速度比平时快不少,前后仅用了7天。雅满泰立即派人追撤书札。同一天,成德率先头部队1200人抵达理塘至乍丫(今察雅县东)一带,预计月内可以抵达拉萨。

---

① 此日期,系据乾隆五十三年九月二十五日驻藏大臣庆麟奏报,据九月初三日班第达等告称,敌军又从墨尔木后撤一站,至第哩朗古扎营。(《钦定巴勒布纪略》卷八,第122页)协噶尔军报至前藏约需10日,则该事发生于八月二十二日。

② 《清高宗实录》卷一三一〇,乾隆五十三年八月癸巳。

初四日，戴琫巴载在萨喀附近岳魁地方，与敌兵交战，毙敌16人，生擒1人，而拉孜一带仍有敌兵。初六日，佛智带领满洲兵500名出打箭炉。初八日，鄂辉与张芝元抵达打箭炉，穆克登阿等率领绿营兵与屯练兵，亦前后抵达，续于初十日、十一日分队继续前进。

十一日，雅满泰在扎什伦布首次得知西藏地方僧俗人物与廓尔喀私下议和之事。原来，廓尔喀撤兵非因接受驻藏大臣所发檄文和信札之故。雅满泰所派使者追上信使后，于初八日回到扎什伦布，将信札按檄文的意思改写、誊正后，又派人送往协噶尔。3天后，接到噶布伦札什端珠布、戴琫将结的报告：据萨嘉胡图克图（噶玛噶举派红帽系活佛，其寺庙位于扎什伦布以西三四站处）及仲巴胡图克图遣人告知，现令喇嘛二人到廓尔喀军营讲和，尚无回信。但九月初六日，敌兵已从第哩朗古撤退到聂拉木通拉扎营，初七日即越过山岭完全出境。

雅满泰接到报告，甚为惊诧，询问仲巴胡图克图。仲巴回答"我一时糊涂，即派一喇嘛会同前往，因能否和息，事未可定，是以不敢遽行禀报。"雅满泰听了仲巴的辩解，甚是不满，说道："廓尔喀无故滋事，辄敢抢掠地方，自应声罪致讨。尔等不顾大体，即专擅行事，大错了。尔等私议和息，不足为凭。现已钦遵皇帝谕旨，将颁给廓尔喀檄谕发去，想他们见到后，自必悚惧求饶。现在大兵已近，雷霆将至。"①

3. 进藏钦差留隐患

雅满泰得知仲巴等活佛与廓尔喀私下议和消息后，即驰报朝廷并咨报庆麟。庆麟得报，即以六百里加急驰报朝廷并咨报四川总督及各领兵大员。

九月十四日，钦差大臣巴忠自京起行赴藏。

十六日，雅满泰从日喀则疾驰回前藏，以便与庆麟、达赖喇嘛、班第

---

① 《钦定巴勒布纪略》卷一〇，乾隆五十三年十月初七日，第146-147页。

八、用兵廓尔喀

达等会商和议之事。途中接报，敌营已正式回信愿意和谈，可派能事之人，于十月十八日以前赴聂拉木，彼此讲明立字，即将所占地方人民照旧给还。① 次日，该信内容也传至噶厦与庆麟处。

二十日，雅满泰抵达拉萨，即与庆麟往见班第达。班第达盛赞和议"诚为美事"，三人即一同往布达拉宫见八世达赖喇嘛。达赖喇嘛闻知议和，即刻派堪布珠巴勒嗓，并谙事之僧官2名、大第巴3名，急赴聂拉木。

二十一日，5位议和使者从拉萨出发。同一天，提督成德在乌苏江（今墨竹工卡县日多乡怎村乌斯江居民组）接到庆麟通报议和安排的咨文，深感如此议和过于草率，随即带领前队绿营及屯练兵500名全速前进。

原来，成德过察木多时，留兵300驻守后，自己带兵900继续前进。抵拉里（今嘉黎县），接庆麟报巴勒布兵自协噶尔撤退、1000余敌兵仍攻萨喀的消息，即判断和议甚为不妥。早在八月十四日，高宗接到庆麟有关协噶尔等地战报，即传谕鄂辉、李世杰和成德，谕中有云：

> 至成德前经带兵一千赴藏，计此时不过甫至打箭炉，行走未远。并着传谕成德，沿途留心探听，并与庆林（麟）等迅速酌商，如所带官兵已离藏不远，或乘该处剿贼之时，带兵奋力追杀，将抢去聂拉木、济咙地方全行收复，俾贼丧胆，不敢再犯边界，一劳永逸，固属甚善。若官兵行走距藏尚远，约计到时，巴勒布早经败逃，则所带官兵一千名，竟可无庸前往，致滋烦费。②

从谕旨看，驻藏大臣庆麟对廓尔喀军事力量之强弱、发动战争之目的均不甚了解，甚至不清楚巴勒布三部落已为廓尔喀兼并，形成新的国家。而清廷则明显低估了进兵后藏、惩创廓尔喀的难度。对成德而言，这份谕旨给出了两个选项，其选择的原则是：不论进兵与否，敌兵必须完全退出，被侵占之地必须全行收复。而从庆麟咨文提供的信息看，敌兵从协噶尔退却，又绕袭萨喀，"窜越滋扰"虽不能形成大患，但必须速进，以兵威惩创。成德于是将所部分为两队，自己带前队500人先行，后队400人续进。

---

① 《钦定巴勒布纪略》卷一一，乾隆五十三年十月十三日，第160页。
② 《钦定巴勒布纪略》卷三，乾隆五十三年八月十四日，第49页。

九月二十二日午夜，成德前队抵达拉萨，面见庆麟、雅满泰，即指出目前和议不妥。庆麟随即与之同见达赖喇嘛，派人将议和使者追回，并立即赶赴后藏。而此时，庆麟报告仲巴、萨嘉两活佛私和廓尔喀的六百里加急军机文书仍在飞驰传递。

成德在拉萨动员西藏当地政府协助军事行动。本来班第达是最佳人选，但因年老体弱，难赴行阵，其子丹津班珠尔（28岁）则当仁不让。两天后，丹津班珠尔带领三位官员赶赴后藏战场，成德率清兵随后。①

二十六日，庆麟的军机文书过巴塘，送达将军鄂辉。鄂辉即令部队在巴塘驻扎，等候藏中收复失地确信后再撤回，他本人与总兵张芝元挑选100余满汉兵和30余名屯练兵，仍全速西进。

大约在二十七日②，庆麟咨文抵打箭炉，送达四川总督李世杰。李世杰断定藏事善后无需多兵，随令维州协副将那苏图率领最后出发的500屯练兵撤回，原来调集的1万余石粮饷，除已起运者继续运抵打箭炉储存外，未起运者全部停止。

十月初一日，庆麟抵达扎什伦布，即整顿防务，以便进兵。随后，丹津班珠尔、成德相继抵达。

在成德领兵抵藏之前，达赖喇嘛商上③筹粮4000余石，班禅额尔德尼商上筹粮2000余石，分贮拉萨至扎什伦布、扎什伦布至协噶尔途中村庄，官兵经过时可沿途取给。但从协噶尔继续往前，因受敌兵侵扰，人民逃散，就地筹粮困难。因此，清军继续向西南边境挺进时的军饷供应，须将散贮各地村庄的米麦糌粑先行运贮协噶尔，然后以前后藏筹集的1600余头牦牛驮运随军，驮运之功毕，牛只即宰杀充粮。为尽快进兵，成德亲至拉孜，发银两从藏民手中购得米麦糌粑135石，可供900余名兵食用半月，即裹运随行，继续西进，令雅满泰将散存各处粮食集中后运往军前，并令庆麟领兵巡查拉孜至萨喀一带，防守后路。

在成德抵达扎什伦布的前一天（十月初七日），庆麟的六百里加急军

---

① 丹津班珠尔著，汤池安译，郑堆校：《多仁班智达传——噶锡世家纪实》，第252页，中国藏学出版社，1995。

② 此日期系推定。李世杰奏折抵达北京在十月初七日，六百里加急传递，打箭炉抵京需11天。

③ 商上，西藏管理财政收支及库藏出纳的机构，也泛指西藏地方政府。

机文书抵达紫禁城。雅满泰、李世杰奏折也同日抵达。高宗阅后，召军机大臣会议，遂传谕鄂辉、成德、巴忠、庆麟、雅满泰：

> 萨嘉胡图克图等私自遣人说和，贼等即行退回，此事未可凭信，断不可因此草率完事。庆麟一味畏怯，闻贼匪散去，欣喜过望，纷纷撤兵，实为非是。雅满泰奏伊等私自说和，不足为凭，总俟贼匪悔罪投诚，再行妥办等语，尚为近理。想鄂辉稍有主见，断不似庆麟之一闻贼退，即思将就了局，不复前进。著传谕鄂辉、成德：伊等先后带兵到藏，若贼众仍在通拉、萨喀等处，务即尽力剿杀，收复聂拉木等处地方，再办设誓定界等事。①

上谕还指出，萨嘉胡图克图职分较低，仲巴胡图克图系班禅额尔德尼下属，遣人私和，意非不善，但不应擅自越过达赖、班禅而为，而且即使尊如达赖喇嘛，亦不得私与"外夷部落交接"，藏众喇嘛若皆如此任意自专，"均可与外夷部落私相往来，尚复成何事体耶？"另外，心存懦怯得来的和议，只会收获对手的蔑视，无法保障不再滋事。

4天后，也就是十月十一日，庆麟另一奏折抵京。他在九月十七日接到高宗八月二十三日的上谕，指责他护送班禅喇嘛，明系"藉端径回前藏"，该奏折即是对这一指责的辩解。庆麟辩称，亲自护送班禅喇嘛到前藏，是有两事需与雅满泰及达赖喇嘛商议：一是筹饷；二是拟商量寄书廓尔喀，晓以祸福，或可快速了事。而随后接到令雅满泰赶赴前藏的谕旨，又恰逢协噶尔求援，所以就派雅满泰去了。辩解之后，庆麟承认在办完两事后未立即回到后藏，"实属非是，悔惧交深"，拟待成德抵达，即同赴后藏，替回雅满泰。缮写此折时，他尚不知雅满泰已于前一天疾驰离开了扎什伦布。

高宗看了庆麟的奏折，怒斥他"不自知罪戾，尚敢以巧词文过！"奏折中竟然不谈喇嘛私自议和进展，亦不报告俘虏供词（当时2个廓尔喀俘虏尚未押解到前藏），令夺其公爵，降为头等侍卫（正三品）。其公爵另择班第子孙承袭。雅满泰不准私和，尚略有主见，钦差驻藏办事大臣关防，即着其管理。②

---

① 《清高宗实录》卷一三一四，乾隆五十三年十月乙未。
② 《钦定巴勒布纪略》卷一一，乾隆五十三年十月十一日，第158页。

十三日，庆麟、雅满泰、班第达联衔报告议和安排的奏折递至，让高宗更为不满。原以为雅满泰不许私和，尚略有主见，岂知一回拉萨，"即与庆林（麟）等扶同入奏。可见伊等皆欲草草完事，以图塞责！"而对达赖喇嘛讲和的具体措辞，反倒只字不提。

同一天，巴忠奏折亦到，奏称他已于10天前抵达成都，在四川布政使王占柱处，读到有关西藏问题的上谕和奏折，"仰见圣虑周详，无微不到！"又说，廓尔喀人进兵退兵，其实都是红帽喇嘛萨嘉胡图克图的阴谋。此次廓尔喀滋事，未必不是此人牵引。今得知内地发兵将到，他又斡旋和议，显系暗中构衅于前，又公开卖好于后。至于办理廓尔喀之事，将谨遵皇上历次教导与指示，会同鄂辉、成德，即行宣召"贼首"，申明大义，以期永靖边隅。

高宗读了巴忠的奏折，大为欣赏，传谕称赞"所奏甚为合理！朕早经洞鉴及此，已屡降谕旨训示。"① 并进一步指出：如果红帽喇嘛的阴谋得逞，声望进一步提升，势必侵夺黄教之权，所关非细。至于办理廓尔喀之事，仍需和战两手配合。

十四日，高宗将庆麟再降为蓝翎侍卫（正六品）、章京（司员）上行走，调伊犁参赞大臣舒濂为驻藏大臣，待巴忠自西藏返回时，即接掌印信，雅满泰仍为协办。这一安排，并非是简单人事调整，而是对驻藏大臣制度的改革。上谕中指出：

> 从前藏内补放噶布伦、戴绷（戴琫）、第巴等缺，及一切地方事务，皆由达喇喇嘛、噶布伦等办理，钦差大臣全不留心经管，惟知崇奉达喇喇嘛、班禅额尔德尼，即第巴等有守土之职，其优劣亦概置不论。现在达赖喇嘛，系一诚实之人，于办事未能周妥。此后凡补放噶布伦、戴绷、第巴，及交界地方加兵防守、训练、巡查等事，皆须由驻藏大臣经理。②

这意味着，新一任驻藏大臣到任后，其职权将大幅提升，清朝对西藏政治、军事和外交的统一领导会大大加强。

---

① 《钦定巴勒布纪略》卷一一，乾隆五十三年十月十三日，第163页。
② 《钦定巴勒布纪略》卷一一，乾隆五十三年十月十四日，第167页。

八、用兵廓尔喀

又过了4天,即十月十八日,高宗接到成德、庆麟、雅满泰联署奏折,奏称召回议和使者后,留雅满泰驻守前藏办理军需,庆麟即速赴后藏料理后藏防务,成德则冒着风雪,率头队官兵500人速进,后队400人续进,到扎什伦布会合后一同进兵。

十一月初五日,鄂辉、张芝元领兵抵达拉萨。同日,成德领兵抵达协噶尔,丹津班珠尔一同抵达。

初六日,成德领兵抵达第哩朗古探查。第哩朗古往南,翻过通拉山口(喜马拉雅山)就到边境小镇聂拉木了,大约5日程。往西到宗喀,亦约需5日。由宗喀赴济咙,需行2日。当时廓尔喀军仍占领宗喀、济咙、聂拉木、绒辖等地,第哩朗古就成为清军进兵的前哨,原有噶布伦札什端珠布率藏兵400驻守,成德令丹津班珠尔协同办理。

根据初步获得的情报,成德计划分兵两路,一路绿营兵400名、藏兵400名,进取宗喀;成德本人领兵500人,并藏兵400人,由通拉山口设法找路,向聂拉木进取。

第哩朗古周边多是荒山野径,人烟绝少,南面大山即喜马拉雅山,冬春季节,孟加拉湾暖湿气流在此受阻,与青藏高原干冷气流相遇,化作漫天白雪,飘飘洒洒,连月不开,原本清晰的山野、荒径全在一片莽莽之中。这是成德不熟悉的地方,虽然有西藏地方当局的噶布伦和藏兵的协助,也须谨慎行事。而成德的部将们也有反对冒险进兵的意见,希望等待后队到达再做决定。① 于是,豪情万丈、急于进兵的成德,也只好暂时停顿,一面等待鄂辉和张芝元带兵赶到,因为山地处处险要,往前进兵一定

---

① 《多仁班智达传》记:"这时(在扎什伦布驻扎期间),提督想不等后续的官兵到来就要立即开拔,前往廓尔喀占据的聂拉木等地区。虽然不失斗志昂扬的气概,但是提督手下一位说一不二的幕僚,汉语叫师爷,他和内地官员张芝元大老爷及金川军官治塔尔等一些武将私下另行开会,谓按提督成德的旨意,不等后续部队的到来,一旦与对方交手打仗,我方不管多么勇敢,但以寡敌众,定遭不幸。……"(第253 - 254页)又云:"这时,正在拉堆定日(即第哩朗古)驻防的噶布伦·玉陀音和后藏戴琫·将结前来拜谒提督成德,时提督官兵们打算在协噶尔等候钦差巴忠大人和将军鄂辉等后续官兵的到来。"(第255页)当时张芝元并不在场,而随后叙述云:丹津班珠尔和戴琫将结先到了定日,"翌日(应理解为非特指),内地将领张芝元大老爷也抵达定日,就住在西白镇。时将军鄂辉、穆克登阿两位钦差和钦差巴忠大人等汉蒙金川的后续官兵们接踵而至,或即将抵达"。(第256页)

里程，必须留兵把守隘口，以防后路被断，这样，随带的900士兵很快就不敷使用。另一方面，需要等待粮饷集中，跟上进兵的速度。

十一月二十二日，鄂辉与总兵张芝元、副将哈丰阿，带领满汉屯练官兵400名，抵达扎什伦布。

二十八日，钦差大臣御前侍卫巴忠抵达拉萨。巴忠有三大使命：调查现任驻藏大臣过失，查明廓尔喀起衅缘由，统筹处理善后。

从成都出发后，巴忠就一路留心打听两位驻藏大臣的口碑，以及巴勒布起衅的缘由，尚未抵达拉萨，即参奏庆麟罪状八款，涉及生活奢靡、勒索廓尔喀商人财物、用人徇私等。其中最打动高宗的，是据说庆麟因不认识廓尔喀文字，对廓尔喀"进表纳贡"之事隐瞒不奏。虽然高宗对巴忠的参奏保持了应有的谨慎，认为"此事未知真假"需要进一步调查，但仍传谕鄂辉、成德、巴忠：

> （巴勒布求贡一事）如果属实，大兵至彼，或伊等又求进贡，亦未可定。鄂辉、成德至彼时，不妨询问该头目，倘果有情愿纳贡之事，即为允准所请，此事更易完结。着传谕鄂辉等，妥为用心办理。①

十二月十一日，高宗又收到巴忠奏片，内云："奴才访闻得，巴勒布部落总共数千余人，今在聂拉木等处滋事贼匪不过二千之数。而巴勒布内有头人云：'我等无非与弟（第）巴等向结小怨，并不敢侵犯天朝。'看来此事不至耽延日久。"高宗阅毕，批示道："原非大事，被彼二人办错了！"② 所谓"两人"，即驻藏大臣庆麟和雅满泰。看来，高宗已意识到同意派兵入藏的"乾断"，是一个连入侵者的意图和军事实力都没搞清就仓促做出的决定。

在高宗接到巴忠参奏驻藏大臣庆麟奏折的同一天，鄂辉和张芝元直接带领的部队全部到达第哩朗古，距成德抵达该处已过去1个月5天，两支军队合计有满洲、绿营、屯练兵1300多名。依靠这些兵力，在大雪封山、

---

① 《钦定巴勒布纪略》卷一四，乾隆五十三年十二月十一日，第213页。
② 《宫中档乾隆朝奏折》第七〇辑，乾隆五十三年十一月十九日巴忠奏折附片，第309页。

八、用兵廓尔喀

粮饷可虞的情况下,能否决胜廓尔喀,两位统帅心中无数。其实在等待鄂辉之时,成德再次对进兵路线做了勘察,发现第哩朗古南面山高雪大,无法穿越。第哩朗古北边有一小道,冰雪稍薄,可沿此道西行,先取宗喀,然后南下收复济咙,再东南行收复聂拉木。① 鄂辉到达后,赞同成德的进兵路线,于是决定在官兵之外,再挑选千余藏兵随行,以壮声势。② 不久,总兵穆克登阿所率后队400余名官兵也赶上了大队。

十二月十三日,巴忠抵达扎什伦布,即积极展开议和交涉。稍有眉目,又前赴协噶尔。当时考虑到川兵入藏本属仓促决定,第哩朗古往前,天寒雪大,难以行军,饷运颇艰,而西藏地方僧俗与廓尔喀双方,均有议和了局之意。巴忠札商两位统帅后,将部队撤回协噶尔驻扎,而留总兵张芝元、噶布伦丹津班珠尔驻守第哩朗古。③

同日,高宗因久未见成德奏报前线进展,遂传谕鄂辉、成德、巴忠:"断不可使大兵久驻于藏,自扰唐古忒番众。亦不可因此苟且了事,致贼匪不知所惩。朕因此甚切焦思。着速行复奏,以慰厪注。"④

二十六日,高宗收到巴忠自拉萨发来的4份奏折。巴忠汇报了在拉萨停留8天所办的事项。其中最重要的是查明了廓尔喀起衅的缘由。在十二月初六日离开拉萨赴后藏前,巴忠将这些奏折加急寄出,20天就到了北京,可见塘站和驿递传递速度之快。尤其是拉萨到打箭炉之间的塘站,经四川总督李世杰添加腰站,军机文书传递速度较之前明显加快。

经巴忠询问在拉萨的噶布伦、晓事喇嘛等,廓尔喀起衅缘由有三:一、聂拉木等处第巴私行加税,已故噶布伦索诺木旺札尔苦累该处商人;二、不用伊等新铸银钱;三、廓尔喀头目本欲呈进贡物,驻藏大人因未能翻译所递文书而驳回不准。

---

① 《钦定巴勒布纪略》卷一六,乾隆五十四年正月初三日,成德奏,第233页。具奏日期,乾隆五十三年十二月初四日。

② 《钦定巴勒布纪略》卷一六,乾隆五十四年正月十二日,鄂辉、成德奏,第236页。

③ 乾隆五十六年十一月二十三日上谕转发大学士询问达赖喇嘛之弟罗布藏根敦札克巴的供词,内中云:"前次巴忠、鄂辉、成德办理此事(指乾隆五十三年冬到次年春与巴勒布交涉一事),伊三人在协噶尔驻扎,俱未往交界与廓尔喀当面讲论。"(见《廓尔喀档》第88-89页,《钦定廓尔喀纪略》卷九,第178-180页。)

④ 《钦定巴勒布纪略》卷一四,乾隆五十三年十二月十七日,第216页。

对驳回廓尔喀头目求贡文书一事，巴忠又详细询问了雅满泰。得知一个重要细节，就是求贡文书的驳回，噶布伦索诺木旺札尔起了关键作用。为了文书得达驻藏大臣，廓尔喀头人特求通晓廓尔喀言语之绿营兵密递驻藏大臣。但驻藏大臣不认识巴勒布文字，仍交噶布伦翻译，可是"该噶布伦又心怀嫌隙，谓廓尔喀文内虽欲进贡，但其辞甚多傲慢之处，驻藏大臣等闻之，遂畏惧未敢陈奏"。巴忠的奏折并非客观陈述，很大程度上是自己的臆断。他臆断的逻辑是：廓尔喀是一"边远小邑"，平日遭受噶布伦的苦累，难以忍受，所以寻求进贡，"特欲恳求大皇帝一体施恩，使藏众不敢欺凌"，而噶布伦为了掩饰自己平日苦累廓尔喀人的罪行，利用了驻藏大臣不懂廓尔喀文字的弱点，捏造"贡表"文辞"甚多傲慢之处"，致使"贡表"遭拒。①

巴忠的臆断逻辑深契高宗的"天下共主"情怀②。于是高宗立即宣谕内阁，将巴勒布起衅由来，朝廷出兵过程，以及庆麟、噶布伦索诺木旺札尔等人的罪行和处罚告知天下。上谕云：

> 乃庆林（麟）等竟敢驳回（巴勒布表文）不奏，其意只因平素噶布伦等向巴勒布苛派勒索，积怨已久，恐其到京呈诉，故尔有心欺隐，匿不上闻。即此一事，其罪已应正法。故念庆林年少无知，系被索诺木旺札尔蒙蔽所致。庆林着革职，在该处（拉萨）枷号三年，以示惩儆。

并令雅满泰革职，摘去花翎，在笔帖式上行走。驻藏大臣印务已派舒濂补任，新调西宁办事大臣普福接替雅满泰为协办驻藏大臣。索诺木旺札尔已经身故，不深究其罪，其札萨克台吉停止世袭。

在上谕里，高宗还特别交待："此项呈词，经噶布伦译出后，庆林（麟）自己见过，可即向伊询问，谕以在彼枷号，尚属从宽，此事若不实

---

① 《钦定巴勒布纪略》卷一五，乾隆五十三年十二月二十六日，第223-224页。
② 高宗不仅对国内少数民族自称"朕为天下共主"，对哈萨克、塔吉克等版图之外民族，亦屡屡自称"天下共主"，见《清高宗实录》卷五四三，乾隆二十二年七月丁未；同书卷五九六，乾隆二十四年九月庚申；等等。

八、用兵廓尔喀

言,倘从他人询出,朕必将伊从重治罪!"① 这是直白地告诉庆麟,自证有罪是唯一出路。高宗之所以这么做,是因为他要尽快结束这次风险越来越大的军事行动,也是惩罚庆麟提供不准确信息让朝廷仓促出兵。

乾隆五十四年(1789)正月十二日,鄂辉、成德报告在第哩朗古会师的奏折到达紫禁城,高宗觉得,入藏军事行动很快就会终结了。

同一天,巴忠的奏折也到了,奏报说他抵达扎什伦布后,即将宗喀、济咙、聂拉木三处第巴召来审讯,分别定罪处罚,尤其是重罚了擅自增税的聂拉木第巴桑干,将他判处斩刑,依照唐古忒律例,先将其人刺字发配烟瘴地桑盖因种(桑昂曲宗,察隅河上游)。

高宗读罢,即令军机大臣传谕鄂辉等,召集唐古忒人,将处罚三第巴的决定明白晓谕,以示"朕办理庶务,一秉大公"②。考虑到此次军事行动行将结束,高宗思量了一天,拟写了一份将军致廓尔喀头目的檄谕,翌日与军机大臣商酌后,令传谕鄂辉、成德、巴忠:

> 尔系边外小番,何胆敢扰天朝藏界。如因不用尔等新钱,必系所铸之钱银色低潮,故藏内人不愿使用。试思尔等常在藏内交易,设唐古忒等将丑恶货物高抬价值,或于银内熔化铜铅,转相售给,尔等亦岂甘承受?至加增税额一事,尔等亦可遣人告知噶布伦,令其查明究办,何遽妄自兴兵?想因索诺木旺札尔平日向贸易人等苛求勒索,已非一日,聂拉木第巴桑干又复加税不止,尔等欲奉表进贡,借以呈诉天朝,又被噶布伦等谎言阻止,匿不上闻,尔等负屈含冤,未由解释,以致激起争端。此事大皇帝洞鉴隐微。索诺木旺札尔虽经身故,其台吉职衔,不准伊子承袭,桑干亦已照例拟斩,先行刺字发往烟瘴,并将驻藏二大臣革职治罪。大皇帝天下一体,并不以尔等僻处外番,视同膜外,有善必奖,有恶必惩,何所偏倚于其间。今我等带兵至此,本应痛加剿戮,姑念尔等究系边徼番夷,不晓大体,暂为宽恕。若再不知感激大皇帝鸿恩,尚敢肆行无忌,断无轻纵之理,必将而全境荡平,不留遗孽。后悔何及!③

---

① 《钦定巴勒布纪略》卷一五第230页,乾隆五十三年十二月二十七日。
② 《钦定巴勒布纪略》卷一六第240页,乾隆五十四年正月十二日。
③ 《钦定巴勒布纪略》卷一六第240-241页,乾隆五十四年正月十三日。

这是高宗亲授将军、参赞和钦差了结此次军事行动的指示。此谕旨将廓尔喀的武装侵略，看作事出有因，可以宽恕，责任主要在西藏不职官员的长期勒索，驻藏大臣的昏庸渎职。

在巴忠主持下，与各方协商后，同月，噶布伦丹津班珠尔等西藏地方政府代表，偕同班禅额尔德尼之父巴勒丹敦珠克、萨迦和扎什伦布两寺的代表，应沙玛尔巴所传达廓方要求，前往宗喀。当时，占领宗喀的廓尔喀兵并未撤退。①

正月二十六日，高宗收到巴忠奏折，里面提及进兵之难，藏人供应之艰，大兵不可久稽。他刚到扎什伦布，即拟写札谕一份与传廓尔喀头目，斥其侵扰之非，而默寓招徕之意。当然，巴忠缮写此折时，尚未接到高宗正月十三日的指示，但从之前参奏驻藏大臣、调查廓尔喀起衅缘由诸奏折的批示（军机大臣廷寄），以及缓究沙玛尔巴的谕旨，他已深切把握皇帝急于以和议了局的心理。

同一天，巴忠在协噶尔接谕旨，要求他回前藏协助新任驻藏大臣舒濂办理接任，即起程返回拉萨。二月初一日，巴忠途径扎什伦布，即向仲巴胡图克图探知萨嘉与沙玛尔巴两位活佛底细。然后奏报朝廷云：

>红帽中亦有两教。萨嘉胡图克图之教，名索鲁克巴，虽戴红帽，仍行宗喀巴黄教之道。前往巴勒布之沙玛尔巴胡图克图，则名噶啦木普，乃正红帽教也。其人虽多，皆系各行其道，亦断不能杂于黄教之中，且尚知敬奉达赖喇嘛、班禅额尔德尼。②

巴忠做此解释，是因其曾将红教萨嘉活佛看做挑事渔利者，如今高宗态度转向议和，巴忠就不妨将萨嘉活佛看成和议的斡旋者。

二月十三日，高宗在圆明园接到巴忠发自协噶尔的奏折，称据得探

---

① 乾隆五十六年八月初九日丹津班珠尔供词有云："五十四年正月，班禅额尔德尼之父巴勒丹敦珠布（克），因沙玛尔巴到济咙来讲和，就往宗喀一路迎去。"（《钦定廓尔喀纪略》第580页，卷三八）《多仁班智达传》云："（二月间，丹津班珠尔越过工达山后，向宗喀）行进间，适遇占守宗喀官寨的十来名手执尖矛、盾牌、火枪的廓尔喀兵偕同早来的萨迦、扎什伦布、政府的谈判代表，驱骑来迎。"（第266页）

② 《钦定巴勒布纪略》卷一七第261页，乾隆五十四年二月二十七日。

八、用兵廓尔喀

报,鄂辉、成德已抵达并收复宗喀,很快向济咙、聂拉木进发,而廓尔喀头目率领所属人等正在期待迎接大皇帝派来的将军大臣,以便禀报请示。巴忠的奏折竟然比鄂辉、成德奏报同一事件的奏折早到4天。巴忠奏折没有提及是否接到正月十三日的谕旨,但高度迎合了高宗的心理。高宗立即让军机大臣传谕,重申了1个月前的谕旨。

三月初七日,新任驻藏大臣舒濂抵达拉萨接掌印务已满1个月,巴忠觉得其指导、协同熟悉各项业务的使命已经完成,遂遵高宗谕旨,再赴后藏,办理和议与撤兵善后等事。他深感责任重大,轻骑急行。途中接到鄂辉、成德寄送的书札,于是将正月十三日谕旨稍作修改,译为藏文后发还给鄂辉、成德。将军和参赞即令总兵张芝元、穆克登阿携带该藏文书札,前往廓尔喀,传见该头人,查讯如何申诉。在给高宗的奏折中,将军和参赞乐观地写道:"谅该头目等,一闻传唤,自必匍匐来营,输诚归服。"①

三月十一日,巴忠抵达协噶尔,一直停留了18天,方得两总兵所派军官回营禀报,称廓尔喀大头人哈哩乌巴第哇已经起身前来谢罪,只因路远崎岖,又逢冰雪融化,泥泞难行,迟迟未到。②

四月初七日,高宗在圆明园得奏,鄂辉、成德已收复济咙、聂拉木,廓尔喀头目将"匍匐来营",巴忠已遵上谕修改将军檄谕廓尔喀书札并派员携之前去。高宗虽然觉得"所奏殊迟"③,但日夜悬着的心,终于可以放下,遂公开宣告反击廓尔喀侵藏一事可以圆满结局,效力人员论功行赏,于是谕内阁:

> 鄂辉等办理此事尚属迅速,着加恩,将鄂辉、成德、巴忠、穆克登阿、张芝元,俱交部议叙,兵丁等均赏给一月钱粮,以示奖励。④

又谕内阁,以沙玛尔巴促成廓尔喀头目"畏服抒诚、诣营谢罪"有功,赏其珊瑚、朝珠、莽缎、锦缎、大小荷包,传谕鄂辉等执行赏赐。

四月十五日,高宗因接到巴忠奏报赶赴后藏日程密折,令军机大臣传

---

① 《钦定巴勒布纪略》卷一八第274页,乾隆五十四年四月初七日。
② 《宫中档乾隆朝奏折》第七一辑第562页,乾隆五十四年三月二十八日。
③ 《宫中档乾隆朝奏折》第七一辑第369页。
④ 《钦定巴勒布纪略》卷一八第277页,乾隆五十四年四月初七日。

谕巴忠，待撤兵时，将被判先于拉萨枷号三年（后改打箭炉）的原驻藏大臣庆麟释放回京。

二十三日，鄂辉、成德、巴忠等接到高宗三月二十二日谕旨，令暂行商议撤兵①，于是催令丹津班珠尔等俗僧官员连同护卫等随员一共50人，移驻济咙北边20里的邦杏，继续与廓尔喀交涉。

据丹津班珠尔的回忆录记载，他当时要求官兵将济咙等被廓尔喀兵占领的地方全部收回，然后再举行谈判。他说："在根本不曾动用武力之前，希望和平调节，面子上叫和谈，而实际上是去向对方恳求。"他又要求，至少要派对等的兵力保护我方谈判人员安全，得到的答复是："冒然派遣护卫谈判军会引起对方怀疑，从而破坏和谈，因此无须发兵。"②

而沙玛尔巴派人声称，廓尔喀不撤军，不过是为了保障顺利签约，并无恶意，他可以羊八井寺及其分寺和庄园的所有财物作为抵押，保证廓尔喀人说话算数。③

丹津班珠尔一行抵达济咙邦杏10天后，沙玛尔巴和廓尔喀人方才来到济咙，陪同前来的清朝总兵穆克登阿、张芝元即领随从撤到宗喀。为谈判方便，丹津班珠尔等又搬到帕巴寺住宿。因当地官寨已被廓尔喀兵摧毁，寨下也没有可供谈判用的大房子，廓尔喀人就在野外搭起帐篷。沙玛尔巴亲自安排座位敷垫。随后西藏地方僧俗代表先入帐篷，扎什伦布、萨迦两寺代表分坐居中宝座左右，丹津班珠尔等西藏地方政府代表靠萨迦寺代表右侧坐。接着，鼓笛声大作，沙玛尔巴身着喇嘛服，偕同身着披楞（印度英国人）装的廓尔喀王室成员（远房叔祖）玛木萨野、身着婆罗门服主管银钱铸造的官员步入帐内，沙玛尔巴在居中宝座就座，玛木萨野等廓尔喀官员在扎什伦布寺代表左侧就座。沙玛尔巴和萨迦、扎什伦布两寺代表，俨然以调停者的身份自居。帐篷内外，由500名彪悍的司纳达果奔（廓尔喀"圣主侍卫队"）兵丁守卫。

---

① 《钦定巴勒布纪略》卷二〇，乾隆五十四年五月二十四日，载："鄂辉、成德、巴忠同奏，言：接奉三月二十二日谕旨，令暂行商议撤兵。"据谕旨发出和鄂辉等复奏奏折抵京日期可知，前后共用了62日（三月小、四月大），则鄂辉等接到撤兵谕旨日期为四月二十三日前后。

② 《多仁班智达传》第265页。

③ 《多仁班智达传》第273页。

八、用兵廓尔喀

由于清兵远在协噶尔，并未与廓尔喀人交战，也未给西藏地方政府谈判代表提供武装保护，萨喀、济咙、聂拉木等地仍在廓尔喀兵掌握中，廓尔喀谈判代表趾高气扬，玛木萨野对丹津班珠尔等睥睨之，漫天要价，要求藏方支付1000个银元宝，作为宗喀、济咙、聂拉木、绒辖4城的"赎金"。丹津班珠尔表示断断不能给予。沙玛尔巴随之传话，若不能给，廓尔喀兵就将他们擒拿，带到阳布去见廓尔喀王。丹津班珠尔急派人向巴忠、达赖喇嘛请示。达赖喇嘛的叔父让人带信，让速完和事，巴忠更是两次书面指示，催促速成和局。丹津班珠尔压力甚大，几经交涉，到五月十一日，才将"赎金"降为300个银元宝。

五月十三日，沙玛尔巴起草了一个文件，要求西藏方面每年给廓尔喀300个银元宝。丹津班珠尔以藏内力不能办，与之反复交涉，后改为先交清当年银元宝，以后连续再交3年，方算完清。随以双方文字誊写正式协议文书以及作为附件的首年交款文书。丹津班珠尔觉得贸易条款尚可，只是赎金有些高，于是派人请示达赖喇嘛的叔父和巴忠、鄂辉、成德。

达赖喇嘛叔父回信说：内地官兵刀尖不对敌人，时间拖得越长，军饷和差役将会让藏人筋疲力尽。如今对方要价虽高，尚在力能凑办。巴忠等则回信说：如此拖延不决，万一遭到严谴，于大家都无好处。望当机立断，切莫推诿拖延。①

几经交涉之后，丹津班珠尔只得在和议上签字。为防事后双方对和议条文理解各有取舍，又派人请钦差大臣巴忠等前来见证。

五月十九日，总兵穆克登阿、张芝元与守备严廷良带兵20名来到会场，要求将两份文书译为汉文，各誊两份。翻译誊写毕，总兵盖上官印后，各粘贴在相应文本的条约及附件边缘，粘接处再盖上官印，藏、廓双方各执1份。丹津班珠尔随后将和议结果派人禀告达赖喇嘛，并向两位总兵面告。总兵们表示，西藏地方与廓尔喀照旧和好，官兵不予干涉。

丹津班珠尔并未随身携带银两，只好向扎什伦布、萨迦两寺在宗喀的买卖人凑借300个银元宝付了当年的赎金。而廓尔喀在收到元宝后，从4地退出了军队。

除了赎金，和议还规定：①廓尔喀供应银铸币在西藏流通，新币与西

---

① 《多仁班智达传》第284页。

藏流通旧币的兑换比率为1∶2；②西藏供应廓尔喀无异质掺杂食盐；③廓尔喀收到首年"赎金"后，从所占领的西藏聂拉木、济咙等4地撤军，承诺不再侵略西藏；④廓尔喀派驻代表1名驻藏，以保护其贸易利益；⑤廓尔喀人在藏犯罪，只能由其驻藏代表处罚；⑥廓尔喀人可入藏做买卖，但藏人不得以贸易目的进入廓尔喀，且西藏须关闭与哲孟雄（即锡金）、不丹之间的贸易通道，只能与廓尔喀人做买卖；⑦西藏每年可有1名喇嘛到阳布圣地向佛教诸神致敬。①

这一和议，规定了廓藏间不平等的贸易关系，且廓尔喀在西藏享有治外法权。可以说，这是比中英《南京条约》还要早的第一个不平等条约，只不过此条约不产生于清朝衰世，而是产生于清朝乾隆盛世。

五月二十五日，和议经清朝总兵们见证后，心满意足的廓尔喀谈判代表来到了清兵大营。他们给足了巴忠面子，一切都按照清朝方面的礼仪要求表演，先是廓尔喀大小头人十余名"环跪营门，输诚悔罪"，接着巴忠等宣谕天朝威德，溥施大皇帝圣主"视天下如一家"之心，表示以大公至正处理廓藏纠纷，随令噶布伦、第巴等与其就贸易诸务定立规条，派员往聂拉木、济咙、宗喀等地定界，然后设立佛座，廓藏双方代表当众顶经立誓，礼毕，巴忠等取具廓尔喀永不滋事图记甘结，交由噶布伦收贮备案。廓尔喀头人还承诺将前年求贡表文原稿抄送钦差、将军代奏。最后，钦差、将军颁赏廓尔喀头人们绸缎、烟茶、银牌，以奖其"向化"之诚。

仪式完毕，鄂辉、成德、巴忠缮折联名上奏。奏折发出后，三位大臣即以为"军营已无应办事件"，定界之事也不管是否真正落实，命令下达即算办妥，巴忠随即赶回拉萨与驻藏大臣、达赖喇嘛商议善后诸事，鄂辉、成德将部队分批全撤，至扎什伦布暂驻，等待廓尔喀贡使到后，再回拉萨。②

六月初二日，高宗在热河避暑山庄接到三位大臣的奏折，并没有大功告成的喜悦，只是说办理廓尔喀来营"乞降"，"尚属妥协，览奏稍慰"，同时表示了遗憾和担忧。

所谓遗憾是指鄂辉等人未能因时权变，鼓勇痛惩入侵者，担忧则是藏

---

① 参见邓锐龄《第一次廓藏战争（1788—1789）中的议和潜流》，载《中国藏学》2007年第1期第45-47页。

② 乾隆五十四年五月二十五日廓尔喀头人"输诚悔罪"仪式，见《钦定巴勒布纪略》卷二一第303-306页，乾隆五十四年六月初二日。

八、用兵廓尔喀

人素性懦怯,而未经惩创的侵略者,若反复无常,"巴勒布之盟,又何足深恃耶?"①

高宗尚不知道,巴忠、鄂辉等掩盖了和约的真相。

六月初六日,高宗又接到巴忠独奏返回拉萨协同驻藏大臣安排善后事宜。又过了5天,高宗才传旨令鄂辉将沙玛尔巴是否到营、是否与其晤见迅速据实奏闻。十二日,巴忠的奏折又到了,他已于闰五月十二日到了拉萨。高宗令大学士寄字传旨:巴忠接旨时若未过察木多,须返藏晤见沙玛尔巴后再回京。

六月二十日,鄂辉、成德奏报,他们已于闰五月十三、十五等日领兵撤到了协噶尔,据驻济咙办事的噶布伦丹津班珠尔呈报,沙玛尔巴"于臣等起身后,即行抵济咙,指示巴勒布头目与我们噶布伦等同心办事,并敬献佛像"。所谓"于臣等起身后,即行抵济咙",也许高宗从字里行间看出了一些端倪,即传旨申饬鄂辉、巴忠,令巴忠即使已过察木多,即从接旨之地返回扎什伦布,须面见沙玛尔巴活佛,向其解释不曾等候的错误,详细传达历次上谕的褒奖,转授赏赐物品,并须据实奏闻晤谈内容。

六月二十九日,因巴忠奏报其他事项,高宗第三次谕令巴忠返藏面见沙玛尔巴。七月初三日,又接到巴忠奏折,奏报廓尔喀今王继位由来,辩解"臣等一时糊涂未将巴勒布痛加征剿",是由于"巴勒布侵犯藏地一事,皆由已故噶布伦索诺木旺札尔专擅所致"。高宗斥之曰:"朕详阅折内所叙情节,琐屑繁冗,皆系无关紧要,且并未提及沙玛尔巴胡图克图之事,尤为错谬。沙玛尔巴胡图克图由巴勒布前来办理两边事务,巴忠理宜候其来见,谕朕嘉予之意。乃竟至弃置而回,实属非是。且巴忠系理藩院侍郎,熟悉唐古忒言语,以其稔知彼处情形,故特遣令前往,尤非鄂辉、成德可比。有何迫不及待,遽尔先回耶?"令巴忠回到扎什伦布,若沙玛尔巴已回廓尔喀,则召之来见,不来则已,不然咎无可逭。②

七月初八日,鄂辉、成德奏折抵京,奏报廓尔喀王叔巴都尔萨野在沙玛尔巴的陪同下,率两位小头目并数十"散番"(随员),到第哩朗古之西的莽卡木"叩见"总兵穆克登阿、张芝元,在上次(五月二十五日)所立"番结"上书名字画字,钤盖图记,并表示正在加紧备办赴京朝贡表文和礼

---

① 《钦定巴勒布纪略》卷二一第307页,乾隆五十四年六月初二日。
② 《钦定巴勒布纪略》卷二三第338—339页,乾隆五十四年七月初三日。

品。随后,王叔与沙玛尔巴转回阳布,敦促抓紧做好朝贡准备,而派两位小头目带领"散番"们跟随两位总兵继续来到拉孜,"叩见"将军和参赞。将军、参赞以军礼隆重接待了"叩见者"并给予丰厚赏赐遣回,又派守备严廷良与通晓廓尔喀语弁兵陪同前去阳布教习朝贡礼仪,指导办理进贡表文和礼品。尽管巴忠当时已离开后藏,但具奏人的署名中仍有他的名字,鄂辉、成德在折尾特意解释:"在此项饬留噶布伦等在济咙催办及传谕巴勒布头人一切事宜,先经奴才鄂辉、成德与巴忠商同办理,是以仍会衔具奏。"①

鄂辉、成德又称廓尔喀之所以愿意进京朝贡,是因为他们希望清廷能扮演"天下共主"的角色,以中间人的姿态"将巴勒布小番与唐古忒人等一样管教"②。

七月十四日,巴忠在接近四川理塘的途中,收到守备严廷良的禀报:六月初七日,他陪同廓尔喀人自拉孜出发,入境廓尔喀后受到殷勤供应。初十日,在阳布城外三四十里的地方,受到廓尔喀"王子"和王叔巴都尔萨野的隆礼接待,在红帽喇嘛沙玛尔巴的协助下一切顺利。十三日,准备表文、贡品齐整,由两名头人和20余名小头目和随员组成的贡使团,在严廷良的带领下,自阳布出发,仍由济咙入境,预计七月初十日可到日喀则。巴忠即饬令沿途所经西藏各台站预备夫马等项,以便贡使畅行无阻,又行文四川、陕西、山西、直隶等处,做好相应接待。高宗接到贡使出发的奏报后,即谕令各省督抚比照达赖喇嘛、班禅额尔德尼所派呈递丹书堪布过境之例接待。

七月二十二日,巴忠抵理塘,接到高宗"若未过察木多,即行返藏"的谕旨,因理塘已过察木多27站,所以他仍继续赶路。巴忠本来惧怕因不见沙玛尔巴而仓促返回会招致高宗的"严谴",于是自告奋勇,以懂藏语为由请求陪同贡使进京。高宗指示,贡使必须于十二月二十日内至京,以赶上与缅甸、安南等外藩贡使一同筵宴,若面见沙玛尔巴与陪送贡使能够兼顾,则陪送前来,不然则仍照前降谕旨办理。

巴忠到达雅州(今四川雅安)后方接到令其即使已过察木多亦必须返藏的谕旨,于是立即给仲巴活佛写信,令其传召沙玛尔巴,并咨行驻藏大臣,又致信达赖喇嘛和班禅额尔德尼,解释返藏缘由,随即兼程返藏。八

---

① 《宫中档乾隆朝奏折》第七一辑,乾隆五十四年六月初八日。
② 《钦定巴勒布纪略》卷二四第351页,乾隆五十四年八月初二日。

八、用兵廓尔喀

月十三日,在鹿马岭(今西藏自治区工布江达县和墨竹工卡县交界处的米拉山,清代设有驿站)与率领廓尔喀贡使进京的成德相遇。十五日,在墨竹工卡遇到率领贡使团中另一部分小头目和随从人员进京的鄂辉。原来廓尔喀贡使团在七月十五日抵达扎什伦布,二十九日抵拉萨。在拉萨,鄂辉、成德为贡使团置办了皮棉服装。八月初九日,成德率部分贡使先行,十三日,鄂辉率后队续行,因此巴忠返藏途中相继遇上了他们。于是,巴忠分别与成德、鄂辉上奏承认错误,并解释原因。

八月十六日,巴忠复抵拉萨,见过达赖、班禅之后,即赴扎什伦布。见仲巴后,复至协噶尔,恰遇沙玛尔巴所遣卓尼尔(礼宾官)携带书信、哈达、佛像前来。该卓尼尔称,沙玛尔巴因足疾未愈,不能前来,且此时前来易令廓尔喀人起疑心,待明年贡使返回后再行前来。于是巴忠将高宗历次谕旨译为藏文,与御赐物品一同交给该卓尼尔转达,随后起程返京。八月二十六日至拉萨,二十七日离藏。

九月,在贡使团行走于前往成都的途中,另一支由廓方藏廓密约缔结参与者率领的40人使团悄悄抵达了拉萨,向达赖喇嘛致敬。七世班禅喇嘛的父亲、首席噶布伦丹津班珠尔,红帽喇嘛的知宾客僧官等十余人谒求达赖喇嘛审阅密约,达赖喇嘛分别给他们予以嘉奖。随后班禅额尔德尼回驻扎什伦布寺。第一次廓藏战争结束,但达赖喇嘛并未向清廷奏报缔约一事。① 成德、巴忠抵京后,也各缄其口。

十月二十二日,成德率领贡使抵达成都。鄂辉所领后队以及巴忠随后亦陆续抵达。由藏入川,廓尔喀人全靠步行,成德奏言:"查巴勒布部落番众,不善骑,此次所遣头目,经臣带领一路照应,伊等俱各行走踊跃,惟望及早瞻仰天颜,不知行路辛苦。"②

时令已届冬季,在成都,四川总督李世杰、布政使王站柱按照贡使团成员的服色喜好,组织赶制了冬装,除招待饮食外,还安排了观剧。

二十八日,成德陪同使团继续向着北京前进。鄂辉则回成都将军任,巴忠独自乘传,按站行走,因高宗有旨,不得兼程。成都到北京,有驿站系统负责供应,在成德陪同下,贡使团顺利抵京。

---

① 参见邓锐龄《第一次廓藏战争中的议和潜流》,载《中国藏学》2007年第1期第49页。
② 《钦定巴勒布纪略》卷二六第378页,乾隆五十四年九月二十九日。

十二月二十一日，高宗在西华门接受了廓尔喀、朝鲜、琉球、暹罗等藩国贡使的"瞻觐"，随后在瀛台"赐食"。廓尔喀贡使的到来，意味清朝新添了一个藩属国，对于高宗来说，也是他八十寿诞的最好礼物。除夕，高宗在紫禁城保和殿设宴，招待廓尔喀等众外藩使者。乾隆五十五年（1790）正旦及往后数日，高宗接连赐宴诸外藩贡使，正式册封喇纳巴都尔为额尔德尼王、其叔巴都尔萨野封为图萨拉克齐公，贡使两人俱封为戴琫，并颁给丰厚赐品。经过1年半的交涉，清廷终于搞清了"巴勒布"的正式国名是廓尔喀，"王子"的臣民竟有22万余户之多！"王子"也不是新近继位，而是于7年前就登基了，一直由其近亲大臣辅佐执政。不过由于奏折和谕旨一直沿用"巴勒布"之称，很难改正，于是在封赏诏书里就出现了"巴勒布科（廓）尔喀"连书的词语。①

廓尔喀贡使满载而归，于当年八月回到阳布。

4. 廓尔喀再犯后藏

虽然在第一次廓尔喀之役中，清朝入藏部队并未与廓尔喀直接交手，并且双方冲突以喜剧性收场，但事件初起时，高宗就已敏锐觉察到西藏地方管理上存在的问题。概括来说，主要是两个方面：第一，藏兵软弱；第二，行政混乱。对于这两大问题，巴忠在离开拉萨前，和鄂辉、成德商议了一个十九条的方案，征得达赖喇嘛和班禅额尔德尼同意后上奏朝廷。经军机大臣讨论，对其中两条稍做调整后，该方案批准执行。

针对藏兵软弱问题，该方案提供了以下对策：①增强后藏驻防兵力。调整驻藏绿营部署，从察木多、江达、硕板多（又写作硕搬多，今西藏洛隆县硕督镇）、拉萨调集绿营兵150人，以外委1名、都司1名、马兵两名管束，移驻扎什伦布。同时在拉孜驻扎藏兵200名，以第巴两名管领，一年一换

---

① 《钦定巴勒布纪略》卷二六第382页，乾隆五十四年十一月初八日。

八、用兵廓尔喀

防,以其中的 30 名协防协噶尔,30 名巡哨萨喀。聂拉木、宗喀、济咙因冬春雪大难行,寨落无多,无需添兵。②定期训练藏兵。以往藏兵俱从农牧民中临时抽调,无定期训练,"竟致武备不修"。自今往后,按寨落多寡,编定藏兵数目,前藏 800 名,后藏 400 名,每年九月十五日至十月底,分别随同拉萨或扎什伦布驻防绿营兵训练,80 名赴拉萨当差的达木蒙古兵随同藏兵一同训练。③增设并调整台站管辖。拉萨至扎什伦布间,常设塘汛 12 处,每塘添设藏兵四五名,由后藏都司稽查管束。拉萨至打箭炉间的台站,以南墩(芒康县邦达乡拉堆村)为界,以东台站属成都将军、四川提督管辖,以西属驻藏大臣管辖。④建立粮食仓储,以济缓急。扎什伦布建仓收贮 6000 石,拉里、察木多、巴塘、理塘,亦各建仓收贮 2000 石。

针对行政混乱问题,该方案提供了以下对策:①强化顶层和基层管理。顶层管理主要落实驻藏大臣对噶布伦、戴琫、紧要地方第巴人选才具的查验,商之达赖喇嘛后,拣选补放;赴京朝贡之达赖喇嘛代表堪布、噶布伦代表囊素,及赴打箭炉采买茶包之员,因需动用驿站夫马,均由驻藏大臣会同达赖喇嘛及噶布伦拣选"体面妥人",给与用驿护牌,以杜骚扰。明确驻藏大臣和噶布伦地方巡查制度,前者通查全藏兵防与民政,后者督察各地第巴。基层管理则革除旧弊,僻远恶缺第巴必须亲自赴任,不得以家丁代理。②明确权责,以专责成;优擢添赏,鼓励官兵。分别颁给驻藏理藩院司员、游击以"办理西藏事务章京""驻藏游击"关防;新设协噶尔戴琫,兼统宗喀、济咙、聂拉木兵防,循阿里第巴之例,颁给号纸以专责成,3 年由驻藏大臣考绩,优者升噶布伦;驻藏及驻守台站文武官员,3 年期满,援两金川屯员边俸例优予升擢;新设和集训藏兵,酌添赏需。③涉及汉回外番及别项公罪诉讼案件,该朗仔辖(西藏各地司法官员)呈报驻藏大臣选派干员会审裁决。④限定驻藏及守台各级文武官员差使兵丁数目,驻藏官兵不得与应募当差藏民妇女发生"奸情"。⑤回应廓尔喀贸易诉求,廓尔喀入藏货物征税降至百分之五,降幅为十分之五;售卖与廓尔喀盐斤,须由该管第巴按质量等定价。①

对于西藏行政混乱问题的核心点,"十九条"并未过多触动。高宗起初认为藏政混乱最核心的原因是达赖喇嘛兄弟干政和驻藏大臣监管不力,因此

---

① 以上叙述所据,见《钦定巴勒布纪略》卷二二第 316 – 331 页,乾隆五十四年六月十三日。

曾授意钦差巴忠到藏后设法将其兄弟调离。乾隆五十四年（1789）六月二十日，高宗接到巴忠与驻藏大臣舒濂、普福联署奏折，认为达赖喇嘛的同胞兄弟资中（罗布藏多尔吉）、绥本（罗布藏根敦扎克巴，达赖叔父之子，与达赖同母）两人，"日侍左右，甚为亲密，今遽令远居他寺，若告知达赖喇嘛，恐未免依恋不舍，一时难以相强。且又未便中止"。他们建议"莫若将伊兄弟二人量为赏给名号，并恳明降谕旨，令于前藏所属他寺内，遇有堪布缺出，即往住持，学习办事。"① 高宗觉得如此办理并不妥当，令军机大臣传旨说："此事不值如此办理。达赖喇嘛兄弟近年并未闻有恣意妄行之处，即达赖喇嘛稍有偏袒，亦属无关紧要。从前驻藏大臣并不留心管束，以致伊等欺哄达赖喇嘛，渐生弊端。今诸事皆系驻藏大臣承办，达赖喇嘛又何能偏听伊等之言乎？且伊等若果舞弊营私，舒濂等即行据实奏闻，送京治罪，亦何不可？"② 因此，解决办法也只是谕令驻藏大臣留心体察，"倘伊等有滋事舞弊之处，即行奏闻治罪。如无别故，不得妄事纷更"③。

但是问题并未就此解决。乾隆五十五年（1790）八月十三日是高宗八十寿诞，廓尔喀使臣进京称臣纳贡并祝贺正旦后，廓尔喀和西藏问题可谓圆满了局，为寿诞添一喜讯。不过，该年四月，两位驻藏大臣互相检举，舒濂奏劾普福与济隆胡图克图办理不力，而普福亦奏劾舒濂袒护达赖喇嘛兄弟及属下管理仓库的商卓特巴（又译写为"仓储巴"）干政揽权、架空噶布伦、敛财舞弊等。高宗令成都将军鄂辉入藏查办，旋革去舒濂户部右侍郎职衔，再革去副都统，令普福掌印办事，发舒濂往阿克苏，以领队大臣效力；考虑到雅满泰上次在驻藏大臣任上并无大罪，且毕竟略晓藏务，随令其驰驿入藏，协同普福办事。七月初，高宗以普福办事颟顸姑息，令革任回京，以都统保泰接任；又令舒濂将达赖喇嘛之弟罗布藏敦扎克巴及商卓特巴等7人解送北京。八十寿诞过后，高宗又召回济隆胡图克图，派噶勒丹锡哷图胡图克图④由驿乘轿，再次入藏，辅佐达赖喇嘛理政，期待

---

① 《钦定巴勒布纪略》卷二三第332页，乾隆五十四年六月二十日。
② 《钦定巴勒布纪略》卷二三第336页，乾隆五十四年六月二十日。
③ 《钦定巴勒布纪略》卷二三第336页，乾隆五十四年六月二十日。
④ 噶勒丹锡哷图，译自蒙语，即藏语汉译之"甘丹池巴"。此次入藏之噶勒丹锡哷图胡图克图，名阿旺楚尔提木（Ngandbang - Tshul - Khrims，又译阿旺楚成，1721—1791），洮州卓尼（今甘肃省卓尼县）人，幼年出家礼佛。

八、用兵廓尔喀

"至迟不过三年，章程自可立定，交付驻藏大臣，率领噶布伦等照办，即可将伊撤回"①。

九月上旬，鄂辉奏报"藏中事宜十条"，经军机大臣会同理藩院议复后，高宗批准实行。其核心在于从权力制衡、公开化、制度化、降低行政成本等方面入手，调整和规范达赖喇嘛的行政权力，构建稳定、高效的西藏行政核心。②"藏中事宜十条"深得四川总督保宁和高宗好评。保宁赞誉"从此藏地肃清，一劳永逸"。高宗亦盛赞："［鄂辉］所办甚好，可无他虑矣。不料其能如此。又得一好大臣，心甚欣慰。"③ 本来对于前年鄂辉与成德统率川兵入藏草率了局，高宗深感不惬，对鄂辉未赏未罚，对成德则因其护送廓尔喀使者赴京有劳，施恩将其长子补放粘杆处蓝翎侍卫，而允其将患有眼疾、身体羸弱的长子带往提督任所养育。如今高宗既忽然发现鄂辉"其能如此"，即擢为四川总督，保宁仍回伊犁将军任，而成德则晋职成都将军。十二月，舒濂押解达赖喇嘛之弟等人到京，高宗以其办理尚属妥速，著加恩赏给员外郎职衔，在军机处效力行走，以赎前愆。

不过，高宗和保宁对于藏务仍过于乐观，其后遗症不久即显露出来。

当年十月初，两名廓尔喀头人苏必达多喇拉木、翁玛拉阿儿堪噶（《多仁班智达传》第 299 页作"乌玛热阿齐更噶"），驮着银币来到拉萨，与西藏地方政府交涉，一是为"讲论银钱"，二是为"索取银两"，讨要本年度的赎金 300 个银元宝（合银 9600 两）。适逢鄂辉在藏处理两位驻藏大臣互讦案告竣，正等待新任驻藏大臣到来，尚未回川。廓藏私约规定廓尔喀新银币与旧币兑换比率为 1∶2，但西藏方面认为比率过高，只同意 1∶1.5 兑换，而赎金一事本来就是瞒着朝廷的私下操作，慑于朝廷整理藏政风暴以及噶勒丹锡哷图胡图克图即将到来，西藏方面也迟迟不予兑现。这时，廓尔喀头人之一翁玛拉阿儿堪噶先行回国，鄂辉即将所言缮函令其带去。同月十九日，严廷良带着廓尔喀的谢恩表文和贡物 4 种，兼程抵达拉萨，交给廓尔喀头人苏必达多喇拉木，随即面禀鄂辉和普福，遭呵斥。严廷良辩解，因廓尔喀王再三恳求，希望利用西藏乌拉（夫役）之便带至拉萨，方才顺便带来，并称随后贡使就到。翌日，雅满泰到达拉萨，

---

① 《清高宗实录》卷一三六一，乾隆五十五年八月戊辰。
② "藏中十条事宜"见《清高宗实录》卷一三六二，乾隆五十五年九月乙酉。
③ 《清高宗实录》卷一三六三，乾隆五十五年九月"是月"附记。

鄂辉即将此事告知，并嘱咐待贡使到后再奏报。

十一月二十五日，都统保泰抵藏，接替普福为掌印首席驻藏大臣，雅满泰复将鄂辉之语转告。其时，廓尔喀头人苏必达多喇拉木在藏等候了将近两个月，所办事宜不能无限期拖延下去，又带着贡物表文，邀同严廷良禀见保泰。保泰仍以不合礼制训斥严廷良，亦不拆看廓尔喀头人所呈贡物表文。随后，廓尔喀头人将贡物表文留于其在藏商人头目处，离藏回国。十二月初一日，普福离藏回京。此后，廓尔喀的后续贡使也一直没有现身拉萨，而雅满泰、保泰、普福、鄂辉等人在奏折里对此事也一字未提。

对于乾隆五十四年（1789）的藏廓私约，达赖喇嘛本来不惬于心，而经历川兵入藏及朝廷对藏政的整顿后，他更认识到朝廷的实力和对西藏的重视，尤其是得知噶勒丹锡呼图对贿和的不满，在廓尔喀头人来藏交涉无果后，他也派出使者赴阳布，试图重新协商私约。廓尔喀方面要求西藏方面派出达赖喇嘛叔父和兄弟，或者像班第达与其子首席噶布伦丹津班珠尔那样的重要人物，方许重新协商。经"汉藏上官商议"后，派出堪布喇嘛托格麦特、俗官仔琫第卜前往交涉，并分别行文廓尔喀王、王叔、将军等显贵和沙玛尔巴喇嘛，指出达赖之叔父已经去世，达赖喇嘛兄弟俩在北京，而首席噶布伦的派人须朝廷允准，但纳银赎地一事本属暗中操作，若为驻藏大臣和朝廷知晓，必然雷霆震怒、严惩不贷。因此，协商仍须暗中进行，赎地银钱务必豁免，以敦双方友好于长久。①达赖喇嘛担心让廓方完全豁免银两不易达成，反滋事端，令托格麦特、第卜携带元宝150个，存放在聂拉木，若协商不成，再以此银给付。

对于西藏地方要求，廓方以拖延术应付。转眼过了乾隆五十六年（1791）正旦，春天又再次来临。托格麦特在阳布不幸病故，第卜仍力争说服廓方。最终，廓方同意在靠近边界的聂拉木冲堆（今聂拉木镇）举行会谈，要求私约原与议者首席噶布伦丹津班珠尔必须到场。第卜随即致信噶厦。两位驻藏大臣得信后，即禀告噶勒丹锡呼图胡图克图。胡图克图指示"贿和"本属大错，银两不可再给，若廓方以武力相挟，其人也将"以禅杖当矛"②。不久，亦即乾隆五十六年（1796）三月二十七日，胡图克图病故，享年71岁。

---

① 《多仁班智达传》第326页。
② 《多仁班智达传》第328页。

八、用兵廓尔喀

"摄政"既去,而第卜又来信催促,达赖喇嘛和驻藏大臣让丹津班珠尔做好准备,尽快起程,并派噶布伦札什端珠布、札萨克喇嘛噶勒桑丹津以及驻防聂拉木的戴琫将结为助手;由于担心万一协商不成,上次带去的150个元宝不足支付,又带去150个元宝。五月初,丹津班珠尔一行以巡阅防兵、修葺庙宇为公开名义,离开拉萨。到了扎什伦布,扎什伦布寺和萨迦两寺的喇嘛代表也相继加入进来。当时得知第卜在廓尔喀得病,于是丹津班珠尔派遣医生前往诊视,不久得知其不治身亡。

为防万一,西藏会谈代表将大部分元宝留在协噶尔的寺庙中,只带数十个随身。到了定日(第哩朗古),丹津班珠尔有些犹豫。谈判地点聂拉木冲堆位于两河(冲维普、波曲)之间,地势狭窄,不便进退。如果能换到熟悉的培吉林(今聂拉木县北部亚来乡)一带,因有军队护卫,谈判较有成功把握。请示拉萨后得到指示:不要指望护卫军一时调齐,为不令对方起疑心,护卫军也只能在定日待命,不得过通拉山口,谈判地点亦不宜改变。

藏方代表于六月初五日抵达聂拉木冲堆,但廓方仍狐疑不定。为解除对方疑心,丹津班珠尔等派遣札萨克喇嘛及两寺代表等人,于二十一日到樟木沙玛尔巴住处。而丹津班珠尔、札什端珠布、将结则住在聂拉木硕巴(藏族基层管理者)的房屋里。当日晚,廓方借口庆祝活动,以敬神祭天的喧闹麻痹藏方一行,悄悄派兵除掉了藏汉兵岗哨,对丹津班珠尔住处形成合围。翌日晨,廓方声称商议事情,冲进屋里,企图一举擒获藏方代表。丹津班珠尔等抽出藏在坐垫下的匕首,指挥随从百余人拼死抵抗。终因众不敌寡,随从和官员死伤数十人,丹津班珠尔、札什端珠布、将结三人被俘。廓尔喀军接着对聂拉木驻防藏兵发起攻击,藏兵毁桥据守。协噶尔第巴随即报告拉萨:聂拉木遭到廓军攻击,噶布伦、戴琫被困。

七月二十一日,驻藏大臣保泰、雅满泰得信,一面派都司严廷良速赴聂拉木查明情况,并令戴琫敏珠尔多尔济率附近藏兵救援,又调达木蒙古兵速赴后藏,并召班第达寻问廓尔喀启衅缘由。据称,前年与廓尔喀私下议定,因廓方曾受渎职噶布伦索诺木旺札尔(索朗旺结)苛税和食盐掺假苦扰,藏方连本带利,补偿其白银45000两,分3年付清。当年应付之项,已经付完。去年廓方来信,称剩余部分可以再议。所以此次噶布伦等乘巡阅边界之便,召其来议,衅端或由此起。保泰称,他向达赖喇嘛求证此事,后者回答"此等情形,小僧均知悉"。保泰随即奏报朝廷,并咨报四川方面。在奏折中保泰等又称,将酌情部署防卫,万一扎什伦布遭受攻击,则将班禅额尔德尼移驻拉萨。①

保泰、雅满泰的告急文书先飞驰到成都。成都将军成德、四川总督鄂辉接到咨送奏稿后,立即具折认领责任,表示作为"巴勒布"边事原承办人,倘有需要,即刻领兵入藏。

八月二十二日,两份奏折同时抵达木兰围场。当时10岁的皇孙绵宁(即后来的宣宗)刚刚射中一头鹿,高宗欣然命笔,作七律一首,志庆皇朝后继有人。突然接到廓尔喀复来侵扰的消息,甚是惊愕。细读奏折中所谓私下定议赔付银两情节,甚有可疑,即传谕鄂辉、保泰等,此事系当日苟且完结所致,唯有妥善办理,可赎前愆。高宗又令协办大学士、吏部尚书孙士毅即轻装减从,驰驿前往成都,署理四川总督印务。同时将保泰奏折随即速递回京,转给理藩院左侍郎巴忠阅看。二十三日,巴忠面见军机大臣,称此事自己办理不善,恳求赶赴西藏效力赎罪,请军机大臣转奏,高宗未予批准。当天夜里巴忠投河自尽,高宗得信,甚感骇异,觉其中必有重大隐情。二十五日,又接藏、川方面奏折,保泰等再次奏报后藏局势,知噶布伦丹津班珠尔、札什端珠布和戴琫将结三人已被廓军押至阳布。而成德、鄂辉在接到保泰移咨奏稿后,即决定以成德率汉土兵300名入藏,并附和保泰以为事变起于"债务不清"或"债账不清",廓方暴力索债的判断,缮折陈述对此次事变的看法和应对之策:

> 若以边界土司情形而论,只须查照夷务之例,遣员前往驾驭剖断,自可完结。况前差之都司严廷良尚未将实在情形禀到,尤恐系唐古忒人等惊惶张大之词。查唐古忒与廓尔喀均为天朝属番,今不过两处番人交相争攘,何值遽起兵端。臣等已飞咨保泰,到彼后,止将边界严行防守,一面明白译谕廓尔喀,速将噶布伦等送出,查明情节,秉公剖断,以免别滋事端。②

在成德、鄂辉看来,此次事变只是廓方的索债行为,可以比照处理边

---

① 《保泰等奏廓尔喀将前往查界之噶布伦等困于聂拉木并占据地方折》,乾隆五十六年七月二十二日,《元以来西藏地方与中央政府关系档案史料汇编》第二册,第659-661页。

② 《钦定廓尔喀纪略》卷一第55页,乾隆五十六年八月二十五日。

八、用兵廓尔喀

界土司之争的办法，朝廷酌量派兵弹压，秉公剖断即可了事。

九月初五日，高宗在避暑山庄接保泰奏折，得知保泰于七月二十六日离开拉萨，八月初三日抵达扎什伦布，次日即得知济咙、定日（第哩朗古）俱失守，我军聚集达木蒙古、绿营、藏兵2000余人，退防协噶尔，已令严廷良于中途撤回。高宗以保泰、鄂辉熟知藏务，传旨问伊等有何看法。

谕旨刚发出，第二天就接到鄂辉奏折。奏折是在接到保泰咨稿后发出的。他的看法未变，认为时令已过中秋，协噶尔以南即将下雪，廓尔喀人不能久留，保泰有兵2000余似可保无虞，成德领兵入藏，不过驾驭慑服。高宗对鄂辉此议未表异同，只是认为此次事变乃因当事诸臣处理不善所致，传谕训斥鄂辉"惟知自图安逸，畏事脱身"，令接旨后即挑选健勇兵丁二三百人接续进藏。① 高宗又令将近两日有关藏事谕旨抄寄留京办事之大学士阿桂和两广总督福康安，征求伊等看法，并言："再此事保泰等如能完结，甚妥。万一蔓延滋扰，必须动兵时，即遣福康安前往办理。"②

九月十二日，高宗连续接到保泰、鄂辉、雅满泰、成德等人奏折，可谓羽书傍午。保泰奏藏兵遇敌即溃，所调者亦多未到，春对（萨迦西南要地）失守，清军退守萨迦沟。考虑到春对离扎什伦布仅4日程，为班禅额尔德尼安全起见，于八月十六日率达木蒙古兵150名，护送班禅额尔德尼移驻前藏。留都司徐南鹏，率绿营兵120名、达木兵100余名，护卫仲巴活佛驻守扎什伦布。此外尚有民兵1100人，扎寺喇嘛4000余人。若失守，徐南鹏即护送仲巴活佛到前藏。同时飞咨川督鄂辉，速派精兵2000人来援。成德奏，在八月三十日已抵打箭炉，与总兵穆克登阿领兵兼程进藏。鄂辉在九月初三日接到保泰咨稿，就调兵2000，令分四起赴藏。而雅满泰在接到保泰札文后，就开始筹集藏中粮饷。

高宗感觉局势发展在他的预料之中，诸臣应对皆合机宜，因而只是指示成德、鄂辉等做好藏内僧俗动员。

十五日，高宗在自避暑山庄返京途中，接西藏最新军报。就在保泰离开扎寺当日，萨迦失守，300名达木蒙古兵伤亡过半，藏兵作鸟兽散，札什纳木札勒（尔）、达木协领泽巴阵亡，萨迦寺喇嘛献哈达迎降，清军退守扎什伦布。高宗读罢军报，担心扎寺喇嘛复如是，更担心保泰悾怯乖

---

① 《钦定廓尔喀纪略》卷一第59-60页，乾隆五十六年九月初六日。
② 《清高宗实录》卷一三八六，乾隆五十六年九月戊寅。

张,因此令军机大臣传谕:"保泰等若不知感恩奋勉,稍赎前愆,仍似从前疏懈,竟至将达赖喇嘛、班禅额尔德尼带回内地,更有何颜见朕耶!"① 大动干戈已经是不可避免,遂令户部速于就近各省调拨白银 200 万两入川,交署川督协办大学士孙士毅备军糈之用。而鄂辉同日奏报,已于九月初六日自成都起程,西行到双流县时接到保泰咨稿,即安排明年入藏换班绿营兵先行赴藏,以守卫增设之台站、运送军需,并充当预备队。翌日,高宗考虑到入藏川军须得力领队大臣,于是选派 5 位乾清门侍卫驰驿速由成都赴藏,听成德、鄂辉差委效力。十八日,高宗又令京城到拉萨间的驿站,以各省布政使督办,驰递文报,毋致迟误。

二十日,高宗回到圆明园,得保泰、雅满泰联衔奏折,称保泰于八月二十五日护送班禅额尔德尼抵达拉萨,雅满泰来迎。两大臣同到布达拉宫谒见达赖喇嘛,请两位宗教领袖移驻打箭炉的泰宁惠远寺(位于今四川省道孚县八美镇协德乡境内)。雍正年间,为避阿尔布巴之乱,七世达赖喇嘛曾驻锡于此。达赖喇嘛沉稳答道:

> 现今班禅已到前藏,我等同住布达拉一处,尚属无妨。若移驻泰宁,恐此地喇嘛及民人等,俱至惊散,布达拉并大昭诸寺皆不能保。不如驻守布达拉以安众心。②

而布拉达宫地雄踞山巅,四周遍布隘口,藏兵虽不可恃,但有二宗(指达赖、班禅)坐镇,庙中喇嘛数千必然死守,且川兵两个月内必然赶到,固守当属无虞。但保泰、雅满泰仍是信心不足,又咨调云南兵 2000 人,因为仲巴胡图克图已于八月二十日过河(雅鲁藏布江),扎什伦布寺可能已经失守。鄂辉接到保泰咨报后,督促川兵速进,上奏认为不必增派滇兵。

虽然保泰、雅满泰并未放弃守卫拉萨,但高宗对伊等移驻二宗往泰宁的动议仍是十分愤怒,敕责道:

> 不料其丧心病狂一至于此,竟是无用之物!瞀乱已甚!幸而达赖喇嘛坚意不从。倘误听保泰等之言,竟弃布达拉而去,尚复成何

---

① 《钦定廓尔喀纪略》卷二第 69 页,乾隆五十六年九月十五日。
② 《钦定廓尔喀纪略》卷二第 75 页,乾隆五十六年九月二十日。

八、用兵廓尔喀

事体?

又称赞达赖喇嘛道:

> 朕深喜达赖喇嘛如此通晓事理!而所属堪布及各大喇嘛亦共知大义,坚心保守,其僧俗人等俱不至惊散,朕心稍为宽慰。①

于是特颁大制帛1方、正珠记念1串,速寄成德,由其转给达赖喇嘛,以示奖励。又令成德等抵藏,先告知达赖喇嘛:"向者朕以达赖喇嘛不能约束其弟,在彼随同居住,贪利作弊,于藏务无益。是以令其来京。今观达赖喇嘛能毅然决断,甚有识见,着加恩,令伊弟罗布藏根敦札克巴回至西藏,仍随达赖喇嘛居住,以资奉侍。俟今岁年班堪布等来京时,附便同回。成德等先将此旨告知达赖喇嘛。但其弟至藏时,仍不可令其管事。"② 保泰、雅满泰则革职留任效力赎罪,调福建水师提督奎林为蒙古正红旗都统、军机章京上行走舒濂赏副都统衔,驰赴拉萨接任。

高宗对廓尔喀竟敢侵犯扎什伦布,颇为愤怒,指示"若不痛加惩创,断不能使之慑服。"传谕领兵入藏大臣"现值冰雪之时,贼匪定已回巢,一俟来年雪化后,务须宣示兵威,深入剿杀,使之畏惧帖服,方为一劳永逸之计。"③

九月二十五日,高宗接保泰、雅满泰奏折,廓军在八月二十日已分队包围扎什伦布,仲巴胡图克图携带寺中细软,先期过河(雅鲁藏布江)到东喀尔(今日喀则市东嘎乡一带)居住,廓军扬言,将三路直抵前藏。高宗随调两广总督福康安立即回京,准备统兵入藏;谕署理四川总督孙士毅筹备入藏粮饷军需,务必做到源源接济;谕成德、鄂辉和云贵总督富纲,缓调滇兵。

二十八日,高宗接到鄂辉奏折。折中言:廓尔喀再次入侵,其缘由,除索债外,还因藏人不接受其新旧币兑换比率,因此,了目前之局,"不

---

① 《钦定廓尔喀纪略》卷二第76-77页,乾隆五十六年九月二十日。
② 《钦定廓尔喀纪略》卷二第77页,乾隆五十六年九月二十日。
③ 《钦定廓尔喀纪略》卷二第78-79页,乾隆五十六年九月二十二日。

可不加兵，而亦不值大用兵"①。对于鄂辉的看法，高宗颇不以为然，传旨称："我国家中外一统，同轨同文，官铸制钱通行无滞，区区藏地，何必转用外番币货！"此次事变平定后，当在西藏当地铸钱流通。鄂辉不可仍存畏难将就了事之见。②而鄂辉此奏，也让高宗清晰认识到鄂辉的能力和见识难以胜任统帅之重任，况且在入藏诸将领中，其资望较浅。福康安素娴军旅，识见优长，且系奎林堂弟，平日尚称友爱，同办军务，必和衷协力。因此，将奎林与鄂辉换位，奎林协助福康安领兵前进，而鄂辉抵藏后即偕同舒濂督办粮饷。进藏部队规模，拟定为七八千到1万人，令孙士毅照此筹备粮饷军需。

十月初六日，接到保泰奏折，提及扎寺陷落细节：八月十九日，廓军离扎寺1日程，仲巴胡图克图就离寺到了河对岸。二十日，廓军分围扎寺，寺内济仲喇嘛、四学（扎仓）堪布喇嘛在吉祥天母塑像前占卦，结果公布："不可与贼相持！"于是4000喇嘛即作鸟兽散。次日，廓军直入扎寺，将装饰镶嵌金银珠宝洗劫一空，连同清廷颁赐六世班禅额尔德尼的金册也不知去向。高宗觉得扎寺的喇嘛荒唐可恨到难以置信的地步！后廓军围攻寺东北里许的营官寨（军事防御建筑），都司徐南鹏不畏强敌，指挥绿营兵、藏兵杀敌数十名。廓军未得手，将附近藏兵所积粮谷焚毁。

高宗从敌军焚毁积谷判断，廓军无久留扎什伦布之意。6天后，又接保泰、雅满泰联署奏折：廓军已于九月初七日退出扎寺。十四日，察木多游击李之荣率绿营兵100名赶到，即派达木蒙古兵100名，偕同往守江孜，扼守后藏通往前藏要隘，雅满泰一同前去坐镇，追击逃寇。但"唐古忒人心涣散"，对二宗"实无保护之意"，请求朝廷速派兵一二千，将二宗移驻泰宁或者西宁。③

高宗阅读至此，严斥保泰："丧心病狂！……那（纳）穆札尔乃生如此之子，保宁有如此之弟，真非意料所及！"④ 保泰出身蒙古正白旗，其父纳穆札尔在平定回疆之役中战死，追封义烈公，世袭罔替，其兄保宁袭爵。高宗以为保泰出自勋烈之门，又在乾隆四十五年至四十八年（1780—

---

① 《钦定廓尔喀纪略》卷二第85页，乾隆五十六年九月二十八日。
② 《钦定廓尔喀纪略》卷二第86-87页，乾隆五十六年九月二十八日。
③ 《钦定廓尔喀纪略》卷四第102页，乾隆五十六年十月十一日。
④ 《钦定廓尔喀纪略》卷四第103-104页，乾隆五十六年十月十一日。

八、用兵廓尔喀

1783）之间曾任驻藏帮办大臣，熟悉藏务，故命其接替普福，未料其遇事如此怯懦，颠倒错乱，不合情理，而雅满泰尚知带兵追击。因此，命鄂辉抵藏，重责保泰40板，在拉萨永远枷号示众，其子现任职官者，俱行革职。又传旨鄂辉，抵藏后，将扎寺起意逃跑之喇嘛就地正法，协从4人与仲巴胡图克图一同解京惩戒。

十月十八日，高宗传旨领兵入藏诸臣，严辞饬责保泰贻误藏事，阐述明春大举用兵之必要。谕旨云：

> 至贼匪来藏侵扰，若不过因索欠起衅，在边境抢掠，原不值兴师大办。今竟敢扰至扎什伦布，则是冥顽不法，自速天诛。此而不声罪致讨，何以安边境而慑远夷耶？朕临御五十六年，平定准部、回部、大小两金川，拓地开疆，远徼悉入版图。况卫藏为我皇祖皇考戡定之地，久隶职方，僧俗人等，胥沾酿化，百有余年。况该处为历辈达赖喇嘛、班禅额尔德尼驻锡之地，蒙古番众素所崇奉，若任小丑侵凌，置之不问，则朕数十年来所奏武功，岂转于此等徼外么？不加挞伐？是此次用兵，实朕不得已之苦心。此天下臣民所共见者，并非好大喜功、穷兵黩武也。①

二十六日，福康安抵京。福康安（1754—1796），满洲镶黄旗人，富察氏，字瑶林，号敬斋，大学士傅恒子，高宗孝贤皇后之侄。高宗随命其为将军，以都统海兰察、奎林为参赞大臣，选巴图鲁侍卫、章京100名跟随办事。同时选调黑龙江索伦达斡尔兵1000名，加上领兵大臣之跟役，共1500名，抵京后，由副都统乌什哈达、岱森保带领，经青海赴藏，听福康安调遣。令陕甘总督、驻西宁办事大臣妥办赴藏将士所需马匹、粮糒及一切军需。增调四川屯番兵2000名入藏，合计成德、鄂辉所领兵、驻藏兵、增调兵及跟役，明春抵藏兵力可达8000人。预定福康安于二十九日自京起程，20天后海兰察率巴图鲁侍卫、章京起程，由西宁出口，经草原，期40日抵藏。海兰察（？—1793），满洲镶黄旗人，多拉尔氏。乾隆二十年（1755），以索伦马甲从征准噶尔，生擒辉特台吉巴雅尔，图形

---

① 《廓尔喀档》第30页。

紫光阁。此后征缅甸、大小金川，平甘肃回民暴动，俱屡立战功。台湾林爽文反清事起，充参赞，偕福康安往剿。

后勤方面，署理四川总督孙士毅于九月十七日抵达成都。孙士毅（1720—1796），浙江仁和人，字智冶，号补山。他一到任，即动用四川藩库存银 150 万两，采购军粮，运往打箭炉、察木多等地储存，1 个月有余即备齐可供 1 万部队食用 1 年有余的粮食和羊只，并增设台站以速传报和运输，而邻近各省协调 200 万两银备用。与前年川兵入藏备战仓促不同，对此次大军入藏作战，达赖喇嘛和班禅额尔德尼极早筹措，倾力支持，提供 7 万余石糌粑等口粮，就此一项，可供入藏部队 1 万人食用 1 年有余。

5. 清军二次入藏

在福康安抵京之次日，成德与总兵穆克登阿率屯练兵 300 余人抵达拉萨。成德是八月二十二日，亦即扎什伦布寺陷落的同一天离开成都的。因沿途台站缺马，只能骑牛或者步行，途中花了两个月有余。鄂辉于九月初六日自成都起程，十月十八日方才抵达拉萨。高宗认为伊等行走过于迟缓，坐失时机，两人俱革职，给副都统衔，鄂辉驻藏办事，以舒濂为帮办，总督调山东巡抚惠龄接任，成德充领队大臣，听福康安调度，成都将军以奎林接任。惠龄、奎林仍先赴藏充参赞大臣，待藏事毕，赴新任。

成德领兵 300 余人抵藏，即派穆克登阿分领 200 人赴江孜，奉旨摘除雅满泰顶戴，令随军效力。又至扎什伦布将首先起意占卜惑众喇嘛及附和的四扎仓喇嘛解往拉萨。时廓尔喀银币久不至，加之川兵入藏后使用银两采购，廓币与银两比价由 9∶1 急涨至 6∶1。成德与达赖喇嘛商议，即循旧例［六世第穆胡图克图在乾隆二十八年至二十九年，八世达赖喇嘛在乾隆五十年（1785），因藏内巴勒布银钱短缺，曾两次铸造银钱］，在拉萨开炉鼓铸银钱，每元重一钱五分，成色较乾隆五十年达赖喇嘛所铸者稍高，以平抑市价。

当年气候偏暖，入冬后尚未下大雪，廓尔喀兵仍在定结、绒辖、聂拉

八、用兵廓尔喀

木、济咙等地盘踞。穆克登阿率兵抵达江孜后,定结廓军得知入藏川军先头部队已到,于十一月初一日夜潜遁。定结驻守都司严廷良发兵追击,歼数十名,生擒11名。

十一月十四日,鄂辉抵达拉萨。两天后,头起屯番兵500名抵达,又分调藏内达木、绿营等兵,共1000余名,交成德率领赴后藏。鄂辉留守前藏。

二十五日,成德至江孜,与穆克登阿合军,继续前进。十二月初一日,抵扎什伦布。考虑到兵力不足分道征剿,而第哩朗古南边之通拉山口积雪不多,成德决定集中兵力于聂拉木一路,这是前年冬季他未能跨越的地方,选择此路,或许可以一洗前耻,而"聂拉木系贼匪出入大路,且距第哩朗古较近",补给较便利,后队赴援亦易。于是留兵200名驻守第哩朗古,随后南下翻越通拉山口,于二十七日进抵拍甲岭。再往西40里就是聂拉木。当晚,成德留兵100名驻守,主力分三路夜袭聂拉木廓军官寨。一路分兵370名,沿西北路山麓前进,一路分兵260名,沿西南山麓前进,成德则亲领中路兵270名①直指敌官寨。二十八日寅时,进抵河(波曲)滨,河西里许即敌官寨。河上索桥木板已被敌在夜间撤走,但正值枯水季节,河水不深,于是一面搭桥而过,一面涉水而渡。过河毕,天色已亮,但敌军仍在睡梦中。成德令西北路先抢占山头,扼敌退路,随后与穆克登阿所领西南路军一同进围敌寨。先以火弹抛掷攻击东边寨房,毙敌200余名,生擒7名,得米粮十数石、牛羊数十头。而敌官寨甚为高大,敌固守不出,放枪拒抵,待清兵靠近,更投石相击。成德军初攻不利,遂四面设卡围困,断其水路,架炮攻击,并分兵150名,据守南面二三十里的木萨桥,防敌援兵。②

乾隆五十七年(1792)正月初一日,西北路清兵发枪炮攻击,以为掩护,西南路清兵搬运柴草至敌官寨门焚烧,并抛掷火弹,将寨门附房屋烧

---

① 此兵数系推算。穆克登阿先领兵200人赴后藏,成德从拉萨出发后领兵1000人,共1200人。留守第哩朗古、拍甲岭兵共300人,则投入聂拉木战斗的兵力为900余人,减去西北、西南两路兵力,剩余270名即为成德所亲领者。
② 聂拉木之战,见《钦定廓尔喀纪略》卷一九第301-302页,乾隆五十七年二月初三日。庄吉发《清高宗十全武功研究》将乾隆五十六年十二月二十八日之战发生地断定为拍甲岭,不知何据。见该书第455页。

着，但为里层墙门所阻。初二日下午，"风势大作"，延烧敌官寨东边寨房，引爆火药库，将官寨炸塌多半，仅剩西边寨房未克。然西边寨房虽仅剩敌兵100余人，因其外墙墙体坚厚，清兵一时难以攻取。西寨房共有正房20余间，西南部靠近墙根有平房5间，为敌储粮之所。成德令掘墙洞至平房，抛掷火弹焚烧之，粮毁而墙如故。

初五日，风雪交加中，总兵张芝元领兵赶到。初九日，鄂辉亦领兵赶到。

成德遂增兵木萨桥、拍甲岭、第哩朗古三地防守，对敌仍用火攻。十二日午后，风雪越来越大，连续3天，积雪厚达3尺余。十五日午后，天稍晴，清兵仍加紧火攻。次日，烧塌西寨房东门，而门内复有一小院，院内复有高墙一重。清兵阵亡1名，伤3名，并有冻死者1名、手足冻裂者23名。十七日，天空又复乌云密布，风雪交作。至二十日，雪停，成德亲往敌碉寨墙根察看，东南两路清兵所挖地道数处，均为大石所阻，唯西面墙角有沟1道，似通寨内。于是令沿沟昼夜刨挖，而围寨之兵施放枪炮掩护，挖进3丈有余。二十三日下午，复下大雪。次日上午，借着大雪掩护，清兵搬运火药40包，装入地道。午刻，装药完毕，点火燃爆，顷刻间，寨房与守敌一同被抛向空中，化作瓦砾与灰炭，仅存西北一角。清兵呼拥而上，擒敌21名，余敌或被歼或被焚。

是役，擒获玛木萨野侄子等廓军头目5人。初下东寨房时，高宗闻捷甚慰，将成德官复原职。翘望续有捷报，但等待一月之久，仅获知"将聂拉木贼匪悉数歼除，地方全行收复"，所列请功人员名单至23人之多，而济咙、绒辖等地却仍在敌手。高宗甚不屑，严饬成德、鄂辉畏怯无能、大言不惭、恬不知耻。①

后藏边界至阳布道路，由聂拉木起计算有11站，由济咙起有13站。济咙距离稍远，但道路较宽阔，更有利于大兵行军。鄂辉、成德计划，为迎接即将到来的大兵，先在聂拉木及附近要津修筑碉卡，同时等待后起屯练兵800名抵达后藏。当时先后抵达聂拉木的川兵共计1300余名，除阵亡、受伤、带病者外，尚有1200余名可用。② 留600名，以总兵穆克登阿领兵驻守，余600名带回第哩朗古，会合后起屯练兵，由成德、张芝元率

---

① 《钦定廓尔喀纪略》卷二二第347页，乾隆五十七年二月三十日。
② 《钦定廓尔喀纪略》卷二四第372页，乾隆五十七年三月十一日。

八、用兵廓尔喀

领，前往宗喀"相机剿办济咙贼匪"。而鄂辉则在拉孜督办粮饷，以保障聂拉木、济咙两路军需。

受孟加拉湾暖湿气流与青藏高原冷气流交汇影响，喜马拉雅山南麓的春雪特别大。新年以来，降雪一波强似一波。二月下旬至三月初，竟然连降6天大雪，积雪深达六七尺。尽管高宗屡下谕旨，督促鄂辉、成德务必尽快清除境内残留廓军，无奈气候不利，军力亦复偏弱，两人只得领兵600名返回第哩朗古。大将军福康安令成德在彼待命，候后队续到，兵力大集，再肃清济咙之敌，而鄂辉则仍回前藏，与和琳一同办理粮饷军需。

福康安于乾隆五十六年（1791）十月二十九日出京后，轻骑减从，仅带随员30余人，于十一月二十六日抵达西宁。陕甘总督和驻西宁办事大臣早已备好马匹和供应。十二月初一日，福康安一行发西宁，兼程赶路。幸此年冬天雪少，一路行走顺利。二十八日过巴颜喀拉，出西宁时"已冒寒患病，兹复触染瘴疠，略形困顿。而随从人等亦俱头晕气喘，未能速行。于渡木鲁乌苏河后，停息二日，渐就痊可"①。

海兰察亦于十二月十五日抵西宁，随后十六日、十八两日，巴图鲁侍卫分两批到达。随后仍分三起，分别于十九日、二十日、二十一日自西宁起程。途中，新年正月初一日、初九日遇降雪2次，积有四五寸厚。

正月二十日，福康安一行经历50天的寒冬高原行军后，抵达拉萨。随后会见达赖喇嘛、班禅额尔德尼，传达高宗嘉奖谕旨和所赏赐礼物。随后继续就乾隆五十四年（1789）"贿和"事件展开调查，结论与此前高宗所得知者一致。廓尔喀发起第二次侵藏后，驻藏大臣保泰、雅满泰曾奏报，起衅可能缘于沙玛尔巴喇嘛挑拨，以报复其兄仲巴胡图克图，又奏报藏廓所订债务私约在备案文书中未曾找到。高宗深疑其中有隐情，令军机大学士询问尚软禁于热河的八世达赖喇嘛之弟罗布藏根敦札克巴。此人和盘托出实情：沙玛尔巴居间撮合，藏廓私自订约，藏方纳银赎回失地，曾告知鄂辉、成德、巴忠三人，而且当时"伊三人在协噶尔驻扎，俱未往交界与廓尔喀当面讲论"。② 高宗终于坐实了巴忠自杀原因，为慎重起见，仍须求证于各当事人与知情者，故传谕福康安密查。抵青藏交界时，达赖

---

① 《钦定廓尔喀纪略》卷一八第285页，乾隆五十七年正月十八日。
② 《钦定廓尔喀纪略》卷九第178－180页，乾隆五十六年十一月二十三日；《廓尔喀档》第88－89页。

喇嘛使者来迎，福康安即详悉询问，与上谕所述一致。高宗遂严斥"纳币贿和"之事，谕曰：

> 试思聂拉木、济咙、宗喀一带，本系卫藏地方，经贼匪抢占，理应收复。前次巴忠等调集多兵，糜费粮饷一百余万两，自应将贼匪痛加剿杀，收复边境，或贼匪畏惧军威，自行退出，方为正办。岂有令藏之人许给银两赎回藏地之理！……夫藏之地，即天朝之地，岂有以堂堂天朝，转向贼匪许银和息，竟成前代岁币故事，岂不贻笑万世乎！①

高宗断定巴忠居钦差之位，必系主持，鄂辉、成德只是附和，而且尚有知情办事之员未向朝廷报告，令福康安顺便继续调查。时上年奉原驻藏大臣保泰之命赍带札谕赴阳布的绿营兵丁范忠复命，带来了廓尔喀王的回信，经过聂拉木时，鄂辉已先将其翻译奏报并咨送福康安，内中提到"前者，我王子给过二位大人（指保泰、雅满泰）禀帖，二位大人并不与我们作主，也没有给我们谕帖"等语，福康安从未听说过此事，即提审保泰。保泰只得将禀帖原文和译稿供出，系去年四月间送达，廓尔喀请求驻藏大臣督令西藏"还银"及使用廓尔喀所铸银币。保泰问过噶布伦之后，以为藏廓私约，可自行完事，匿而未奏。福康安责保泰"存心徇隐"，建议再将其重责40板，另制重枷枷号。高宗赞其"所办甚是"，并令改保泰之名为"俘习浑"（"贱役"之意），雅满泰罪同保泰，自京返藏后，一体责打枷号。而在京接受引见之严廷良，知悉许银赎地情节而为上官隐讳，高宗令其革职充兵丁，回军营效力赎罪。②

二月初八日，候任四川总督惠龄抵达拉萨。福康安即与惠龄仔细研读范忠以及丹津班珠尔随从带回的信件。廓尔喀信中称"若能说和，也免汉番官兵并廓尔喀的生灵受罪。如要动干戈，我处也预备着。"③ 简直狂妄之极。显然廓尔喀不仅将起衅委咎于西藏，不知悔罪，而且还以战争相威

---

① 《廓尔喀档》，第143页。
② 见《钦定廓尔喀纪略》卷二三，乾隆五十七年三月初九日，福康安系列奏折及军机大臣寄信，第362－367页；《廓尔喀档》，第220－223页。
③ 《廓尔喀档》所载福康安檄文稿所引，第215页。

八、用兵廓尔喀

胁。"而沙玛尔巴给噶布伦信内,语气更系张大贼势,恐吓多端,阅之实堪发指!"将军、参赞欲发檄令廓尔喀王将沙玛尔巴和领兵抢掠扎寺的玛木萨野缚送军营。但反复思虑,觉该檄文必由玛木萨野先行开拆,如此行文,或致伊先行逃窜,或负隅顽抗,反致事情难办。于是草拟檄文一份,向廓尔喀发出最后通牒。檄文声讨廓尔喀擅自发兵侵犯西藏,纵掠扎什伦布寺,"实属罪大恶极,为覆载所不容"。本将军恭行天罚,即日统兵进剿,决不似从前说和完事。①

福康安又向俘虏详细询问了廓尔喀扩张的由来、部族矛盾、山川城防等情。

初十日,参赞大臣海兰察带领巴图鲁侍卫 50 人抵达拉萨。十七日,福康安、海兰察、惠龄率巴图鲁侍卫、换班绿营兵、西宁台站兵及藏兵共 1050 名,还有数名廓尔喀商人,前往后藏。二十七日,抵达日喀则,视察扎寺损失、僧俗复业及备战情形,一面等待所调部队抵达。

檄文经军机大臣润色后,于三月中递回,随发往廓尔喀。此前,鄂辉亦致信廓尔喀。月底,仍未见回信,而廓方却逐渐增兵边境,于各要隘加筑碉卡。② 闰四月初,廓尔喀商人纳齐纳朗带回了廓尔喀王给福康安的回信(纳齐纳朗是福康安派去阳布准备离间廓方高层的,未遂)。来信仍一味指责藏方违约,没有片言只语为其战争行为悔罪。大将军福康安(三月十五日,高宗升授福康安为大将军)回信,予以严词驳斥,同时掷还其礼物。③ 但廓尔喀人似乎不太相信清兵能够直入其境予以惩创,成德到达聂拉木已有 4 个多月,也未见打过来,即使动武,无非像 3 年前一样讲和了事。因此,他们并不把福康安的警告太当回事。

同月十三日,副都统和琳(大学士军机大臣和珅之弟)抵达拉萨。派和琳至藏,是为了强化藏内后勤管理,因为高宗认为"鄂辉办事软弱,不足以资弹压,即令成德帮办,但遇事粗疏,不能得力"④。十八日,福康安等三人往拉孜督办军粮运往宗喀。因四川离藏驿路 5000 多里,粮饷、

---

① 《钦定廓尔喀纪略》卷二五第 386 页,乾隆五十七年三月二十三日。福康安檄文经军机大臣润色后的底稿,见《廓尔喀档》第 215 页。
② 参见《钦定廓尔喀纪略》卷二八第 426 页,乾隆五十七年四月二十八日。
③ 《钦定廓尔喀纪略》卷三十第 470 页,乾隆五十七年五月初四日。
④ 《钦定廓尔喀纪略》卷二二第 349 页,乾隆五十七年二月二十三日。

军火运输艰险,福康安、济咙胡图克图(上年五月噶勒丹锡哷图胡图克图圆寂后,济咙胡图克图奉高宗之命进藏辅佐达赖喇嘛,于同年九月初一日抵达拉萨)取得达赖喇嘛、班禅额尔德尼和西藏僧俗各界的大力配合,筹粮竟至14万多石,足供两万部队食用1年有余。而火药与火器,达赖喇嘛也是鼎力相助。运输所需牛只,因本年春天瘟疫流行,倒毙颇多,但西藏百姓踊跃出力,肩扛背负,运送军需。

二十五日,留和琳在拉孜督办,福康安与海兰察前往第哩朗古,于二十七日抵达。虽然因上次扶同隐瞒贿和一事,成德与鄂辉屡受高宗饬责,但见面晤谈后,加之聂拉木之战中的表现,福康安相当肯定成德的军事才能。本来,按照高宗的安排,若分两路征讨廓尔喀,则以奎林与台斐英阿(满洲正白旗人,护军统领)率偏师相呼应。但奎林在赴藏途中,于三月初九日病故于江卡(今属昌都市芒康县),故福康安仍令成德、岱森保、督总兵穆克登阿等率兵3000人,自聂拉木出木萨桥,协攻廓尔喀。

随后,福康安、海兰察赴聂拉木及绒辖附近考察后,决定暂舍绒辖残留之敌,令总兵诸神保领兵1000人扼要路,令敌无能为力,护清军聂拉木后路,以免分兵费时。而主力仍从宗喀、济咙前进。

当时各路所调部队已分起抵达。上年十月福康安所调四川屯练兵2000名,由总兵诸神保等率领,于三月下旬已陆续抵达。索伦达斡尔兵在上年十二月抵达京师后,分五起行走,每起相距2日程,于正月二十四日陆续抵达西宁,随后于正月二十七日、二月初一日、初四日、初七日、初十日分别起程。头起300名由岱森保带领,于三月下旬抵藏;其余四起因途遇大风雪,闰四月中才陆续抵达。而上年十二月增调之四川屯练土司兵,由总兵袁国璜等带领,也已于闰四月上旬抵达。加上鄂辉、成德率领入藏者、换班兵、驻藏兵,总兵力已达10450人。后来增调之两起各3000人之四川绿营、屯练、土司兵,要到五月中旬方能抵藏,可以用作后备队。而且尚有藏兵和达木蒙古兵可用。

在兵力集结后,福康安与海兰察即从聂拉木回到第哩朗古,率主力向宗喀兼程进军。五月初六日,在阴雨中抵达宗喀南面的辖布基。再往南数十里就是要隘擦木卡,此地处于两山夹峙,中横亘山梁。敌踞山梁建有两座碉楼,居高远望,可及数十里之远。入夜,雨下得更为绵密,为出敌不意,福康安将所部分为五队,连夜冒雨行军。翌日黎明时分,抵达敌碉楼下。屯练兵架人梯翻入墙内,打开寨门,虎贲一拥而入,尽歼碉内守敌百

八、用兵廓尔喀

余。随围攻第二碉,先以箭铳攻击西面,将守敌吸引,随即靠近敌碉东面墙根挖取石块,不多时,即挖塌一缺口,清兵奋勇先登,又尽歼守敌近百①。

图 8.1 平定廓尔喀之攻克擦木(《清史图鉴》第 6 册《乾隆朝上》,第 173 页)

初八日,福康安统兵沿着吉隆藏布乘勇继进。途遇来援敌军 300 余名。敌军来势汹汹,而清兵大队在两山河谷地带难以展开。海兰察率骑兵自右侧山麓疾驰,绕至敌前截杀。敌一面急奔,一面还击,清兵马匹连日行走,颇现疲态,竟然只能勉强跟上敌兵步伐。一直追杀过帮杳,仅剩敌步 20 余名,遥遥望见济咙敌官寨,海兰察方才勒马扎营。② 此遭遇战,清兵仅伤亡数人,海兰察坐骑左腿受轻伤。

济咙敌官寨依山傍河而建,甚高大,寨墙外另垒石墙 2 丈多高。寨西北临河,东北、东南靠山,俱筑有碉楼护卫,西南则为喇嘛庙,有敌兵把守。福康安定计先分四路攻 3 碉 1 寺,然后聚攻官寨,骑兵分两翼,往来应援并截杀溃敌。初十日丑时(凌晨 1:00—3:00),各路同时发起攻击。东南碉楼和西南喇嘛庙先被攻下,遂并力攻击西南、西北敌碉。先以

---

① 《钦定廓尔喀纪略》卷三三第 500-501 页,乾隆五十七年六月初九日。
② 《钦定廓尔喀纪略》卷三三第 505-506 页,乾隆五十七年六月初十日。

大炮轰击,继以火攻,直至日暮,方将西北敌碉烧塌。随后聚攻敌官寨,先火烧周围寨房,继在北面2碉座上架炮轰击,再缚大木为梯,屯练兵蚁附而登,顷刻间将官寨外石墙拆毁,而内墙甚固。午后,密雨纷纷下,而清兵愈加振奋,攻围愈力。入夜,雨益倾注,而清兵攻围无丝毫懈怠。至亥时(夜里21:00—23:00),终于攻塌寨墙东南一面,蜂拥而入,守敌自西南滚崖逃命,为清骑兵截杀。是役,歼敌647名,尚不计落水投崖而死者,生擒198名。① 清兵1名参将阵亡,1名侍卫和1名游击受轻伤,士兵伤亡情况未见于战报。

6. 深入敌境

　　收复济咙后,稍事休息,十三日,福康安统兵南下。部队冒着大雨,沿着吉隆藏布东南岸崎岖险峻的滨河道路,顺流前进。道路泥泞湿滑,一不小心,人马即倾跌落崖,葬身波涛。行走一日,到达距离热索桥10余里的地方。热索桥是一座绳索木板桥,位于吉隆藏布的支流东林藏布上,靠近河口。在桥的北岸和南岸,廓军筑有3座碉卡,北面1座,南面2座。清兵先攻下北岸碉卡,守卡廓兵即奔向桥面南撤,南岸守军见清兵杀到,立即撤去桥板,上桥廓兵落水而亡。清兵阻于大河,且北岸空地甚窄,难于展开部队,而对岸廓军不时射击。福康安令部队暂时撤离,海兰察建议智取。十五日,一队清兵仍至北岸佯装夺桥,而另一队清兵则绕至热索桥上游六七里处,伐木缚筏,潜渡东林藏布,沿南岸疾下,突袭廓军头层石卡,北岸清兵趁势搭桥过河,合力并进,夺取里层石卡,追击逃敌30余里,俘敌8名。②

　　沿着河谷东岸顺流行军2日,山路变得更加逼仄,甚至陡岩巨石横亘于前,无路可通,清军只得一边开路,一边行军。深入廓尔喀境内一百六

---

① 《钦定廓尔喀纪略》卷三三第508-511页,乾隆五十七年六月十二日。
② 《钦定廓尔喀纪略》卷三四第522-524页,乾隆五十七年六月十九日。

八、用兵廓尔喀

七十里竟然未见一敌。至旺噶尔地方,山势险峻,自西藏流出的玛尔臧大河(吉隆藏布在今尼泊尔境内称特尔苏里河),劈山南流,军行傍河一线山路,无处扎营,只能露宿巉岩之下。旺噶尔西南名协布噜(今译夏布鲁)地方,有敌筑卡屯聚。该地形势与热索桥类似,而山险过之。有横河(今琅塘河)一道自东而来,水深流急,汇入玛尔臧河。横河上的桥梁、桥座均为敌毁。河口北之旺堆地势低下,而河口南之协布噜克玛则山坡高雄,敌即立木城于坡上高堪,外筑石墙,堵截正路。木城西南里许协布噜地方,敌临玛尔臧河筑卡,对岸亦有石卡。协布噜克玛往东30余里,横河南岸有克堆寨,由敌寨数座构成,守敌颇多。

五月二十日、二十一日,清兵在河口架炮攻击对岸之敌,同时伐树架桥,皆未成功。福康安令台斐英阿领兵1支退回旺噶尔,搭桥渡至玛尔臧河西岸,南下夹击。

图8.2 平定廓尔喀之攻克协布噜(《清史图鉴》第6册《乾隆朝上》,第175页)

二十二日,留惠龄领兵仍在旺堆正面攻击,以牵制敌势。福康安同海兰察则领兵往攻克堆。翻越3重山岭,攀爬险阻。二十三日黎明,福康安军抵达克堆寨北面。时逢连日大雨,河水暴涨,而河上桥梁桥基俱被拆毁。恰好南岸有极大枯树一棵,倒卧中流,离北岸仅有3丈。令士兵另伐大木接续,因南岸枪弹不断,尝试10余次,俱不成功。日暮,天大雨,清兵佯装撤退至山中隐蔽。夜半,敌回各寨,清兵趁机接缚大木,缘木过河,分三路包抄敌寨:两翼绕至左右后侧,中路正面攻击。二十四黎明,进入进攻位置,三路齐发,压向敌寨。敌兵惊恐逃散,清兵奋力追击,杀敌300余名、焚寨5座,随之西下直攻协布噜克玛。而台斐英阿亦督兵由河对岸向东夹击,杀敌200余,尽夺敌寨卡,而旺堆清兵乘机搭桥过河,亦追杀敌众十余人。此时深入廓尔喀境内已远,运输线越来越长,福康安派惠龄督办济咙至前线军营军需。

部队继续前行110里,抵达噶多。再往前20余里,有作木古拉巴载山梁,山梁南坡下,又有横河1道,汇入玛尔臧河。横河对面大山坡上,即是东觉(今译通泽,系尼泊尔热索瓦县县治),敌随山就势设有多处木城石卡。噶多东南越山,是名为雅尔赛拉、博尔东拉的大山,有敌多人屯聚,扼守正路外的小道,与东觉互为犄角。定议,由海兰察带兵攻雅尔赛拉、博尔东拉,于六月初三日出发。同日,福康安领兵直攻东觉。到河边山梁,发现河谷太深,易受敌攻击,于是留台斐英阿等驻兵木古拉巴载山梁,用大炮攻击对岸敌寨,而福康安分兵绕至横河上游噶多普大山。潜行2天,于初五日黎明,福康安军抵达噶多普山,顺南坡下山。初六日,抵山麓,浮水渡河攻取近河碉卡。随后鼓勇登山而上,连取敌二、三重木城,直攻至山梁。然后折而西下,台斐英阿麾兵架桥渡河夹攻,尽夺东觉木城石卡,追击20余里,杀敌400余名。而海兰察部亦克敌碉卡数座,杀敌200余名,遂下山渡河与主力合。仍追索逃敌,于初九日抵雍雅地方(Ramchya,今Ramche)。乾清门侍卫哲森保在博尔东拉作战中受重伤,送往济咙医治途中,卒于协布噜。

此时,福康安的6000人马已连续作战7天,兵丁爬山越险,鞋袜磨破,跣足徒行,遭石棱擦伤、蚂蟥嘈啮,两足肿痛。当地正值雨季,每天仅上午稍晴,交午即云雾四合,大雨如注。山巅气寒,入夜雨水成冰雪,"兵丁昏夜登山,遇有数丈石礅,攀援树枝,始能跳跃上下,一经雨雪,尤属溜滑难行,随带弓箭,多致跌折。罗锅帐房,更不能携往。裹带糌粑,又已食完",因此必须休整,等待粮糌军需补给。因深入绝荒之地,人烟稀少,牛只缺乏,只能依靠少数兵丁和藏民人力运输,同时要保障后路安全和军报传递,虽孙士毅移驻拉萨、和琳赶赴济咙、惠龄出热索桥督运,供应亦甚难跟上进兵步伐。而鄂辉则专督聂拉木一路后勤。

六月十五日,绿营兵王刚、第巴塘迈及其跟役果畿、噶布伦丹津班珠

八、用兵廓尔喀

尔跟役多尔济诺尔布4人到达雍雅福康安军营。他们于去年在聂拉木被掳,带来了廓尔喀王致大将军和诸将士的禀文各1封。两文内容基本一致,大意廓藏如同兄弟,发兵攻藏掳人,有似兄弟阋墙,只因藏方违约以及沙玛尔巴从中挑唆。正要遵从大将军檄令将沙玛尔巴擒献,未料他却在五月十五日病死了。求大将军奏明大皇帝,将廓尔喀与西藏一视同仁。如得应许,则再派大头目来。具禀日期是五月二十八日。

沙玛尔巴之死,在东觉之战后审讯俘虏时已得知。而且王刚等尚称,沙玛尔巴在二月二十五六日已得病,五月十八日曾同廓方验尸无误。福康安深疑廓方毒杀沙玛尔巴,以为缓兵之计。因为从验尸情况看,沙玛尔巴尸首通身发紫,死前又有腹泻、呕吐诸症,而死的时间又那么巧合,是在清军攻克济咙、热索桥之后。再看王刚等4人的释放,时在六月初二日,清军已下协布噜,攻取东觉。而且途中又令王刚等缓行,明显属于观望犹疑。见大军势不可挡,方将伊等送至军营。三者,同来之廓方人员,俱系小头目,可见诚意全无。

福康安立即回檄:廓方呈禀与放人毫无诚意,两度践踏藏地却诿罪于沙玛尔巴,声称与西藏情同兄弟,却以不行廓银钱之贸易细故而遽构兵端,胁迫藏方私订赎地合同,全然不知俯首认罪,本将军仍当督师讨伐。若大军未抵阳布之前,王子亲率巴都尔萨野、玛木萨野、沙玛尔巴等泥首军门,将噶布伦及被掳所有僧俗人员全数放回,或可奏明大皇帝,赦尔前罪。①

其实在成德、鄂辉收复聂拉木之后,尤其是福康安军收复济咙之后,廓尔喀王室就在征兵备战,连同在阳布吉绒噶速塔看守噶布伦丹津班珠尔的士兵也被抽调,换成被廓尔喀兼并的门隅珠朗部落的士兵,并将噶布伦等迁往塔北山坡林中的草舍拘禁,以防内应。一日,一头装饰华丽的大象把噶布伦丹津班珠尔和随从载进王宫,当时国王喇纳巴都尔已逃往邻近印度的村庄。执政巴都尔萨野异常客气,请噶布伦上座,开门见山,讲述了近5年来廓藏间纠纷之由来与沙玛尔巴的作用,将廓方两次侵藏与胁迫藏方私订赎地合同的责任,都归结到轻信了沙玛尔巴的利益诱饵和对清朝的误判,而未觉察到廓方被其利用作为报复其兄仲巴活佛分配朝廷赏赐不公

---

① 以上廓方禀文、福康安回檄,见福康安等乾隆五十七年六月十八日奏折及附件,《元以来西藏地方与中央政府关系档案史料汇编》第三册,第736—743页。

的工具。谈话中提到沙玛尔巴这样给廓军鼓气:

> 西藏向清廷进贡,也顺便通商。清廷在西藏有常驻钦差和少数军队。藏人是在清朝皇帝统治之下,但除了说是摆架子外,实际上西藏无需向清廷上交一分钱的税款。所以,清廷也不会大力支援西藏。本来,清廷皇帝十分强大,并且军队很多,但是进军尼泊尔,……距离太远,道路崎岖,这就不便前来。①

加之廓军亲见鄂辉、成德上次不敢与其正面交战,遂对沙玛尔巴之言深信不疑,于是就有了再次侵藏抢掠扎什伦布的肆无忌惮。末了,巴都尔萨野请丹津班珠尔到清军营中为廓尔喀说项。他们的条件是:退还和赔偿所掠扎寺和所掳人员财务;造成汉藏贵胄的死伤,照西藏所定命价赔偿;每年向中国皇帝、达赖喇嘛和班禅额尔德尼朝贡。要求只有一个,即汉藏军队撤退,清廷不在廓尔喀永久驻军。

丹津班珠尔听后,称因果必有报应,他不能独自前去说项,必须与在押所有汉藏僧俗人员一同前去;其次,廓方最好由国王和重臣亲赴军营解释求情;再次,沙玛尔巴为西藏大活佛,又是达赖、班禅之亲戚,死因不明,遂有"验尸"一说。但廓方并未将所扣押汉藏人员一次放回,而是在六月初九日又缮写禀文两份,派遣大头人噶布党普督尔帮里、噶箕朗穆几尔帮里、达萨尔乃尔兴等3名大头目,带领小头目4名、随从20余名,还有被掳的噶布伦丹津班珠尔、札什端珠布、绿营教习兵、藏民等24名,前往清军大营。又将绿营教练兵胡廷海送往成德军营,以阻止聂拉木路清军继续进兵。成德军在福康安发起对济咙之战后,即对扎木廓军发起进攻,一路攻卡夺寨,于六月十日攻抵加德满都东北的利底山梁。

十八日,巴都尔萨野接到福康安的回檄后,又补写一份禀文,派人赶上。二十五日,廓尔喀使者和被释放噶布伦等到达雍雅清军大营。

廓尔喀禀文和使者带到的口信,都表示知罪悔惧,悉听吩咐,不再向西藏索银,放弃济咙向来须给廓尔喀交鹰马的特权,同时归还聂拉木边上的扎木地方。福康安面谕头人后,发书面檄谕一道,交两名头人带回阳布

---

① 《多仁班智达传》第381-382页。

八、用兵廓尔喀

复命,要求廓方须遵办五事,方可网开一面,奏明大皇帝,准令投降。五事即:须王与叔亲来大营,叩头认罪;呈验沙玛尔巴骨灰并交出其眷属、徒弟、跟役;全行交还所掠扎什伦布寺珍宝及诸物件;交出从前胁迫所立赎地协议文本两张,不得再提索银;将防御之兵全数撤回,以便本大将军移驻敌地受降。

廓尔喀使者离开后,福康安即缮折奏报。内云:"虽现在续调各兵未到,粮运艰难,兵丁节次打仗,本有伤损,深入贼境后,暑雨蒸湿,岚瘴甚盛,患病者亦多。然臣等仰荷圣明委任,断不敢拘泥持重,遽存迁就之意。若有可乘之机,仍即设法进兵,不敢坐失机会。"①

廓尔喀使者一去五六日,未见音信,也未见各山拒守之敌撤走,福康安料算,大军驻扎雍雅已超二旬,季节已交秋令,宗喀、通拉山口八九月份即将大雪封路,我军不可继续耽误时日。虽然后队川兵尚未赶到,除开伤亡疾病等减员,大营尚有近兵6000名可用。敌守兵估计有七八千,但处处防守,部署分散,以我连捷方锐之师,鼓勇进击,可各个击破。海兰察建议暂待数日再行进兵,丹津班珠尔亦附和。福康安认为即使后队川兵赶到,不过多些吃饭的人,而后勤更加紧张,于是不听劝说,仔细考察地形与守敌分布后,七月初二日丑时督兵进发。临行,福康安坐肩舆,挥羽扇,一副诸葛孔明派头,乜视丹津班珠尔,曰:"汝等妇人之行,着实可耻!今天且看我皇上天兵如何打仗!"②

黎明,部队行进到雍雅大山南坡,望见对面噶勒拉山巅有木城两座,两侧设有石卡,即直下山沟,分遣左右翼自两侧树林先行上山夺卡。随后,福康安督中军正面直上,而以鸟枪兵、弓箭手列阵前。敌随即出城迎战,自山巅往坡下压来,"势甚泼猛"。敌至半山,发现左右石卡俱为清军所夺,欲回撤,正面清军奋扑而上,敌退入木城,清军遂围攻之。木城系以大木竖立,用竹箧藤条扎缚,甚坚牢。乾清门侍卫墨尔根保、侍卫图尔岱、参将张占魁争先攀越木城,中枪阵亡,而清军无稍

---

① 《福康安等奏报廓尔喀遣大头人乞降送出丹津班珠尔等折》,《元以来西藏地方与中央政府关系档案史料汇编》第三册,第746页。

② 参见《多仁班智达传》第397页。同书同页,丹津班珠尔记:"中堂(指福康安,福当时拥协办大学士衔)坐在汉语叫舆轿的轿子里,在后督师支援。"《啸亭杂录》卷六《廓尔喀之降》亦记:福康安当时"甚骄满,拥肩舆挥羽扇以战,自比武侯也。"

却，攻围愈力。抛入火弹，焚烧城内草棚、帐房。自清晨战至日偏西，终将木城攻克，毙敌300余名。随焚毁木城，追击残敌数十里。遂至堆补木山口象巴宗地方。

山口有石卡1座，山巅有木城2座，旁又有石卡3座、大石卡1座。清军前锋疾风狂劲，先于溃敌抵达山口石卡，卡内守敌望风逃往山上。清军整齐队伍，即仰攻上山。木城内守敌出战，而石卡内守敌不动。福康安令一部对攻出击之敌，其余分剿石卡。鏖战至夜半，将木城、石卡全数攻克，杀敌百余。而巴图鲁三等侍卫索多尔海、都司魏玉龙，夺卡时身先士卒，中枪落崖身亡。

时已七月初三日子夜，清军已连续作战1天2夜，本应稍事休息，但形势却不允许。

堆补木山南坡下即是帕朗古河，河口帕朗古地方是一块缓坡，有桥1座通向对面的甲尔古拉山。甲尔古拉山东面是集木集山，两山连属，东西横亘七八十里。山上木城、碉卡，据险排列，不下数十处，西山脚下有木栅栏1道，长约1里许。这是清军入廓作战以来，遇到的最为坚固的防御。显然，如果清军越过该山梁，即可直接攻击廓尔喀王室的夏宫纳瓦科特，再往东南1日程，就是其都城阳布了，他们必须决一死战。

福康安以为，必须夺取控制帕朗古河口桥梁，方可守住堆补木，保障驻营安全，不然敌逾河而北，再循河而东，至上游，可绕出我营之后。于是遵照热索桥之战以来的战法，连夜部署东西两路分头进攻。一路由乾清门侍卫珠尔杭阿、屯备木泰尔等统领，由帕朗古河上游进攻集木集山，一路由巴图鲁侍卫阿满泰、额尔登保、总兵袁国璜、屯备木塔尔等统领，由帕朗古攻桥进扑甲尔古拉。

初三日卯时（早晨5时至7时），西路清军下坡至河北岸。先于坡上岩石架枪炮轰击桥北敌军石卡，自辰至午，方轰塌石卡。卡内敌兵逃往南岸，南岸敌兵排枪数层，连环不断，一面抗击清军，一面欲将桥面拆除。侍卫阿满泰、屯备色丹巴等奋扑向前夺桥，兵丁竞进，一拥过河，而阿满泰、色丹巴身为前驱，中弹落水而亡。

八、用兵廓尔喀

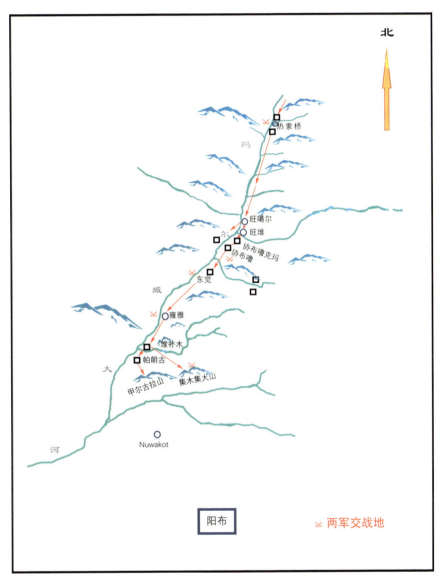

图 8.3 清军经行廓尔喀境示意（底图据邓锐龄《乾隆朝第二次廓尔喀之役》，《中国藏学》2007 年第 4 期，第 47 页）

西路清军迅速攻下河南岸石卡，杀敌100余名，追蹑敌踪，往攻甲尔古拉。东路清军亦乘势搭桥过河，进攻集木集。福康安随即过河督催。两路清军冒着大雨，登上险滑山崖，上攻20余里，将近木城，而山势更加陡峭，且无大石密树可以藏身。廓军凭借工事，居高临下，齐发枪炮，又施放滚木礌石，清军顿时狼狈不堪，只得撤退。廓军自山巅下扑，清军奋力击杀。集木集山梁的一支廓军旁出夺桥，而两河汇流处之玛尔藏河对岸，也有一队廓军隔河放枪助攻，东路清军陷入包围。清军一面撤往帕朗古河北岸，一面来回冲杀廓军。丹津班珠尔爬上北岸松树观战，见两军鏖战，廓军被杀甚多，而清军损失也很大，撤退时桥已被毁。"我方返回时，砍伐松树，在岳莫冈热大河（即帕朗古河）上搭起独木桥。我方官兵拥挤着往回撤，对方追赶上来，有的被敌俘去，挤不上桥的无路可走，大都掉落河里，像绵羊粪团滚进河里，黑乎乎一片被冲走。"①

清军撤至北岸后，廓军未敢穷追。福康安分兵把守来路后方要地，即驻营待机。甲尔古拉一战，清军领队大臣都统衔侍卫台斐英阿、二等侍卫英贵、索伦左领棍德依等阵亡，兵丁伤亡情况，福康安军报未明言，廓方说法为1000至1200人。此为福康安领兵深入廓尔喀以来首次失利。

驻营待机时，福康安继续审讯丹津班珠尔。关于私订协议纳银赎地以及上年被掳的过程，驻雍雅时已经问明奏报，与已知情形相符。此次又仔细询问了羁留期间其父班第达有无密通廓尔喀的情况，随后奏报，并派海兰察之子乾清门侍卫安禄等押解丹津班珠尔、札什端珠布以及绿营教练兵等赴京。

七月初八日，廓尔喀王的回信送达大营。内中廓尔喀王自称"小的"，语气谦卑，答应大将军所要求各款，只是其人和巴都尔萨野畏惧不敢来营。十七日，廓方将私订协议两张、沙玛尔巴骨殖及其徒弟、家属、跟役呈送到营，禀文中称，所掠扎寺物件正在清点，即行缴送。

十九日，通盘考虑时令、清军情况和廓方求和的诚意后，福康安、海兰察、惠龄联衔密奏，请求受降撤兵。内中云：

现存兵丁，除分防后路，不及五千名之数。复因贼境水土恶劣，

---

① 《多仁班智达传》第398页。

八、用兵廓尔喀

霖雨不止，触染岚瘴、患病者，至六百八十余名之多。呈报病故，日有数名之多。前调川兵，原拟五月中赶到，今总兵彭承尧带领头起瓦寺等处土兵五百名，于本日始行到营。即使早调多兵，粮石愈益增多，更难运送。……计自五月初六日进兵，截止本日，已有七十余日，核计官员支食份例、兵丁口粮，应用糌粑六十三万余斤，而由济咙运到大营之粮，官办糌粑只有六万四千八百余斤，连臣福康安自办糌粑五万五千八百余斤，共有十二万六百余斤，仅给应支数目十分之三。又运送食牛八百余只，羊一万二千七百余只，中途多已坠岩，到营者仅存牛二百余只、羊一千六百余只。两月以来，兵丁口食不敷，只将搜取之仓谷、青稞，及臣福康安差人零买番寨之粮，添补糊口。饷银一项，除恩赏臣福康安银，及臣福康安因兵饷不敷在藏借银一万三千两外，川省陆续所运之饷，截止本日，直到银二万（两），现俱支发用去。……贼匪护其巢穴，据险负隅，若无机会可乘，势难立时攻克。转瞬已届深秋，藏界气候早寒，冰雪封山，恐难久驻。①

密奏又根据最近两次廓方遣使呈禀的表现，肯定其求和诚意，拟廓方若再遣"正经办事大头人"前来诚求进表纳贡，则纳款受降。

不过，这封奏折路上需要花费40多天才能到达高宗手里。

二十七日，廓方又遣使具禀现已备办表文贡品，如蒙准许，即派大头人赍送进京请罪，并送还了全部能找到的所掠扎寺物件，其中包括清廷颁给六世班禅额尔德尼的金册，以及缉获的上次解送途中逃逸的沙玛尔巴妻室。

八月初八日，廓方派三代世任噶箕的大头人第乌达特塔巴等4人至大营，递呈请求代奏，廓方因王年幼及办事倚赖王叔，拟派第乌达特塔巴等，恭赍表文，赴京城进献乐工并驯象、番马、孔雀、番轿等方物共29种，觐见大皇帝，往后每5年差1名办事噶箕朝贡，永为天朝臣属。大头人态度诚恳，"伏地哀恳"，"天兵原来征讨，诛戮头目人众三四千人，攻得地方七八百里"，"廓尔喀实属胆落心惊"，王与臣自知罪在不赦，求大

---

① 《福康安等密陈军行困阻宜早受降完局情形折》，《元以来西藏地方与中央政府关系档案史料汇编》第三册，第754－755页。

将军转奏大皇帝，大沛生成之恩，开一线自新之路。① 以前私立协议，万不敢复提一字。

福康安一番训谕之后，表示当据实具奏，暂将各兵撤回。随即缮折具奏，为避免更多兵丁染疫，赶在大雪封山之前回师，不待班师谕旨到达，拟即分起撤兵，并知会成德撤回。

十三日，廓尔喀遣使携牛羊米酒犒劳清军。十九日，廓方遣使呈禀，感激大将军代奏，并称：从今往后不再向济咙藏民收取鹰只马匹，不再要求新旧银钱兑换比率，重申不敢再提合同之事，将原属西藏之扎木地方归还，于贡使经藏时，向达赖喇嘛、班禅额尔德尼谢罪，并拟于大皇帝恩准投诚后，差人赴藏呈献礼物。福康安准其所请，告知定于八月二十一日班师。

就在福康安率头起兵丁回撤的第二天，亦即八月二十二日，高宗在热河避暑山庄接到福康安七月初九日奏折，得知廓方遣使军营，答应了我方所提条件。于是谕令纳款受降，趁大雪封山以前撤兵凯旋。早在八月初九日，接到福康安六月十八日奏报丹津班珠尔等人被释放回营消息4天后，高宗做出长篇指示，指明"了局"可有两策：捣穴擒渠为上策，震慑受降为中策。但又指出，藏地雪早，为避免进退失据，"如实在万难进取，不妨据实奏明，受降完事"②。八月初十日又重申。至此，据福康安的奏报，"正办"目标已经达成，因此不论此时万里之外的福康安仍在继续进兵，还是已经受降回师，都是可以接受的局面。于是，又令内阁公开颁谕朝廷内外，宣谕不得已用兵廓尔喀之故、准许纳款受降之由，内中云：

> 贼匪经此次兵威震慑帖服，不敢再萌故智，边境敉宁，或可保数十年无事。是趁此妥办收功，较之安南投诚入觐，尚为完善。③

二十六日，成德自利底回军。

---

① 《钦定廓尔喀纪略》卷四二第633－635页，乾隆五十七年九月十六日。
② 《廓尔喀档》第363－365页。
③ 《廓尔喀档》第382页。

八、用兵廓尔喀

7. 革新藏政

  清高宗用兵惩治廓尔喀，使之畏威怀德，其最终目的，是为西藏长治久安创造安稳的外部环境；另一方面，须相应改革藏政，而这正是安定西藏的根本大计。如高宗谕旨所云："廓尔喀与藏地人众，因钱债细故，互相争执，滋生事端，固由廓尔喀自外生成，亦缘从前藏内所定章程未能周妥，纠缠不清。"① 在两次派兵安藏的过程中，高宗也一直在思考如何革新藏政，达成西藏长期稳定。早在乾隆五十六年（1791）十月，福康安到京陛见时，高宗即交给一份朱笔改定的"应办各条"，预先指示军事行动结束后的善后方针。五十七年（1792）八月二十二日，传谕福康安受降撤兵后，即妥筹善后诸事。翌日，高宗又明令清军撤回藏内后，所调各地部队先回所属营伍部落，福康安、孙士毅、惠龄留下，与驻藏大臣和琳，就历次所颁有关谕旨，结合藏政实际情况，参酌损益，详慎筹画，并且要与达赖喇嘛、班禅额尔德尼、各大胡图克图、商卓特巴、岁琫、堪布详悉讲论，"即不能一劳永逸，亦不可使卫藏未受其逸，而内地已先任其劳。总期一二十年内，敉安无事"②。二十七日，高宗经数日反复考虑后，将未尽之处缕列十一条，寄信谕知。③

  九月初四日，福康安率军全部撤至济咙。此前边界已勘定，西以济咙外的热索桥，东以聂拉木外扎木地方之铁镇桥为两国国界。这时，廓尔喀王派人送来了其亲自填写的歌词，交付其乐工演奏，以为干戈化玉帛之庆。随后，由乾清门侍卫珠尔杭阿等护送廓尔喀贡使一行，先至扎什伦布谒见班禅额尔德尼。早在五月二十九日，因清军已收复济咙，而扎寺修缮

---

① 乾隆五十七年八月二十三日上谕，《廓尔喀档》第 385 页。
② 《廓尔喀档》第 385 页。
③ 《廓尔喀档》第 388－393 页。

亦告完工，驻藏大臣和琳奏请可许班禅额尔德尼回驻扎什伦布，以鼓励藏民支援军需运输。高宗欣然批准。约在七月中旬，班禅额尔德尼回到扎寺。随后，贡使至拉萨，拜谒达赖喇嘛后，于十月初一日离藏赴京。

十月初三日，福康安等抵达扎什伦布。初五日，晤见班禅额尔德尼。十五日，抵达拉萨。达赖喇嘛闻大军回师，先期出布达拉10里之外亲自迎接。

福康安、孙士毅、惠龄在拉萨住了4个月，与和琳一道商酌筹拟善后章程，就西藏地方政治、军事、宗教、经济、涉外分别条陈具奏，先后经军机大臣会同大学士、议政、九卿详议复奏，高宗批准，"永以为例行"。乾隆五十八年（1793），福康安等将先后奏准各条汇编为《新订西藏章程二十九条》（又称《钦定藏内善后章程二十九条》，简称《钦定西藏章程》），颁布施行，并译为藏文①。

《章程》是清廷革新藏政、依法治藏的重大制度创举。主要有以下内容。

宗教方面，一是确立了"金瓶掣签"制度。掣签即抽签的意思，或称"金奔巴"制度，"奔巴"即藏语"瓶"的意思。西藏达赖喇嘛、班禅额尔德尼及其他大胡图克图的继任问题一直是靠"呼毕勒罕"方式解决的，认为达赖、班禅等灵魂不灭，他们死后将在1年之内转世重生，被指定为达赖、班禅等活佛重生的幼儿就是转世灵童。问题是1年之内诞生的幼儿往往有很多个，如何确定哪个才是转世灵童呢？以往的做法是靠"拉穆吹忠"（相当于巫师）作法指定，这样导致的结果是"……拉穆吹忠作法降神，俟神附伊体，指明呼毕勒罕所在。乃拉穆吹忠往往受嘱，任意妄指，以致达赖喇嘛、班禅额尔德尼等亲族姻娅递相传袭，总出一家，与蒙古世职无异"②。西藏地方僧俗权贵收买巫师从而垄断了达赖、班禅等职位。

---

① 参见廖祖桂、李永昌、李鹏年《〈钦定藏内善后章程二十九条〉版本考略（一）》，载《中国藏学》2004年第2期。章程具体内容，详见中国藏学研究中心、中国第一历史档案馆、中国第二历史档案馆、西藏自治区档案馆、四川省档案馆编《元以来西藏地方与中央政府关系档案史料汇编》第三册，第825－836页，中国藏学出版社，1994。二十九条章程的汉文文本没有保存下来，此汇编是根据藏文文本翻译过来的，当为目前最好的汉文版本。

② 《清高宗实录》卷一四一一，乾隆五十七年八月癸巳。

八、用兵廓尔喀

高宗颁布的"金瓶掣签"制并非取代"呼毕勒罕"制,只是改变了以往遴选灵童方式,要求将符合条件的"灵异"幼儿上报,将其姓名、出生年月日写在签牌上,再把签牌放入中央颁发的金瓶内,由驻藏大臣主持当众抽签决定谁是转世灵童。

二是达赖、班禅在世时,其亲属不许担任公职和插手公共事务,达赖、班禅圆寂后则可以根据才干加以委任。达赖、班禅的收支用度,"著令开列收支清单,于每年春秋二季报送驻藏大臣衙门审核"①。

三是各大寺庙的住持要由驻藏大臣酌商遴选、会同任命,小寺庙主持可由达赖喇嘛指定;各寺庙僧人须造名册交给驻藏大臣和达赖喇嘛;各寺庙僧人的俸禄不许提前支领,应按期发放。

四是西藏僧人去青海、蒙古讲佛或外出它地朝佛应禀告驻藏大臣,领取执照后方可外出。

政府管理方面,一是规定驻藏大臣与达赖喇嘛、班禅额尔德尼地位平等,共同处理西藏事务。"自噶布伦以下番目及管事喇嘛等,统归其管辖,不论大小番目,须遵从驻藏大臣之命",后藏地区"凡特殊事项必须事先禀报驻藏大臣,俟驻藏大臣出巡莅临时,再行审核处理"②。此外,"驻藏大臣二人,同在前藏,应春秋两季轮流前往后藏巡查边界,顺便操兵"③。

二是规定了西藏地方官员的品级,以便于官员的升黜赏罚。像"噶布伦办理一切事务,戴琫管领番兵,商上仔琫商卓特巴系总司出纳。以上各缺,尤关紧要,不可越次升补",④ 必须驻藏大臣奏请中央补用,中级官缺的补用也需要驻藏大臣会同达赖喇嘛共同商议补放,一些不重要的低级吏员才允许达赖喇嘛指派。西藏僧俗官员大多由世家大族子弟"东科尔"担任,"平民百姓即令贤能亦无任职之例,偶有平民供职者,亦至多为定

---

① 中国藏学研究中心、中国第一历史档案馆、中国第二历史档案馆、西藏自治区档案馆、四川省档案馆编《元以来西藏地方与中央政府关系档案史料汇编》第三册,第828页,中国藏学出版社,1994。
② 同上,第829页。
③ 《清高宗实录》卷一四一九,乾隆五十七年十二月辛卯。
④ 〔清〕贺长龄:《皇朝经世文编》卷八一《兵政十二·塞防下》。

本(即定琫)等小头目,不能担任更高职务",① 现规定出众的平民百姓一同任职,还允许升至戴琫级别,且东科尔要年满18岁才能任职。

三是禁止西藏僧俗官员私派百姓做差役,因公差派须上报驻藏大臣、达赖喇嘛批准。僧俗官员任职内的官邸、庄田不许私占,卸任后应交给下一任。西藏地区民间的大案、要案须呈报驻藏大臣备案、秉公办理,防止噶布伦等官员上下其手。

军事方面,一是设立足够数量的常备军。"前后藏各设番兵1000名,此外冲途要隘之定日、江孜地方,安设番兵各500名,共额设3000名",② 每名戴琫统领500名番兵,共设6名戴琫。

二是确定军职等级。戴琫之下为如琫12名,各统兵250名;如琫之下为甲琫24名,各统兵125名;甲琫之下为定琫120名,各统兵25名,所有军官由驻藏大臣、达赖喇嘛遴选,遇到官缺依次递升。

三是军饷、军器筹办与管理。每名士兵每年发给青稞2石5斗,每年共7500石。戴琫有庄田作为俸禄,不再发粮饷,每名如琫每年发给饷银36两,每名甲琫每年20两,每名定琫每年14两8钱。"合计二千六百余两,于春秋二季由商上送交驻藏大臣转发。至粮饷亦于春秋二季交由戴琫(即戴琫)及甲本(即甲琫)分发给兵丁,不得短少。"③ 士兵的军器配备"额定十分之五为鸟枪、十分之三为弓箭、十分之二为刀矛……商上每年派员赴贡布、边坝等地铸造"。④ 另外,还制造火药、火炮,"西藏官兵所需火药,工布地方产磺,制造火药较运从内地费省,请就近制运。其铅丸火绳,由川省运解"。⑤

经济方面,一是停止使用廓尔喀货币,在西藏专门设炉铸造银币。主

---

① 中国藏学研究中心、中国第一历史档案馆、中国第二历史档案馆、西藏自治区档案馆、四川省档案馆编《元以来西藏地方与中央政府关系档案史料汇编》第三册,第831页,中国藏学出版社,1994。
② 《钦定大清会典事例》卷九八一《理藩院·兵制》。
③ 中国藏学研究中心、中国第一历史档案馆、中国第二历史档案馆、西藏自治区档案馆、四川省档案馆编《元以来西藏地方与中央政府关系档案史料汇编》第三册,第828页,中国藏学出版社,1994。
④ 同上。
⑤ 《清高宗实录》卷一四二一,乾隆五十八年正月乙卯。

八、用兵廓尔喀

要是重 1 钱的和重 5 分的两种，分别是 9 枚、18 枚兑换内地银 1 两，银币正反面分别铸有用汉文、藏文书写的"乾隆宝藏"字样，边廓铸年份。

二是与廓尔喀等周边国家交易要遵守固定进出口税率，变动税率须驻藏大臣批准。

三是有区别地蠲免西藏各地区的赋税 1 年至 2 年不等，并规定征税官员以后"定时催缴赋税外，不得逼迫百姓预缴。各种之逃亡绝户应减免赋税，待荒地有人复耕后再行征收"①。收纳实物要按规定的比值折收，不许额外多收。

四是均平徭役。收回以前僧俗权贵、富家大族的免差照票，只有入伍士兵可发给免差照票，不得额外加重贫苦百姓的差徭。

外交方面，一是在与廓尔喀交界的济咙、聂拉木、绒辖等处划清界址，限制廓尔喀人与藏民随便出入，严格管理。并派精明干练的官员去边界管束百姓、查验往来，3 年任期满后表现良好的可升迁，办事不力的立即革退。

二是廓尔喀等周边国家与西藏地方不许私自通信，所有文书往来都要由驻藏大臣过目，会同达赖喇嘛协商处理。进贡的物品须驻藏大臣过目，遣使来藏要清查人数禀报驻藏大臣。

三是廓尔喀等国与西藏地方贸易、朝拜等的规定。"巴勒布商人每年准其来藏三次，克什米尔商人每年准其来藏一次，各该商人不论前往何地，须由该商人头目事先呈明经商路线，报请驻藏大臣衙门发给印照"②。至于边境贸易，"准其仍通买卖，所有贸易等事，竟应官为办理，不准噶布伦等复行私自讲说。一切事宜，应比恰克图之办理俄罗斯交易"③。廓尔喀等国与西藏地区人民的相互瞻礼、朝拜的宗教活动同样需要禀明驻藏大臣，进行严密管制。

以廓尔喀的两次入寇西藏地区及清朝对廓尔喀的征讨为契机，清廷不

---

① 中国藏学研究中心、中国第一历史档案馆、中国第二历史档案馆、西藏自治区档案馆、四川省档案馆编《元以来西藏地方与中央政府关系档案史料汇编》第三册，第 834 页，中国藏学出版社，1994。
② 同上，第 826 页。
③ 《清高宗实录》卷一四一五，乾隆五十七年十月戊子。

仅正式确立了同廓尔喀的宗藩关系，而且完成了革新藏政的历史任务。《钦定西藏章程》实际是清廷制定的西藏地区的最高法律，这使西藏同内地省份一样完全隶属于中央政府。正如《清史稿》所说："议定善后章程，驻藏大臣与达赖、班禅平等；噶布伦以下由驻藏大臣选授；前后藏番归我设之游击、都司节制训练；自行设炉鼓铸银币，设粮务一员监督之。至是，我国在藏始具完全之主权。"①

---

① 赵尔巽等：《清史稿》卷五二五《潘部传八·西藏》。

参考文献

[1] 阿旺洛桑嘉措. 五世达赖喇嘛传 [M]. 陈庆英, 马连龙, 马林, 译. 北京: 中国藏学出版社, 2006.

[2] 宝音特古斯. 十八世纪初期卫拉特、西藏、清朝关系研究: 以"六世达赖喇嘛事件"为中心 [D]. 内蒙古大学, 2009.

[3] 薄音湖. 十六世纪末叶西藏喇嘛教在蒙古地区的传播 [J]. 内蒙古大学学报(哲社版), 1984 (3).

[4] 陈庆英, 高淑芬. 西藏通史 [M]. 郑州: 中州古籍出版社, 2002.

[5] 陈子龙. 明经世文编 [M]. 影印本. 北京: 中华书局, 1962.

[6] 次旦平措, 吴坚, 平措次仁. 西藏通史: 松石宝串 [M]. 陈庆英, 格桑益西, 何宗英, 译. 拉萨: 西藏古籍出版社, 1996.

[7] 次央. 三世达赖喇嘛索南嘉措事迹点滴考 [J]. 西藏大学学报(哲社版), 1993 (2).

[8] 达力扎布. 明代漠南蒙古历史研究 [M]. 呼和浩特: 内蒙古文化出版社, 1997.

[9] 达力扎布. 清太宗邀请五世达赖喇嘛史实考略 [J]. 中国藏学, 2008 (3).

[10] 大清会典事例 [M]. 影印本. 北京: 中华书局, 2012.

[11] 德迪. 蒙古溯源史 [A]//卫拉特历史文献. 海拉尔: 内蒙古文化出版社, 1986.

[12] 邓锐龄. 1720年清军进入西藏的经过 [J]. 民族研究, 2000 (1).

[13] 邓锐龄. 岳钟琪与西藏问题 [J]. 中国藏学, 2004 (3).

[14] 方略馆. 廓尔喀档 [M]//清乾隆十全武功档案暨方略汇辑: 第7册. 影印本. 上海: 上海古籍出版社, 2010.

[15] 方略馆. 钦定巴勒布纪略 [M]//西藏学汉文文献汇刻: 第1辑. 影印本. 北京: 全国图书馆文献缩微复制中心, 1992.

[16] 方略馆. 钦定廓尔喀纪略 [M]//西藏学汉文文献汇刻: 第1辑. 影

印本. 北京：全国图书馆文献缩微复制中心，1992.

[17] 方略馆. 亲征平定朔漠方略［M］//景印文渊阁四库全书.

[18] 方略馆. 亲征平定准噶尔方略［M］//景印文渊阁四库全书.

[19] 冯先知. 中国历代重大战争详解：清代战争史［M］. 长春：吉林文史出版社，2006.

[20] 冯瑗. 开原图说［M］//玄览堂丛书：第5册. 影印本.

[21] 宫胁淳子. 17世纪卫拉特与喀尔喀的争逐［J］. 蒙古学资料与情报，1987（2）.

[22] 黑龙. 噶尔丹统治时期的准噶尔与清朝关系研究［D］. 内蒙古大学，2005.

[23] 黑龙. 噶尔丹早期史实考［J］. 兰州大学学报（哲社版），2008（1）.

[24] 弘历. 御制文集［M］//景印文渊阁四库全书.

[25] 季永海，等. 年羹尧满汉奏折译编［M］. 天津：天津古籍出版社，1995.

[26] 李保文. 顺治皇帝邀请第五世达赖喇嘛考［J］. 西藏研究，2006（1）.

[27] 李保文. 唐古特·伊拉古克三胡图克图考［J］. 中国藏学，2005（2）.

[28] 梁份. 秦边纪略［M］. 西宁：青海人民出版社，1987.

[29] 梁丽霞. 西套厄鲁特蒙古归附清政府始末述略［J］. 内蒙古大学学报（哲社版），2003（5）.

[30] 柳陞祺，邓锐龄. 清初第五世达赖喇嘛进京及受封经过［J］//柳陞祺藏学文集：上册. 北京：中国藏学出版社，2008.

[31] 马大正，成崇德. 卫拉特蒙古史纲［M］. 乌鲁木齐：新疆人民出版社，2006.

[32] 满洲实录［M］. 北平：文殿阁书庄，1935.

[33] 明穆宗实录［M］. 影印本. 台北："中研院"历史语言研究所，1962.

[34] 明神宗实录［M］. 影印本. 台北："中研院"历史语言研究所，1962.

[35] 明世宗实录［M］. 影印本. 台北："中研院"历史语言研究所，1962.

[36] 齐木德道尔吉. 康熙之路：纪康熙皇帝首次亲征噶尔丹［J］//蒙古史研究：6辑. 呼和浩特：内蒙古大学出版社，2000.

[37] 齐木德道尔吉. 1690年九月噶尔丹致达赖喇嘛、第巴的信函[J]. 内蒙古大学学报（哲社版），1992（1）.
[38] 祁士韵. 皇朝藩部要略[M]//续修四库全书："史部"第740册. 影印本. 上海：上海古籍出版社，2002.
[39] 钦定八旗通志[M]//景印文渊阁四库全书.
[40] 钦定皇舆西域图志[M]//景印文渊阁四库全书.
[41] 钦定理藩院则例[M]. 清光绪刻本.
[42] 清代起居注册：康熙朝[M]. 影印本. 台北：联经出版公司，2011.
[43] 清高宗实录[M]. 影印本. 北京：中华书局，1986-1987.
[44] 清圣祖实录[M]. 影印本. 北京：中华书局，1985.
[45] 清世宗实录[M]. 影印本. 北京：中华书局，1985.
[46] 清世祖实录[M]. 影印本. 北京：中华书局，1985.
[47] 清太宗实录[M]. 影印本. 北京：中华书局，1985.
[48] 索文清，郭美兰主. 清宫珍藏历世达赖喇嘛档案荟萃[M]. 北京：宗教文化出版社，2002.
[49] 台北故宫博物院. 宫中档乾隆朝朱批奏折[M]. 影印本. 台北：故宫博物院，1982.
[50] 台湾三军大学. 中国历代战争史[M]：15卷. 北京：中信出版社，2013.
[51] 台湾三军大学. 中国历代战争史[M]：16卷. 北京：中信出版社，2013.
[52] 台湾三军大学. 中国历代战争史[M]：17卷. 北京：中信出版社，2013.
[53] 唐文基，罗庆泗. 乾隆传[M]. 北京：人民出版社，1994.
[54] 王戎生. 清代全史[M]. 北京：方志出版社，2007.
[55] 王尧. 第巴·桑结嘉措杂考[J]//清史研究集：第1辑. 北京：光明日报出版社，1980.
[56] 魏源. 圣武记[M]. 北京：中华书局，1984.
[57] 乌兰. 英藏胡图克图史实考[J]. 内蒙古社会科学，1993（5）.
[58] 乌云毕力格. 1705年西藏事变的真相[J]. 中国藏学，2008（3）.
[59] 西藏志：卫藏通志[M]. 拉萨：西藏人民出版社，1982.

[60] 萧大亨. 夷俗记 [M]//北京图书馆古籍珍本丛刊：第 11 册. 影印本. 北京：书目文献出版社，1989.

[61] 玄烨. 圣祖仁皇帝御制文集 [M]//景印文渊阁四库全书.

[62] 牙含章. 达赖喇嘛传 [M]. 北京：华文出版社，2001.

[63] 殷化行. 西征纪略 [M]//昭代丛书：续编戊集. 影印本. 上海：上海古籍出版社，1990.

[64] 俞益谟. 孙思克行述 [M]//清史资料：第 2 辑. 北京：中华书局，1981.

[65] 袁森坡. 康雍乾经营与开发北疆 [M]. 北京：中国社会科学出版社，1991.

[66] 岳襄勤公行略 [M]//清史资料：第 4 辑. 北京：中华书局，1983.

[67] 张诚. 对大鞑靼的历史考察概述 [M]//杜文凯. 清代西人见闻录. 北京：中国人民大学出版社，1985.

[68] 张居正. 张居正集 [M]. 武汉：湖北人民出版社，1994.

[69] 昭梿. 啸亭杂录 [M]. 北京：中华书局，1980.

[70] 赵书彬，达娃. 康熙五十七年额仑特、色楞兵败那曲营地遗址考 [J]. 藏学研究，2012（4）.

[71] 中国第一历史档案馆. 康熙朝汉文朱批奏折汇编 [M]. 影印本. 北京：档案出版社，1984 - 1985.

[72] 中国第一历史档案馆. 康熙朝满文朱批奏折全译 [M]. 北京：中国社会科学出版社，1996.

[73] 中国第一历史档案馆. 雍正朝汉文谕旨汇编 [M]. 桂林：广西师范大学出版社，1999.

[74] 中国第一历史档案馆. 雍正朝汉文朱批奏折汇编 [M]. 影印本. 南京：江苏古籍出版社，1989 - 1991.

[75] 中国第一历史档案馆. 雍正朝满文朱批奏折全译 [M]. 合肥：黄山书社，1998.

[76] 庄吉发. 清高宗十全武功研究 [M]. 北京：中华书局，1987.

附录　本卷涉及的战役战斗名录

1. 乌尔会之役（1690）
2. 乌兰布通之役（1690）
3. 清圣祖第一次亲征噶尔丹（1696）
4. 昭莫多之战（1696）
5. 清圣祖第二次亲征噶尔丹（1696）
6. 清圣祖第三次亲征噶尔丹（1697）
7. 额伦特援藏之役（1717）
8. 抚远大将军西征（1718）
9. 西宁保卫战（1723）
10. 岳钟琪捣巢之役（1724）
11. 北路和通淖尔之役（1731）
12. 西路袭击乌鲁木齐之役（1731）
13. 光显寺大捷（1732）
14. 格登山之役（1755）
15. 擒剿阿睦尔撒纳之役（1756）
16. 兆惠回师巴里坤之役（1756）
17. 再定准噶尔之役（1757）
18. 库车攻围战（1758）
19. 黑水营战役（1758）
20. 和阗保卫战（1758）
21. 喀什噶尔、叶尔羌攻取之役（1759）
22. 伊西洱库尔淖尔之役（1759）
23. 第一次西藏之役（1788）
24. 第二次西藏之役（1791）
25. 惩创廓尔喀之役（1792）

后 记

　　2015年8月暑期，李治亭先生在电话中询问我是否有兴趣参与"清代战争全史"的写作。我手头上的国家清史纂修工程项目已交稿数年，现正可利用相关资料积累，系统梳理康雍乾时期西部边疆的世纪之战，于是当即应承下来。但着手之后，发现以往的累积远远不够。不仅最近10年学术界的相关进展甚大，需要充分吸收，而且基本史实的考订、古今地名地理的对应确定、相关人物生平事迹与个性的把握、清朝边疆经营的特征及其在中华文明史中的地位等问题，都需要做系统细致的研究。而在行文叙述方面，需要将同一时间不同空间中相互交织的行为与事件清晰表达，颇费一番匠心。屈指算来，迄今已近4年。其间颇多甘苦，而终能完稿，首先要感谢李治亭先生的信任和热诚邀请，以及他和杨东梁先生两位主编的督促和慷慨指导；其次要感谢中山大学出版社领导和编辑同仁的大力支持、包容和精细的编校；最后要感谢两位硕士研究生赵士第、李时秀为本书第八章所做的资料长编工作。

罗冬阳
2019年5月12日于东师史苑